职业院校汽车类"十三五"
微课版创新教材

U0734231

汽车
机械基础

第3版

金旭星／主编

张宇 雷跃峰 王昊／副主编

人民邮电出版社

北京

图书在版编目（CIP）数据

汽车机械基础 / 金旭星主编. -- 3版. -- 北京：
人民邮电出版社, 2016.9
职业院校汽车类"十三五"微课版创新教材
ISBN 978-7-115-42990-2

Ⅰ. ①汽… Ⅱ. ①金… Ⅲ. ①汽车－机械学－高等职
业教育－教材 Ⅳ. ①U463

中国版本图书馆CIP数据核字(2016)第158402号

内 容 提 要

本书为适应汽车专业学生对相关机械知识的需求，将传统机械专业六门主干课程的内容科学地融合成一体，力求做到学时少、内容精、重视应用，避免出现深奥的原理分析及复杂的公式推导。

本书内容共 8 章，包括汽车常用材料、互换性技术基础、静力学基础、材料力学基础、机械传动、轴系零部件、液压传动基础、机构运动仿真及有限元分析。其中，机构运动仿真及有限元分析内容属于选学内容。全书以构件的材料性能及力学分析为基础，以常用传动机构和通用零件为主要研究对象，以机构传动方式为主线进行介绍。书中设置了二维码移动课堂及典型习题，以强化读者对知识点的理解和掌握。

本书可作为高职高专院校汽车类或近机类专业的教材，也可供相关专业技术人员参考。

♦ 主　　编　金旭星
　　副主编　张　宇　雷跃峰　王　昊
　　责任编辑　刘盛平
　　执行编辑　王丽美
　　责任印制　焦志炜
♦ 人民邮电出版社出版发行　　北京市丰台区成寿寺路 11 号
　　邮编　100164　　电子邮件　315@ptpress.com.cn
　　网址　http://www.ptpress.com.cn
　　北京建宏印刷有限公司印刷
♦ 开本：787×1092　1/16
　　印张：19.75　　　　　　　　　2016 年 9 月第 3 版
　　字数：508 千字　　　　　　　2025 年 10 月北京第 23 次印刷

定价：46.00 元
读者服务热线：(010)81055256　印装质量热线：(010)81055316
反盗版热线：(010)81055315

本书是根据近几年高职高专教育发展的特点和趋势，充分吸收了汽车应用维修及近机类专业的培养目标及课程改革成果，以及使用本书同行们的各种意见和建议，在第 2 版的基础上，按照实用、优化、提高的原则修订而成的。

与第 2 版相比，本版除酌情调整教材内容，修改了部分疏漏之外，重点推出了移动课堂服务。通过手机扫描各章节相对应的二维码，读者可方便地获取阅读之处所需了解的内容及其延展内容，进行更深入的学习。

本书的参考学时为 110～120 学时。建议采用理论实践一体化教学模式，各章节的参考学时见下面的学时分配表。

章 节	课程内容	学时分配	
		讲 授	实 训
第 1 章	汽车常用材料	6	2
第 2 章	互换性技术基础	6	4
第 3 章	静力学基础	8	0
第 4 章	材料力学基础	18	4
第 5 章	机械传动	26	8
第 6 章	轴系零部件	12	4
第 7 章	液压传动基础	8	2
第 8 章	机构运动仿真及有限元分析	4	2
	课时总计	88	26

全书由无锡职业技术学院金旭星任主编，哈尔滨职业技术学院张宇、日照职业学院雷跃峰、山东信息职业技术学院王昊任副主编。无锡职业技术学院吕伟文、沈明南参与了本书的编写。在此，向所有关心和支持本书出版的人表示衷心感谢！

由于编者水平有限，书中错误和不妥之处在所难免，敬请广大读者批评指正。来信请至 jinxuxing@163.com。

金旭星
2016 年 5 月于无锡职业技术学院

目录

第 1 章
汽车常用材料

【学习目标】

1. 了解工程材料的主要类型
2. 理解金属材料各力学性能指标的含义
3. 理解材料硬度的类型及测定方法
4. 了解常用金属材料的应用特点
5. 理解各种钢热处理方法的含义
6. 了解机械零件材料的一般选择原则及方法

|1.1 金属材料的性能|

金属材料是人类社会发展的重要物质基础，也是现代汽车技术发展的重要支柱之一。金属材料具备许多优异的性能。这些性能可分为两类：一类是使用性能，反映材料在使用过程中所表现出来的特性，如力学性能、物理性能和化学性能等；另一类是工艺性能，反映材料在加工制造过程中所表现出来的特性，如铸造性、可锻性、焊接性、切削加工性和热处理性等。

认识金属材料

1.1.1 金属材料的力学性能

任何一台机器大都是由金属零件、部件所组成的，而零件在工作时将承受外力（载荷）的作用。金属材料在外力作用下所表现出来的特性即是力学性能，其主要指标有强度、塑性、硬度、冲击韧性和疲劳强度等。上述指标既是选材的重要依据，又是控制、检验材料质量的重要参数。

材料受外力作用时，会引起尺寸与形状的改变，材料尺寸或形状的改变称为变形。载荷与变形的关系可用试验的方法测定。

1．强度与刚度

强度是材料在载荷作用下抵抗塑性变形或破坏的能力。抵抗外力的能力越大，则材料强度越高。抵抗塑性变形的能力称为屈服强度，抵抗破坏的能力称为破坏强度。材料一旦确定，则零件的相应强度极限也就确定了。

材料受到外力作用时，在材料内部将产生一个抵抗变形及破坏的力，由于该力的性质属于材料内部不同截面上的相互作用，故称为内力。需要说明的是，内力总是成对出现且等值、反向、共线，内力的合力恒为零。但内力与外力的划分又与所取对象有关。随所取对象的范围不同，内力与外力是可以互相转化的。

强度一般以应力的形式进行衡量和评判。在单位截面积上产生的内力称为应力，工程上应力单位常用 MPa（兆帕）、GPa（吉帕），$1\text{MPa}=1\text{N/mm}^2$，$1\text{GPa}$（吉帕）＝$1\,000\text{MPa}$。

一般地，把垂直于受力截面的应力分量称为正应力，用 σ 表示；相切于截面的应力分量称为剪应力或切应力，用 τ 表示。

刚度是指零件在载荷作用下，在材料弹性极限范围内抵抗变形的能力。抵抗变形的能力越强，则零件的刚度越高。零件的刚度与材料的性质及零件的形状尺寸有关。刚度有绝对值和相对值两种表示方法。

材料的刚度

2．硬度

硬度是指金属材料抵抗局部变形，特别是塑性变形、压痕或划痕的能力。硬度是衡量材料性能的一个综合的工程量。材料的硬度越高，耐磨性就越好。

测定硬度的方法很多，常用的有布氏硬度测试法和洛氏硬度测试法。测定硬度的工具是硬度计，如图 1-1 所示。

（1）布氏硬度及其测定

布氏硬度试验原理如图 1-2 所示，将直径为 D 的硬质合金球，在规定载荷 F 的作用下压入被测金属表面，保持一定时间后卸除载荷，测定残留压痕直径 d，求出压痕球冠形的表面积 A，压痕单位表面积上所承受的平均压力（F/A）即为布氏硬度值，用符号 HBW 表示。在实际应用时，只要测出压痕直径 d，就可在专用表中查出相应的布氏硬度值。

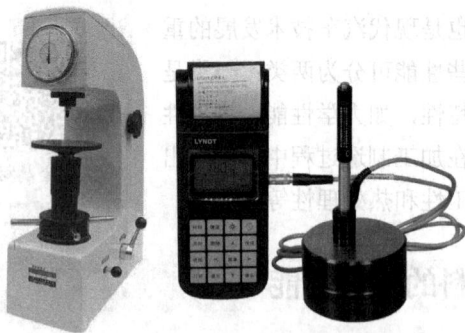

图 1-1　硬度计

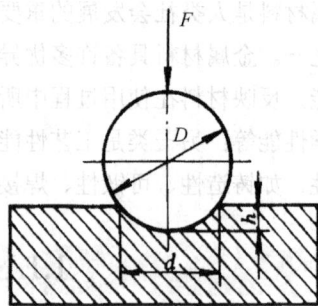

图 1-2　布氏硬度试验原理

布氏硬度试验的优点是测定的数据准确稳定，数据重复性强。但压痕的面积较大，对金属表面的损伤也大，而且不易测定太薄零件的硬度，也不适合测定表面质量要求较高的成品件的硬度。布氏硬度多用于测定原材料、半成品及微小部分性能不均匀的材料硬度。

（2）洛氏硬度及其测定

洛氏硬度的测定与布氏硬度测定类似，将锥顶角为 120° 的金刚石圆锥体或直径 1.587 5mm 的钢球作为压头，以一定的载荷压入被测金属材料的表层，然后根据压痕的深度来确定硬度值。在相同的试验条件下，压痕深度越小，则材料的硬度值越高。

洛氏硬度值没有单位，只是根据不同的试验材料、不同的压头和所加压力大小，分为 HRA、HRB、HRC 三种标记。其中 HRA 与 HRC 是用锥顶角为 120° 的金刚石圆锥体为压头，采用的总载荷分别为 588N 与 1471N；而 HRB 值的测定则采用直径 1.587 5mm 的钢球作为压头，总载荷为 980N。中等硬度材料可用 HRC 测量；软材料用 HRB 测量；较硬的材料用 HRA 测量，其中 HRC 应用最广。

与布氏硬度相比，洛氏硬度试验操作简单、方便、迅速，适用的硬度范围广，可用来测量薄片和成品。但洛氏硬度试验不宜用于测定各微小部分性能不均匀的材料，且测量结果不如布氏硬度精确，故至少需在试样上的不同部位测定三点，取其算术平均值。

（3）维氏硬度及其测定

维氏硬度的试验原理是：以顶角为 136° 的四棱金刚石，在较小的载荷（常用 50～1 000N）作用下压入被测材料表面，并按规定保持一定时间，然后用附在试验计上的显微镜测量压痕的对角线长度，以凹痕单位表面积上所承受的压力作为维氏硬度值，用符号 HV 表示。维氏硬度法所测得的压痕轮廓清晰，数值较准确，测量范围广，采用较小的压力可以测量硬度高的薄件而不致将被测件压穿。

3. 塑性

塑性是指材料断裂前发生不可逆、永久变形的能力。材料断裂前的变形越大，表示它的塑性越好。衡量材料塑性的常用指标是断后伸长率和断面收缩率。拉伸试样如图 1-3 所示。

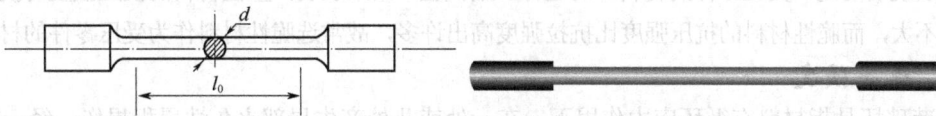

图 1-3　拉伸试样

（1）断后伸长率

断后伸长率是指试样拉断后的标距伸长量与原始标距之比，即标距的相对伸长，用符号 δ 表示，如图 1-3 所示。

$$\delta = \frac{l_1 - l_0}{l_0} \times 100\%$$

式中　l_0——试样的原始标距长度；

　　　l_1——试样断裂后的标距长度。

（2）断面收缩率

断面收缩率是指试样拉断后，缩颈处横截面积的最大缩减量与原始横截面积的百分比，用符号 ψ 表示。

$$\psi = \frac{A_0 - A_1}{A_0} \times 100\%$$

式中　A_0——试样的原始横截面积；

　　　A_1——试样拉断后缩颈处的最小横截面积。

拉伸试验是测定材料静态力学性能指标的常用方法。通常将材料制成标准试样，装在拉伸试验机上，如图 1-4 所示。对试样缓慢施加拉力，使之不断地产生变形，直到拉断试样为止。根据拉伸试验过程中的载荷和对应的变形量关系，可绘出材料的拉伸曲线。图 1-5 所示为塑性材料低碳钢的拉伸曲线，图中纵坐标表示载荷 F，横坐标表示变形量 Δl。p 点称为比例极限点，e 点为弹性极限点，s 点为屈服极限点，b 点为强度极限点。通过拉伸曲线可测定材料的强度与塑性等指标，s 点及 b 点的 F/A_0 比值即为该材料的屈服强度 σ_s 及破坏强度（抗拉强度）σ_b。

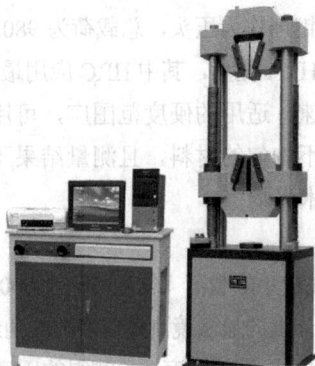

图 1-4　拉伸试验机

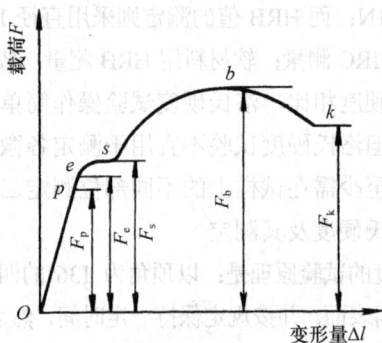

图 1-5　低碳钢拉伸曲线

　　工程上常将断后伸长率大于 5% 的材料称为塑性材料，而将断后伸长率小于 5% 的材料称为脆性材料。对于塑性材料，如低碳钢，常用的强度指标一般取其屈服强度 σ_s（微量屈服材料为 $\sigma_{0.2}$）；对于脆性材料，如铸铁、混凝土等，因其拉伸曲线无明显的屈服变形阶段，故强度指标一般取其抗拉强度 σ_b。

　　需要说明的是，受压零件的材料，需进行压缩试验。结果表明，塑性材料的抗压强度与抗拉强度值相差不大，而脆性材料的抗压强度比抗拉强度高出许多，故常选脆性材料作为受压零件的材料。

4．疲劳强度

　　疲劳破坏是指材料在循环应力作用下，在一处或几处产生局部永久性累积损伤，经一定循环次数后产生裂纹或突然产生断裂的过程。引起疲劳破坏的循环应力最大值称为疲劳强度。

　　许多机械零件，如各种轴、齿轮、弹簧、连杆等，经常受到大小或方向周期性变化的载荷作用。这种交变载荷常会使材料在小于其破坏强度，甚至小于其屈服强度的情况下，经多次循环后，在没有明显的外观变形时，发生断裂。图 1-6 所示为疲劳破坏的齿轮。

　　疲劳断裂与静载荷下的断裂不同，无论是脆性材料还是塑性材料，疲劳破坏都是突然发生的，常常会造成严重事故，具有很大的危险性。

　　金属零件的疲劳破坏与很多因素有关，人们可通过改善零件的结构形状，避免应力集中，改善表面粗糙度，进行表面强化处理等措施来提高其疲劳强度。

图 1-6　疲劳破坏的齿轮

1.1.2　金属材料的物理性能

　　金属材料的物理性能指金属材料的熔点、导热性、导电性、热膨胀性、磁性等。

1．熔点

　　金属材料在缓慢加热的条件下，由固态开始熔化为液态时的温度，称为该金属的熔点，单位为摄氏度（℃）。在工业上常用的金属中，锡的熔点最低，为 231.9℃；钨的熔点最高，为 3 410℃。但大多数合金材料在熔化时，其熔化过程是在一个温度范围内进行的，即它们没有一个固定的熔点。

　　了解各种金属材料和合金的熔点，对掌握铸造、焊接、镀锡以及配制合金等工艺都很重要。

例如，熔点低的金属或合金可以用来制造焊锡、保险丝等，而熔点高的金属材料可以用来制造发动机高温部件、汽轮机叶片、电热丝等耐热零件。

2．导热性

导热性是指金属材料传导热量的能力。金属的导热性越差，在加热或冷却时，部件表面和内部的温度差就越大，由此产生的内应力就越大，就越容易发生裂纹。导热性较好的常见金属材料有银、铜和铝。

3．导电性

金属材料传导电流的能力称为材料的导电性。导电性以银最好，其次是铜和铝，合金的导电性一般比纯金属差。金属材料的导电性越差，则电阻越大，电流通过时所产生的热量就越大。利用这一特点，高电阻的金属材料常用来制造电热元件，最常用的金属电热材料有铬镍合金、铁铬铝合金等。

4．热膨胀性

金属材料在加热时体积增大的性能称为热膨胀性。在生产实践中，必须考虑金属材料热膨胀性所产生的影响。例如，发动机转子与静子之间要留有足够的间隙，以防止机组启动加热时，因其膨胀的差异，产生转子与静子磨损的破坏事故。紧固件则要求与被紧固部件的膨胀系数相近。精密仪器的零件就要求采用膨胀系数小的材料来制造。在异种材料焊接时，也要考虑它们的膨胀系数是否相近，否则会因为热膨胀而使零件变形或损坏。

5．磁性

金属被磁化或被磁力吸引的性能称为磁性。根据材料磁性的不同，通常将金属材料分为铁磁材料、顺磁材料和逆磁材料三种。铁磁材料有铁、钴、镍等，它们在外磁场中能强烈被磁化。顺磁材料有锰、铬、钨、钼等，它们在外加磁场中只是微弱地被磁化。逆磁材料有铜、锡、铅、锌等，它们能抵抗或削弱外加磁场对材料本身的磁化作用。铁磁性材料是制造电机、电器中不可缺少的材料，如变压器、电机及测量仪表的铁心都是用硅钢片、工业纯铁制造的。

1.1.3 金属材料的化学性能

金属材料在室温或高温下，抵抗介质对它化学侵蚀的能力，称为金属材料的化学性能。金属材料的化学性能一般包括抗氧化性和耐蚀性等。

抗氧化性是指金属材料在高温时抵抗氧化性气氛腐蚀作用的能力。汽车中的高温部件，如过热器、水冷壁管、汽轮机的气缸和叶片等，长期在高温下工作，容易产生氧化腐蚀。许多金属都能与空气中的氧进行化合而形成氧化物，在金属表面形成一层氧化膜。如果金属表面形成的氧化物层比较疏松，这时外界氧气便可以继续与金属作用，使金属材料受到破坏，这种现象称为金属的氧化。如果金属表面形成的氧化物层比较致密，而且牢固地覆盖在金属表面上，相当于形成了一层保护层，使氧气不能再与金属接触，阻止了金属的继续氧化，金属就得到了保护，这样的金属抗氧化性高，如暴露在空气中的汽车铝轮毂。

金属材料抵抗各种介质（大气、酸、碱、盐）侵蚀的能力称为耐蚀性。汽车中的一些热力部件，长期接触高温烟气、水汽或一些腐蚀介质，使金属表面不断受到各种侵蚀，有时还会侵入金属内部，给安全运行带来不利影响，严重时甚至造成破裂损坏事故。因此，金属材料的耐蚀性是一个很重要的材料性能。

1.1.4 金属材料的工艺性能

金属材料的工艺性能是指金属材料所具有的能够适应各种加工工艺要求的能力，它是力学、物理、化学性能的综合表现。它包括铸造性、可锻性、焊接性、切削加工性和热处理性等。

1. 铸造性

铸造是将熔融金属浇入与工件形状相应的铸造型腔中，待其冷却后，得到毛坯或零件的成形方法，如图1-7所示。

铸造性是指金属在铸造生产中表现出的工艺性能，如流动性、收缩性、偏析性以及吸气性等。如果某一金属材料在液态时流动能力大，不容易吸收气体，冷凝过程中收缩小，凝固后铸件的化学成分均匀，则认为这种金属材料具有良好的铸造性。在常用的金属材料中，灰铸铁和青铜有良好的铸造性。

锻造生产

2. 可锻性

锻造是一种利用锻压机械对金属坯料施加压力，使其产生塑性变形以获得具有一定力学性能、一定形状和尺寸锻件的加工方法，如图1-8所示。

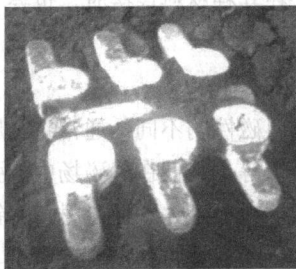

图1-7 金属材料的铸造

图1-8 金属材料的锻造

可锻性是指锻造金属材料的难易程度。若金属材料在锻造时塑性好，变形抗力小（锻造时消耗能量小），则称该金属的可锻性好；反之，则可锻性差。所以金属的可锻性是金属的塑性和变形抗力两者的综合。

钢的可锻性与化学成分有关，低碳钢的可锻性比中碳钢、高碳钢好；普通碳钢的可锻性比同样含碳量的合金钢好，铸铁则没有可锻性。

3. 焊接性

焊接是将被焊材料（同种或异种），通过加热或加压或两者并用，并且用或不用填充材料，使工件的材质达到原子间的键合而形成永久性连接的工艺，如图1-9所示。

焊条电弧焊

焊接性是指金属材料对焊接成形的适应性，也就是指在一定的焊接工艺条件下金属材料获得优质焊接接头的难易程度。焊接性好的材料，可用一般的焊接方法和焊接工艺进行焊接，焊缝中不易产生气孔、夹渣或裂纹等缺陷，其焊接接头强度与母材相近。焊接性差的金属材料要采用特殊的焊接方法和工艺才能进行焊接。

金属的焊接性很大程度上受金属本身材质（如化学成分）的影响。在常用金属材料中，低碳钢有良好的焊接性，而高碳钢和铸铁焊接性则较差。

4. 切削加工性

切削加工是一种用切削工具（包括刀具、磨具和磨料）把坯料或工件上多余

认识金属加工的一般过程

的材料层切去成为切屑，使工件获得规定的几何形状、尺寸和表面质量的加工方法，如图 1-10 所示。

图 1-9　材料的焊接

图 1-10　材料的切削加工

切削加工性是指金属材料被切削加工的难易程度。金属材料的切削加工性不仅与材料本身的化学成分、金相组织有关，还与刀具的几何参数等因素有关。通常可根据材料的硬度和韧性对材料的切削加工性做出大致判断。工件材料硬度过高，刀具易磨损，寿命短，甚至不能切削加工；硬度过低，容易粘刀，且不易断屑，加工后表面粗糙。所以硬度过高或过低、冲击韧度过大的材料，其切削性能较差。灰铸铁及硬度为 150～250HBW 的碳钢，具有较好的切削加工性。

关于金属材料的热处理性能将在 1.3 节进行分析。

1.2　常用工程材料

各类机电产品，大多是由种类繁多、性能各异的工程材料通过加工制成的零件构成的。工程材料按照化学成分的不同可分为金属材料和非金属材料两种，其中金属材料是工程中应用最广泛的。

1.2.1　黑色金属材料

通常，工业上对铁、铬和锰及这三种金属的合金，尤其是铁碳合金称为黑色金属。除这三种金属（合金）以外的金属（合金）称为有色金属。

1. 铸铁

铸铁是含碳质量分数大于 2.11% 的铁碳合金。工业上常用的铸铁含碳的质量分数一般为 2.5%～4.0%。由于铸铁具有良好的铸造性、吸振性、切削加工性及一定的力学性能，并且价格低廉、生产设备简单，因此在机器零件材料中占有很大的比重，被广泛地用于制作各种机架、底座、箱体、缸套等形状复杂的零件。

根据碳在铸铁中存在形态的不同，铸铁可分为下列几种。

（1）白口铸铁

白口铸铁中碳几乎全部以渗碳体（Fe_3C）的形式存在。Fe_3C 具有硬而脆的特性，使得白口铸铁变得非常脆硬，切削加工困难。工业上很少直接用白口铸铁来制造机器零件，而主要作为炼钢的原料。它的断口呈亮白色，故称为白口铸铁，如图 1-11（a）所示。

（2）灰铸铁

灰铸铁中的碳大部分或全部以片状石墨的形式存在，断口呈灰色，故称为灰铸铁，如图 1-11（b）所示。灰铸铁具有良好的铸造性、耐磨性、吸振性和切削加工性，是目前生产中用得最多的一种铸铁。灰铸铁的牌号是用两个汉语拼音字母和一组力学性能数值来表示的。常用的灰铸铁有

HT100、HT150、HT200、HT250、HT300 和 HT350，牌号中"HT"是"灰铁"两字汉语拼音的第一个字母，其后的数字表示其抗拉强度。表 1-1 给出了常用灰铸铁的牌号、力学性能及应用举例。

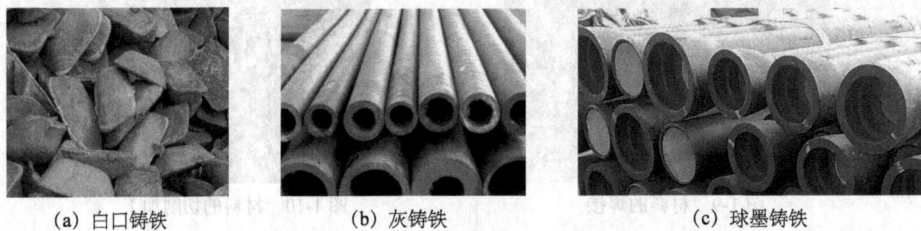

| (a) 白口铸铁 | (b) 灰铸铁 | (c) 球墨铸铁 |

图 1-11 铸铁材料

表 1-1   常用灰铸铁的牌号、力学性能及应用（部分摘自 GB/T 9439—2010）

类别	牌号	铸铁壁厚 /mm	抗拉强度 $\sigma_b \geq$ /MPa	硬度 HBW	用途举例
铁素体 灰铸铁	HT100	2.5～10	130	110～166	低载荷和不重要的零件，如盖、外罩、手轮、支架、底板、手柄等
		10～20	100	93～140	
		20～30	90	87～131	
		30～50	80	82～122	
铁素体 珠光体 灰铸铁	HT150	2.5～10	175	137～205	承受中等应力的铸件，如普通机床的支柱、底座、齿轮箱、刀架、床身、轴承座、工作台、带轮、泵壳、阀体、法兰、管路及一般工作条件的零件
		10～20	145	119～179	
		20～30	130	110～166	
		30～50	120	105～157	
珠光体 灰铸铁	HT200	2.5～10	220	157～236	承受较大应力和要求一定气密性或耐蚀性的较重要铸件，如气缸、齿轮、机座、机床床身、立柱、气缸体、气缸盖、活塞、制动轮、泵体、阀体、化工容器等
		10～20	195	148～222	
		20～30	170	134～200	
		30～50	160	129～192	
	HT250	4.0～10	270	175～262	
		10～20	240	164～247	
		20～30	220	157～236	
		30～50	200	150～225	
孕育 铸铁	HT300	10～20	209	182～272	承受高的应力，要求耐磨、高气密性的重要铸件，如剪床、压力机、自动机床和重型机床床身、机座、机架、齿轮、凸轮、衬套、大型发动机曲轴、气缸体、缸套、高压油缸、水缸、泵体、阀体等
		20～30	250	168～251	
		30～50	230	161～241	
	HT350	10～20	340	199～298	
		20～30	290	182～272	
		30～50	260	171～257	

（3）球墨铸铁

球墨铸铁中的碳以球状石墨形式存在。它是浇铸前在熔化的铸铁中加入一定量的球化剂（稀土镁合金）和孕育剂（硅铁或硅钙合金）获得的，如图 1-11（c）所示。

球墨铸铁是一种性能优良的铸铁，其强度、塑性和韧性等力学性能远远超过灰铸铁而接近于普通碳素钢，同时又具有灰铸铁一系列的优良性能，如良好的铸造性、耐磨性、切削加工性和低的缺口敏感性等。因此，球墨铸铁常用于制造承受冲击载荷的零件，如传递动力的齿轮、曲轴、连杆等。

球墨铸铁的牌号用两个汉语拼音字母和两组力学性能数值来表示。如 QT400-17，牌号中"QT"是"球铁"两字汉语拼音的第一个字母，其后两组数字分别表示最低抗拉强度为 400MPa，最低伸长率为 17%。表 1-2 给出了常用球墨铸铁的牌号、力学性能及应用举例。

表 1-2　常用球墨铸铁的牌号、力学性能及应用举例（部分摘自 GB/T 1348—2009）

基本类型	牌号	力学性能				应用举例
		σ_b/MPa	$\sigma_{0.2}$/MPa	ψ(%)	HBW	
		不小于				
铁素体	QT400-18	400	250	18	130～180	农机具犁铧、犁柱；汽车拖拉机轮毂、离合器壳、差速器壳、拨叉、阀体、阀盖、气缸；铁轨垫板、电动机壳、飞轮壳等
	QT400-15	400	250	15	130～180	
	QT450-10	450	310	10	160～210	
铁素体+珠光体	QT500-7	500	320	7	170～230	内燃机油泵齿轮；铁路机车轴瓦、机器座架、传动轴、飞轮、电动机等
珠光体 + 铁素体	QT600-3	600	370	3	190～270	柴油机/汽油机曲轴、凸轮轴、气缸套、连杆、部分磨床、铣床、车床主轴；农机具脱粒机齿条、负荷齿轮；起重机滚轮、小型水轮机主轴等
珠光体	QT700-2	700	420	2	225～305	
珠光体或回火组织	QT800-2	800	480	2	245～335	
贝氏体 + 回火马氏体	QT900-2	900	600	2	280～360	内燃机曲轴、凸轮轴、汽车螺旋齿轮、转向轴、拖拉机减速齿轮；农机犁铧等

（4）可锻铸铁

可锻铸铁中的石墨呈团絮状，它是由白口铸铁经长时间高温石墨化退火而得到的一种铸铁。可锻铸铁实际上并不能锻造，"可锻"仅表示它具有一定的塑性，其强度比灰铸铁高，但铸造性能比灰铸铁差。由于其生产周期长，工艺复杂且成本高，已逐渐被球墨铸铁取代。

可锻铸铁的牌号由三个汉语拼音字母和两组力学性能数值来表示。如"KTH"表示黑心可锻铸铁，"KTZ"表示珠光体可锻铸铁，"KTB"表示白心可锻铸铁。KTH350-10 即表示黑心可锻铸铁，抗拉强度为 350MPa，最低断后伸长率为 10%。

2．碳素钢

通常把含碳质量分数在 2.11% 以下的铁碳合金称为钢。实际应用的碳素钢含有少量的杂质，如硅（Si）、锰（Mn）、硫（S）、磷（P）等。碳素钢可以轧制成板材和型材，也可以锻造成各种形状的锻件。

碳素钢一般可按含碳质量分数、质量和用途三种情况来分类。

按含碳质量分数，碳素钢分为低碳钢、中碳钢和高碳钢。

低碳钢：$\omega_C \leqslant 0.25\%$。

中碳钢：$0.25\% < \omega_C \leqslant 0.6\%$。

高碳钢：$\omega_C > 0.6\%$。

按钢的质量，即主要根据钢中有害杂质（硫、磷）的含量可分为普通碳素钢、优质碳素钢和高级优质碳素钢。

普通碳素钢：$\omega_S \leqslant 0.055\%$，$\omega_P \leqslant 0.045\%$。

优质碳素钢：$\omega_S \leqslant 0.045\%$，$\omega_P \leqslant 0.040\%$。

高级优质碳素钢：$\omega_S \leqslant 0.03\%$，$\omega_P \leqslant 0.035\%$。

按用途碳素钢可分为碳素结构钢和碳素工具钢。

碳素结构钢：主要用于制造各种工程构件（如桥梁、船舶、建筑用钢）和机器零件（如齿轮、轴、连杆、螺栓、螺钉等）。这类钢一般属于低、中碳钢。

碳素工具钢：主要用于制造各种刃具、量具、模具。这类钢一般属于高碳钢。

下面简要介绍几种常用的碳素钢。

（1）普通碳素结构钢

普通碳素结构钢钢通常为热轧钢板、型钢、棒钢等，可供焊接、铆接、螺栓连接一般工程构件，大多不需进行热处理而直接在供应状态下使用。

钢的牌号由代表屈服点的字母、屈服点数值、质量等级符号、脱氧方法符号四个部分按顺序组成。如 Q235AF，Q 为钢材屈服点"屈"字汉语拼音首位字母，235 表示屈服强度为 235MPa，A 为质量等级，F 表示沸腾钢。

表 1-3 所示为普通碳素结构钢的力学性能和应用举例。

表 1-3　　　　　　　普通碳素结构钢的力学性能和应用举例

钢号	质量等级	σ_s/MPa				σ_b/MPa	ψ（%）				应用举例
		钢材厚度（直径）/mm					钢材厚度（直径）/mm				
		≤16	16～40	40～60	60～100		≤16	16～40	40～60	60～100	
		不小于					不小于				
Q195	—	(195)	(185)	—	—	315～390	33	32	—	—	塑性好，有一定的强度，用于制造受力不大的零件。如螺钉、螺母、垫圈等，以及焊接件、冲压件及桥梁建筑等金属结构件
Q215	A B	215	205	195	185	335～410	31	30	29	28	
Q235	A B C D	235	225	215	205	375～460	36	25	24	23	
Q255	A B	255	245	235	225	410～510	24	23	22	21	强度较高，用于制造承受中等载荷的零件。如小轴、销子、连杆、农机零件等
Q275		275	265	255	245	490～610	20	19	18	17	

（2）优质碳素结构钢

优质碳素结构钢中只含有少量的有害杂质硫和磷。既能保证钢中的化学成分，又能保证力学性能，因此质量较高，可用于制造较重要的机械零件。

钢的牌号用两位数字表示，这两位数字表示钢中平均含碳质量分数的万分数。例如，08F、10A、45、65Mn，表示钢中平均含碳质量分数分别为 0.08%、0.1%、0.45%、0.65%；含碳质量分数后面加"A"表示高级优质钢；含锰质量分数较高时则在含碳质量分数后面加锰元素符号"Mn"。

优质碳素结构钢根据含碳量又可分为低碳钢、中碳钢和高碳钢。

低碳钢强度低，塑性、韧性好，易于冲压加工，主要用于制造受力不大的机械零件，如螺钉、螺母、冲压件和焊接件等。

中碳钢强度较高，塑性和韧性也较好，且应用广泛，多用于制造齿轮、丝杠、连杆和各种轴类零件等。

　　高碳钢热处理后具有高强度和良好的弹性，但切削加工性、可锻性和焊接性差，主要用于制造弹簧和易磨损的零件。

　　表1-4给出了优质碳素结构钢的化学成分、力学性能和用途。

表1-4　　　　　　　　优质碳素结构钢的化学成分、力学性能和应用举例

钢号	化学成分（质量分数，%）					力 学 性 能					应用举例
	C	Si	Mn	P≤	S≤	σ_b/MPa	σ_s/MPa	ψ(%)	δ(%)	A_K/J	
						不　小　于					
08F	0.05～0.11	≤0.03	0.25～0.50	0.035	0.035	295	175	35	60	—	受力不大但要求高韧性的冲压件、焊接件、紧固件，如螺栓、螺母、垫圈等
10F	0.07～0.14	≤0.07	0.25～0.50	0.035	0.035	315	185	33	55	—	
15F	0.12～0.19	≤0.07	0.25～0.50	0.035	0.035	355	205	29	55	—	
08	0.05～0.12	0.17～0.37	0.35～0.65	0.035	0.035	325	195	33	60	—	
10	0.07～0.14	0.17～0.37	0.35～0.65	0.035	0.035	335	205	31	55	—	渗碳淬火后可制要求强度不高的受磨零件，如凸轮、滑块、活塞销等
15	0.12～0.19	0.17～0.37	0.35～0.65	0.035	0.035	375	225	27	55	—	
20	0.17～0.24	0.17～0.37	0.35～0.65	0.035	0.035	410	245	25	55	—	
25	0.22～0.30	0.17～0.37	0.50～0.80	0.035	0.035	450	275	23	50	71	
30	0.27～0.35	0.17～0.37	0.50～0.80	0.035	0.035	490	295	21	50	63	
35	0.32～0.40	0.17～0.37	0.50～0.80	0.035	0.035	530	315	20	45	55	载荷较大的零件，如连杆、曲轴、主轴、活塞销、表面淬火齿轮、凸轮等
40	0.37～0.45	0.17～0.37	0.50～0.80	0.035	0.035	570	335	19	45	47	
45	0.42～0.50	0.17～0.37	0.50～0.80	0.035	0.035	600	355	16	40	39	
50	0.47～0.55	0.17～0.37	0.50～0.80	0.035	0.035	630	375	14	40	31	
55	0.52～0.60	0.17～0.37	0.50～0.80	0.035	0.035	645	385	13	45	—	
60	0.57～0.65	0.17～0.37	0.50～0.80	0.035	0.035	675	400	12	35	—	
65	0.62～0.70	0.17～0.37	0.50～0.80	0.035	0.035	695	410	10	30	—	要求弹性极限或强度较高的零件，如轧辊、弹簧、钢丝绳、偏心轮等
70	0.67～075	0.17～0.37	0.50～0.80	0.035	0.035	715	420	9	30	—	
75	0.72～0.80	0.17～0.37	0.50～0.80	0.035	0.035	1 080	880	7	30	—	
80	0.77～0.85	0.17～0.37	0.50～0.80	0.035	0.035	1 080	930	6	30	—	
85	0.82～0.90	0.17～0.37	0.50～0.80	0.035	0.035	1 130	980	6	30	—	
15Mn	0.12～0.19	0.17～0.37	0.70～1.00	0.035	0.035	410	245	26	55	—	
20Mn	0.17～0.24	0.17～0.37	0.70～1.00	0.035	0.035	450	275	24	50	—	
25Mn	0.22～0.30	0.17～0.37	0.70～1.00	0.035	0.035	490	295	22	50	71	
30Mn	0.27～0.35	0.17～0.37	0.70～1.00	0.035	0.035	540	315	20	45	63	
35Mn	0.32～0.40	0.17～0.37	0.70～1.00	0.035	0.035	560	335	19	45	55	应用范围和普通含锰量的优质碳素结构钢相同
40Mn	0.37～0.45	0.17～0.37	0.70～1.00	0.035	0.035	590	355	17	45	47	
45Mn	0.42～0.50	0.17～0.37	0.70～1.00	0.035	0.035	620	375	15	40	39	
50Mn	0.48～0.56	0.17～0.37	0.70～1.00	0.035	0.035	645	390	13	40	31	
60Mn	0.57～0.65	0.17～0.37	0.70～1.00	0.035	0.035	695	410	11	35	—	
65Mn	0.62～0.70	0.17～0.37	0.70～1.00	0.035	0.035	735	430	9	30	—	
70Mn	0.67～0.75	0.17～0.37	0.70～1.00	0.035	0.035	785	450	8	30	—	

　　注：表中数据摘自国家标准GB/T 699—1999。

（3）碳素工具钢

碳素工具钢含碳质量分数在 0.7%以上，属于高碳钢，适宜制作各种工具、刃具、量具和模具。

碳素工具钢的牌号首位用"T"表示，后面的数字表示平均含碳质量分数的千分数。例如，T8 表示含碳质量分数平均为 0.8%的碳素工具钢。

（4）铸钢

铸钢一般分为碳素铸钢和合金铸钢。一般情况下多用碳素铸钢，当有特殊用途和特殊要求时可采用合金铸钢。铸钢的牌号用"ZG"（铸钢两字汉语拼音字首）和后面两组数字组成，如 ZG200-400、ZG310-570，第一组数字代表屈服强度值（MPa），第二组数字代表抗拉强度值（MPa）。铸钢主要用于承受重载、强度和韧性要求较高且形状复杂的铸件，如大型齿轮、水压机机座等。

3．合金钢

为了提高钢的性能，有意识地在碳素钢中加入一定量的合金元素（如硅、锰、铬、镍、钼、钒、钛等）即可炼成合金钢。由于合金元素的加入，细化了钢的晶粒，提高了钢的综合力学性能和其热硬性。合金钢按用途一般可分为合金结构钢、合金工具钢和特殊性能钢三类。

（1）合金结构钢

合金结构钢的牌号以"两位数字+合金元素符号+数字"表示。前面的两位数字表示平均含碳质量分数的万分数，合金元素符号后的数字表示该元素平均含量的百分数，若平均含量＜1.5%时，一般不标明含量；当平均含量在 1.5%～2.5%，2.5%～3.5%…时，则相应地用 2，3…表示。例如，60Si2Mn 表示碳的平均质量分数为 0.6%、平均含硅的质量分数为 2%、平均含锰的质量分数＜1.5%的硅锰钢。

合金结构钢根据性能和用途的不同，又可分为低合金结构钢、合金渗碳钢、合金调质钢、合金弹簧钢和滚动轴承钢等。滚动轴承钢是制造滚动轴承的专用钢，常用的牌号有 GCr9、GCr15、GCr9SiMn，牌号中"G"为"滚"字汉语拼音字首，铬元素符号后的数字表示平均含铬质量分数的千分数。例如，GCr15 表示含 Cr 的质量分数为 1.5%。

（2）合金工具钢

合金工具钢的编号方法与合金结构钢相似。平均含碳质量分数超过 1%时，一般不标出含碳量数字；若含碳质量分数小于 1%时，可用一位数字表示，以千分数计。例如，9SiCr 表示平均含碳质量分数为 0.9%，含硅、铬质量分数均＜1.5%的铬钢；Cr12MoV 则表示平均含碳质量分数≥1%，含铬质量分数为 12%，含钼、钒质量分数＜1.5%的铬钼钒钢。

合金工具钢常用来制造各种刃具、量具和模具，因而对应的就有刃具钢、量具钢和模具钢。

① 刃具钢。刃具钢用于制造各种刀具，通常分为低合金刃具钢和高速钢。低合金刃具钢主要是含铬的钢，常用的牌号有 9SiCr、9Cr2 等，主要用作形状较复杂的低速切削工具（如丝锥、板牙、铰刀等）。而高速钢是一种含钨、铬、钒等合金元素较多的钢，它的含碳质量分数在 1%左右。高速钢在空气中冷却也能淬硬，由于它可以刃磨得锋利、白亮，故又称为锋钢和白钢。

高速钢有较高的热硬性、足够的强度、韧性和刃磨性，是目前制造钻头、铰刀、铣刀、螺纹刀具和齿轮刀具等复杂形状刀具的主要材料。常用的牌号有 W18Cr4V、W6Mo5Cr4V2 和 W9Mo3Cr4V 等。

② 量具钢。量具钢要求有高的硬度和耐磨性，经热处理后不易变形，而且要有良好的加工工艺性。块规可选用变形小的钢，如 CrWMn、GCr15、SiMn 等。简单的量具除可用 T10A、T12A 外，还可用 9SiCr 等。

③ 模具钢。模具钢按使用要求可分为热作模具钢和冷作模具钢。热作模具钢是用来制作热态

下使金属成形的模具（如热锻模、压铸模等），它应具有很好的抗热疲劳损坏的能力、高的强度和较好的韧性，常用的牌号有 5CrNiMo 和 5CrMnMo。冷作模具钢是用来制作冷态下使金属成形的模具（如冷冲模、冷挤压模等），它应具有高的硬度、耐磨性和一定的韧性，并要求热处理变形小，常用的牌号有 Cr12、Cr12W、Cr12MoV 等。

（3）特殊性能合金钢

特殊性能合金钢是指具有特殊的物理、化学性能的一种高合金钢。其牌号表示法与合金工具钢原理相同，前面一位数表示平均含碳质量分数，以千分数计，若平均含碳质量分数<0.1%时用"0"表示，平均含碳质量分数≤0.03%时用"00"表示。例如：2Cr13、0Cr13 和 00Cr18Ni10，分别表示平均含碳质量分数为 0.2%、<0.1%、≤0.03%。特殊性能合金钢主要包括不锈钢、耐热钢、耐磨钢和磁性钢。

① 不锈钢。不锈钢中的主要合金元素是铬和镍。铬与氧化合，在钢表面形成了一层致密的氧化膜，保护钢免受进一步氧化，一般含铬量不低于12%时才具有良好的耐蚀性。不锈钢适用于制造化工设备、医疗器械等；常用的牌号有 1Cr13、2Cr13、3Cr13、4Cr13 等铬不锈钢，以及 1Cr18Ni19Ti、1Cr18Ni9Nb 等铬镍不锈钢。

② 耐热钢。耐热钢是在高温下抗氧化并具有较高强度的钢。钢中常含有较多铬和硅，以保证钢具有高的抗氧化性和高温下的力学性能。耐热钢适用于制造在高温条件下工作的零件，如内燃机气阀、加热炉管道等；常用的牌号有 15CrMo、4Cr9Si2、4Cr10Si2Mo 等。

③ 耐磨钢。耐磨钢主要是指高锰钢。如 ZGMn13，这种钢含碳质量分数高于 1%，含锰质量分数为 13%左右。该钢机械加工困难，大多采用铸造成形。耐磨钢具有在强烈冲击下抵抗磨损的性能，主要用作坦克和拖拉机履带、推土机挡板、挖掘机齿轮等。

④ 软磁钢。硅钢片是常用的软磁钢，它是在铁中加入硅并轧制成的薄片状材料。硅钢片杂质含量极少，具有良好的磁性，是制造变压器、电动机、电工仪表等不可缺少的材料。

1.2.2 有色金属材料

工业生产中通常称钢铁为黑色金属，而称铜、铝、镁、铅、轴承合金等及其合金为有色金属。由于有色金属具有某些特殊的性能，如良好的导热性、导电性及耐蚀性，已成为现代工业技术中不可缺少的重要材料。

1. 铜与铜合金

（1）纯铜

纯铜外观呈紫红色，又称紫铜。它具有良好的导电性和导热性、极好的塑性以及较高的耐蚀性，但力学性能较差，不宜用来制造结构零件，常用来制造导电材料和耐腐蚀性元件。

（2）黄铜

黄铜是铜（Cu）与锌（Zn）的合金。它色泽美观，有良好的耐蚀性及机械加工性能。黄铜中锌的质量分数在 20%~40%，随着锌的含量增加，黄铜强度增加而塑性下降。黄铜可以铸造，也可以压力加工。除了铜和锌以外，再加入少量其他元素的铜合金称为特殊黄铜，如锡黄铜、铅黄铜等。黄铜一般用于制造耐腐蚀和耐磨零件，如阀门、子弹壳、管件等。

压力加工黄铜的牌号用"黄"字汉语拼音字首"H"和数字表示。该数字表示平均含铜质量分数的百分数，如 H62 表示含铜质量分数为 62%、含锌质量分数为 38%。特殊黄铜则在牌号中标出合金元素的含量，如 HPb59-1 表示含铜质量分数为 59%、含铅质量分数为 1%的铅黄铜。

（3）青铜

除黄铜和白铜（铜镍合金）外，其余铜合金统称为青铜。铜锡合金称为锡青铜，其余青铜称为无锡青铜。

① 锡青铜。锡青铜是铜与锡的合金。它有很好的力学性能、铸造性、耐蚀性和减摩性，是一种很重要的减摩材料。主要用于制造摩擦零件和耐腐蚀零件，如蜗轮、轴瓦、衬套等。

② 无锡青铜。无锡青铜主要包括铝青铜、硅青铜和铍青铜等。它们通常作为锡青铜的代用材料使用。

加工青铜的牌号以"Q"为代号，后面标出主要元素的符号和含量。例如，QSn4-3 表示含锡质量分数为 4%、含锌质量分数为 3%，其余为铜（93%）的压力加工锡青铜。铸造铜合金的牌号用"ZCu"及合金元素符号和含量组成。例如，ZCuSn5Pb5Zn5 表示含锡、铅、锌的质量分数各约为 5%，其余为铜（85%）的铸造锡青铜。

2．铝及铝合金

（1）纯铝

纯铝是一种密度小（$2.72g/cm^3$）、熔点低（660℃）、导电性、导热性好，塑性好，强度、硬度低的金属。由于铝表面能生成一层极致密的氧化铝膜，能阻止铝继续氧化，故铝在空气中具有良好的抗腐蚀能力，主要用做导电材料或制造耐腐蚀零件。

（2）铝合金

铝中加入适量的铜、镁、硅、锰等元素即构成了铝合金。它具有足够的强度、较好的塑性和良好的耐蚀性，且多数可热处理强化。根据铝合金的成分及加工成形特点，可分为变形铝合金和铸造铝合金两大类。

① 变形铝合金。变形铝合金具有较高的强度和良好的塑性，可通过压力加工制作各种半成品，可以焊接。变形铝合金主要用作各类型材和结构件，如飞机构架、螺旋桨、起落架等。

变形铝合金又可按性能及用途分为防锈铝、硬铝、超硬铝、锻铝和特殊铝合金等 5 种。变形铝合金新旧牌号对照、主要性能及应用见表 1-5。

表 1-5　常用变形铝合金代号、成分、性能及应用（摘自 GB/T 3190—2008）

新牌号	相当于旧代号	主要化学成分（质量分数，%）				材料状态	力学性能			用途举例
		Cu	Mg	Mn	Zn		σ_b/MPa	$\psi(\%)$	HBW	
5A05	LF5	0.10	4.8～5.5	0.3～0.6	0.20	退火	220	15	65	焊接油箱、油管、焊条、铆钉和中等载荷零件及制品
						强化	250	8	100	
3A21	LF21	0.2	0.05	1.0～1.6	0.10	退火	125	21	30	焊接油箱、油管、焊条、铆钉和轻载零件及制品
						强化	165	3	55	
2A01	LY1	2.2～3.0	0.2～0.5	0.20	0.10	退火	160	24	38	中等强度工作温度不超过 100℃的结构用铆钉
						强化	300	24	70	
2A11	LY11	3.8～4.8	0.4～0.8	0.4～0.8	0.30	退火	250	10	—	中等强度的结构零件，如螺旋桨叶片、螺栓、铆钉、滑轮等
						强化	400	13	115	
7A04	LC4	1.4～2.0	1.8～2.8	0.2～0.6	5.0～7.0	退火	260	—	—	主要受力构件，如飞机大梁、桁条、加强框、接头及起落架等
						强化	600	8	150	

续表

新牌号	相当于旧代号	主要化学成分（质量分数，%）				材料状态	力学性能			用途举例
		Cu	Mg	Mn	Zn		σ_b/MPa	ψ(%)	HBW	
2A05	LD5	1.8~2.6	0.4~0.8	0.4~0.8	0.3	退火	—	—	—	形状复杂的中等强度的锻件、冲压件及模锻件、发动机零件等
						强化	420	13	105	
2A50	LD6	1.8~2.6	0.4~0.8	0.4~0.8	0.30	退火	—	—	—	形状复杂的模锻件、压气机轮和风扇叶轮
						强化	410	8	95	
2A70	LD7	1.9~2.5	1.4~1.8	0.2	0.30	退火	—	—	—	高温下工作的复杂锻件，如活塞、叶轮等
						强化	415	13	105	

② 铸造铝合金。铸造铝合金包括铝镁、铝锌、铝硅、铝铜等合金。它们有良好的铸造性，可以铸成各种形状复杂的零件，但塑性差，不宜进行压力加工。铸造铝合金应用最广的是硅铝合金，称为硅铝明。各类铸造铝合金的代号均以"ZL"加三位数字组成，第一位数字表示合金类别，第二、三位数字是顺序号，如 ZL102、ZL201 等。

3．轴承合金

轴承合金是用来制造滑动轴承的特定材料。对轴承合金的要求是摩擦系数小、耐磨性好、抗压强度高、导热性好等。

（1）锡基轴承合金（锡基巴氏合金）

锡基合金中含有锑和铜等元素。例如 ZSnSb11Cu6，Z 代表铸造，含 Sb 11%、Cu 6%（质量分数），其余为 Sn。

（2）铅基轴承合金（铅基巴氏合金）

铅基合金中含有锑、锡和铜等元素。常用的铅基轴承合金有 ZPbSb16Sn16Cu2，含 Sb16%、Sn16%、Cu2%（质量分数），其余为铅。

1.2.3 非金属材料

非金属材料通常指以无机物为主体的玻璃、陶瓷、石墨、岩石和以有机物为主体的木材、塑料、橡胶等一类材料。该类材料由晶体或非晶体组成，无金属光泽，是热和电的不良导体（碳除外）。一般非金属材料的力学性能较差（玻璃钢除外），但某些非金属材料可代替金属材料，是化学工业中不可缺少的材料。

自 19 世纪以来，随着生产和科学技术的进步，尤其是无机化学和有机化学工业的发展，人类以天然的矿物、植物、石油等为原料，制造和合成了许多新型非金属材料，如水泥、人造石墨、特种陶瓷、合成橡胶、合成树脂（塑料）、合成纤维等。这些非金属材料因具有各种优异的性能，为天然的非金属材料和某些金属材料所不及，使其在近代工业中的用途不断扩大，并迅速发展。

以下介绍几种常见的非金属工程材料。

1．塑料

塑料是一种以合成树脂为主要成分，加上其他添加剂（如增强剂、增塑剂、固化剂、稳定剂等）组成的高分子有机化合物。

按受热后所表现性能的不同，塑料可分为热塑性塑料和热固性塑料两大类。

热塑性塑料经加热后软化，并熔融成流动的黏稠液体，冷却后即成形固化。此过程是物理变化，可反复多次进行，其性能并不发生显著变化，如聚乙烯、聚氯乙烯、聚酰胺（尼龙）等。这类塑料的优点是成形加工简便，具有较高的力学性能；缺点是耐热性和刚度较差。

热固性塑料经加热后软化，冷却后成形固化，发生化学变化，再加热时不再转化（即变化是不可逆的），如酚醛塑料、环氧塑料和氨基塑料等。这类塑料具有耐热性高，受压不易变形等优点；缺点是力学性能不好，但可加入填料，以提高其强度。

按塑料的应用范围可分为通用塑料、工程塑料和耐高温塑料等。工程塑料是指用以代替金属材料作为工程结构的塑料。它们的强度高、质轻、绝缘、减摩、耐磨，或具备耐热、耐蚀等特殊性能，成形工艺简单，生产效率高，是一种良好的工程材料。

常用的工程塑料有以下几种。

（1）ABS塑料

ABS塑料具有硬、韧且刚度高的综合特性，力学性能较好，并且耐热、耐腐蚀，易于成形加工，常用来做泵的叶轮、齿轮、家用电器的外壳，以及小轿车车身等。

（2）聚酰胺

聚酰胺（PA）又名尼龙，是热塑性塑料。它具有坚韧、耐磨、耐疲劳、耐油、耐水、无毒等优良的综合性能，可用作一般机械零件，减摩、耐磨件及传动件，如轴承、齿轮、涡轮、高压密封圈等。

（3）酚醛塑料

酚醛塑料又名"电木"，是热固性塑料。酚醛塑料具有优良的耐热、绝缘、化学稳定性及尺寸稳定性，广泛应用于电话机外壳、开关、插座以及齿轮、凸轮、带轮等。

（4）氨基塑料

氨基塑料也是热固性塑料。氨基塑料具有良好的绝缘性、自熄性、防毒性、耐电弧性和耐热性，可作为一般机械零件、绝缘件和其他电器零件。

（5）环氧树脂

环氧树脂是应用广泛的一种热固性工程塑料。环氧树脂具有较高的强度、较好的韧性、优良的电绝缘性、高的化学稳定性和尺寸稳定性，可制作塑料模具、电气和电子元件及线圈的密封与固定等，同时环氧树脂也是一种很好的胶黏剂。

（6）有机玻璃

有机玻璃（PMMA）具有良好的透明性能，其透光度和韧性都比无机玻璃好。有机玻璃在工业、国防和生活用品等方面得到了广泛的应用，如制作油标、油杯、设备标牌、机壳等。

2．橡胶

橡胶是一种天然的或人工合成的高聚物的弹性体。工业上使用的橡胶制品是在橡胶中加入各种添加剂（有硫化剂、硫化促进剂、软化剂、防老化剂和填充剂等），再经过硫化处理后所得到的产品。橡胶具有良好的吸振性、耐磨性、绝缘性、足够的强度和积储能量的能力。工业上常用的橡胶牌号有丁苯橡胶、顺丁橡胶、氯丁橡胶、丁基橡胶等。

3．陶瓷

陶瓷是一种无机非金属材料，可分为普通陶瓷和特种陶瓷两大类。普通陶瓷是以黏土、长石和石英等天然原料，经过粉碎成形和烧结而成的，主要用于日常生活用品和工业上的高低压电器。特种陶瓷是用人工化合物（如氧化物、氮化物、碳化物、硼化物等）为原料制成的，具有独特的力学、物理、化学、光学性能，主要用于化工、冶金、机械、电子、能源和一些新技术中。

陶瓷硬度高、抗压强度大、耐高温、抗氧化、耐磨损和耐腐蚀，但质脆、韧性差，不能承受冲击，抗急冷、急热性能差，易碎裂。

工业上常用的陶瓷种类有普通陶瓷，氧化铝陶瓷、氮化硅陶瓷和氮化硼陶瓷等。

4．复合材料

复合材料是由两种或两种以上不同化学性质或不同组织结构的材料，用某种工艺方法经人工组合而成的多相合成材料。在复合材料中的每一组成部分，不仅保持了它们各自的性能特点，还能扬长避短，发挥叠加效应，从而取得多种优良的性能，这是任何单一材料所无法比拟的。例如，玻璃和树脂的强度、韧性都不高，可是它们组成的复合材料——玻璃钢却有很高的强度和韧性，并且重量也轻。

复合材料按增强材料的类型可分为以下四大类。

① 纤维增强复合材料，如玻璃纤维、碳纤维、硼纤维和碳化硅纤维等。

② 颗粒增强复合材料，如陶瓷粒与金属复合、金属粒与塑料复合等。

③ 叠层复合材料，如双金属复合、多层板复合等。

④ 夹层结构复合材料，如夹层内填充蜂窝结构或填充泡沫塑料，具有质轻、刚度高大等特性。

|1.3 金属的热处理|

金属热处理是将金属工件放在一定的介质中加热到适宜的温度，并在此温度中保持一定时间后，又以不同速度冷却的一种工艺。金属的热处理是在专用的热处理设备上完成的，如图1-12所示。

金属热处理是机械制造中的重要工艺之一，与其他加工工艺相比，热处理一般不改变工件的形状和整体的化学成分，而是通过改变工件内部的显微组织，或改变工件表面的化学成分，赋予或改善工件的使用性能。其特点是改善工件的内部质量，而这一般不是肉眼所能看到的。

为使金属工件具有所需要的力学性能、物理性能和化学性能，除合理选用材料和各种成形工艺外，热处理工艺往往是必不可少的。钢铁是机械工业中应用最广的材料，钢铁显微组织复杂，可以通过热处理予以控制，所以钢铁的热处理是金属热处理的主要内容。另外，铝、铜、镁、钛等及其合金也都可以通过热处理改变其力学、物理和化学性能，以获得不同的使用性能。

图1-12 热处理设备

热处理工艺一般包括加热、保温、冷却三个过程，有时只有加热和冷却两个过程。这些过程互相衔接，不可间断。

加热是热处理的重要工序之一。金属热处理的加热方法很多，最早是采用木炭和煤作为热源，进而应用液体和气体燃料。电的应用使加热易于控制，且无环境污染。利用这些热源可以直接加热，也可以通过熔融的盐或金属，以至浮动粒子进行间接加热。

金属加热时，工件暴露在空气中，常常发生氧化、脱碳（即钢铁零件表面碳含量降低），这对于热处理后零件的表面性能有很不利的影响。因而金属通常应在可控气氛或保护气氛中、熔融盐中或真空中加热，也可用涂料或包装方法进行保护加热。

加热温度是热处理工艺的重要工艺参数之一，选择和控制加热温度，是保证热处理质量的主要问题。加热温度随被处理的金属材料和热处理的目的不同而异，但一般都是加热到相变温度以上，以获得高温组织。另外转变需要一定的时间，因此当金属工件表面达到要求的加热温度时，还须在此温度保持一定时间，使内外温度一致，使显微组织转变完全，这段时间称为保温时间。采用高能密度加热和表面热处理时，加热速度极快，一般就没有保温时间，而化学热处理的保温时间往往较长。

冷却也是热处理工艺过程中不可缺少的步骤，冷却方法因工艺不同而不同，主要是控制冷却速度。一般退火的冷却速度最慢，正火的冷却速度较快，淬火的冷却速度更快。

根据热处理目的和工艺方法的不同，热处理一般可分为整体热处理、表面热处理和化学热处理。

① 整体热处理（普通热处理）。如退火、正火、淬火、回火等。

② 表面热处理。如火焰加热表面淬火、感应加热表面淬火和其他表面热处理。

③ 化学热处理。包括渗碳、渗氮、碳氮共渗（氰化）和其他化学热处理。

根据热处理的作用可分为最终热处理和预备热处理。

① 最终热处理。其作用是使钢件得到使用要求的性能，如淬火、回火、表面淬火等。

② 预备热处理。其作用是消除加工（锻、轧、铸、焊等）所造成的某些缺陷，或为以后的切削加工和最终热处理做好准备。例如，钢锻件一般要进行退火或正火，改变锻造后因变形程度不均匀和终锻温度控制不良而造成的晶粒粗大或不均匀现象；调整硬度适合于切削加工，并为以后的淬火做好准备。这种退火或正火，就属于预备热处理。当然，如果零件的性能要求不高，退火或正火后性能已满足使用要求，以后不再进行其他热处理，则退火和正火也属于最终热处理。

1.3.1　整体热处理

1．退火

根据钢的化学成分和钢件类型的不同，退火工艺可分为完全退火、球化退火和去应力退火等。

（1）完全退火

完全退火又称为重结晶退火，一般简称为退火。完全退火的工艺是将钢件加热到临界温度（临界温度是指固态金属开始发生相变的温度）以上的某一温度，经保温一段时间后，随炉缓慢冷却至500℃～600℃以下，然后在空气中冷却的一种热处理工艺。

完全退火可以达到细化晶粒的目的。在退火的加热和保温过程中，还可以消除加工造成的内应力，而缓慢冷却又可避免产生新的内应力。由于冷却缓慢，能得到接近平衡状态的组织，故钢的硬度较低。完全退火一般适用于中碳钢和低碳钢的锻件、铸钢件，有时也可用于焊接件。

（2）球化退火

球化退火的工艺是将钢件加热至临界温度以下的某一温度，保温足够时间后随炉冷却至600℃，再出炉空冷的退火工艺。

球化退火一般适用于高碳钢的锻件。因此，对工具钢、轴承钢等锻造后必须进行球化退火，避免这些锻件在淬火加热时产生过热、淬火变形和开裂现象，同时能降低锻件硬度，便于切削加工。

（3）去应力退火

去应力退火又称为低温退火。去应力退火一般只需把钢件加热至500℃～650℃，保温足够时间，然后随炉冷却至200～300℃以下后出炉空冷。

去应力退火的目的是消除钢件焊接和冷矫时产生的内应力；消除精密零件切削加工（如粗车、粗刨等）时产生的内应力，使这些零件在以后的加工和使用过程中不易产生变形。

2．正火

正火是将工件加热至临界温度以上的某一温度，保温一段时间后，从炉中取出在空气中自然冷却的一种热处理工艺。正火的目的与退火相似，主要区别是正火加热温度比退火高，冷却速度比退火快。因此，同样的工件正火后的强度、硬度比退火后的高。

低碳钢件正火可适当提高其硬度，改善切削加工性。对于性能要求不高的零件，正火可作为最终热处理。一些高碳钢件需经正火消除网状渗碳体后，才能进行球化退火。

3．淬火

淬火是将工件加热到临界温度以上的某一温度，保温一定时间后，然后在水、盐水或油中急剧冷却的一种热处理工艺。淬火的目的是提高钢的硬度和耐磨性。

淬火工艺中淬硬性和淬透性的概念应加以重视和区分：淬硬性是指钢经淬火后能达到的最高硬度。淬硬性主要取决于钢中的含碳质量分数，钢中含碳质量分数高，则淬硬性好。淬透性是指钢在淬火时获得淬硬层深度的能力。淬硬层越深，淬透性越好。淬透性取决于钢的化学成分（含碳质量分数及合金元素含量）和淬火冷却方法，如加入锰、铬、镍、硅等合金元素可提高钢的淬透性。淬硬性和淬透性对钢的力学性能影响很大，因此钢的淬硬性和淬透性是合理选材和确定热处理工艺的两项重要指标。

由于钢在淬火时的冷却速度快，工件会产生较大的内应力，极易引起工件的变形和开裂，因此淬火后的工件一般不能直接使用，必须及时回火。

4．回火

回火是把淬火后的工件重新加热到临界温度以下的某一温度，保温后再以适当冷却速度冷却到室温的一种热处理工艺。

回火的目的是稳定组织和尺寸，降低脆性，消除内应力，调整硬度，提高韧性，以获得优良的力学性能和使用性能。

回火总是在淬火后进行，通常是热处理的最后工序。淬火钢回火的性能与回火的加热温度有关，强度和硬度一般随回火温度的升高而降低，塑性、韧性则随回火温度的升高而提高。根据回火温度的不同，回火可分为低温回火、中温回火和高温回火。

（1）低温回火

低温回火（加热温度150℃～250℃）主要为了降低淬火内应力和脆性，并保持高硬度；用于处理要求硬度高、耐磨性好的零件，如各种工具（刀具、量具、模具）、滚动轴承等。

为了提高精密零件与量具的尺寸稳定性，可在100℃～150℃以下进行长时间（可达数十小时）的低温回火。这种处理方法称为时效处理或尺寸稳定化处理。

（2）中温回火

中温回火（加热温度350℃～500℃）可显著减小淬火应力，提高淬火件的弹性和强度。中温回火主要用于处理各种弹簧、发条及锻模等。

（3）高温回火

高温回火（加热温度500℃～650℃）可消除淬火应力，使零件获得优良的综合力学性能。通常把淬火后再进行高温回火的热处理方法称为调质。调质广泛用于处理各种重要的、受力复杂的中碳钢零件，如曲轴、丝杠、齿轮、轴等；也可作为某些精密零件，如量具、模具等的预备热处理。

1.3.2　表面热处理

表面热处理是对工件表面进行强化的金属热处理工艺。它不改变零件心部的组织和性能，广泛用于既要求表层具有高的耐磨性、抗疲劳强度和较大的冲击载荷，又要求整体具有良好的塑性和韧性的零件，如曲轴、凸轮轴、传动齿轮等。表面热处理可分为表面淬火和化学热处理两大类。

1．表面淬火

表面淬火是利用快速加热的方法，将工件表层迅速升温至淬火温度，不等热量传至心部，立即予以冷却，使得表层淬硬，以获得高硬度和耐磨性，而内部仍保持原来组织，从而具有良好的塑性和韧性。这种热处理工艺适用于要求外硬（耐磨）内韧的机械零件，如凸轮、齿轮、曲轴和花键轴等。零件在表面淬火前，须进行正火或调质处理，表面淬火后要进行低温回火。

按表面加热的方法，表面淬火可分为感应加热表面淬火、火焰加热表面淬火和电接触加热表面淬火等。由于感应加热速度快、生产效率高，产品质量好，易实现机械化和自动化，因此感应加热表面淬火应用最为广泛，但设备较贵，主要用于大批量生产。

根据感应电流频率不同，感应加热表面淬火又分为高频、中频和工频淬火。

2．化学热处理

化学热处理是将钢件放在某种化学介质中，通过加热和保温，使介质中的一种或几种元素渗入到钢的表层，以改变表层的化学成分、组织和性能的热处理工艺。

化学热处理的种类很多，一般都以渗入元素来命名。表面渗层的性能取决于渗入元素与基体金属所形成合金的性质及渗层的组织结构。常见的化学热处理有渗碳、氮化、碳氮共渗、渗金属（如渗铬、渗铝等）和多元共渗等。渗碳、氮化、碳氮共渗用来提高工件表层的硬度与耐磨性；渗铬、渗铝能使工件表层获得某些特殊的物理、化学性能，如抗氧化性、耐高温性、耐蚀性等。

【例 1-1】　某型号柴油机的凸轮轴，要求凸轮表面有高的硬度（HRC>50），而心部具有良好的韧性，原采用 45 钢调质处理再将凸轮表面进行高频淬火，最后低温回火，现因库存不足，拟用 15 钢代替。试说明：

（1）原 45 钢各热处理工序的作用。

（2）改用 15 钢后，按原热处理工序进行能否满足性能要求？为什么？

（3）改用 15 钢后，为达到所要求的性能，在心部强度足够的前提下采用何种热处理工艺？

解　（1）调质处理可获得高的综合机械性能和疲劳强度；局部表面淬火及低温回火可获得局部高硬度和耐磨性。

（2）不能。改用 15 钢后按原热处理工序会造成心部较软，表面硬，并造成表面脱落。

（3）可采用渗碳处理。

【例 1-2】　根据汽车发动机的工作特点，参照图 5-1，试阐述活塞、曲轴、排气阀、气门弹

簧及轴承等零部件的材料及热处理工艺的选择策略。

解 （1）活塞是发动机曲柄连杆机构中在燃烧室内上下往复运动的零件。它的主要功能是密封燃烧室，上下运动压缩燃料气体和承受并传递燃料爆燃膨胀力到曲轴。所以在工作中它的顶面受到周期变化的气体压力，它与连杆连接的活塞销座受到机构惯性力、扭转、冲击力等，它的侧壁的密封环槽受到循环应力等。因比对活塞的性能要求是：质量轻、耐热、耐蚀、气密性好、强度高、冲击韧性较好、扭转疲劳强度较好。从质量轻、耐热、耐蚀性能考虑选择铝合金；从气密性好和机械性能较高方面考虑，以强度、韧性为设计指标，考虑疲劳强度，选择变形硬铝合金 LD7 为宜。

（2）曲轴是发动机曲柄连杆机构中旋转轴零件。它的功能是将活塞传递的气体压力通过连杆转换为旋转机械能。所以它要受到周期变化的拉压应力、旋转惯性力、扭转、弯曲应力、冲击力以及高速运动的扭转振动力作用。因此曲轴的性能要求是：高强度、良好的冲击韧性、弯曲和疲劳强度，还要考虑轴颈处的高硬度和耐磨性。根据发动机功率和转速决定的曲轴工况应力确定强度、塑性和冲击韧性为设计指标，考虑疲劳强度、耐磨性和经济性，小功率低转速时选择高强球铁为宜，中高功率和转速时选择中碳调质钢为宜。

（3）排气阀是发动机燃烧室排放燃烧完废气的阀门。它在工作时要经受高温废气的压力，不排气时要保证密封不泄漏气体。长期高温环境下使用需有足够的高温强度、持久强度、抗蠕变、良好的热疲劳强度、韧性和抗氧化性。同时它的组织在高温工作环境下要稳定，不能发生再结晶变化，保证材料高温机械性能不恶化。所以选择热强钢材料为宜，考虑发动机排气阀工作温度约 600℃，高温性能设计指标等，选用马氏体热强钢，如 4Cr9Si2 钢等。

（4）气门弹簧是发动机燃烧室外压紧气门的弹簧零件。在进气或排气时凸轮挺杆的张力大于弹簧力，弹簧弹性变形打开气门，随后外张力减小至消失，弹簧弹性收缩又压紧气门，如此不断周期循环工作。因此它的性能要求是：满足控制气门开启和关闭的弹性极限，较高的疲劳极限和缺口疲劳极限，足够的塑性、韧性，良好的表面质量，较好的淬透性，低的脱碳敏感性等。所以选择弹簧钢，进一步考虑强度设计和结构设计性能指标和较小几何尺寸，选择 60Mn 或 65Mn 即可。

（5）滑动轴承是支撑发动机内运动件并保证其正常运动的零件。它在工作时不仅承受轴的压力，而且与轴颈之间有相对滑动，产生摩擦磨损。为保证轴的磨损最小、并满足轴承工作条件，滑动轴承的性能要求是：在工作温度下有足够抗压强度、疲劳强度、塑性和韧性，与轴的摩擦系数最小并能贮存润滑油、具有良好磨合能力、抗蚀性、导热性和较小膨胀系数，良好工艺加工性和经济性。考虑以上要求，选择轴承合金。根据发动机功率和转速确定的滑动轴承强度指标、工作温度、耐磨性等实际参数，确定具体轴承合金和牌号。通常大型重载低速发动机选择锡基轴承合金，中低载低速发动机选择铅基轴承合金，高速高压发动机选择铜基轴承合金。

1.4 机械零件材料的选用

机械零件所使用的材料是多种多样的，但是金属材料，尤其是黑色金属材料，应用得最多和最广。此外，各种新技术材料，如纳米材料等，在机械中的应用也正逐渐增多。选择材料一般应遵循以下原则。

1．满足使用要求

设计机械零件的基本原则之一是工作可靠。零件的材料直接影响着其强度、刚度、耐磨性、耐蚀性、耐热性、疲劳寿命、重量、美观等，应根据零件的工况选择适当的材料。如零件承受较大载荷或要求尺寸小重量轻，应选择高强度合金钢；零件承受较大冲击载荷，需要选择韧性好的合金钢；构成摩擦副的零件要求耐磨性好，应按摩擦学设计来选择减摩且耐磨性好的材料配对，如磨损主要是磨粒磨损时，一般应选淬火钢；工作时要接触腐蚀性气体或液体的零件，要针对造成腐蚀的具体情况，选择合适的耐腐蚀的材料。

当某个零件对设备的正常使用非常重要时，应选择质量可靠的材料。

2．满足工艺要求

便于加工是设计机械零件时也必须遵守的一个原则。零件是否便于加工直接关系到零件的成本和制造时间。生产形状复杂的铸造毛坯零件，一般要选择铸铁，受力较大的则选择铸钢。生产形状复杂、单件或小批量的零件，可以用钢板或型钢焊接。冲压件应选择塑性好的低碳钢或铜合金等材料。在机器制造过程中，切削加工方法占有重要位置，材料的切削加工性影响着材料被切削的难易程度、材料被切削后的表面粗糙度和刀具的寿命。材料成分、组织和热处理不同的零件，其切削加工性是不同的，甚至差异很大。对大批量生产的零件，要特别重视材料的切削加工性。在材料手册中，对具体材料的切削加工性有简要的说明。

设计零件时，也要注意热处理工艺性能。如结构形状复杂的零件，应选择选择淬透性好的钢材，其变形小。

3．满足经济性要求

降低零件成本是提高产品价格竞争力的一个重要途径。价格低廉是设计零件时要遵守的原则之一。在满足使用性能的前提下，选用零件材料时要注意降低零件的总成本。零件的总成本主要包含材料的价格和加工等费用。

不同材料的价格可能相差几倍，甚至几十倍。在金属材料中，碳钢和铸铁的价格相对较低，其加工工艺性能较好。所以，在满足力学性能要求的前提下，宜优先选择碳钢或铸铁。在选材时还应考虑材料的供应情况，材料品种应尽量少，以便于采购和管理。

|本 章 小 结|

（1）工程材料具备的性能可分为两类：一类是使用性能，反映材料在使用过程中所表现出来的特性，包括力学性能、物理性能和化学性能等；另一类是工艺性能，反映材料在加工制造过程中所表现出来的特性，如铸造性、可锻性、焊接性、切削加工性和热处理性能等。

（2）材料在外力作用下所表现出来的特性称为力学性能。它的主要指标是强度、塑性、硬度、冲击韧度和疲劳强度等。上述指标既是选材的重要依据，又是控制、检验材料质量的重要参数，材料的力学性能可通过拉伸（压缩）试验大致确定。

（3）硬度是衡量材料性能的一个综合的工程量。测定硬度的方法很多，常用的有布氏硬度测试法和洛氏硬度测试法。

（4）工程材料可分为黑色金属材料、有色金属材料、非金属材料三大类。它们的性能各异，实际选择工程材料时，应根据不同的使用要求酌情选择。

（5）钢的热处理是将固态钢通过不同方式的加热、保温和冷却，来改变钢的内部组织结构，从而改善钢的性能的一种工艺方法。热处理是机器零件及工具制造过程中的一个重要工序，它是发挥材料潜力、改善使用性能、提高产品质量、延长使用寿命的有效措施。

（6）在选择机械零件材料时，一般应遵循"满足使用要求、工艺要求、经济性要求"的原则。

习 题

一、判断题

1. 材料的综合性能好，是指各力学性能指标都同时达到最佳。（   ）

2. 材料的硬度越大，强度也越高。（   ）

3. 可锻铸铁可在高温下进行锻造加工。（   ）

4. 轴承合金是制造滚动轴承内外圈套和滚动体的材料。（   ）

5. 调质热处理可以使材料获得较好的综合力学性能。（   ）

二、选择题

1. 以下指标不属于金属材料力学性能的是（   ）。

    A. 强度　　　　　B. 硬度　　　　　C. 韧性　　　　　D. 磁性

2. HRC 硬度测定法中，采用的压头是（   ）。

    A. 120°金刚石圆锥体

    B. 锥角 136°金刚石正四棱锥体

    C. 硬质合金球

3. 钢是以铁为主要元素的铁碳合金，一般碳的质量分数小于（   ）。

    A. 0.77%　　　　B. 2.11%　　　　C. 4.3%　　　　D. 6.69%

4. 机架和机床床身材料宜选用（   ）。

    A. 白口铸铁　　　B. 灰铸铁　　　　C. 球墨铸铁　　　D. 合金钢

5. 关于橡胶的说法错误的是（   ）。

    A. 低的弹性　　　B. 吸振性好　　　C. 易老化　　　　D. 良好的绝缘性

三、综合题

1. 金属材料的力学性能主要包括哪些方面？

2. 一根标准拉伸试样的直径为 10mm、标距长度为 50mm，拉伸试验时测出试样在 26 000N 时屈服，出现的最大载荷为 45 000N，拉断后的标距长度为 58mm，断口处直径为 7.75mm，试计算该材料的 σ_s、σ_b、δ、ψ。

3. 三根不同材料圆棒试样 a、b、c，其原始面积和长度均相同，进行拉伸试验得到的载荷变形曲线如图 1-13 所示，其中强度最高、塑性最好、刚度最大的分别是哪种试样？

图 1-13 综合题 3 图

4. 试述布氏硬度和洛氏硬度在测试方法及应用范围上的区别。

5. 试说明下列钢号的含义及钢材的主要用途：Q235、45、T12A、1Cr13、W18Cr4V、GCr15、Cr12、65Mn。

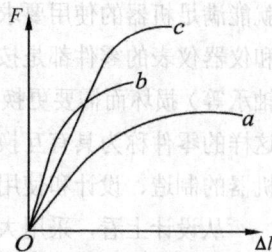

6. 常用的热处理方法有哪些？请说明退火、正火、淬火、回火及表面淬火的作用。

第 2 章
互换性技术基础

【学习目标】

1. 了解互换性的含义及意义
2. 理解公差、配合的术语及定义
3. 掌握标准公差值的查阅方法
4. 掌握几何公差的项目、符号及其标注方法
5. 了解典型几何公差带的特点

|2.1 互换性的意义|

照明用的灯管不工作了，只要换一个与灯头规格一致的灯泡就可使用；汽车的轮胎坏了，换一根同规格的也照样使用；手机的电子元件坏了，换一个同型号的元件即可继续使用。其原因主要是由于灯管、轮胎和电子元件等这些零件具有互换性。

认识互换性

现代化的机器生产同样要求零件具有互换性。机械工业担负着为国民经济各部门提供先进技术装备的重要任务，而各种技术装备都是由许多零件所组成的，这些零件的制造必须符合互换性原则。

互换性是指在相同规格的一批零件或部件中，任取一件，不经任何挑选和装配，装到机器上就能满足机器的使用要求的一种性质。具有这种性质的零部件称为具有互换性，例如汽车、手机和仪器仪表的零件都是按照互换性要求生产的。在使用中，当汽车中有些零件（如活塞、曲轴、轴承等）损坏而需要更换时，该零件不需任何钳工修配即可装上机器，而且能完全满足使用要求，这样的零件称为具有互换性的零件。在现代生产中互换性已成为一个普遍遵循的原则。互换性对机器的制造、设计和使用都具有十分重要的意义。

从设计上看，采用大量标准化的零部件能大大减少绘图、计算等工作量，从而能缩短设计和试制的周期，可为产品品种的多样化和产品结构性能的不断改进创造有利条件。

从制造上看，由于零件具有互换性，因此它可以分别由许多工厂制造。这样就有利于组织专

业化协作生产，有利于使用新工艺、新技术和现代化的工艺装备，有利于实现生产机装备过程的自动化，从而可提高劳动生产率，提高产品质量，降低生产成本。

从使用上看，由于零件具有互换性，可及时更换那些已经磨损或损坏的零部件，从而可提高机器及仪器的使用效率和寿命。

|2.2 尺寸公差|

机械零件精度取决于该零件的尺寸精度、形状和位置精度以及表面粗糙度等。它们是根据零件在机器中的使用要求确定的。为了满足使用要求，保证零件的互换性，我国颁布了一系列与孔、轴尺寸精度有直接联系的孔、轴尺寸公差与配合方面的国家标准。这些标准都是我国机械工业重要的基础标准，它们的制定和实施可以满足我国机械产品的设计，以及适应国际贸易的需要。

2.2.1 尺寸公差术语

1．基本尺寸

基本尺寸是指设计确定的尺寸，用符号 D 或 d 表示。它是根据零件的强度、刚度等的计算和结构设计确定的，并应取整，尽量采用标准尺寸。

2．极限尺寸

极限尺寸是指一个孔或轴允许的尺寸的两个极端值，如图 2-1 所示。这两个极端值中，允许的最大尺寸称为最大极限尺寸，孔和轴的最大极限尺寸分别用符号 D_{max} 和 d_{max} 表示。允许的最小尺寸称为最小极限尺寸，孔和轴的最小极限尺寸分别用符号 D_{min} 和 d_{min} 表示。

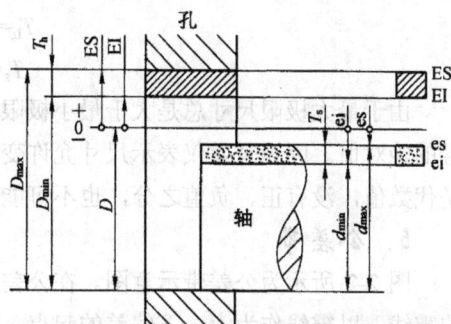

图 2-1 基本尺寸与极限尺寸

3．实际尺寸

实际尺寸是指零件加工后通过测量获得的某一孔、轴的尺寸。孔和轴的实际尺寸分别用 D_a 和 d_a 表示。由于存在测量误差，测量获得的实际尺寸并非真实尺寸，而是一近似于真实尺寸的数值。由于零件表面加工后还存在形状误差，因此零件同一表面不同部位的实际尺寸往往是不同的。

基本尺寸和极限尺寸是设计时给定的，实际尺寸应限制在极限尺寸范围内，也可达到极限尺寸。孔或轴实际尺寸的合格条件如下。

$$D_{min} \leq D_a \leq D_{max}$$

$$d_{min} \leq d_a \leq d_{max}$$

4．极限偏差

极限偏差是指某一尺寸的极限尺寸减其基本尺寸所得的代数差。极限尺寸可能大于、小于或等于基本尺寸，所以该代数差可能是正值、负值或零。偏差值除零外，其前面必须冠以正号或负号。

最大极限尺寸减其基本尺寸所得的代数差称为上偏差。孔和轴的上偏差分别用符号 ES 和 es 表示，用公式表示如下。

$$ES = D_{max} - D$$

$$es=d_{max}-d$$

最小极限尺寸减其基本尺寸所得的代数差称为下偏差。孔和轴的下偏差分别用符号 EI 和 ei 表示，用公式表示如下。

$$EI=D_{min}-D$$

$$ei=d_{min}-d$$

在图样上，上、下偏差标注在基本尺寸的右侧。

实际偏差是指实际尺寸减其基本尺寸所得的代数差。孔和轴的实际偏差分别用符号 EA 和 ea 表示，用公式表示如下。

$$EA=D_a-D$$

$$ea=d_a-d$$

实际偏差应限制在极限偏差范围内，也可达到极限偏差。孔或轴实际偏差的合格条件如下。

$$EI \leqslant EA \leqslant ES$$

$$ei \leqslant ea \leqslant es$$

5．尺寸公差

尺寸公差（简称公差）是指最大极限尺寸减去最小极限尺寸所得的差值，或上偏差减去下偏差所得的差值，它是允许尺寸的变动量。孔和轴的尺寸公差分别用符号 T_h 和 T_s 表示。公差与极限尺寸、极限偏差的关系用公式表示如下。

$$T_h=D_{max}-D_{min}=ES-EI$$

$$T_s=d_{max}-d_{min}=es-ei$$

由于最大极限尺寸总是大于最小极限尺寸，上偏差总是大于下偏差，所以公差是一个没有符号的绝对值。因为公差仅表示尺寸允许变动的范围，是指某种区域大小的数量指标，所以公差不是代数值，没有正、负值之分，也不可能为零。

6．公差带

图 2-2 所示为公差带示意图。在公差带示意图中，有一条表示基本尺寸的零线。以零线作为上、下偏差的起点，零线以上为正偏差，零线以下为负偏差，位于零线上的偏差为零。将代表孔或轴的上偏差和下偏差或者最大极限尺寸和最小极限尺寸的两条直线所限定的一个区域称为公差带。公差带在零线垂直方向上的宽度代表公差值，沿零线方向的长度可适当选取。通常，孔公差带用斜线表示，轴公差带用网点表示。

认识公差带图

公差带示意图中，基本尺寸的单位用 mm 表示，极限偏差及公差的单位可用 mm 表示，也可用 μm 表示。习惯上极限偏差及公差的单位用 μm 表示。

【例 2-1】 基本尺寸为 50mm 的相互结合的孔和轴的极限尺寸分别为：$D_{max}=50.025mm$，$D_{min}=50mm$ 和 $d_{max}=49.950mm$，$d_{min}=49.934mm$。它们加工后测得孔和轴的实际尺寸分别为 $D_a=50.010mm$ 和 $d_a=49.946mm$。求孔和轴的极限偏差、公差和实际偏差，并画出该孔、轴的公差带示意图。

解 计算孔和轴的极限偏差：

$ES=D_{max}-D=50.025mm-50mm=+0.025mm$；$EI=D_{min}-D=50mm-50mm=0$

$es=d_{max}-d=49.950mm-50mm=-0.050mm$；$ei=d_{min}-d=49.934mm-50mm=-0.066mm$

计算孔和轴的公差：

$$T_h=D_{max}-D_{min}=50.025mm-50mm=0.025mm$$

$$T_s=d_{max}-d_{min}=49.950mm-49.934mm=0.016mm$$

计算孔和轴的实际偏差：

$$EA=D_a-D=50.010mm-50mm=+0.010mm$$

$$ea=d_a-d=49.946mm-50mm=-0.054mm$$

孔、轴公差带示意图如图 2-3 所示。

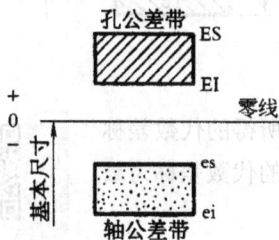

图 2-2　公差带示意图　　　　图 2-3　例 2-1 图

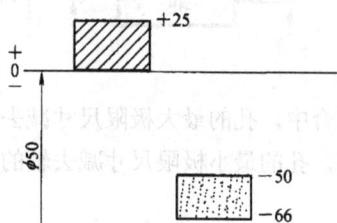

2.2.2　孔轴配合类型

配合是指基本尺寸相同的，相互结合的孔和轴公差带之间的关系。组成配合的孔与轴的公差带位置不同，便形成不同的配合性质。

1．间隙配合

间隙配合是指具有间隙（包括最小间隙等于零）的配合。此时，孔公差带在轴公差带的上方，如图 2-4 所示。孔、轴极限尺寸或极限偏差的关系为 $D_{min} \geqslant d_{max}$ 或 $EI \geqslant es$。

图 2-4　间隙配合

间隙配合中，孔的最大极限尺寸减去轴的最小极限尺寸所得的代数差称为最大间隙，用符号 X_{max} 表示，即

$$X_{max}=D_{max}-d_{min}=ES-ei$$

孔的最小极限尺寸减去轴的最大极限尺寸所得的代数差称为最小间隙，用符号 X_{min} 表示，即

$$X_{min}=D_{min}-d_{max}=EI-es$$

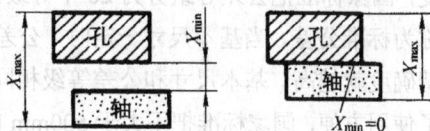

配合与配合公差

2．过盈配合

过盈配合是指具有过盈（包括最小过盈等于零）的配合。此时，孔公差带在轴公差带的下方，如图 2-5 所示。孔、轴的极限尺寸或极限偏差的关系为 $D_{max} \leqslant d_{min}$ 或 $ES \leqslant ei$。

图 2-5　过盈配合

过盈配合中，孔的最大极限尺寸减去轴的最小极限尺寸所得的代数差称为最小过盈，用符号 Y_{min} 表示，即

$$Y_{min}=D_{max}-d_{min}=ES-ei$$

孔的最小极限尺寸减去轴的最大极限尺寸所得的代数差称为最大过盈，用符号 Y_{max} 表示，即

$$Y_{max}=D_{min}-d_{max}=EI-es$$

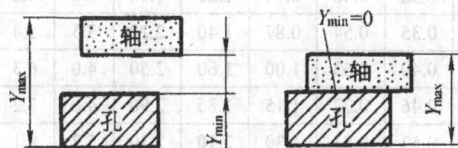

3．过渡配合

过渡配合是指可能具有间隙或过盈的配合。此时，孔公差带与轴公差带相互交叠，如图 2-6 所示。孔、轴的极限尺寸或极限偏差的关系为 $D_{max}>d_{min}$ 且 $D_{min}<d_{max}$，或 ES>ei 且 EI<es。

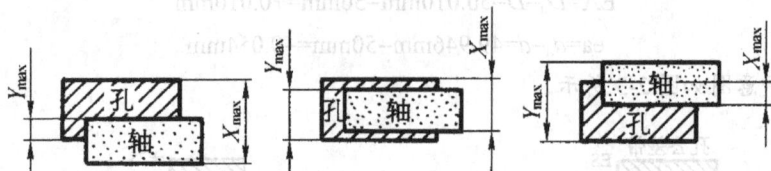

图 2-6　过渡配合

过渡配合中，孔的最大极限尺寸减去轴的最小极限尺寸所得的代数差称为最大间隙，孔的最小极限尺寸减去轴的最大极限尺寸所得的代数差称为最大过盈。

尺寸偏差
与公差

2.2.3　标准公差

标准公差是由国家标准规定的，用于确定公差带大小的任一公差。公差等级确定尺寸的精确程度，国家标准把公差等组分为 20 个等级，分别用 IT01、IT0、IT1~IT18 表示，称为标准公差。当基本尺寸一定时，公差等级越高，标准公差值越小，尺寸的精确度就越高。基本尺寸和公差等级相同的孔与轴，它们的标准公差相等。为了使用方便，国家标准把不大于 500mm 的基本尺寸范围分为 13 个尺寸段，按不同的公差等级对应各个尺寸分段规定出公差值，并用表 2-1 的形式列出。

公差等级的
选择原则

表 2-1　　　　　　　　　　　　　　　　　　　　　标准公差

基本尺寸/mm		公差值														
		IT4	IT5	IT6	IT7	IT8	IT9	IT10	IT11	IT12	IT13	IT14	IT15	IT16	IT17	IT18
大于	至					μm								mm		
—	3	3	4	6	10	14	25	40	60	0.10	0.14	0.25	0.40	0.60	1.0	1.4
3	6	4	5	8	12	18	30	48	75	0.12	0.18	0.30	0.48	0.75	1.2	1.8
6	10	4	6	9	15	22	36	58	90	0.15	0.22	0.36	0.58	0.90	1.5	2.2
10	18	5	8	11	18	27	43	70	110	0.18	0.27	0.43	0.70	1.10	1.8	2.7
18	30	6	9	13	21	33	52	84	130	0.21	0.33	0.52	0.84	1.30	2.1	3.3
30	50	7	11	16	25	39	62	100	160	0.25	0.39	0.62	1.00	1.60	2.5	3.9
50	80	8	13	19	30	46	74	120	190	0.30	0.46	0.74	1.20	1.90	3.0	4.6
80	120	10	15	22	35	54	87	140	220	0.35	0.54	0.87	1.40	2.20	3.5	5.4
120	180	12	18	25	40	63	100	160	250	0.40	0.63	1.00	1.60	2.50	4.0	6.3
180	250	14	20	29	46	72	115	185	290	0.46	0.72	1.15	1.85	2.90	4.6	7.2
250	315	16	23	32	52	81	130	210	320	0.52	0.81	1.30	2.10	3.20	5.2	8.1
315	400	18	25	36	57	89	140	230	360	0.57	0.89	1.40	2.30	3.60	5.7	8.9
400	500	20	27	40	63	97	155	250	400	0.63	0.97	1.55	2.50	4.00	6.3	9.7

注：基本尺寸小于 1mm 时，无 IT14~IT18。

2.2.4　孔、轴基本偏差系列

1．基本偏差的定义

基本偏差为国家标准极限与配合制中，用以确定公差带相对于零线的位置的极限偏差（上偏差或下偏差），一般是指靠近零线或位于零线的那个极限偏差。

当孔或轴的标准公差和基本偏差确定后，它的另一极限偏差可以通过计算确定。

2．基本偏差的代号

孔、轴的基本偏差各有 28 种，每种基本偏差的代号用一个或两个英文字母表示。孔用大写字母表示，轴用小写字母表示。

在 26 个英文字母中，去掉 5 个容易与其他符号含义混淆的字母 I（i）、L（l）、O（o）、Q（q）、W（w），增加由两个字母组成的 7 组字母 CD（cd）、EF（ef）、FG（fg）、JS（js）、ZA（za）、ZB（zb）、ZC（zc），共 28 种。

3．轴的基本偏差系列

轴的基本偏差系列如图 2-7 所示。代号为 a～g 的基本偏差皆为上偏差 es（负值），按从 a 到 g 的顺序，基本偏差的绝对值依次逐渐减小。

代号为 h 的基本偏差为上偏差 es=0，它是基轴制中基准轴的基本偏差代号。

基本偏差代号为 js 的轴的公差带相对于零线对称分布，基本偏差可取为上偏差 es=+IT/2，也可取下偏差 ei=−IT/2。根据 GB/T 1800.3—1998 的规定，当标准公差等级为 IT7～IT11 时，若公差数值是奇数，则按±(IT−1)/2 计算。

代号为 j～zc 的基本偏差均为下偏差 ei（除 j 为负值外，其余均为正值），按从 k 到 zc 的顺序，基本偏差的数值依次逐渐增大。

除 j 和 js 特殊情况外，由于基本偏差仅确定公差带的位置，因而公差带的另一端未加限制。

4．孔的基本偏差系列

孔的基本偏差系列如图 2-8 所示。代号为 A～G 的基本偏差皆为下偏差 EI（正值），按从 A 到 G 的顺序，基本偏差的数值依次逐渐减少。

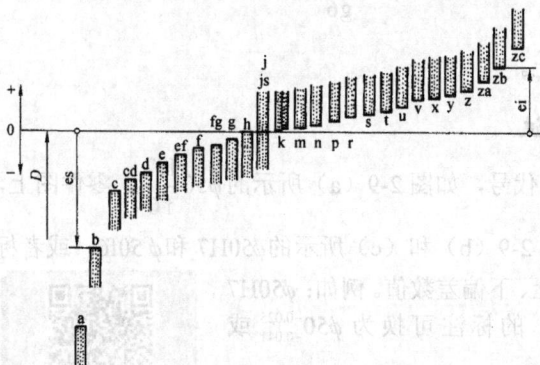

图 2-7　轴的基本偏差　　　　图 2-8　孔的基本偏差

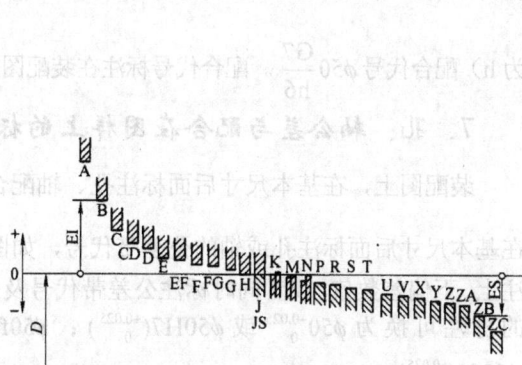

代号为 H 的基本偏差为下偏差 EI=0，它是基孔制中基准孔的基本偏差代号。

基本偏差代号为 JS 的孔的公差带相对于零线对称分布，基本偏差可取为上偏差 ES=+IT/2（IT 为标准公差数值），也可取下偏差 EI=−IT/2，根据 GB/T 1800.3—1998 的规定，当标准公差等级为

IT7～IT11 时，若公差数值是奇数，则按±(IT–1)/2 计算。

代号为 J～ZC 的基本偏差均为上偏差 ES（除 J、K 为正值外，其余均为负值），按从 K 到 ZC 的顺序，基本偏差的绝对值依次逐渐增大。

除 J、JS 特殊情况外，由于基本偏差仅确定公差带的位置，因而公差带的另一端未加限制。

5．各种基本偏差所形成的配合的特征

（1）间隙配合

a～h（或 A～H）共 11 种基本偏差与基准孔基本偏差 H（或基准轴基本偏差 h）形成间隙配合。其中 a 与 H（或 A 与 h）形成的配合的间隙最大。此后，间隙依次减小，基本偏差 h 与 H 形成的配合的间隙最小，该配合的最小间隙为零。

（2）过渡配合

js、j、k、m、n（或 JS、J、K、M、N）共 5 种基本偏差与基准孔基本偏差 H（或基准轴基本偏差 h）形成过渡配合。其中 js 与 H（或 JS 与 h）形成的配合较松，获得间隙的概率较大。此后，配合依次变紧，n 与 H（或 N 与 h）形成的配合较紧，获得过盈的概率较大。而标准公差等级很高的 n 与 H（或 N 与 h）形成的配合则为过盈配合。

（3）过盈配合

p～zc（或 P～ZC）共 12 种基本偏差与基准孔基本偏差 H（或基准轴基本偏差 h）形成过盈配合。其中 p 与 H（或 P 与 h）形成的配合的过盈最小。此后，过盈依次增大，zc 与 H（或 ZC 与 h）形成的配合的过盈最大。而标准公差等级不高的 p 与 H（或 P 与 h）形成的配合则为过渡配合。

6．孔、轴公差带代号及配合代号

（1）孔、轴公差带代号

把孔、轴基本偏差代号和标准公差等级代号中的阿拉伯数字组合，就构成孔、轴公差带代号。例如：孔公差带代号 H7、F8，轴公差带代号 h7、f6。公差带代号标注在零件图上。

（2）孔、轴配合代号

把孔和轴的公差带组合，就构成孔、轴配合代号。它用分数形式表示，分子为孔公差带，分母为轴公差带。例如：基孔制（孔的基本偏差代号为 H）配合代号 $\phi 50\dfrac{H7}{g6}$；基轴制（轴的基本偏差代号为 h）配合代号 $\phi 50\dfrac{G7}{h6}$。配合代号标注在装配图上。

7．孔、轴公差与配合在图样上的标注

装配图上，在基本尺寸后面标注孔、轴配合代号，如图 2-9（a）所示的 $\phi 50\dfrac{H7}{f6}$。零件图上，在基本尺寸后面标注孔或轴的公差带代号，如图 2-9（b）和（c）所示的 $\phi 50H7$ 和 $\phi 50f6$，或者标注上、下偏差数值，或者同时标注公差带代号及上、下偏差数值。例如：$\phi 50H7$ 的标注可换为 $\phi 50^{+0.025}_{0}$ 或 $\phi 50H7(^{+0.025}_{0})$；$\phi 50f6$ 的标注可换为 $\phi 50^{-0.025}_{-0.041}$ 或 $\phi 50f6(^{-0.025}_{-0.041})$。

在零件图上标注上、下偏差数值时，零偏差必须用数字"0"标出，不得省略。

当上、下偏差绝对值相等而符号相反时，则在偏差数值前面标注"±"号，如 $\phi 50\pm 0.008$。

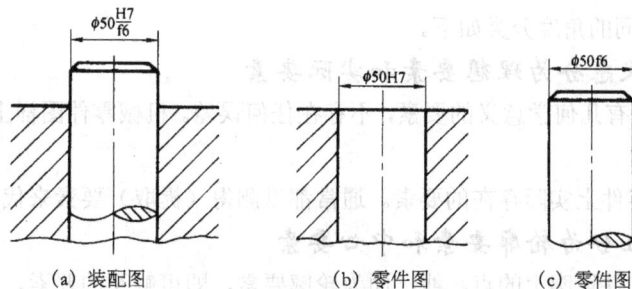

$\phi50\frac{H7}{f6}$　　$\phi50H7$　　$\phi50f6$

(a) 装配图　　(b) 零件图　　(c) 零件图

图 2-9　公差与配合在图样上的标注

|2.3　几何公差|

几何公差由形状公差、方向公差、位置公差和跳动公差组成，它是针对构成零件几何特征的点、线、面的几何形状和相互位置的误差所规定的公差。

零件在加工过程中由于受各种因素的影响，其几何要素不可避免地会产生形状误差和位置误差。如在车削圆柱表面时，刀具的运动轨迹若与工件的旋转轴线不平行，会使加工完成的零件表面产生圆柱度误差；铣轴上的键槽时，若铣刀杆轴线的运动轨迹相对于零件的轴线有偏离或倾斜，则会使加工出的键槽产生对称度误差等。而零件的圆柱度误差会影响圆柱结合要素的配合均匀性；齿轮轴线的平行度误差会影响齿轮的啮合精度和承载能力；键槽的对称度误差会使键的安装困难和安装后的受力状况恶化等。因此，对零件的形状和位置精度进行合理的设计，规定适当的形状和位置公差是十分重要的。

近年来根据科学技术和经济发展的需要，按照与国际标准接轨的原则，我国的几何公差国家标准，进行了几次修订。目前推荐使用的标准为：GB/T 1182—2008《产品几何技术规范（GPS）几何公差　形状、方向、位置和跳动公差标注》；GB/T 1184—1996《形状和位置公差　未注公差值》；GB/T 4249—2009《产品几何技术规范（GPS）公差原则》；GB/T 16671—2009《产品几何技术规范（GPS）几何公差　最大实体要求、最小实体要求和可逆要求》；GB/T 1958—2004《产品几何技术规范（GPS）形状和位置公差　检测规定》等。

2.3.1　几何公差的研究对象

几何公差的研究对象是零件的几何要素（简称为"要素"），就是构成零件几何特征的点、线、面，如图 2-10 所示零件的球心、锥顶、圆柱面和圆锥面的素线、轴线、球面、圆柱面和圆锥面、槽的中心平面等。

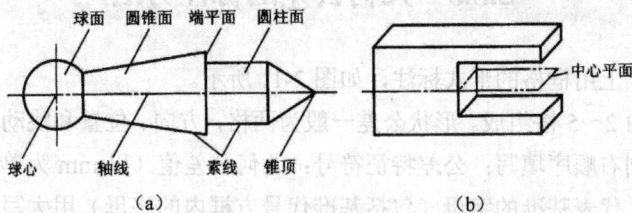

球面　圆锥面　端平面　圆柱面　　　　中心平面

球心　　轴线　　素线　锥顶

(a)　　　　　　　　(b)

图 2-10　零件的几何要素

几何要素可按不同的角度分类如下。

1. 按存在的状态分为理想要素和实际要素

① 理想要素：具有几何学意义的要素，不存在任何误差。机械零件图样上表示的要素均为理想要素。

② 实际要素：零件上实际存在的要素。通常都以测得（提取）要素来代替。

2. 按结构特征分为轮廓要素和中心要素

① 轮廓要素：零件轮廓上的点、线、面为轮廓要素，即可触及的要素。

② 中心要素：可由轮廓要素导出的要素，如中心点、中心面或回转表面的轴线。

3. 按所处地位分为基准要素和被测要素

① 基准要素：用来确定理想被测要素的方向或位置的要素。

② 被测要素：在图样上给出了形状或位置公差要求的要素，是检测的对象。

4. 按功能关系分为单一要素和关联要素

① 单一要素：仅对要素本身给出形状公差要求的要素。

② 关联要素：对基准要素有功能关系要求而给出方向、位置和跳动公差要求的要素。

2.3.2 几何公差的特征项目及其符号

GB/T 1182—2008 规定了 14 种形状、方向和位置等公差的特征项目符号。各几何公差项目特征及其符号见表 2-2。

表 2-2　　　　　　　　　　几何公差特征项目及其符号

公差类型		几何特征	符号	有无基准	公差类型		几何特征	符号	有无基准
形状	形状	直线度	一	无	方向位置跳动	方向	平行度		有
							垂直度	⊥	有
		平面度	▱	无			倾斜度	∠	有
形状方向或位置	轮廓	圆度		无			位置度	⊕	有或无
		圆柱度	⌭	无		位置	同轴度	◎	有
		线轮廓度	⌒	有或无			对称度	═	有
		面轮廓度	⌓	有或无		跳动	圆跳动	↗	有
							全跳动	↗↗	有

2.3.3 几何公差的标注方法

几何公差在图样上用框格的形式标注，如图 2-11 所示。

几何公差框格由 2～5 格组成。形状公差一般为两格，方向、位置和跳动公差一般为 3～5 格，框格中的内容从左到右顺序填写：公差特征符号；几何公差值（以 mm 为单位）和有关符号；基准字母及有关符号。代表基准的字母（包括基准代号方框内的字母）用大写英文字母（为不引起误解，其中 E、I、J、M、Q、O、P、L、R、F 不用）表示。若几何公差值的数字前加注有 ϕ 或 $S\phi$，则表示其公差带为圆形、圆柱形或球形。

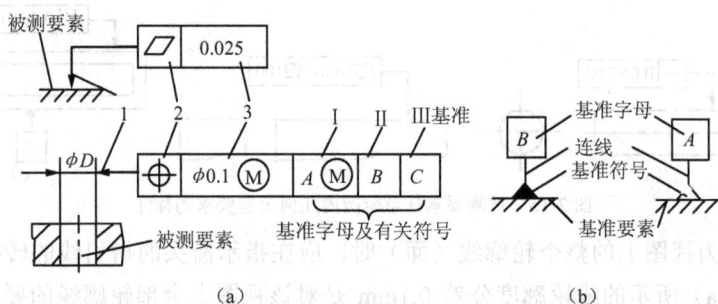

图 2-11　公差框格及基准代号
1—指引箭头　2—项目符号　3—几何公差值及有关符号

对被测要素的数量说明，应标注在几何公差框格的上方，如图 2-12（a）所示；其他说明性要求应标注在几何公差框格的下方，如图 2-12（b）所示；如对同一要素有一个以上的几何公差特征项目的要求，其标注方法又一致时，为方便起见，可将一个框格放在另一个框格的下方，如图 2-12（c）所示；当多个被测要素有相同的几何公差（单项或多项）要求时，可以从框格引出的指引线上绘制多个指示箭头并分别与各被测要素相连，如图 2-12（d）所示。

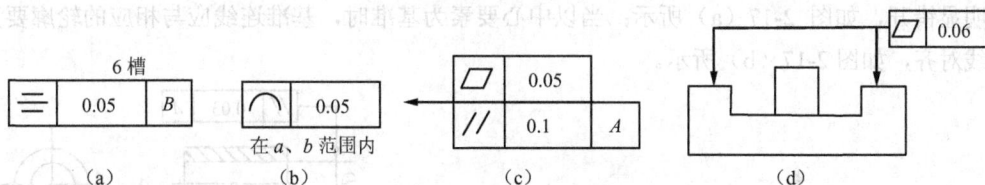

图 2-12　几何公差的标注

1．被测要素的标注

设计要求给出几何公差的要素用带指示箭头的指引线与公差框格相连。指引线一般与框格一端的中部相连，也可以与框格任意位置水平或垂直相连。

当被测要素为轮廓要素（轮廓线或轮廓面）时，指示箭头应直接指向被测要素或其延长线上，并与尺寸线明显错开，如图 2-13 所示。

当被测要素为中心要素（中心点、中心线、中心面等）时，指示箭头应与被测要素相应的轮廓要素的尺寸线对齐，如图 2-14 所示。指示箭头可代替一个尺寸线的箭头。

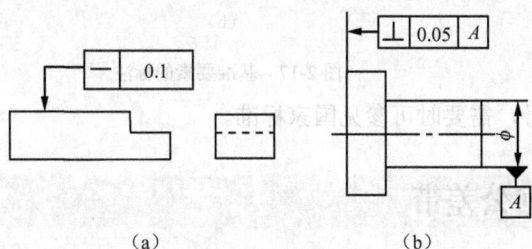

图 2-13　被测要素为轮廓要素时的标注　　　图 2-14　被测要素为中心要素时的标注

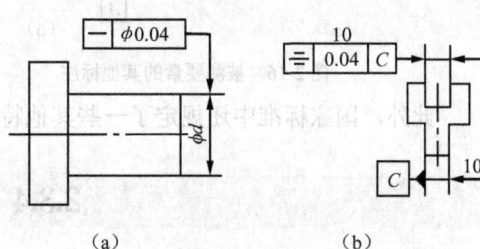

对被测要素任意局部范围内的公差要求，应将该局部范围的尺寸标注在几何公差值后面，并用斜线隔开，图 2-15（a）表示圆柱面素线在任意 100mm 长度范围内的直线度公差为 0.05mm；图 2-15（b）表示箭头所指平面在任意边长为 100mm 的正方形范围内的平面度公差是 0.01mm；

图 2-15（c）表示上平面对下平面的平行度公差在任意 100mm 长度范围内为 0.08mm。

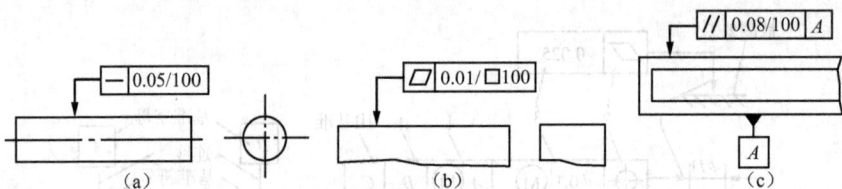

图 2-15　被测要素任意范围内几何公差要求的标注

当被测要素为视图上的整个轮廓线（面）时，应在指示箭头的指引线的转折处加注全周符号。如图 2-16（a）所示的线轮廓度公差 0.1mm 是对该视图上全部轮廓线的要求。其他视图上的轮廓不受该公差要求的限制。以螺纹、齿轮、花键的轴线为被测要素时，应在几何公差框格下方标明节径 PD、大径 MD 或小径 LD，如图 2-16（b）所示。

2．基准要素的标注

对关联被测要素的方向、位置和跳动公差要求必须注明基准。图样方框内的字母应与公差框格中的基准字母对应，且不论基准代号在图样中的方向如何，方框内的字母均应水平书写。单一基准用一个字母表示，如图 2-17（a）所示；公共基准用由横线隔开的两个字母表示，如图 2-17（b）所示。

当以轮廓要素作为基准时，基准符号应注在基准要素的轮廓线或其延长线上，且与轮廓的尺寸线明显错开，如图 2-17（a）所示；当以中心要素为基准时，基准连线应与相应的轮廓要素的尺寸线对齐，如图 2-17（b）所示。

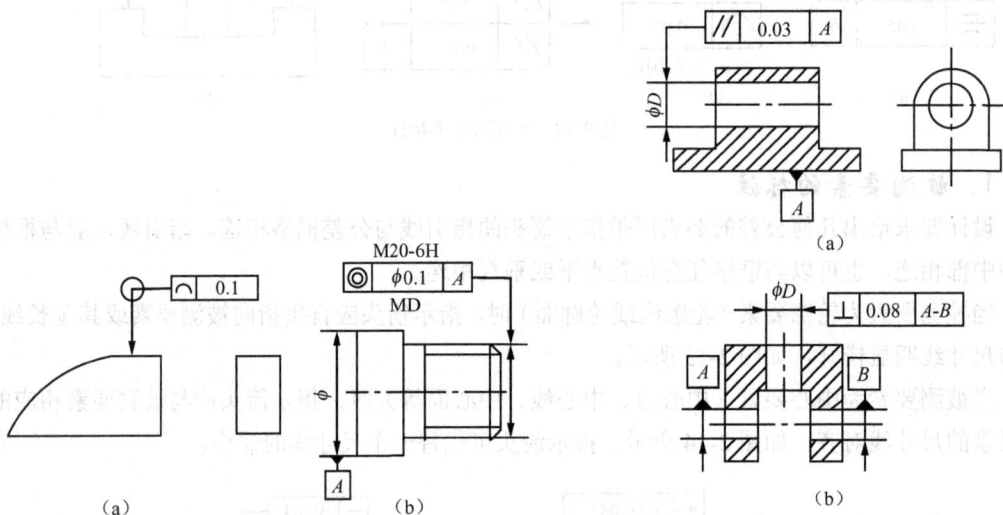

图 2-16　被测要素的其他标注

图 2-17　基准要素的标注

此外，国家标准中还规定了一些其他特殊符号，需要时可参见国家标准。

2.3.4　几何公差带

几何公差带是用来限制被测实际要素变动的区域。只要被测实际要素完全落在给定的公差带内，就表示其形状和位置符合设计要求。

几何公差带的形状由被测要素的理想形状和给定的公差特征所决定，其形状有如图 2-18 所示的几种。几何公差带的大小由公差值 t 确定，指公差带的宽度或直径等。

(a)　　(b)　　(c)　　(d)

(e)　　(f)　　(g)　　(h)

(i)　　(j)　　(k)

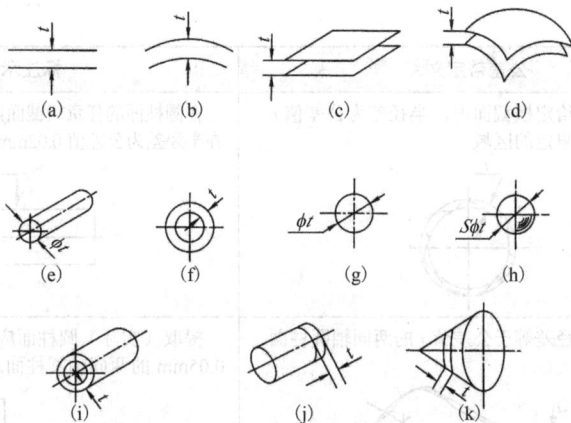

图 2-18　几何公差带的形状

2.3.5　形状公差与公差带

　　形状公差是指单一实际要素的形状所允许的变动全量。形状公差带是限制实际被测要素形状变动的一个区域。形状公差带及其定义、标注示例和解释见表 2-3。

平面度误差检测方法及案例

表 2-3　　　　　　　　　　　　形状公差带定义、标注示例和解释

特征	公差带定义	标注示例和解释
直线度	公差带为在给定平面内和给定方向上，间距等于公差值 t 的两平行直线所限定的区域 任一距离	在任一平行于图示投影面的平面内，上平面的提取（实际）线应限定在间距等于 0.1mm 的两平行直线之间 — 0.1
直线度	公差带为间距等于公差值 t 的两平行平面所限定的区域 	提取（实际）刀口形直尺的棱边应限定在间距等于 0.03mm 的两平行平面内 — 0.03
直线度	公差带为直径等于公差值 ϕt 的圆柱面所限定的区域 	圆柱面的提取（实际）中心线应限定在直径等于公差值 ϕ0.08mm 的圆柱面内 ϕ0.08
平面度	公差带为间距等于公差值 t 的两平行平面所限定的区域 	提取（实际）表面应限定在间距等于 0.06mm 的两平行平面之间 □ 0.06

特征	公差带定义	标注示例和解释
圆度	公差带为在给定横截面内，半径差为公差值 t 的两同心圆所限定的区域 	在圆柱面的任意横截面内，提取（实际）圆周应限定在半径差为公差值 0.02mm 的两共面同心圆之间 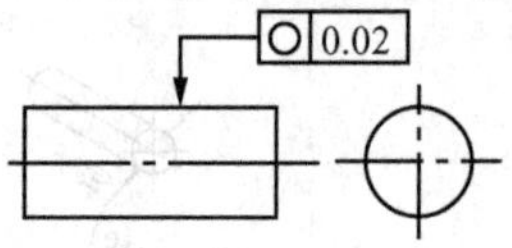
圆柱度	公差带为半径差等于公差值 t 的两同轴圆柱面所限定的区域 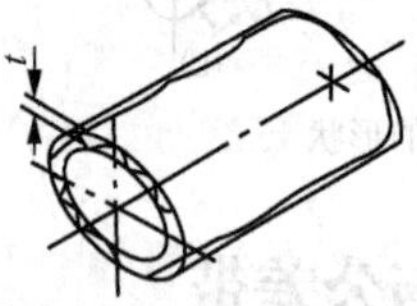	提取（实际）圆柱面应限定在半径差等于公差值 0.05mm 的两同轴圆柱面之间 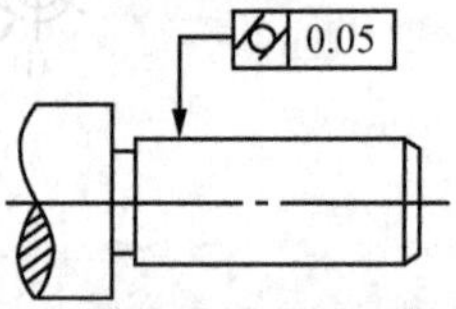

2.3.6　轮廓度公差与公差带

轮廓度公差特征有线轮廓度和面轮廓度，均可有基准或无基准。轮廓度无基准要求时为形状公差，有基准要求时为方向公差或位置公差。轮廓度公差带定义、标注示例和解释见表 2-4。

表 2-4　　　　　　　　　　　轮廓度公差带的定义、标注和解释

特征	公差带定义	标注示例和解释
线轮廓度	公差带为直径等于公差值 t、圆心位于具有理论正确几何形状上的一系列圆的两包络线所限定的区域。 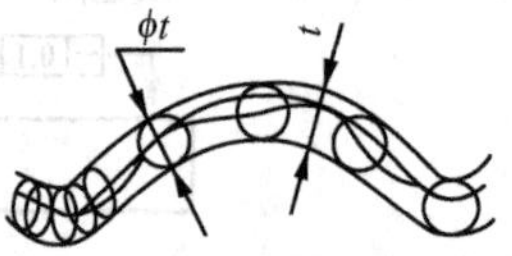	在任一平行于图示投影面的截面内，提取（实际）轮廓线应限定在直径为公差值 $\phi0.04$mm，圆心位于被测要素理论正确几何形状上的一系列圆的两包络线之间 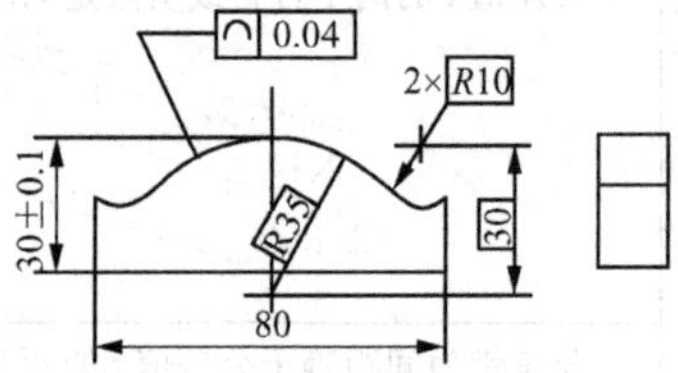 （a）无基准要求 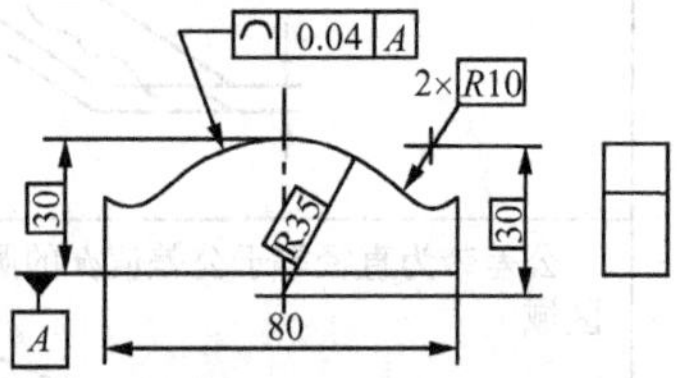 （b）有基准要求
面轮廓度	公差带是直径为公差值 t，球心位于被测要素理论正确几何形状上的一系列圆球的两包络面所限定的区域 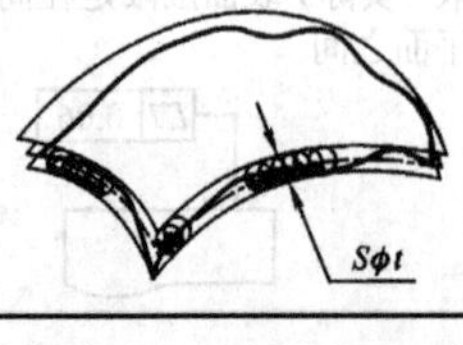	提取（实际）轮廓面应限定在直径为 $S\phi0.02$mm，球心位于被测要素理论正确几何形状上的一系列圆球的两等距包络面之间 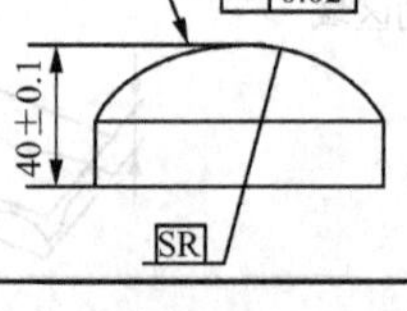

2.3.7　方向公差与公差带

方向公差是关联提取要素对基准在方向上允许的变动全量。方向公差有平行度、垂直度和倾斜度三项。它们都有面对面、线对面、面对线和线对线几种情况。典型的方向公差带定义、标注示例和解释见表 2-5。

线对面及线对线
垂直度误差检测

表 2-5　　　　　　　　　　　　　方向公差带定义、标注示例和解释

特征		公差带定义	标注示例和解释
平行度	面对面	公差带是间距为公差值 t、平行于基准平面的两平行平面所限定的区域 平行度公差 t 基准平面	提取（实际）表面应限定在间距为 0.05mm，平行于基准平面 A 的两平行平面之间 // 0.05 A A
	线对面	公差带是平行于基准平面、间距为公差值 t 的两平行平面所限定的区域 t 基准平面	提取（实际）中心线应限定在平行于基准 A、间距等于 0.03mm 的两平行平面之间 // 0.03 A ϕ A
平行度	面对线	公差带是间距为公差值 t，平行于基准轴线的两平行平面所限定的区域 t 基准轴线	提取（实际）表面应限定在间距等于 0.05mm、平行于基准轴线 A 的两平行平面之间 // 0.05 A ϕD A
	线对基准体系	公差带为间距等于公差值 t、平行于两基准的两平行平面所限定的区域 t 基准轴线 基准平面	提取（实际）中心线应限定在间距等于 0.1mm、平行于基准轴线 A 和基准平面 B 的两平行平面之间 // 0.1 A B B A

特征		公差带定义	标注示例和解释
平行度	线对线	公差带为平行于基准轴线、直径等于公差值 ϕt 的圆柱面所限定的区域 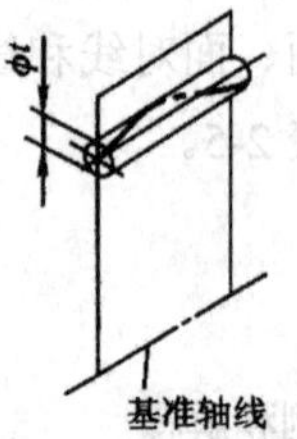	提取（实际）中心线应限定在平行于基准轴线 B、直径等于 $\phi 0.1$mm 的圆柱面内 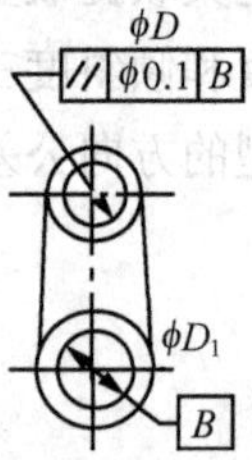
垂直度	面对线	公差带是距离为公差值 t 且垂直于基准轴线的两平行平面所限定的区域 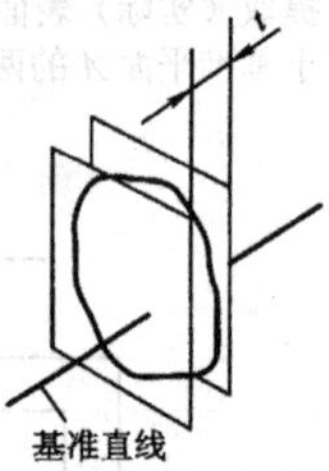	提取（实际）表面应限定在间距等于 0.05mm 的两平行平面之间，该两平行平面垂直于基准轴线 A 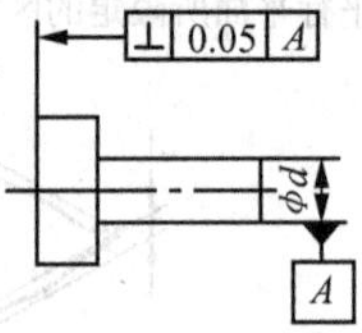
	线对面	公差带是直径为公差值 ϕt，轴线垂直于基准平面的圆柱面所限定的区域 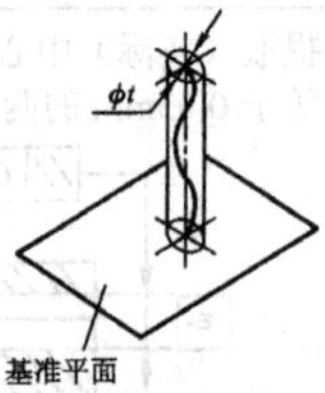	提取（实际）中心线应限定在直径等于 $\phi 0.05$mm、垂直于基准平面 A 的圆柱面内 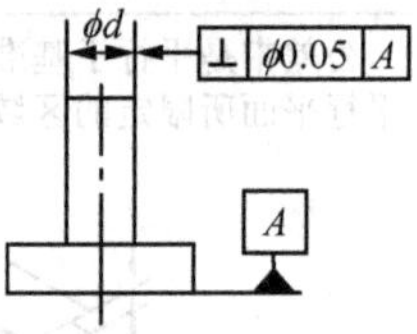
倾斜度	面对面	公差带为间距等于公差值 t 的两平行平面所限定的区域，该两平行平面按给定角度倾斜于基准平面 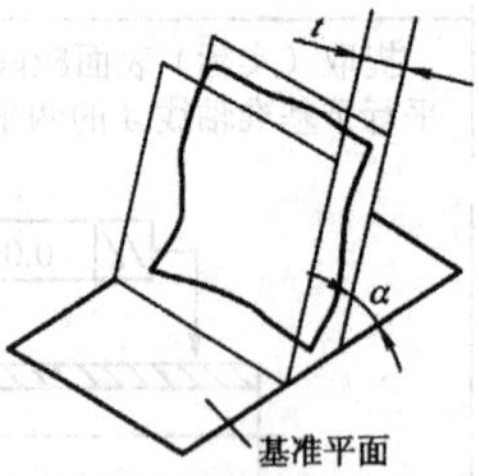	提取（实际）表面应限定在间距等于 0.08mm 的两平行平面之间，该两平行平面按 45° 理论正确角度倾斜于基准平面 A 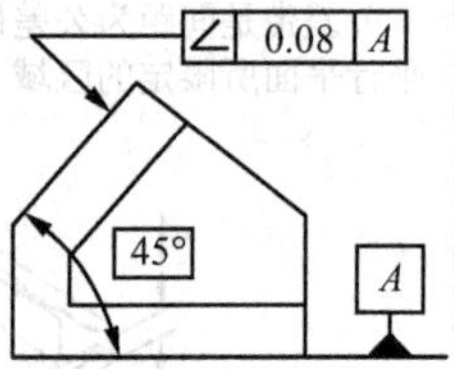
	线对面	公差带为直径等于公差值 ϕt 的圆柱面所限定的区域，且于基准平面（底平面）成理论正确角度的 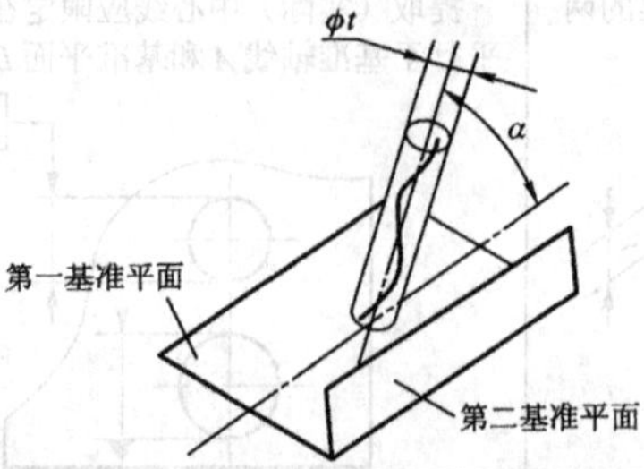	提取（实际）中心线应限定在直径等于 $\phi 0.05$mm 的圆柱面内，该圆柱面的中心线按 60° 理论正确角度倾斜于基准平面 A 且平行于基准平面 B 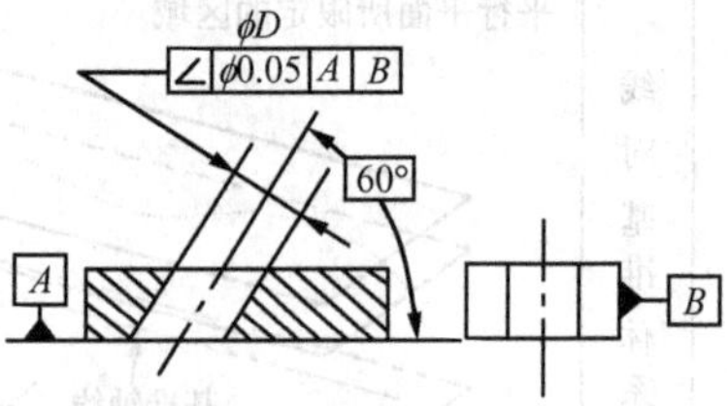

2.3.8　位置公差与公差带

位置公差是关联提取要素对基准在位置上所允许的变动全量。位置公差有同轴度（对中心点称为同心度）、对称度和位置度，位置公差带的定义、标注示例和解释见表 2-6。

同轴度误差检测
方法及案例

表 2-6　　　　　位置公差带的定义、标注示例和解释

特征		公差带定义	标注示例和解释
同轴度		公差带是直径为公差值 ϕt，且以基准轴线为轴线的圆柱面所限定的区域 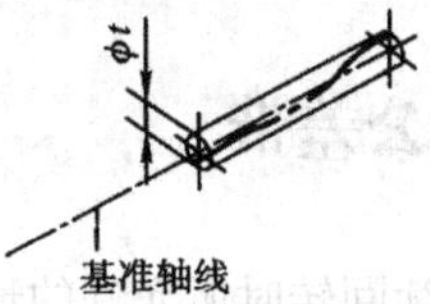	大圆柱面的提取（实际）中心线应限定在直径等于 $\phi 0.1$mm 以公共基准轴线 A-B 为轴线的圆柱面内 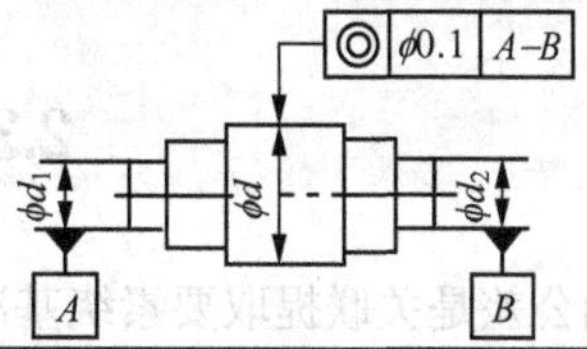
同心度		公差带是直径为公差值 ϕt 的圆周所限定的区域。该圆周的圆心与基准点重合 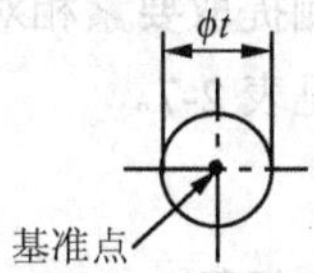	在任意横截面内，内圆的提取（实际）中心应限定在直径等于 $\phi 0.1$mm，以基准点 B 为圆心的圆周内 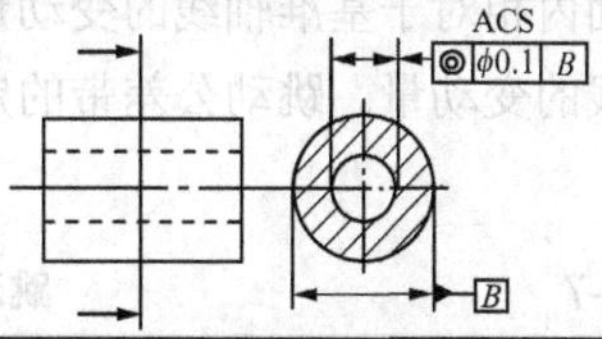
对称度		公差带为间距等于公差值 t，对称于基准中心平面的两平行平面所限定的区域 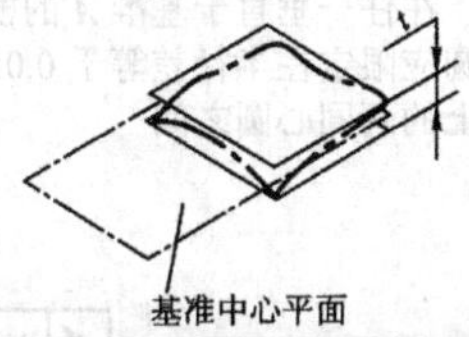	提取（实际）中心面应限定在间距等于 0.08mm 且对称于基准中心平面 A 的两平行平面之间 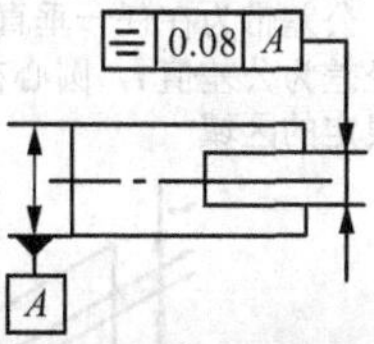
位置度	点的位置度	公差带为直径等于公差值 $S\phi t$ 的圆球面所限定的区域，该圆球面中心的理论正确位置由基准 A、B 和理论正确尺寸确定 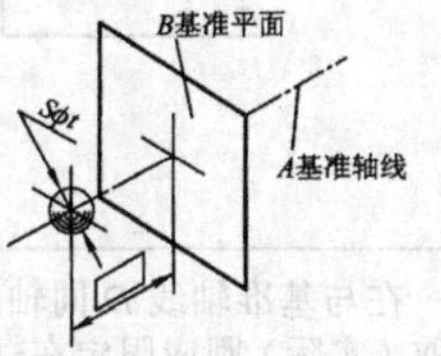	提取（实际）球心应限定在直径等于 $S\phi 0.08$mm 的圆球面内。该圆球面的中心由基准轴线 A、基准平面 B 和理论正确尺寸 30mm 确定 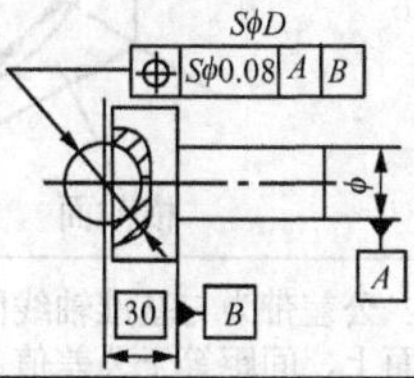
	线的位置度	当给定一个方向时，公差带为间距等于公差值 t，对称于线的理论正确位置的两平行平面所限定的区域；任意方向上（如图）公差带是直径为公差值 ϕt 的圆柱面所限定的区域。该圆柱面的轴线位置由基准平面 A、B、C 和理论正确尺寸确定 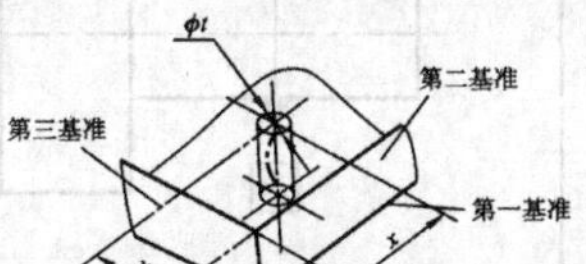	提取（实际）中心线应限定在直径等于 $\phi 0.1$mm 的圆柱面内。该圆柱面的轴线位置应处于由基准平面 A、B、C 和理论正确尺寸 90°、30mm、40mm 确定的理论正确位置上 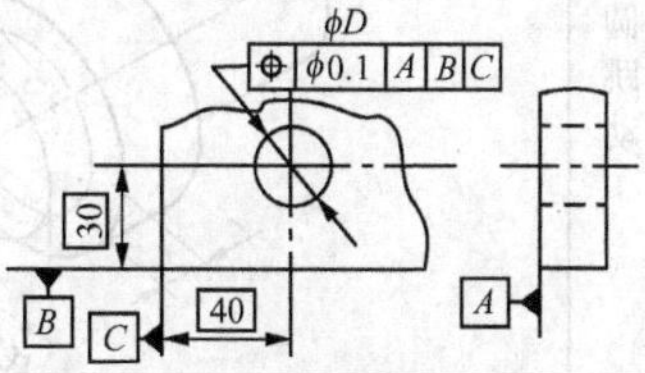

特征		公差带定义	标注示例和解释
位置度	面的位置度	公差带为间距等于公差值 t，且对称于被测面理论正确位置的两平行平面所限定的区域。面的理论正确位置由基准轴线、基准平面和理论正确尺寸确定 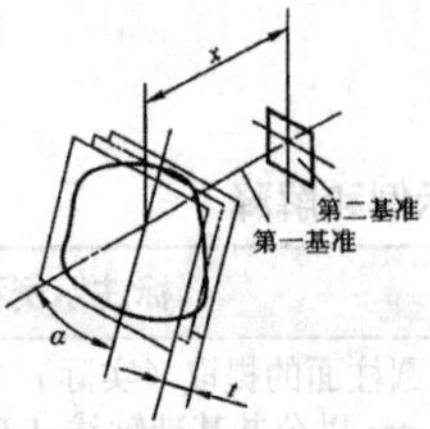	提取（实际）表面应限定在间距等于 0.05mm，且对称于被测面的理论正确位置的两平行平面之间。该两平行平面对称于由基准轴线 A、基准平面 B 和理论正确尺寸 60°、50mm 确定的被测面的理论正确位置 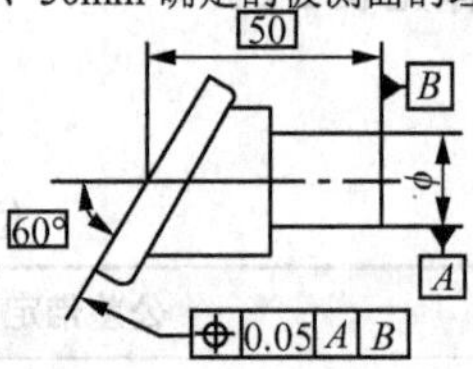

2.3.9　跳动公差与公差带

跳动公差是关联提取要素绕基准轴线回转一周或连续回转时所允许的最大跳动量。跳动公差分为圆跳动和全跳动。圆跳动是指被测提取要素在某个测量截面内相对于基准轴线的变动量；全跳动是指整个被测提取要素相对于基准轴线的变动量。跳动公差带的定义、标注示例和解释见表 2-7。

跳动误差检测
方法及案例

表 2-7　　　　　　　　　　　　　　跳动公差带定义、标注示例和解释

特征		公差带定义	标注示例和解释
圆跳动	径向圆跳动	公差带为在任一垂直于基准轴线的横截面内，半径差为公差值 t，圆心在基准轴线上的两同心圆所限定的区域 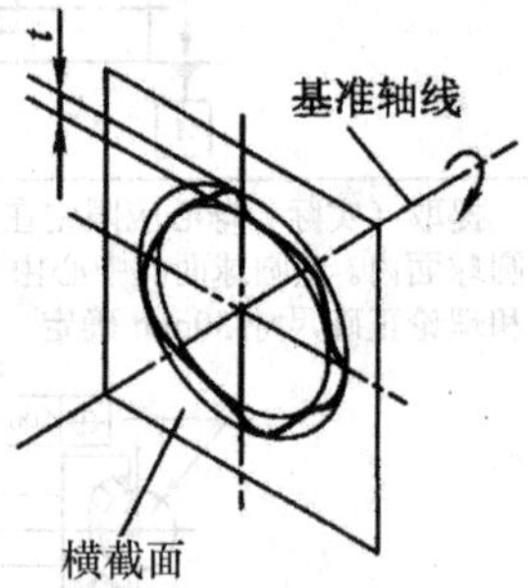	在任一垂直于基准 A 的横截面内，提取（实际）圆应限定在半径差等于 0.05mm，圆心在基准轴线 A 上的两同心圆之间 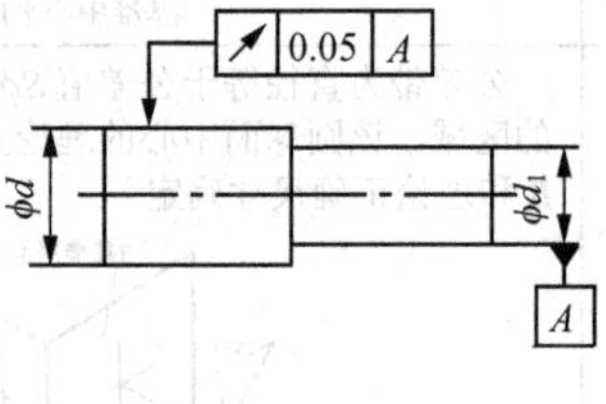
	轴向圆跳动	公差带为与基准轴线同轴的任一半径的圆柱截面上，间距等于公差值 t 的两圆所限定的圆柱面区域 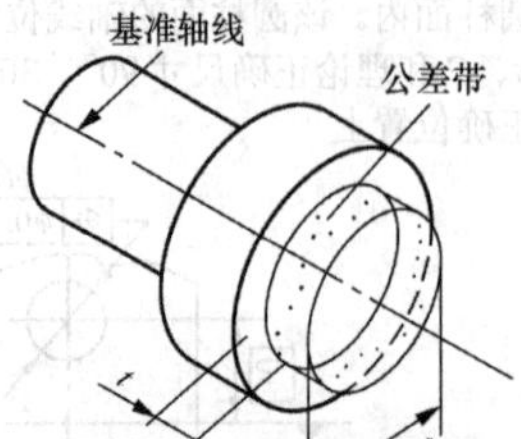	在与基准轴线 D 同轴的任一圆柱形截面上，提取（实际）圆应限定在轴向距离等于 0.1mm 的两个等圆之间 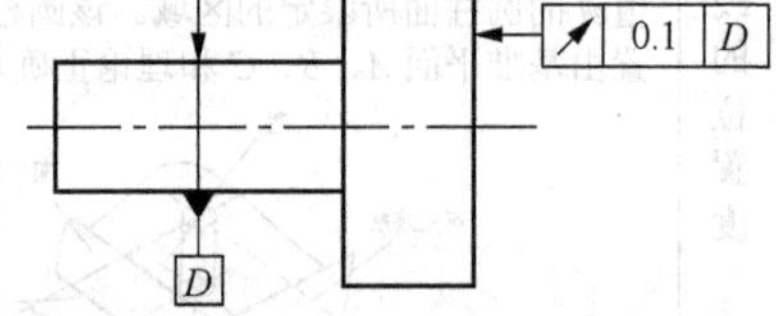

续表

特征		公差带定义	标注示例和解释
圆跳动	斜向圆跳动	公差带为与基准轴线同轴的某一圆锥截面上，间距等于公差值 t 的两圆所限定的圆锥面区域（除非另有规定，测量方向应沿被测表面的法向） 基准轴线 测量圆锥面	在与基准轴线 A 同轴的任一圆锥截面上，提取（实际）线应限定在素线方向间距等于 0.05mm 的两不等圆之间 ⟋ 0.05 A ϕd A
全跳动	径向全跳动	公差带为半径差等于公差值 t、与基准轴线同轴的两圆柱面所限定的区域 基准轴线	提取（实际）表面应限定在半径差等于 0.2mm，与公共基准轴线 $A—B$ 同轴的两圆柱面之间 ⟱ 0.2 $A—B$ ϕd_1　ϕd　ϕd_2 A　B
全跳动	轴向全跳动	公差带为间距等于公差值 t、垂直于基准轴线的两平行平面所限定的区域 基准轴线　提取表面 ϕd	提取（实际）表面应限定在间距等于 0.05mm，垂直于基准轴线 A 的两平行平面之间 ⟱ 0.1 D ϕd D

本 章 小 结

（1）互换性是指在相同规格的一批零件或部件中，任取一件，不经任何挑选和装配，装到机器上就能满足机器的使用要求的一种性质。

（2）机械零件精度取决于该零件的尺寸精度、形状和位置精度以及表面粗糙度、轮廓精度等。

（3）尺寸公差是指最大极限尺寸减去最小极限尺寸所得的差值，或上偏差减去下偏差所得的差值，它是允许尺寸的变动量。

（4）标准公差是由国家标准规定的，用于确定公差带大小的任一公差。公差等级确定尺寸的精确程度，国家标准把公差等组分为 20 个等级，分别用 IT01、IT0、IT1～IT18 表示。

（5）配合是指基本尺寸相同，相互结合的孔和轴公差带之间的关系。孔、轴配合分为间隙配合、过盈配合和过渡配合三种。

（6）基本偏差为国家标准极限与配合制中，用以确定公差带相对于零线的位置的极限偏差，一般是指靠近零线或位于零线的那个极限偏差。

（7）几何公差的特征项目分为形状公差和位置公差两大类，共有 14 个。其中，形状公差特征项目有 4 个，它们没有基准要求；位置公差特征项目有 8 个，它们有基准要求；还有线、面轮廓度公差特征项目 2 个。位置公差分为定向公差、定位公差和跳动公差三类。

（8）标注或读取几何公差要求时，要特别注意轮廓要素和中心要素的区别。

| 习　　　题 |

一、判断题

1. 为使零件具有互换性，必须把加工误差控制在给定的范围内。（　　　）
2. 尺寸偏差可为正值、负值或零，公差不能为零。（　　　）
3. 基本尺寸相同的一根轴和一个孔，它们之间可能是过渡配合。（　　　）
4. 尺寸公差大的一定比尺寸公差小的公差等级低。（　　　）
5. 平面度的被测要素为单一要素，无基准，公差框格为 3 个。（　　　）

二、选择题

1. 配合是（　　　）相同的孔与轴的结合。
   A. 实际尺寸　　　B. 基本尺寸　　　C. 极限尺寸　　　D. 真实尺寸
2. 孔、轴公差带的相对位置反映（　　　）程度。
   A. 加工难易　　　B. 配合松紧　　　C. 尺寸精度
3. 标准公差值与（　　　）有关。
   A. 基本偏差和公差等级　　　　　　B. 基本尺寸和基本偏差
   C. 公差等级和基本尺寸　　　　　　D. 基本偏差和配合类型
4. 下面全属于位置公差的（　　　）。
   A. 平行度、圆度、圆柱度　　　　　B. 轮廓度、垂直度、圆跳动
   C. 直线度、同轴度、位置度　　　　D. 全跳动、位置度、垂直度
5. 某轴线对基准中心平面的对称度公差值为 0.1mm，则该轴线对基准中心平面的允许偏离量为（　　　）。
   A. 0.1mm　　　B. 0.05mm　　　C. 0.2mm　　　D. 0.01mm

三、综合题

1. 计算出表 2-8 中空格处数值，并完成填空。

表 2-8

基本尺寸/mm	最大极限尺寸/mm	最小极限尺寸/mm	上偏差/mm	下偏差/mm	公差/mm	尺寸标注
孔ϕ12	12.050	12.032				
轴ϕ60			+0.072		0.019	
孔ϕ30		29.959			0.021	
轴ϕ80			−0.010	−0.056		
孔ϕ50				−0.034	0.039	
轴ϕ40						$\phi40^{+0.014}_{-0.011}$
轴ϕ70	69.970				0.074	

2．如果用 $\phi 50^{+0.025}_{0}$ mm 的孔，分别与 $\phi 50^{-0.025}_{-0.041}$ mm、$\phi 50^{+0.050}_{+0.034}$ mm、$\phi(50\pm0.030)$ mm 的轴配合，试分别判断孔、轴配合性质，并用公差带图表示出来。

3．已知某配合 $\phi 60H7/g6$，轴的基本偏差为 $-10\mu m$，试作出孔、轴公差带图，并说明其配合性质。

4．指出图 2-19 中几何公差标注的错误。

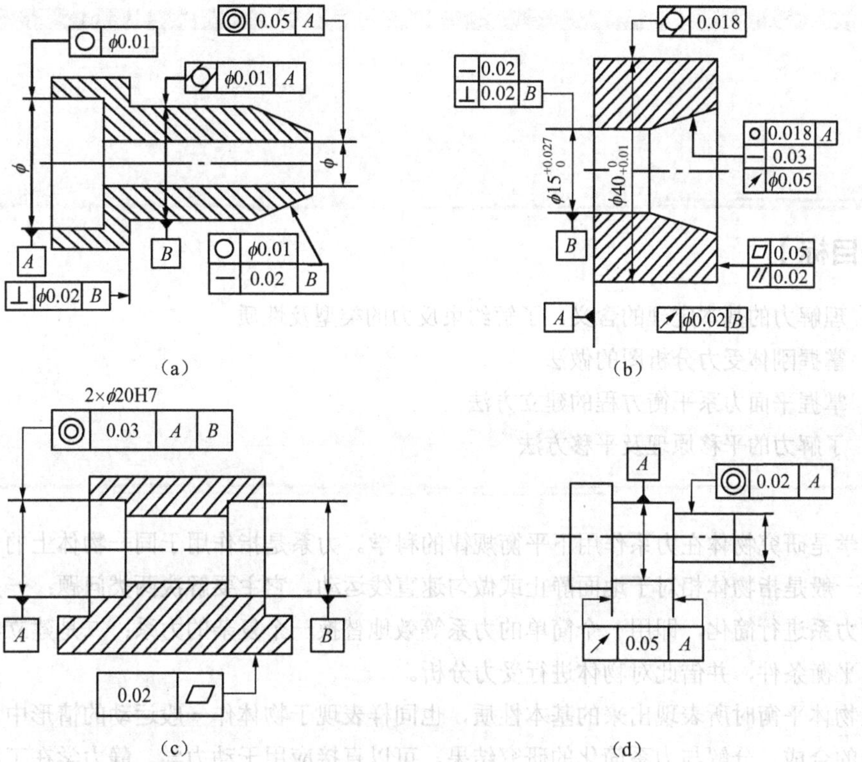

(a)

(b)

(c)

(d)

图 2-19　综合题 4 图

5．将下列各项公差要求标注在图 2-20 上。

（1）左端面的平面度公差 0.01mm。

（2）右端面对左端面的平行度公差 0.04mm。

（3）$\phi 70$mm 孔对左端面的垂直度公差 $\phi 0.02$mm。

（4）$\phi 210$mm 外圆对 $\phi 70$mm 孔的同轴度公差 $\phi 0.03$mm。

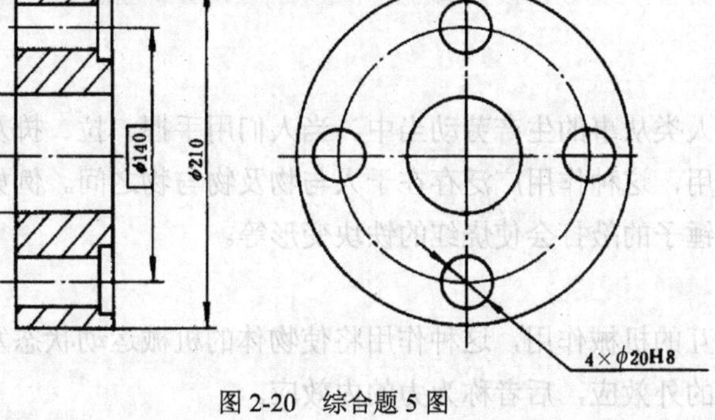

图 2-20　综合题 5 图

第 3 章
静力学基础

【学习目标】

1. 理解力的基本定理的含义，了解约束反力的类型及性质
2. 掌握刚体受力分析图的做法
3. 掌握平面力系平衡方程的建立方法
4. 了解力的平移原理及平移方法

　　静力学是研究物体在力系作用下平衡规律的科学。力系是指作用于同一物体上的一组力。物体的平衡一般是指物体相对于地面静止或做匀速直线运动。它主要解决两类问题：一是将作用在物体上的力系进行简化，即用一个简单的力系等效地替换一个复杂的力系；二是建立物体在各种力系下的平衡条件，并借此对物体进行受力分析。

　　力在物体平衡时所表现出来的基本性质，也同样表现于物体作一般运动的情形中。在静力学里关于力的合成、分解与力系简化的研究结果，可以直接应用于动力学。静力学在工程技术中具有重要的实用意义。

|3.1　静力分析基础|

3.1.1　基本概念与公理

1．力的概念

　　力的概念产生于人类从事的生产劳动当中。当人们用手握、拉、掷及举起物体时，由于肌肉紧张而感受到力的作用，这种作用广泛存在于人与物及物与物之间。例如，发动机中汽油的燃烧能推动活塞的移动，锤子的敲打会使烧红的铁块变形等。

　　（1）力的定义

　　力是物体之间相互的机械作用，这种作用将使物体的机械运动状态发生变化，或者使物体产生变形。前者称为力的外效应，后者称为力的内效应。

（2）力的三要素

实践证明，力对物体的作用效应，决定于力的大小、方向和作用点的位置，这三个因素就称为力的三要素。在这三个要素中，如果改变其中的任何一个，也就改变了力对物体的作用效应。例如，用扳手拧螺母时，作用在扳手上的力，因大小不同，或方向不同，或作用点不同，它们产生的效果就不同，如图 3-1 所示。

（3）力是矢量

力是一个既有大小又有方向的量，而且又满足矢量的运算法则，因此力是矢量（或称向量）。

矢量常用一个带箭头的有向线段来表示，如图 3-1（b）所示，线段长度 AB 按一定比例代表力的大小，线段的方位和箭头表示力的方向，其起点或终点表示力的作用点。此线段的延伸称为力的作用线。用黑体字 F 代表力矢，并以同一字母的非黑体字 F 代表该矢量的模（大小）。

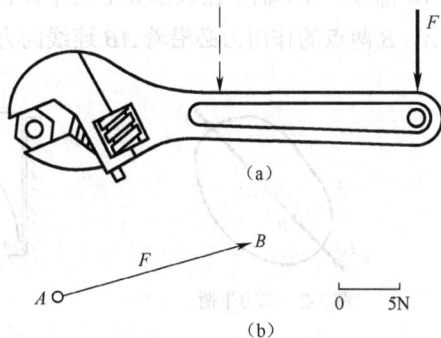

图 3-1　力的三要素

（4）力的单位

力的国际制单位是牛顿或千牛顿，其符号为 N 或 kN。

2．力系的有关概念

物体处于平衡状态时，作用于该物体上的力系称为平衡力系。力系平衡所满足的条件称为平衡条件。如果两个力系对同一物体的作用效应完全相同，则称这两个力系互为等效力系。当一个力系与一个力的作用效应完全相同时，把这一个力称为该力系的合力，而该力系中的每一个力称为合力的分力。

必须注意，等效力系只是不改变原力系对于物体作用的外效应，至于内效应显然将随力的作用位置等的改变而有所不同。

3．刚体的概念

所谓刚体是指在受力状态下保持其几何形状和尺寸不变的物体。这是一个理想化的模型，实际上并不存在这样的物体。但是，工程实际中的机械零件和结构构件，在正常工作情况下所产生的变形，一般都是非常微小的。这样微小的变形对于研究物体外效应的影响极小，是可以忽略不计的。当然，在研究物体的变形问题时，就不能把物体看做刚体，否则会导致错误的结果，甚至无法进行研究。

4．静力学公理

人们在长期的生活和生产实践中，发现和总结出一些最基本的力学规律，又经过实践的反复检验，证明是符合客观实际的普遍规律，于是就把这些规律作为力学研究的基本出发点。这些规律称为静力学公理。

公理一　二力平衡公理

当一个刚体受两个力作用而处于平衡状态时，其充分与必要的条件是：这两个力大小相等，作用于同一直线上，且方向相反，如图 3-2 所示。

这个公理揭示了作用于物体上的最简单的力系在平衡时所必须满足的条件，它是静力学中最基本的平衡条件。

二力体——只受两个力作用而平衡的物体称为二力体。

机械和建筑结构中的二力体常常统称为"二力构件"。它们的受力特点是两个力的方向必在二力作用点的连线上。

应用二力体的概念，可以很方便地判定结构中某些构件的受力方向。图 3-3 所示为三铰拱中的 AB 部分，当车辆不在该部分上且不计自重时，它只可能通过 A、B 两点受力，是一个二力构件，故 A、B 两点的作用力必沿着 AB 连线的方向。

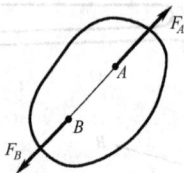

图 3-2　二力平衡　　　　　　　　图 3-3　二力体

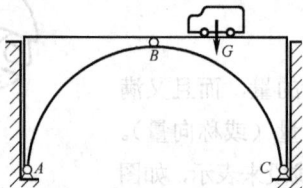

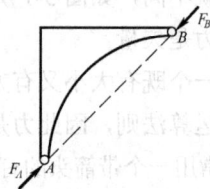

公理二　加减平衡力系公理

在刚体的原有力系中，加上或减去任一平衡力系，不会改变原力系对刚体的作用效应。

这一公理的正确性是显而易见的，因为一个平衡力系是不会改变刚体原有状态的。这个公理常被用来简化某一已知力系。依据这一公理，可以得出一个重要推论。

力的可传性原理——作用于刚体上的力可以沿其作用线移至刚体内任一点，而不改变原力对刚体的作用效应。例如，图 3-4 中，在车后 A 点加一水平力推车，与在车前 B 点加一水平力拉车，其效果是一样的。

这个原理可以利用上述公理推证如下。

① 设 F 作用于 A 点，如图 3-5（a）所示。

② 在力的作用线上任取一点 B，并在 B 点加一

图 3-4　力的可传性

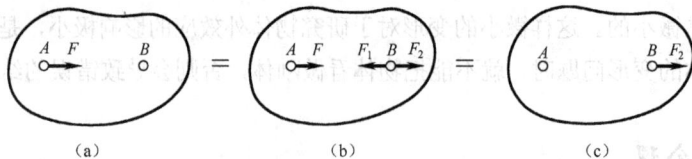

平衡力系（F_1，F_2），使 $F_1 = -F_2 = -F$，如图 3-5（b）所示。由加减平衡力系公理知，这并不影响原力 F 对刚体的作用效应。

③ 再从该力系中去掉平衡力系（F，F_1），则剩下的 F_2 与原力 F 等效，如图 3-51（c）所示。这样就把原来作用在 A 点的力 F 沿其作用线移到了 B 点。

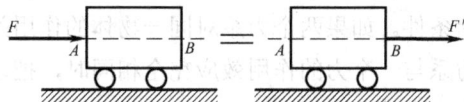

（a）　　　　　　　　　　（b）　　　　　　　　　　（c）

图 3-5　力的可传性原理

根据力的可传性原理，力在刚体上的作用点可以被它的作用线所代替，所以作用于刚体上的力的三要素又可以说是：力的大小、方向和作用线。这样的力矢量称为滑移矢量。

应当指出，力的可传性原理只适用于刚体，对变形体不适用。

力的平行四边形法则及案例

公理三　力的平行四边形法则

作用于物体同一点的两个力可以合成为一个合力，合力也作用于该点，其大小和方向由以这两个力为邻边所构成的平行四边形的对角线所确定，即合力矢等于这两个分力矢的矢量和，如图 3-6 所示。其矢量表达式为

$$F_R = F_1 + F_2 \qquad\qquad (3-1)$$

从图 3-7 可以看出，在求合力时，实际上只须作出力的平行四边形的一半，即一个三角形即可。为了使图形清晰起见，通常把这个三角形画在力所作用的物体之外。如图 3-7 所示，其方法是自任意点 O 先画出一力矢 F_1，然后再由 F_1 的终点画一力矢 F_2，最后由 O 点至力矢 F_2 的终点作一矢量 F_R，它就代表 F_1、F_2 的合力。合力的作用点仍为汇交点 A。这种作图方法称为力的三角形法则。在作力三角形时，必须遵循这样一个原则，即分力力矢首尾相接，但次序可变，合力力矢与最后分力箭头相接。此外还应注意，力三角形只表示力的大小和方向，而不表示力的作用点或作用线。

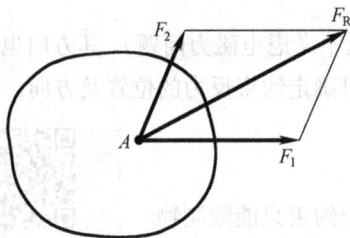

图 3-6 力的平行四边形法则

图 3-7 力的三角形法则

力的平行四边形法则总结了最简单的力系简化规律，它是较复杂力系合成的主要依据。

力的分解是力的合成的逆运算，因此也是按平行四边形法则来进行的，但为不定解。在工程实际中，通常是分解为方向互相垂直的两个分力。例如，在进行直齿圆柱齿轮的受力分析时，常将齿面的法向正压力 F_n 分解为推动齿轮旋转的即沿齿轮分度圆圆周切线方向的分力——圆周力 F_t 和指向轴心的压力——径向力 F_r，如图 3-8 所示。若已知 F_n 与分度圆圆周切向所夹的压力角为 α，则有

$$F_t = F_n\cos\alpha \qquad\qquad F_r = F_n\sin\alpha \qquad\qquad (3-2)$$

运用公理二、公理三可以得到下面的推论。

物体受三个力作用而平衡时，这三个力的作用线必汇交于一点。此推论称为三力平衡汇交定理。读者可自行证明。

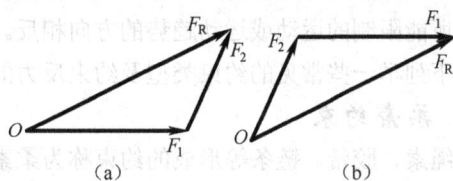

图 3-8 力的分解

公理四 作用与反作用定律

两个物体间的作用力与反作用力，总是大小相等、方向相反、作用线相同，并分别作用于这两个物体。

这个公理概括了自然界物体相互作用的关系，表明了作用力和反作用力总是成对出现的。

必须强调指出，作用力和反作用力是分别作用于两个不同的物体上的，因此，决不能认为这两个力相互平衡，作用力和反作用力与两力平衡公理中的两个力有着本质上的区别。

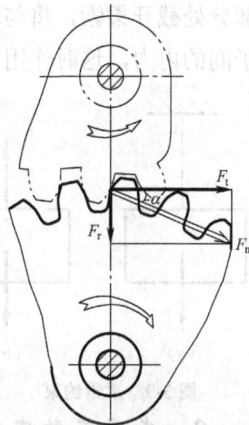

作用力与反作用力

工程中的机械都是由若干个物体通过一定形式的约束组合在一起的，称为物体系统，简称物系。物系外的物体与物系之间的作用力称为外力，而物系内部物体间的相互作用力称为内力。

3.1.2 约束与约束反力

机器或者结构总是由许多零部件组成的。这些零部件按照一定的形式相互连接。因此，它们的运动必然互相牵连和限制。如果从中取出一个物体作为研究对象，则它的运动当然也会受到与它连接或接触的周围其他物体的限制。也就是说，它是一个运动受到限制或约束的物体，称为被约束体。

那些限制物体某些运动的条件，称为约束。这些限制条件总是由被约束体周围的其他物体构成的。为了方便起见，构成约束的物体常称为约束。约束限制了物体本来可能产生的某种运动，故约束有力作用于被约束体，这种力称为约束反力。

约束反力总是作用在被约束体与约束体的接触处（这里不考虑电磁力问题），其方向也总是与该约束所能限制的运动或运动趋势的方向相反。据此，即可确定约束反力的位置及方向。

以下列举一些常见的约束类型及约束反力的性质。

1. 柔索约束

由绳索、胶带、链条等形成的约束称为柔索约束。这类约束只能限制物体沿柔索伸长方向的运动，因此它对物体只有沿柔索方向的拉力，如图 3-9 和图 3-10 所示，常用符号为 F_T。当柔索绕过轮子时，常假想在柔索的直线部分处截开柔索，将与轮接触的柔索和轮子一起作为考察对象。这样处理，就可不考虑柔索与轮子间的内力，这时作用于轮子的柔索拉力即沿轮缘的切线方向，如图 3-10（b）所示。

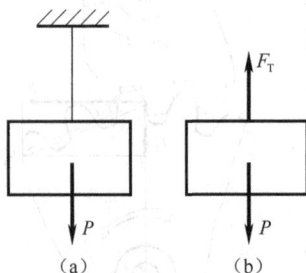

约束的种类及特点

图 3-9 柔索约束

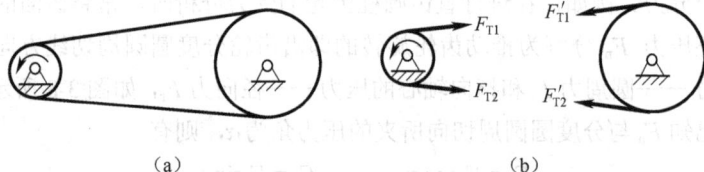

图 3-10 柔索拉力

2. 光滑面约束

当两物体直接接触，并可忽略接触处的摩擦时，约束只能限制物体在接触点沿接触面的公法线方向的运动，不能限制物体沿接触面切线方向的运动，故约束反力必过接触点沿接触面法向并指向被约束体，简称法向压力，通常用 F_N 表示。图 3-11（a）和图 3-11（b）所示分别为光滑曲面对刚体球的约束和齿轮传动机构中齿轮轮齿的约束。

图 3-12 所示为直杆与方槽在 A、B、C 三点接触，三处的约束反力沿二者接触点的公法线方向作用。

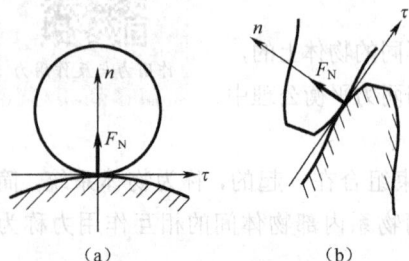

图 3-11 光滑曲面约束

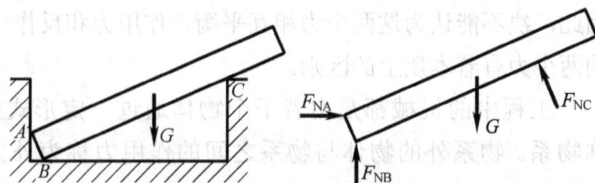

图 3-12 直杆接触

3．铰链

铰链是工程上常见的一种约束。它是在两个钻有圆孔的构件之间采用圆柱定位销所形成的连接，如图 3-13 所示。门所用的合页、铡刀与刀架、起重机的动臂与机座的连接等，都是常见的铰链连接。

一般认为销钉与构件光滑接触，所以这也是一种光滑表面约束，约束反力应通过接触点 K 沿公法线方向（通过销钉中心）指向构件，如图 3-14（a）所示。但实际上很难确定 K 的位置，因此反力 F_N 的方向无法确定。所以，这种约束反力通常

图 3-13　光滑铰链约束

是用两个通过铰链中心的大小和方向未知的正交分力 F_x、F_y 来表示，两分力的指向可以任意设定，如图 3-14（b）所示。

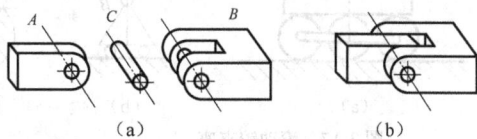

这种约束在工程上应用广泛，可分为以下三种类型。

（1）固定铰支座

这种约束常用于将构件和基础连接，如桥梁的一端与桥墩连接时，如图 3-15（a）所示。图 3-15（b）是这种约束的简图。

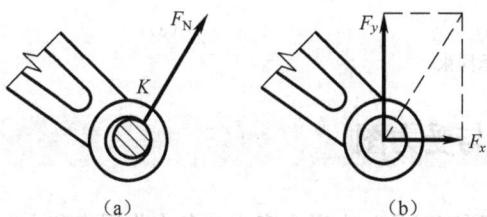

图 3-14　约束反力

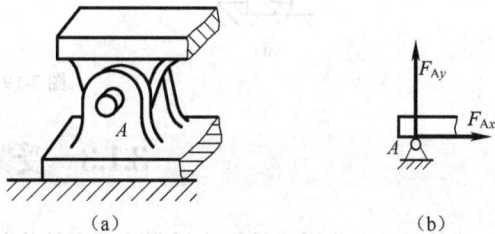

图 3-15　固定铰支座

（2）中间铰链

中间铰链用来连接两个可以相对转动但不能移动的构件，如曲柄连杆机构中曲柄与连杆、连杆与滑块的连接，如图 3-16 所示。通常在两个构件连接处用一个小圆圈表示铰链，如图 3-16（c）所示。

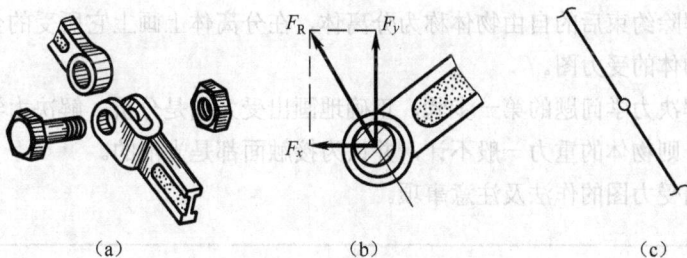

图 3-16　中间铰链

（3）滚动铰支座

在桥梁、屋架等结构中，除了使用固定铰支座外，还常使用一种放在几个圆柱形滚子上的铰链支座，这种支座称为滚动铰支座，也称为辊轴支座，它的构造如图 3-17 所示。由于辊轴的作用，被支撑构件可沿支撑面的切线方向移动，故其约束反力的方向只能在滚子与地面接触面的公法线方向。

4．轴承约束

轴承约束是工程中常见的支撑形式，它的约束反力的分析方法与铰链约束相同。

① 支撑传动轴的向心轴承。这种约束也是一种固定铰支座约束，其力学符号如图 3-18 所示。

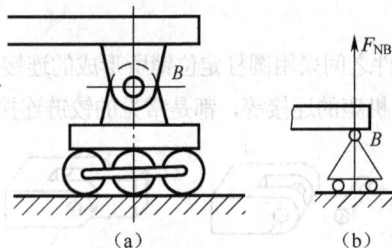

图 3-17　滚动铰支座

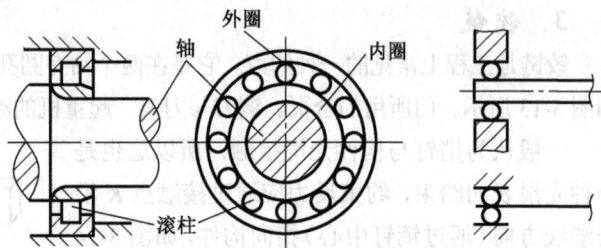

图 3-18　轴承约束

② 推力轴承约束。推力轴承约束除了与向心轴承一样具有作用线不定的径向约束力外，如图 3-19（a）所示，由于限制了轴的轴向运动，因而还有沿轴线方向的约束反力，如图 3-19（b）所示。其力学符号如图 3-19（c）所示。

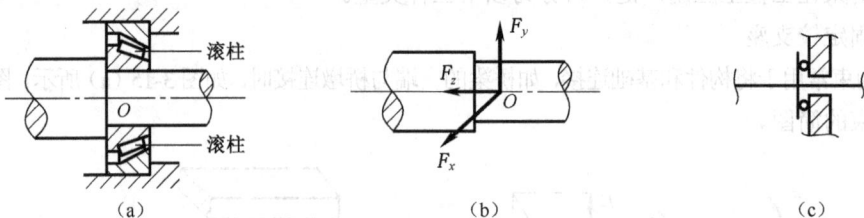

图 3-19　推力轴承约束

3.1.3　受力分析与受力图

所谓受力分析，是指分析所要研究的物体（称为研究对象）上受力多少、各力作用点和方向的过程。

工程中物体的受力可分为两类：一类称为主动力，如工作载荷、构件自重、风力等，这类力一般是已知的或可以测量的；另一类就是约束反力。在进行受力分析时，研究对象可以用简单线条组成的简图来表示。在简图上除去约束，使对象成为自由体，添上代表约束作用的约束反力，称为解除约束。解除约束后的自由物体称为分离体，在分离体上画上它所受的全部主动力和约束反力，就称为该物体的受力图。

画受力图是解决力学问题的第一步骤，正确地画出受力图是分析、解决力学问题的前提。如果没有特别说明，则物体的重力一般不计，并认为接触面都是光滑的。

下面举例说明受力图的作法及注意事项。

【例 3-1】　重力为 P 的圆球放在板 AC 与墙壁 AB 之间，如图 3-20（a）所示。设板 AC 的重力不计，试作出板与球的受力图。

解　先取球为研究对象，作出简图。球上主动力 P，约束反力有 F_{ND} 和 F_{NE}，均属光滑面约束的法向反力。受力图如图 3-20（b）所示。

再取板为研究对象。由于板的自重不计，故只有 A、C、E 处有约束反力。其中 A 处为固定铰支座，其反力可用一对正交分力 F_{Ax}、F_{By} 表示；C 处为柔索约束，其反力为拉力 F_{T}；E 处的反力为法向反力 F'_{NE}，要注意该反力与球所受反力 F_{NE} 为作用力与反作用力的关系。受力图如图 3-20（c）所示。

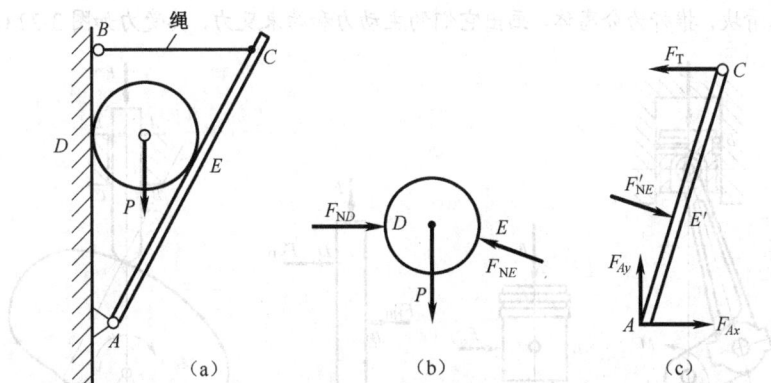

图 3-20 例 3-1 图

【例 3-2】 图 3-21 所示为一起重机支架，已知支架重量 W、吊重 G。试画出重物、吊钩、滑车与支架以及物系整体的受力图。

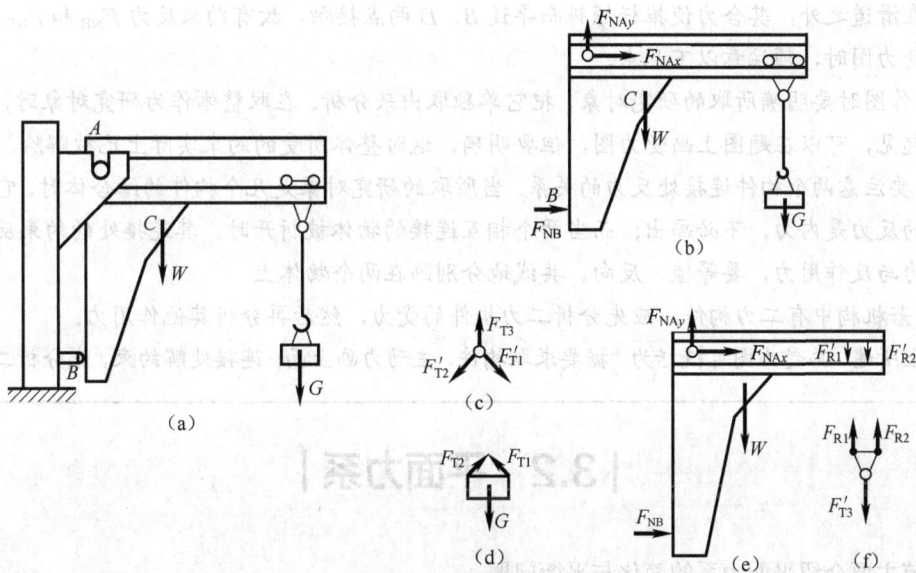

图 3-21 例 3-2 图

解 重物上作用有重量 G 和吊钩沿绳索的拉力 F_{T1}、F_{T2}，如图 3-21（d）所示。

吊钩受绳索约束，沿各绳上画拉力 F'_{T1}、F'_{T2}、F_{T3}，如图 3-21（c）所示，滑车上有钢梁的约束反力 F_{R1}、F_{R2} 及吊钩绳索的拉力 F'_{T3}，如图 3-21（f）所示。

支架上有 A 点的约束反力 F_{NAx}、F_{NAy}、B 点水平的约束反力 F_{NB} 及滑车滚轮的压力 F'_{R1}、F'_{R2} 和支架自重 W，如图 3-21（e）所示。

整个物系作用力有 G、W、F_{NB}、F_{NAx}、F_{NAy}，其余为内力，均不显示，如图 3-21（b）所示。

【例 3-3】 画出图 3-22（a）、图 3-22（d）两图中滑块及推杆的受力图，并进行比较。图 3-22（a）所示为曲柄滑块机构，图 3-22（d）所示为凸轮机构。

解 分别取滑块、推杆为分离体，画出它们的主动力和约束反力，其受力如图 3-22（b）、（c）所示。

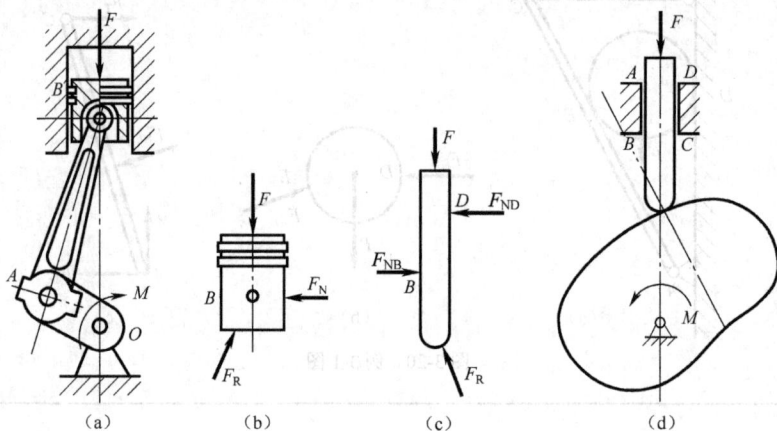

图 3-22　例 3-3 图

滑块上作用的主动力 F、F_R 与 F 的交点在滑块与滑道接触长度范围以内，其合力使滑块单面靠紧滑道，故产生一个与约束面相垂直的反力 F_N，F、F_R、F_N 三力汇交。推杆上的主动力 F、F_R 的交点在滑道之外，其合力使推杆倾斜而导致 B、D 两点接触，故有约束反力 F_{NB} 和 F_{ND}。

画受力图时，须注意以下几点。

① 作图时要明确所取的研究对象，把它单独取出来分析。在取整体作为研究对象时，有时为了简便起见，可以在题图上画受力图，但要明确，这时整体所受的约束实际上已被解除。

② 要注意两个构件连接处反力的关系。当所取的研究对象是几个构件的结合体时，它们之间结合处的反力是内力，不必画出；而当两个相互连接的物体被拆开时，其连接处的约束反力是一对作用力与反作用力，要等值、反向、共线地分别画在两个物体上。

③ 若机构中有二力构件，应先分析二力构件的受力，然后再分析其他作用力。

综上所述，画受力图可概括为"据要求取构件，主动力画上面；连接处解约束，先分析二力件"。

3.2　平面力系

本节主要介绍平面力系的简化与平衡问题。

按照力系中各力的作用线是否在同一平面内，可将力系分为平面力系和空间力系（本节不讨论空间力系）。若各力作用线都在同一平面内，则此力系称为平面力系。若各力作用线都在同一平面内并汇交于一点，则此力系称为平面汇交力系；由作用于同一平面内的力偶组成的力系称为平面力偶系；由作用于同一平面内的平行力组成的力系称为平行力系；其余力系则称为平面任意力系。

按照由特殊到一般的认识规律，先研究平面汇交力系的简化与平衡规律。

3.2.1　平面汇交力系

1. 概述

设刚体上作用有一个平面汇交力系 F_1，F_2，…，F_n，各力汇交于 A 点，如图 3-23（a）所示。根据力的可传性，可将这些力沿其作用线移到 A 点，从而得到一个平面共点力系，如图 3-23（b）

所示。故平面汇交力系可简化为平面共点力系。

连续应用力的平行四边形法则，可将平面共点力系合成为一个力。在图 3-23（b）中，先合成力 F_1 与 F_2（图中未画出力的平行四边形），可得力 F_{R1}，即 $F_{R1} = F_1 + F_2$；再将 F_{R1} 与 F_3 合成为力 F_{R2}，即 $F_{R2} = F_{R1} + F_3$；依此类推，最后可得

$$F_R = F_1 + F_2 + \cdots + F_n = \sum F_i \tag{3-3}$$

式中，F_R 即是该力系的合力。故平面汇交力系的合成结果是一个合力，合力的作用线通过汇交点，其大小和方向由力系中各力的矢量和确定。

因合力与力系等效，故平面汇交力系的平衡条件是该力系的合力为零。

2．力在坐标轴上的投影

过 F 两端向坐标轴引垂线（见图 3-24），得垂足 a、b、a'、b'。线段 ab 和 $a'b'$ 分别为 F 在 x 轴和 y 轴上投影的大小。投影的正负号规定为：从 a 到 b（或从 a' 到 b'）的指向与坐标轴正向相同为正，相反为负。F 在 x 轴和 y 轴上的投影分别计为 F_x 和 F_y。

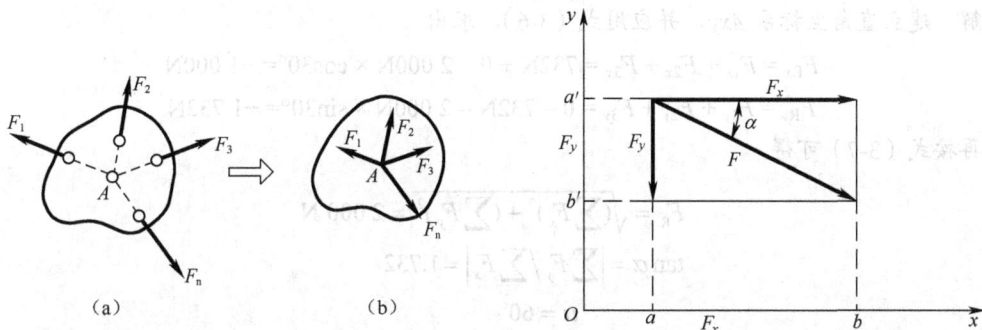

图 3-23　平面共点力系　　　　　图 3-24　力在坐标轴上的投影

若已知 F 的大小及其与 x 轴所夹的锐角 α，则有

$$\left.\begin{array}{l} F_x = F\cos\alpha \\ F_y = -F\sin\alpha \end{array}\right\} \tag{3-4}$$

如将 F 沿坐标轴方向分解，所得分力 F_x、F_y 的值与在同轴上的投影 F_x、F_y 相等。但须注意，力在轴上的投影是代数量，而分力是矢量，不可混淆。

若已知 F_x、F_y 值，可求出 F 的大小和方向，即

$$\left.\begin{array}{l} F = \sqrt{F_x^2 + F_y^2} \\ \tan\alpha = \left| F_y / F_x \right| \end{array}\right\} \tag{3-5}$$

3．平面汇交力系合成的解析法

设刚体上作用有一个平面汇交力系 F_1，F_2，$\cdots$，F_n，据式（3-3）有

$$F_R = F_1 + F_2 + \cdots + F_n = \sum F$$

将上式两边分别向 x 轴和 y 轴投影，即有

$$\left.\begin{array}{l} F_{Rx} = F_{1x} + F_{2x} + \cdots + F_{nx} = \sum F_x \\ F_{Ry} = F_{1y} + F_{2y} + \cdots + F_{ny} = \sum F_y \end{array}\right\} \tag{3-6}$$

式（3-6）即为合力投影定理：力系的合力在某轴上的投影，等于力系中各力在同一轴上投影的代数和。

若进一步按式（3-5）运算，即可求得合力的大小及方向，即

$$F_R = \sqrt{\left(\sum F_x\right)^2 + \left(\sum F_y\right)^2}$$
$$\tan\alpha = \left|\sum F_y \Big/ \sum F_x\right|$$

$$(3-7)$$

【例 3-4】 一固定于房顶的吊钩上有三个力 F_1、F_2、F_3，其数值与方向如图 3-25 所示。用解析法求此三力的合力。

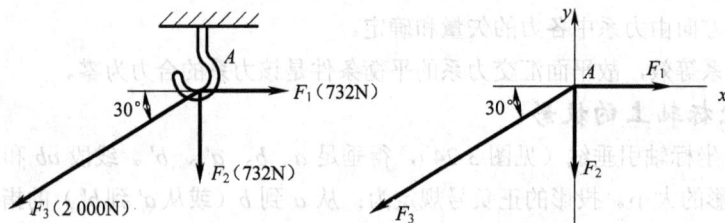

图 3-25 例 3-4 图

解 建立直角坐标系 Axy，并应用式（3-6），求出

$$F_{Rx} = F_{1x} + F_{2x} + F_{3x} = 732\text{N} + 0 - 2\,000\text{N} \times \cos30° = -1\,000\text{N}$$

$$F_{Ry} = F_{1y} + F_{2y} + F_{3y} = 0 - 732\text{N} - 2\,000\text{N} \times \sin30° = -1\,732\text{N}$$

再按式（3-7）可得

$$F_R = \sqrt{\left(\sum F_x\right)^2 + \left(\sum F_y\right)^2} = 2\,000\text{ N}$$

$$\tan\alpha = \left|\sum F_y \Big/ \sum F_x\right| = 1.732$$

$$\alpha = 60°$$

4．平面汇交力系的平衡方程及其应用

平衡条件的解析表达式称为平衡方程。由式（3-6）可知平面汇交力系的平衡条件是

$$\left.\begin{array}{l} \sum F_x = 0 \\ \sum F_y = 0 \end{array}\right\}$$

$$(3-8)$$

平面汇交力系的平衡案例

即力系中各力在两个坐标轴上投影的代数和分别等于零，上式称为平面汇交力系的平衡方程。这是两个独立的方程，可求解两个未知量。

【例 3-5】 图 3-26 所示为一圆柱体放置于夹角为 α 的 V 形槽内，并用压板 D 夹紧。已知压板作用于圆柱体上的压力为 F。试求槽面对圆柱体的约束反力。

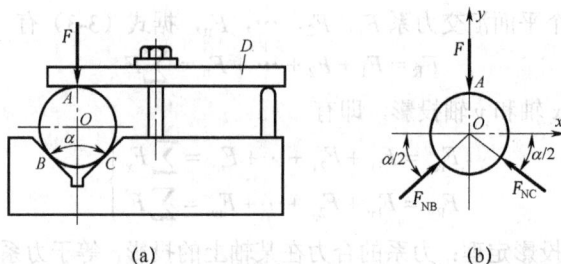

(a)   (b)

图 3-26 例 3-5

解 ① 取圆柱体为研究对象，画出其受力图，如图 3-26（b）所示。

② 选取坐标系 xOy。

③ 列平衡方程式求解未知力，由式（3-6）得

$$\sum F_x=0, \qquad F_{NB}\cos\frac{\alpha}{2}-F_{NC}\cos\frac{\alpha}{2}=0 \tag{a}$$

$$\sum F_y=0, \qquad F_{NB}\sin\frac{\alpha}{2}+F_{NC}\sin\frac{\alpha}{2}-F=0 \tag{b}$$

由式（a）得 $\qquad F_{NB}=F_{NC}$

由式（b）得 $\qquad F_{NB}=F_{NC}=\dfrac{F}{2\sin\dfrac{\alpha}{2}}$

④ 讨论。由结果可知 F_{NB} 与 F_{NC} 均随几何角度 α 而变化，角度 α 越小，则压力 F_{NB} 或 F_{NC} 就越大，因此 α 角不宜过小。

【例 3-6】 图 3-27 所示为一简易起重机。利用绞车和绕过滑轮的绳索吊起重物，其重力 $G=20$ kN，各杆件与滑轮的重力不计。滑轮 B 的大小可忽略不计，试求杆 AB 与 BC 所受的力。

解 ① 取节点 B 为研究对象，画其受力图，如图 3-27（b）所示。由于杆 AB 与 BC 均为两力构件，对 B 的约束反力分别为 F_1 与 F_2，滑轮两边绳索的约束反力相等，即 $T=G$。

② 选取坐标系 xBy。

③ 列平衡方程式求解未知力。

$$\sum F_x=0, \quad F_2\cos30°-F_1-T_1\sin30°=0 \tag{a}$$

$$\sum F_y=0, \quad F_2\sin30°-T_1\cos30°-G=0 \tag{b}$$

由式（b）得 $\qquad F_2=74.6$ kN

代入式（a）得 $\qquad F_1=54.6$ kN

由于此两力均为正值，说明 F_1 与 F_2 的方向与图 3-27（b）所示一致，即 AB 杆受拉力，BC 杆受压力。

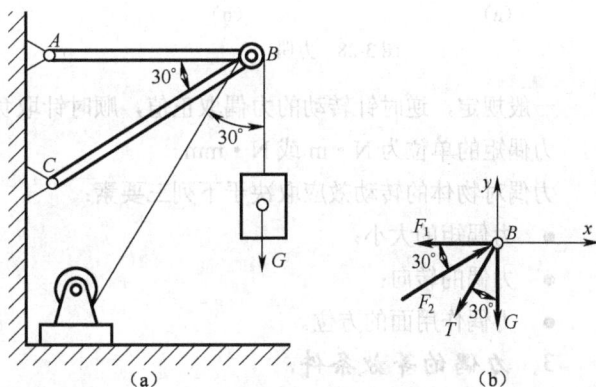

图 3-27 例 3-6

3.2.2 平面力偶系

1. 力偶的概念

在日常生活及生产实践中，常见到物体受一对大小相等、方向相反，但不在同一作用线上的平行力作用。图 3-28 所示为司机转动方向盘及钳工对丝锥的操作。

力矩和力偶

一对等值、反向、不共线的平行力组成的力系称为力偶，此二力之间的距离称为力偶臂。由以上实例可知，力偶对物体作用的外效应是使物体单纯地产生转动运动的变化。

2．力偶的三要素

在力学上，以 F 与力偶臂 d 的乘积作为度量力偶在其作用面内对物体转动效应的物理量，称为力偶矩，并记作 $M(F, F')$ 或 M。即

$$M(F, F') = M = \pm F \cdot d \tag{3-9}$$

力偶矩的大小也可以通过力与力偶臂组成的三角形面积的二倍来表示，如图 3-29 所示，即

$$M = \pm 2\triangle OAB \tag{3-10}$$

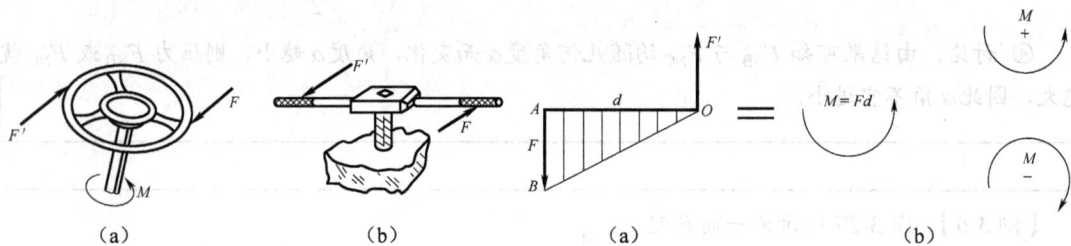

图 3-28　力偶　　　　　　　　　　　　　　图 3-29　力偶的三要素

一般规定，逆时针转动的力偶取正值，顺时针取负值。

力偶矩的单位为 N・m 或 N・mm。

力偶对物体的转动效应取决于下列三要素：

- 力偶矩的大小；
- 力偶的转向；
- 力偶作用面的方位。

3．力偶的等效条件

凡是三要素相同的力偶则彼此等效，即它们可以相互置换，这一点不仅由力偶的概念可以说明，还可通过力偶的性质作进一步证明。

4．力偶的性质

性质1　力偶对其作用面内任意点的力矩恒等于此力偶的力偶矩，而与矩心的位置无关。

证明：设在刚体某平面上 A、B 两点作用一力偶 $M = F \cdot d$，现求此力偶对任意点 O 的力矩。取 x 表示矩心 O 到 F' 的垂直距离。按力矩定义，F 与 F' 对 O 点的力矩和为

$$M_O(F) + M_O(F') = F(d - x) + F \cdot x = F \cdot d$$

即

$$M_O(F) + M_O(F') = M(F, F') \tag{3-11}$$

不论 O 点选在何处，力偶对该点的力矩永远等于它的力偶矩，而与力偶对矩心的相对位置无关。

性质2　由图 3-30 可见，力偶在任意坐标轴上的投影之和为零，故力偶无合力。力偶不能与一个力等效，也不能用一个力来平衡。

力偶无合力，故力偶对物体的平移运动不会产生任何影响。力与力偶相互不能代替，不能构成平衡。因此，力和力偶是力系的两个基本元素。

由于上述性质，对力偶可作如下处理。

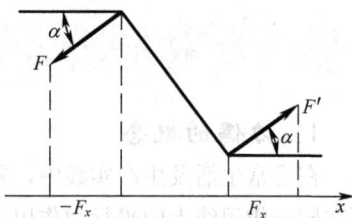

图 3-30　力偶的合力

① 力偶在它的作用面内，可以任意转移位置。其作用效应和原力偶相同，即力偶对于刚体上任意点的力偶矩值不因移位而改变。

② 力偶在不改变力偶矩大小和转向的条件下，可以同时改变力偶中两反向平行力的大小、方向以及力偶臂的大小，而力偶的作用效应保持不变。

图 3-31 中各力偶的作用效应都相同。力偶的力偶臂、力的大小及其方向既然都可改变，就可简明地以一个带箭头的弧线并标出值来表示力偶，如图 3-31（d）所示。

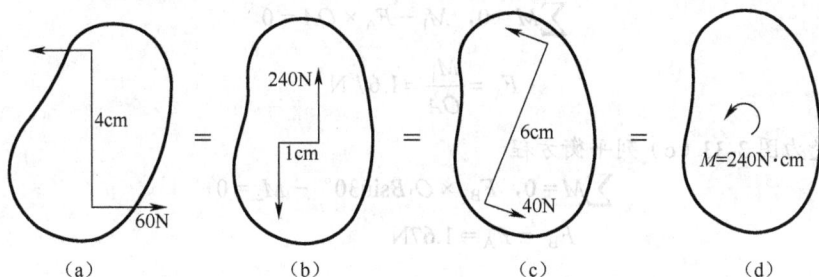

图 3-31 力偶的性质

5．平面力偶系的合成与平衡方程

作用在物体上同一平面内的若干力偶，总称为平面力偶系。

若在刚体上有若干个力偶作用，如图 3-32 可得合力偶矩为

$$M = M_1 + M_2 + \cdots + M_n = \sum M \tag{3-12}$$

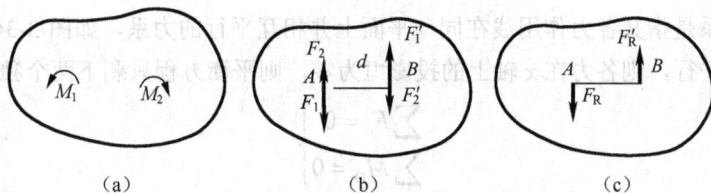

图 3-32 平面力偶系的合成

式（3-12）表明：平面力偶系合成的结果为一合力偶，合力偶矩为各分力偶矩的代数和。

由合成结果可知，要使力偶系平衡，则合力偶的力矩必须等于零。因此平面力偶系平衡的必要和充分条件是力偶系中各力偶矩的代数和等于零，即

$$\sum M = 0 \tag{3-13}$$

平面力偶系的独立平衡方程只有一个，故只能求解一个未知数。

【例 3-7】 四连杆机构在图 3-33 所示位置平衡，已知 $OA = 60\text{cm}$，$O_1B = 40\text{cm}$，作用在摇杆 OA 上的力偶矩 $M_1 = 1\text{N} \cdot \text{m}$，不计杆自重，求力偶矩 M_2 的大小。

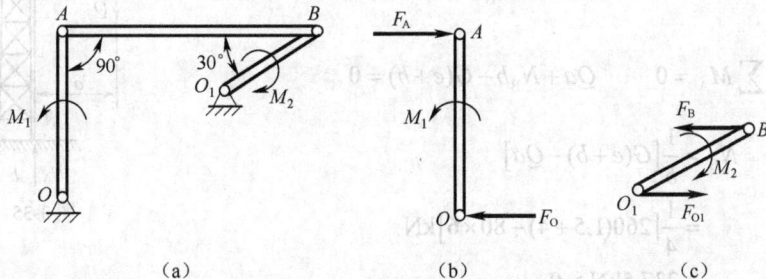

图 3-33 例 3-7 图

解 （1）受力分析

先取 OA 杆分析，如图 3-33（b）所示，在杆上作用有主动力偶矩 M_1。根据力偶的性质，力偶只与力偶平衡，所以在杆的两端点 O、A 上必作用有大小相等、方向相反的一对力 F_O 及 F_A，而连杆 AB 为二力杆，所以 F_A 的作用方向被确定。再取 O_1B 杆分析，如图 3-33（c）所示，此时杆上作用一个待求力偶 M_2，此力偶与作用在 O_1、B 两端点上的约束反力构成的力偶平衡。

（2）列平衡方程

$$\sum M = 0, \quad M_1 - F_A \times OA = 0$$

$$F_A = \frac{M_1}{OA} = 1.67 \text{ N}$$

（3）对受力图 3-33（c）列平衡方程

$$\sum M = 0, \quad F_B \times O_1B\sin30° - M_2 = 0$$

因

$$F_B = F_A = 1.67\text{N}$$

得

$$M_2 = F_A \times O_1B \times 0.5 = 1.67 \text{ N} \times 0.4 \text{ m} \times 0.5 = 0.33 \text{ N} \cdot \text{m}$$

3.2.3 平面平行力系

平面平行力系是指其各力作用线在同一平面上并相互平行的力系，如图 3-34 所示，选 oy 轴与力系中的各力平行，则各力在 x 轴上的投影恒为零，则平衡方程只剩下两个独立的方程

$$\left. \begin{array}{l} \sum F_y = 0 \\ \sum M_O = 0 \end{array} \right\} \tag{3-14}$$

平面平行力系只有两个独立的平衡方程，只能求解两个未知量。

【例 3-8】 图 3-35 所示为塔式起重机。已知轨距 $b = 4\text{m}$，机身重 $G = 260\text{kN}$，其作用线到右轨的距离 $e = 1.5\text{m}$，起重机平衡重 $Q = 80\text{kN}$，其作用线到左轨的距离 $a = 6\text{m}$，荷载 P 的作用线到右轨的距离 $l = 12\text{m}$，（1）试证明空载时（$P = 0$ 时）起重机时否会向左倾倒？（2）求出起重机不向右倾倒的最大荷载 P。

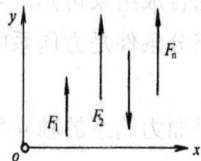

图 3-34 平行力系

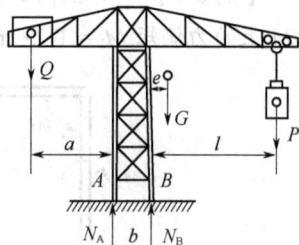

解 以起重机为研究对象，作用于起重机上的力有主动力 G、P、Q 及约束力 N_A 和 N_B，它们组成一个平行力系（见图 3-35）。

（1）使起重机不向左倒的条件是 $N_B \geqslant 0$，当空载时，取 $P = 0$，列平衡方程

$$\sum M_A = 0 \qquad Qa + N_B b - G(e+b) = 0$$

$$N_B = \frac{1}{b}[G(e+b) - Qa]$$

$$= \frac{1}{4}[260(1.5+4) - 80 \times 6]\text{kN}$$

$$= 237.5\text{kN} > 0$$

图 3-35 例 3-8 图

所以起重机不会向左倾倒。

（2）使起重机不向右倾倒的条件是 $N_A \geqslant 0$，列平衡方程

$$\sum M_B = 0 \qquad Q(a+b) - N_A b - Ge - Pl = 0$$

$$N_A = \frac{1}{b}\left[Q(a+b) - Ge - Pl\right]$$

欲使 $N_A \geqslant 0$，则需

$$Q(a+b) - Ge - Pl \geqslant 0$$

$$P \leqslant \frac{1}{l}\left[Q(a+b) - G \cdot e\right]$$

$$= \frac{1}{12}\left[80(6+4) - 260 \times 1.5\right] \text{kN}$$

$$= 34.17 \text{kN}$$

当载荷 $P \leqslant 34.17 \text{kN}$ 时，起重机是稳定的。

3.2.4　平面任意力系

平面任意力系是工程实际中最常见的一般力系，工程计算中的许多实际问题都可以简化为平面任意力系问题来进行处理。例如，图 3-36 所示的摇臂式起重机及曲柄滑块机构等，其受力都在同一平面内。

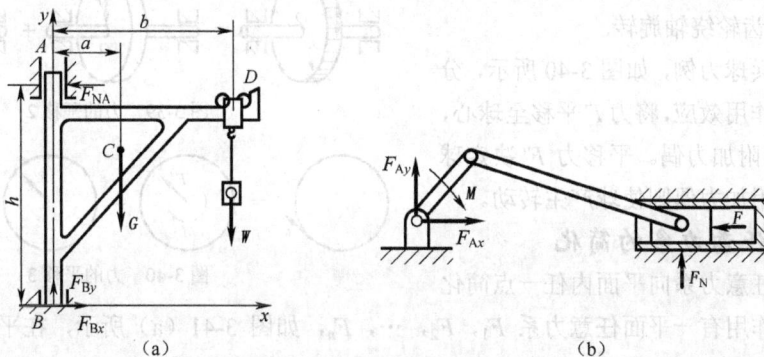

图 3-36　平面任意力系

另外，有些物体实际所受的力虽然明显地不在同一平面内，但由于其结构（包括支撑）和所承受的力都对称于某个平面，因此作用于其上的力系仍可简化为平面任意力系。例如缆车，如图 3-37（a）所示，轨道对四个轮子的约束反力构成空间平行力系，但在它们对于缆车纵向对称面对称分布的情况下，可用位于缆车纵向对称面内的反力替代，如图 3-37（b）所示，从而把作用于缆车上所有的力作为平面任意力系来处理。

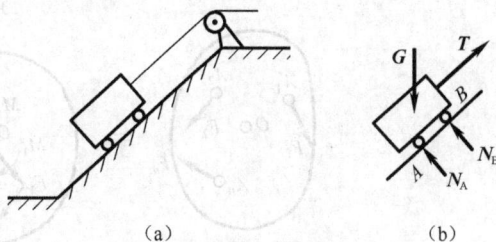

图 3-37　平面任意力系

1．力的平移定理

作用在刚体上 A 点处的力 F，可以平移到刚体内任意点 O，但必须同时附加一个力偶，其力偶矩等于原来的力 F 对新作用点 O 的力矩，这就是力的平移定理，如图 3-38 所示。

证明：根据加减平衡力系公理，在任意点 O 加上一对与 F 等值的平衡力 F'、F''，如图 3-38（b）所示，则 F 与 F'' 为一对等值、反向、不共线的平行力，组成了一个力偶，其力偶矩等于原力 F 对 O 点的力矩，即

$$M = M_O(F) = F \cdot d$$

于是，作用在 A 点的力 F 就与作用于 O 点的平移力 F' 和附加力偶 M 的联合作用等效，如图 3-38（c）所示。

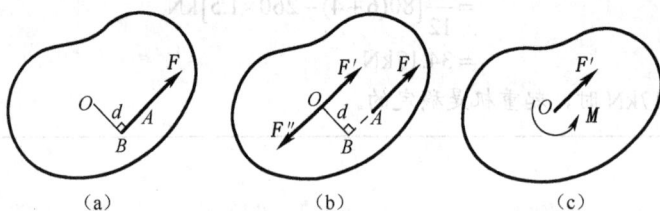

图 3-38　力的平移 1

力的平移定理表明了力对绕力作用线外的中心转动的物体有两种作用：一是平移力的作用；二是附加力偶对物体产生的旋转作用。

如图 3-39 所示，圆周力 F 作用于转轴的齿轮上。为观察力 F 的作用效应，将力 F 平移至轴心 O 点，则有平移力 F' 作用于轴上，同时有附加力偶 M 使齿轮绕轴旋转。

再以削乒乓球为例，如图 3-40 所示，分析力 F 对球的作用效应，将力 F 平移至球心，得平移力 F' 与附加力偶。平移力 F' 决定球心的轨迹，而附加力偶则使球产生转动。

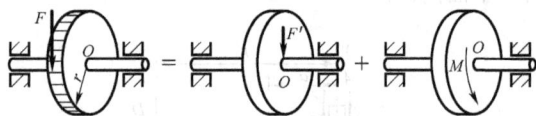

图 3-39　力的平移 2

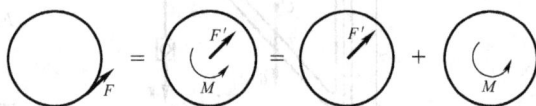

图 3-40　力的平移 3

2．平面任意力系的简化

（1）平面任意力系向平面内任一点简化

设刚体上作用有一平面任意力系 F_1，F_2，…，F_n，如图 3-41（a）所示，在平面内任意取一点 O，称为简化中心。根据力的平移定理，将各力都向 O 点平移，得到一个汇交于 O 点的平面汇交力系 F_1'，F_2'，…，F_n'，以及平面力偶系 M_1，M_2，…，M_n，如图 3-41（b）所示。

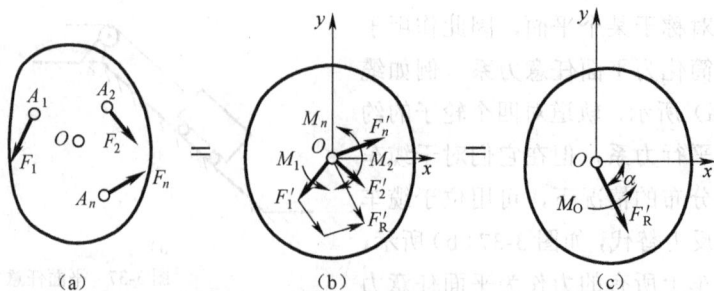

图 3-41　平面任意力系的简化

① 平面汇交力系 F_1'，F_2'，$\cdots$，F_n'，可以合成为一个作用于 O 点的合矢量 F_R'，如图 3-41（c）所示。

$$F_R' = \sum F' = \sum F$$

它等于力系中各力的矢量和。显然，单独的 F_R' 不能和原力系等效，它被称为原力系的主矢。得直角坐标系下的投影形式：

$$\left.\begin{array}{l} F_{Rx}' = F_{1x} + F_{2x} + \cdots + F_{nx} = \sum F_x \\ F_{Ry}' = F_{1y} + F_{2y} + \cdots + F_{ny} = \sum F_y \end{array}\right\} \quad (3\text{-}15)$$

因此，主矢 F_R' 的大小及其与 x 轴正向的夹角分别为：

$$\left.\begin{array}{l} F_R' = \sqrt{F_{Rx}^2 + F_{Ry}^2} = \sqrt{(\sum F_x)^2 + (\sum F_y)^2} \\ \theta = \arctan\left|\dfrac{F_{Ry}}{F_{Rx}}\right| = \arctan\left|\dfrac{\sum F_y}{\sum F_x}\right| \end{array}\right\} \quad (3\text{-}16)$$

② 附加平面力偶系 M_1，M_2，$\cdots$，M_n 可以合成为一个合力偶矩 M_O，即

$$M_O = M_1 + M_2 + \cdots + M_n = \sum M_O(F)$$

显然，单独的 M_O 也不能与原力系等效，因此它被称为原力系对简化中心 O 的主矩。

综上所述，得到如下结论：平面任意力系向平面内任一点简化可以得到一个力和一个力偶。这个力等于力系中各力的矢量和，作用于简化中心，称为原力系的主矢；这个力偶的矩等于原力系中各力对简化中心之矩的代数和，称为原力系的主矩。

原力系与主矢 F_R' 和主矩 M_O 的联合作用等效。主矢 F_R' 的大小和方向与简化中心的选择无关。主矩 M_O 的大小和转向与简化中心的选择有关。

平面任意力系的简化方法，在工程实际中可用来解决许多力学问题，如固定端约束问题等。

固定端约束是使被约束体插入约束内部，被约束体一端与约束成为一体而完全固定，既不能移动也不能转动的一种约束形式。工程中的固定端约束是很常见的，例如，机床上装夹加工工件的卡盘对工件的约束，如图 3-42（a）所示；大型机器中立柱对横梁的约束，如图 3-42（b）所示；房屋建筑中墙壁对雨篷的约束，如图 3-42（c）所示；飞机机身对机翼的约束，如图 3-42（d）所示。

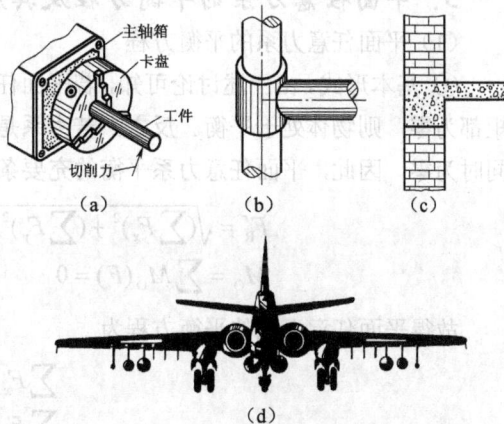

图 3-42　固定端约束

固定端约束的约束反力是由约束与被约束体紧密接触而产生的一个分布力系。当外力为平面力系时，约束反力所构成的这个分布力系也是平面力系。由于其中各个力的大小与方向均难以确定，因而可将该力系向 A 点简化，得到的主矢用一对正交分力表示，而将主矩用一个反力偶矩来表示，这就是固定端约束的约束反力，如图 3-43 所示。

（2）平面任意力系的合成结果

由前述可知，平面任意力系向一点 O 简化后，得到主矢 F_R' 和主矩 M_O。但这并不是简化的最终结果，进一步分析可能出现以下四种情况。

（a）　　　　　　　　　（b）　　　　　　　　　（c）

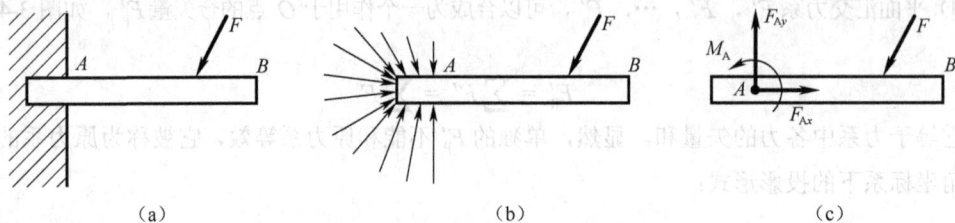

图 3-43　固定端约束的约束反力

① $F'_R = 0$，$M_O \neq 0$：说明该力系无主矢，而最终简化为一个力偶。其力偶矩就等于力系的主矩，此时主矩与简化中心无关。

② $F'_R \neq 0$，$M_O = 0$：说明原力系的简化结果是一个力，而且这个力的作用线恰好通过简化中心。此时 F'_R 就是原力系的合力 F_R。

③ $F'_R \neq 0$，$M_O \neq 0$：这种情况还可以进一步简化。根据力的平移定理逆过程，可以把 F'_R 和 M_O 合成一个合力 F_R。合成过程如图 3-44 所示，合力 F_R 的作用线到简化中心 O 的距离为

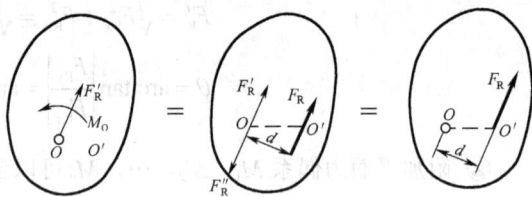

图 3-44　力系的简化

$$d = \left| \frac{M_O}{F_R} \right| = \left| \frac{M_O}{F'_R} \right|$$

④ $F'_R = 0$，$M_O = 0$：这表明该力系对刚体总的作用效果为零，即物体处于平衡状态。

3．平面任意力系的平衡方程及其应用

（1）平面任意力系的平衡方程

① 基本形式。由上述讨论可知，若平面任意力系的主矢和对任一点的主矩都为零，则物体处于平衡。反之，若力系是平衡力系，则其主矢、主矩必同时为零。因此，平面任意力系平衡的充要条件是

$$\left. \begin{array}{l} F'_R = \sqrt{\left(\sum F_x\right)^2 + \left(\sum F_y\right)^2} = 0 \\ M_O = \sum M_O(F) = 0 \end{array} \right\} \tag{3-17}$$

故得平面任意力系的平衡方程为

$$\left. \begin{array}{l} \sum F_x = 0 \\ \sum F_y = 0 \\ \sum M_O(F) = 0 \end{array} \right\} \tag{3-18}$$

式（3-18）满足平面任意力系平衡的充分和必要条件，所以平面任意力系有 3 个独立的平衡方程，可求解最多 3 个未知量。

用解析表达式表示平衡条件的方式不是唯一的。平衡方程式的形式还有二矩式和三矩式两种形式。

② 二矩式。

$$\left. \begin{array}{l} \sum F_x = 0 \\ \sum M_A(F) = 0 \\ \sum M_B(F) = 0 \end{array} \right\} \tag{3-19}$$

平面任意力系的简化案例

附加条件：AB 连线不得与 x 轴相垂直。

③ 三矩式。

$$\left.\begin{array}{l} \sum M_A(F)=0 \\ \sum M_B(F)=0 \\ \sum M_C(F)=0 \end{array}\right\} \tag{3-20}$$

附加条件：A、B、C 三点不在同一直线上。

式（3-19）和式（3-20）是物体取得平衡的必要条件，但不是充分条件，读者可自行推证。

（2）平面任意力系平衡方程的解题步骤

① 确定研究对象，画出受力图。应取有已知力和未知力作用的物体，画出其分离体的受力图。

② 列平衡方程并求解。适当选取坐标轴和矩心。若受力图上有两个未知力互相平行，可选垂直于此二力的坐标轴，列出投影方程。如不存在两未知力平行，则选任意两未知力的交点为矩心列出力矩方程，先行求解。任意水平和垂直的坐标轴可画可不画，但倾斜的坐标轴必须画。

【例 3-9】　绞车通过钢丝牵引小车沿斜面轨道匀速上升，如图 3-45（a）所示。已知小车重 $P=10\text{kN}$，绳与斜面平行，$\alpha=30°$，$a=0.75\text{m}$，$b=0.3\text{m}$，不计摩擦。求钢丝绳的拉力及轨道对车轮的约束反力。

解：① 取小车为研究对象，画受力图，如图 3-45（b）所示。小车上作用有重力 P、钢丝绳的拉力 F_T，以及轨道在 A、B 处的约束反力 F_{NA} 和 F_{NB}。

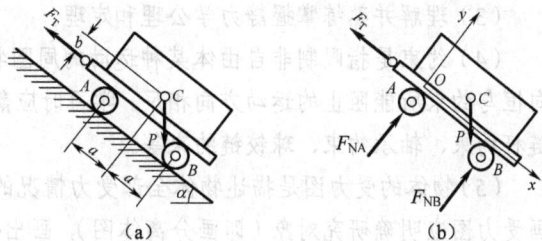

图 3-45　例 3-9 图

② 取图 3-45（b）所示坐标系，列平衡方程

$$\sum F_x=0, \qquad -F_T+P\sin\alpha=0$$
$$\sum F_y=0, \qquad F_{NA}+F_{NB}-P\cos\alpha=0$$
$$\sum M_O(F)=0, \qquad F_{NB}(2a)-Pb\sin\alpha-Pa\cos\alpha=0$$

得　　　　$F_T=5\text{kN}, \quad F_{NB}=5.33\text{kN}, \quad F_{NA}=3.33\text{kN}$

【例 3-10】　悬臂梁如图 3-46 所示，梁上作用有均布载荷 q，在 B 端作用有集中力 $F=ql$ 和力偶为 $M=ql^2$，梁长度为 $2l$，已知 q 和 ql（力的单位为 N，长度单位为 m）。求固定端的约束反力。

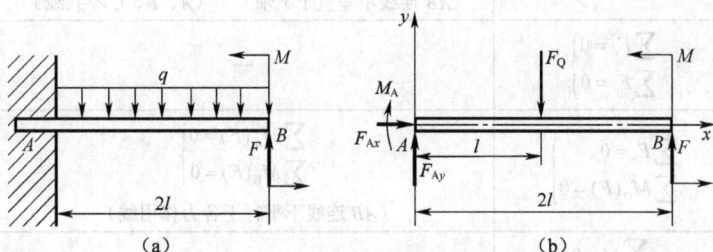

图 3-46　例 3-10 图

解 ① 取 AB 梁为研究对象，画受力图（见图 3-46（b）），均布载荷 q 可简化为作用于梁中点的一个集中力 $F_Q = q \times 2l$。

② 列平衡方程

$$\sum F_x = 0, \qquad F_{Ax} = 0$$

$$\sum M_A(F) = 0, \qquad M - M_A + F(2l) - F_Q l = 0,$$

故

$$M_A = M + 2Fl - F_Q l = ql^2 + 2ql^2 - 2ql^2 = ql^2$$

$$\sum F_y = 0, \qquad F_{Ay} + F - F_Q = 0$$

故

$$F_{Ay} = F_Q - F = 2ql - ql = ql$$

本 章 小 结

（1）刚体是指在力的作用下不变形的物体，在力的作用下刚体内任意两点的距离不变。

（2）力是物体间的机械作用，这种作用可以使物体的机械运动状态或者使物体的形状和大小发生改变。

（3）理解并熟练掌握静力学公理和定理。

（4）约束是指限制非自由体某种运动的周围物体。约束力是约束对物体的作用，约束力的方向恒与约束所能阻止的运动方向相反。学习时应熟练掌握光滑面接触约束、柔索约束、铰链约束、链杆约束、轴承约束、球铰链约束等。

（5）物体的受力图是描述物体全部受力情况的计算简图，是力学计算和结构设计的重要前提。画受力图应明确研究对象（即画分离体图），画出全部的主动力和约束力。对于物体系而言，当研究对象发生变化时，应注意外力和内力的区别，内力是不能画在受力图上的。

（6）力对具有转动中心的物体所产生的转动效应称为力对点之矩，力系的合力对平面上任一点之矩，等于所有各分力对同一点力矩的代数和。

（7）力偶及力偶矩。力偶为一对等值、反向且不共线的平行力，它对物体的作用是产生单纯的转动效应。力偶有三个要素，即力偶矩的大小、力偶的转向与力偶的作用面。

（8）平面一般力系的简化与平衡方程。

力系名称	平衡方程	其他形式的平衡方程		独立方程数目
平面任意力系	$\begin{aligned}\sum F_x &= 0 \\ \sum F_y &= 0 \\ \sum M_O(F) &= 0\end{aligned}$	$\begin{aligned}\sum F_x &= 0 \\ \sum M_A(F) &= 0 \\ \sum M_B(F) &= 0\end{aligned}$ （AB 连线不垂直于 x 轴）	或 $\begin{aligned}\sum M_A(F) &= 0 \\ \sum M_B(F) &= 0 \\ \sum M_C(F) &= 0\end{aligned}$ （A、B、C 不共线）	3
平面汇交力系	$\begin{aligned}\sum F_x &= 0 \\ \sum F_y &= 0\end{aligned}$	—		2
平面平行力系	$\begin{aligned}\sum F_y &= 0 \\ \sum M_O(F) &= 0\end{aligned}$	$\begin{aligned}\sum M_A(F) &= 0 \\ \sum M_B(F) &= 0\end{aligned}$ （AB 连线不平行于各力作用线）		2
平面力偶系	$\sum M = 0$	—		1

习　题

一、判断题

1. 两个力 F_1、F_2 在同一轴上的投影值相等，则这两个力大小一定相等。（　　）

2. 力偶使刚体只能转动，而不能移动。（　　）

3. 任意两个力都可以合成为一个合力。（　　）

4. 约束反力是被约束物体对其他物体的作用力。（　　）

5. 刚体受三力平衡，则此三力必汇交于一点。（　　）

二、选择题

1. 一个物体在 n 个汇交力作用下保持平衡，现在撤掉其中两个力，这两个力的大小分别为 25N 和 20N，其余 $n-2$ 个力保持不变，则物体现在所受合力大小可能是（　　）。

    A. 0　　　　　　B. 4N　　　　　　C. 11N　　　　　　D. 46N

2. 图 3-47 中 A、B 两物体斜面光滑接触，受力 P 作用，则 A、B 两物体（　　）。

    A. 平衡　　　　　B. 不一定　　　　　C. 不平衡

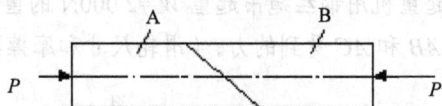

图 3-47　选择题 2 图

3. 刚体受同一平面四个力作用而处于平衡状态，则此四力（　　）。

    A. 必汇交于一点　　　　　　　　B. 必互相平行

    C. 必是任意力系　　　　　　　　D. 以上都不对

4. 平面平行力系的独立平衡方程数目为（　　）。

    A. 1 个　　　　　B. 2 个　　　　　C. 3 个　　　　　D. 4 个

5. 图 3-48 所示结构受力 P 作用，杆重不计，则 A 支座约束力的大小为（　　）。

    A. $P/2$　　　B. $\sqrt{3}P/3$　　　C. P　　　D. O

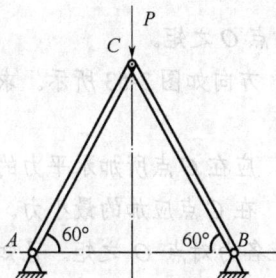

图 3-48　选择题 5 图

三、综合题

1. 试画出图 3-49 各分图中物体 AB 的受力图。

2. 求图 3-50 所示平面汇交力系的合力。

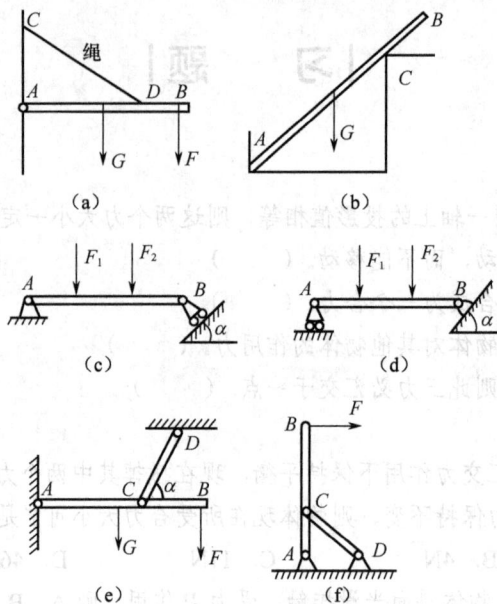

图 3-49　综合题 1 图

3. 图 3-51 所示为简易起重机用钢丝绳吊起重 $W=2\,000$N 的重物，各杆自重不计，A、B、C 三处简化为铰链连接。求杆 AB 和 AC 受到的力。（滑轮尺寸和摩擦不计）

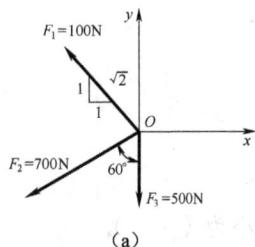

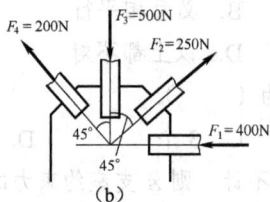

图 3-50　综合题 2 图

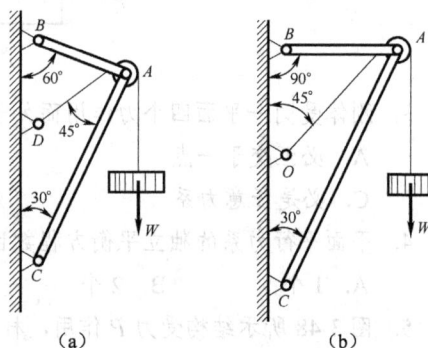

图 3-51　综合题 3 图

4. 试计算图 3-52 所示的力 F 对点 O 之矩。

5. 一个 450N 的力作用在 A 点，方向如图 3-53 所示。求：

（1）此力对 D 点的矩。

（2）要得到与（1）相同的力矩，应在 C 点所加水平力的大小与指向。

（3）要得到与（1）相同的力矩，在 C 点应加的最小力。

6. 求图 3-54 所示齿轮和皮带上各力对点 O 之矩。已知：$F=1$kN，$\alpha=20°$，$D=160$mm，$F_{T1}=200$N，$F_{T2}=100$N。

7. 构件的载荷及支撑情况如图 3-55 所示，$l=4$m，分别求支座 A、B 的约束反力。

8. 锻锤工作时，若锻件给锻锤的反作用力有偏心，如图 3-56 所示。已知打击力 $F=1\,000$kN，偏心距 $e=20$mm，锤体高 $h=200$mm。求锤头给两侧导轨的压力。

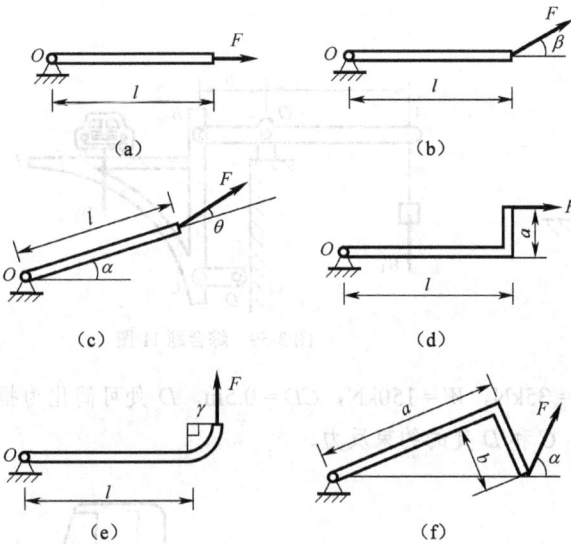

图 3-52　综合题 4 图

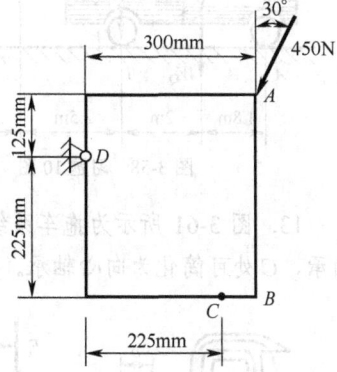

图 3-53　综合题 5 图

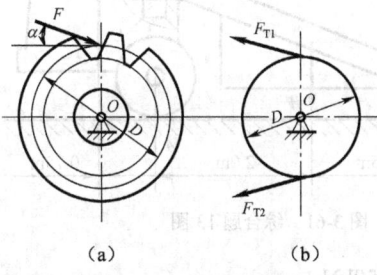

图 3-54　综合题 6 图

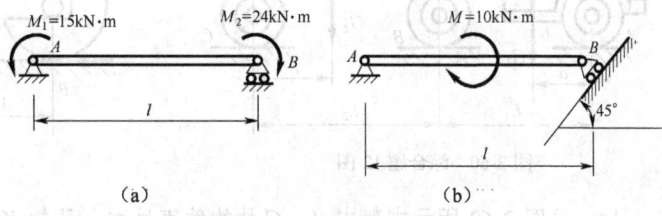

图 3-55　综合题 7 图

9. 一均质杆重 1kN，将其竖起如图 3-57 所示。在图示位置平衡时，求绳子的拉力和 A 点处的支座反力。

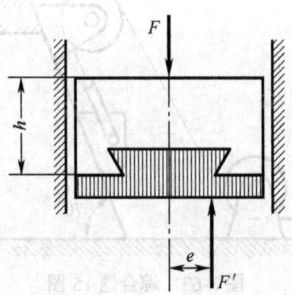

图 3-56　综合题 8 图

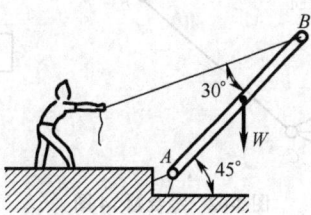

图 3-57　综合题 9 图

10. 如图 3-58 所示，汽车起重机的车重 $W_Q = 26kN$，臂重 $G = 4.5kN$，起重机旋转及固定部分的重量 $W = 32kN$。设伸臂在起重机对称面内。试求图示位置汽车不致翻倒的最大起重载荷 G_P。

11. 图 3-59 所示为汽车台秤简图。BCF 为整体台面，杠杆 AB 可绕轴 O 转动，B、C、D 三处均为铰链，杆 DC 处于水平位置。试求平衡时砝码重量 W_1 与汽车重量 W_2 的关系。

12. 装有拖车的载货汽车承受的载荷如图 3-60 所示，$G_1 = 40kN$，$G_2 = 35kN$，$F_Q = 70kN$。设备轮轴上载货不能超过 50kN。试求距离 x 的范围。其中，$L_1 = 4.5m$，$L_2 = 6m$，$a = 2m$，$b = 1m$，$c = 2.7m$。

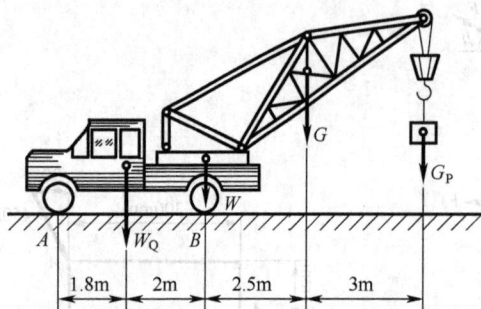

图 3-58　习题 10 图

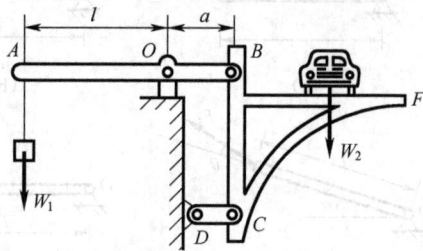

图 3-59　综合题 11 图

13. 图 3-61 所示为拖车系统。已知 $G = 35\text{kN}$，$W = 150\text{kN}$，$CD = 0.5\text{m}$，D 处可简化为推力轴承，C 处可简化为向心轴承。试求 A、B、C 和 D 处的约束反力。

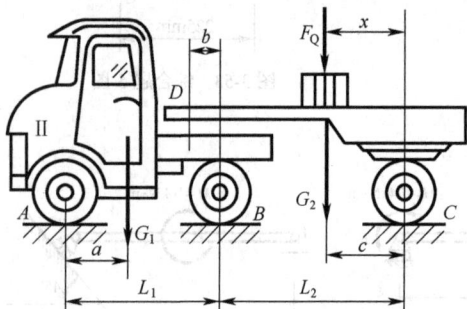

图 3-60　综合题 12 图

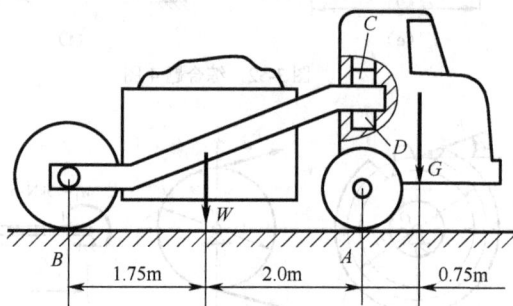

图 3-61　综合题 13 图

14. 求图 3-62 所示支架中 A、C 处的约束反力，已知 $W = 50\text{kN}$。

15. 图 3-63 所示为一简易升降装置。混凝土和吊桶共重 25kN，吊桶与滑道间的摩擦因数为 0.3。试分别求出吊桶匀速上升和下降时绳子的拉力。

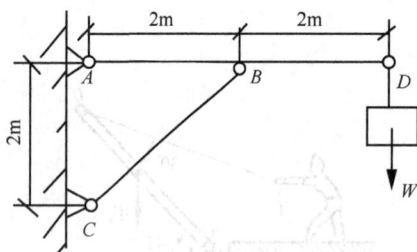

图 3-62　综合题 14 图

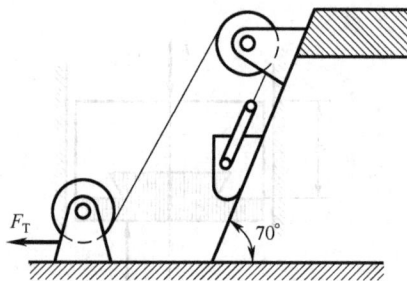

图 3-63　综合题 15 图

第 4 章
材料力学基础

【学习目标】

1. 掌握受拉压杆件的强度及变形量的计算方法
2. 理解剪切与挤压的特点和实用计算
3. 理解受扭转杆件的应力特点
4. 掌握受纯弯曲梁的内力及应力计算，掌握弯矩图的做法
5. 理解组合变形的类型及特点，了解强度理论的含义及应用特点

各种机械、设备和结构物在使用时，组成它们的每个构件都要受到从相邻构件或从其他构件传递来的载荷作用。材料力学是一门研究各种构件抗力性能的科学，它的主要任务是从保证所有构件能够正常工作的要求出发，帮助设计者合理地选择构件的适当材料和形状，确定所需要的几何尺寸；判断已有的构件是否能合乎正常的使用要求，并考虑如何改造它们，使之能够适应新任务的要求。

材料力学的研究内容是按照引起构件失效的内力形式进行划分的。失效按表现形式可以分为破坏和过量变形两种。破坏是由于材料或构件的强度不足引起的；过量变形是由于材料或构件的刚度不足引起的。失效按内力性质不同可以分为轴向拉伸（压缩）失效、剪切挤压失效、扭转失效、弯曲失效、组合变形失效、压杆失稳（本章不做讨论）等。

| 4.1 轴向拉伸与压缩 |

工程中存在着很多承受拉伸或压缩的杆件，如发动机中的连杆，火箭发射架撑臂 *AB* 中的活塞杆、桁架的支杆等，如图 4-1 所示。

虽然这些杆件的形状和加载方式等并不相同，但从杆长的主要部分来看却有着相同的特点，即都是直杆，所受外力的合力与杆轴线重合，且沿轴线方向发生伸长或缩短变形。这种变形形式称为直杆的轴向拉伸或压缩。

在材料力学中，把工程中承受拉伸或压缩的杆件均表示为如图 4-2 所示的计算简图。图中用实线表示变形前杆件的外形，用虚线表示变形后杆件的形状。

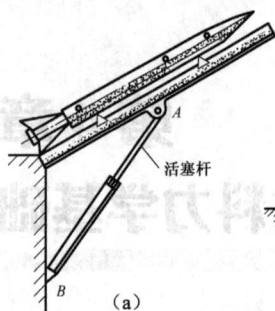
活塞杆

A

B
（a）

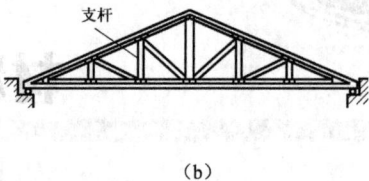
支杆

（b）

图 4-1　拉伸或压缩的杆件

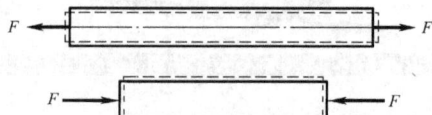

图 4-2　拉压杆件计算简图

4.1.1　轴向拉压时的内力和应力

1. 横截面上的内力

图 4-3（a）所示为一受拉伸的等截面直杆，简称等直杆。用截面法可求得其横截面上的内力。沿横截面 $m-m$ 上相互作用的内力是一个分布力系，其合力为 F_N，如图 4-3（b）、（c）所示。

由左段的平衡方程 $\sum X = 0$，得

$$F_N - F = 0$$

$$F_N = F$$

因为外力 F 的作用线与杆件轴线重合，内力的合力 F_N 的作用线也必然与杆件的轴线重合，所以 F_N 称为轴力。一般把拉伸时的轴力规定为正，压缩时的轴力规定为负。

若沿杆件轴线作用的外力多于两个，则在杆件各部分的横截面上轴力不尽相同。这时通常用轴力图表示轴力沿杆件轴线变化的情况。作图时，沿杆件轴线方向取坐标表示横截面的位置，以垂直于杆轴的另一坐标代表轴力。下面用例题来说明轴力图的绘制。

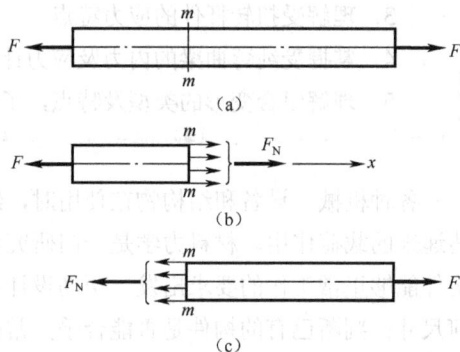

图 4-3　拉压杆件的轴力

【例 4-1】　直杆受力如图 4-4（a）所示，作直杆的轴力图。

解　注意到直杆受到多个外力的作用，内力将随着横截面位置的不同而发生变化。需将直杆分为三段，分别为 AB、BC 和 CD 段来计算内力。具体解法如下。

应用截面法，沿 1-1 截面假想地把直杆截开为两部分，去掉右边部分，保留左边部分，并设截面上的轴力 F_{N1} 方向为正，即为拉力。保留部分的受力如图 4-4（b）所示。

拉伸与压缩变形

根据平衡方程

$$\sum X_A = 0$$

$$F_{N1} - F = 0$$

故 AB 段的轴力为

$$F_{N1} = F$$

用同样的方法，将杆件从 2-2 截面截开，保留左段，其受力如图 4-4（c）所示。

根据平衡方程

$$\sum X = 0$$

$$F_{N2} + 2F - F = 0$$

故 BC 段的轴力为

$$F_{N2} = -F$$

负号表示该横截面上的轴力的实际方向与所设方向相反，即为压力。

从3-3截面处截开杆件，由于右段所受外力少，计算简便，故保留右段，受力如图4-4（d）所示。根据平衡方程 $\sum X = 0$

$$F_{N3} - 2F = 0$$

故 CD 段轴力为

$$F_{N3} = 2F$$

综合以上计算结果，按比例绘制轴力图，如图4-4（e）所示。

2．横截面上的应力

只根据轴力并不能判断杆件是否具有足够的强度。例如，用同一材料制成粗细不同的两根杆，在相同的拉力作用下，两杆的轴力自然是相同的，但当拉力逐渐增大时，细杆必定先被拉断。这说明拉杆的强度不仅与轴力的大小有关，而且与横截面面积有关。所以必须用横截面上的应力来度量杆件的受力程度。

在拉（压）杆的横截面上，与轴力 F_N 对应的应力是正应力 σ。根据连续性假设，横截面上到处都存在着内力。若以 A 表示横截面面积，则微面积 dA 上的微内力 σdA 组成一个垂直于横截面的平行力系，其合力就是轴力 F_N。于是得静力关系

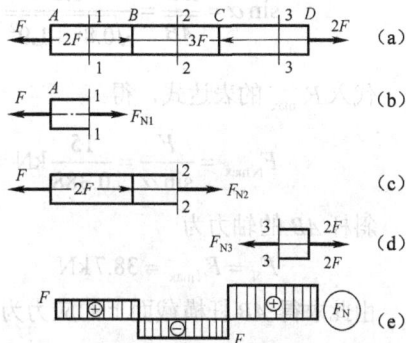

图4-4 例4-1图

$$F_N = \int_A \sigma\, dA \qquad (4\text{-}1)$$

一般假设杆件横截面上的内力是均匀分布的，即在横截面上各点处的正应力都相等，即 σ 等于常量。于是得出

$$\sigma = \frac{F_N}{A} \qquad (4\text{-}2)$$

这就是拉杆横截面上正应力 σ 的计算公式。当 F_N 为压力时，它同样可用于压应力计算。关于正应力的符号，一般规定拉应力为正，压应力为负。

使用公式（4-1）时，要求外力的合力作用线必须与杆件轴线重合。此外，因为在集中力作用点附近的应力分布比较复杂，所以它不适用于集中力作用点附近的区域。

在某些情况下，杆件横截面沿轴线而变化。当这类杆件受到拉力或压力作用时，如外力作用线与杆件的轴线重合，且截面尺寸沿轴线的变化缓慢，则横截面上的应力仍可近似地用公式（4-1）计算。这时横截面面积不再是常量，而是轴线坐标 x 的函数。若以 $A(x)$ 表示坐标 x 的横截面的面积，$F_N(x)$ 和 $\sigma(x)$ 表示横截面上的轴力和应力，由式（4-2）可得

$$\sigma(x) = \frac{F(x)}{A(x)} \qquad (4\text{-}3)$$

【例 4-2】 图 4-5（a）所示为一悬臂吊车的简图，斜杆直径 $d = 20\,\text{mm}$，AB 为钢杆。载荷 $F = 15\,\text{kN}$，当 F 移到 A 点时，求斜杆 AB 横截面上的应力。

解 当载荷 F 移到 A 点时，斜杆 AB 受到的拉力最大，设其值为 $F_{N\max}$。如图 4-5（c）所示，根据横梁的平衡条件 $\sum M_C = 0$，得

$$F_{N\max} \sin\alpha \, \overline{AC} - F\,\overline{AC} = 0$$

$$F_{N\max} = \frac{F}{\sin\alpha}$$

由三角形 ABC 求出

$$\sin\alpha = \frac{\overline{BC}}{\overline{AB}} = \frac{0.8}{\sqrt{0.8^2 + 1.9^2}} = 0.388$$

代入 $F_{N\max}$ 的表达式，得

$$F_{N\max} = \frac{F}{\sin\alpha} = \frac{15}{0.388}\,\text{kN} = 38.7\,\text{kN}$$

斜杆 AB 的轴力为

$$F_N = F_{N\max} = 38.7\,\text{kN}$$

由此求得 AB 杆横截面上的应力为

$$\sigma = \frac{F_N}{A} = \frac{38.7 \times 10^3}{\dfrac{\pi}{4} \times 20^2}\,\text{MPa} = 123\,\text{MPa}$$

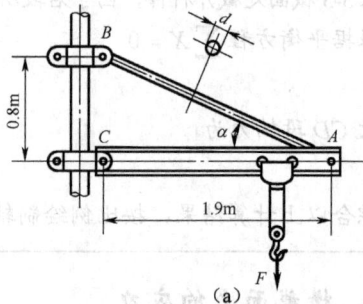

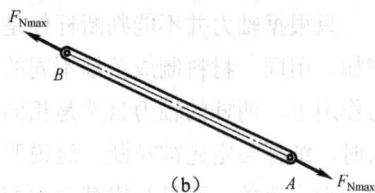

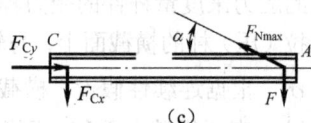

图 4-5 例 4-2 图

4.1.2 轴向拉压时的强度

对于脆性材料，当应力达到其强度极限 σ_b 时，构件会断裂而破坏；对于塑性材料，当应力达到屈服极限 σ_s 时，将产生显著的塑性变形，常会使构件不能正常工作。材料破坏时的应力称为极限应力，用 $\sigma_{\lim}$ 表示。为保证有足够的安全程度，将极限应力除以大于 1 的安全系数 n 作为材料的许用应力

$$[\sigma] = \frac{\sigma_{\lim}}{n} \tag{4-4}$$

脆性材料取强度极限 σ_b 作为极限应力，塑性材料一般取屈服极限 σ_s（或 $\sigma_{0.2}$）作为极限应力。两类材料的许用应力分别为

脆性材料 $$[\sigma] = \frac{\sigma_b}{n_b} \tag{4-5}$$

塑性材料 $$[\sigma] = \frac{\sigma_s}{n_s} \tag{4-6}$$

式中，n_b 及 n_s 分别为对应于强度极限和屈服极限的安全系数。一般情况下，静载时常取 $n_s = 1.2 \sim 2.5$，$n_b = 2 \sim 3.5$。取 $n_b > n_s$，是考虑应力达 σ_b 时发生的断裂比应力达 σ_s 时的屈服危险性更大。

当受拉或受压杆件横截面上的最大应力不大于许用应力时,杆件就可以安全正常地进行工作。用公式表示为

$$\sigma_{max} = \left(\frac{F_N}{A}\right)_{max} \leqslant [\sigma] \tag{4-7}$$

式 (4-7) 是杆件轴向拉伸或压缩时的强度条件。

建立强度条件时,之所以要引入安全系数,把许用应力作为杆件实际工作应力的最高限度,是出于两方面的考虑。一方面是考虑强度条件中各因素在取值上常常会有偏差。例如,载荷估计得不准确、杆件尺寸制造上的偏差、材料性质的不均匀性以及许多情况下经过简化以后计算方法所带有的近似性等,这些都会使计算结果与实际情况存在一定的出入。因而有必要引入安全系数,把极限应力降低为许用应力,以确保安全。另一方面则是考虑给构件一定的强度储备,以避免因遭受某些意外的载荷或不利的工作条件而导致破坏。当构件的重要性大或构件的破坏所引起的后果严重时,更应考虑给予较多的强度储备。

安全系数的选择不仅与材料有关,同时还必须考虑构件所处的具体工作条件。有关部门对各种工作条件下构件的安全系数常在规范中给出具体规定。安全系数的选择是个重要的问题,安全系数过大会造成浪费,并使构件笨重;安全系数过小又保证不了安全,可能导致破坏事故的发生。合理地选择安全系数,需要考虑许多工程技术和经济方面的因素。安全系数选定得合理与否与科学技术的发展水平有着密切的关系,随着科学技术的发展,安全系数的选择必将趋向于合理化。

式 (4-7) 所表达的强度条件是轴向拉、压杆件强度计算的依据。据此可进行强度校核、截面设计和确定许可载荷。下面用例题说明这三个方面的应用。

【例 4-3】 图 4-6 所示的受拉杆件,$F = 20kN$,材料的屈服极限 $\sigma_s = 235\,MPa$,安全系数 $n_s = 1.5$,外径 $D = 20mm$,内径 $d = 15mm$。试校核该杆的强度。

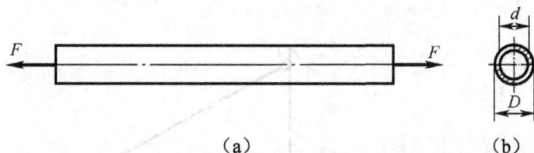

图 4-6 例 4-3 图

解 按截面法求得杆件的轴力为

$$F_N = F = 20\,kN$$

横截面面积为

$$A = \frac{\pi}{4}\left(D^2 - d^2\right) = \frac{\pi}{4} \times \left(20^2 - 15^2\right)mm^2 = 137.44\,mm^2$$

所以,杆件横截面上的正应力为

$$\sigma = \frac{F_N}{A} = \frac{20 \times 10^3}{137.44}\,MPa = 145.5\,MPa$$

而材料的许用应力为

$$[\sigma] = \frac{\sigma_s}{n_s} = \frac{235}{1.5}\,MPa = 156.7\,MPa$$

可见,工作应力小于许用应力,说明杆件满足强度条件。

【例 4-4】 气动夹具如图 4-7 (a) 所示。已知汽缸内径 $D = 140mm$,气压 $P = 0.6\,MPa$,活塞杆材料的许用应力为 $[\sigma] = 80\,MPa$。试设计活塞杆的直径 d。

解 活塞杆左端承受活塞上的气体压力，右端承受工件的反作用力，故为轴向拉伸，如图4-7（b）所示。拉力F可由气体压强乘以活塞的受压面积来求得。计算活塞的受压面积时，可将活塞杆横截面面积略去不计，这样是偏于安全的。故有

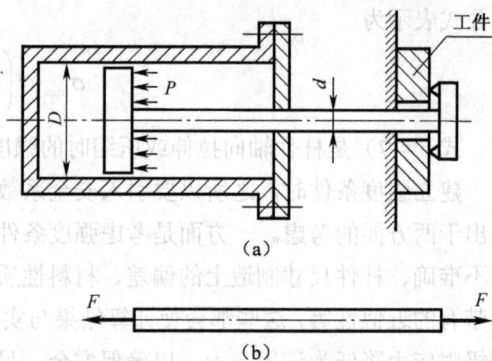

$$F = P \times \frac{\pi}{4}D^2 = 0.6 \times 10^6 \times \frac{\pi}{4} \times$$

$$(140 \times 10^{-3})^2 \, \text{N} = 9.23 \, \text{kN}$$

活塞杆的轴力为

$$F_N = F = 9.23 \, \text{kN}$$

根据强度条件，活塞杆横截面面积为

$$A \geq \frac{F_N}{[\sigma]} = \frac{9.23 \times 10^3}{80} \, \text{mm}^2 = 115 \, \text{mm}^2$$

图4-7　例4-4图

由此求得活塞杆直径

$$d \geq \sqrt{\frac{4 \times 115}{\pi}} \, \text{mm} = 12 \, \text{mm}$$

最后取活塞杆的直径至少为 $d = 12 \, \text{mm}$。

【例4-5】 图4-8（a）所示为一吊架，AB 为木杆，其横截面面积 $A_{\text{木}} = 10^4 \, \text{mm}^2$，许用应力 $[\sigma]_{\text{木}} = 7 \, \text{MPa}$；BC 杆为钢杆，$A_{\text{钢}} = 600 \, \text{mm}^2$，$[\sigma]_{\text{钢}} = 160 \, \text{MPa}$。试求许可载荷[F]。

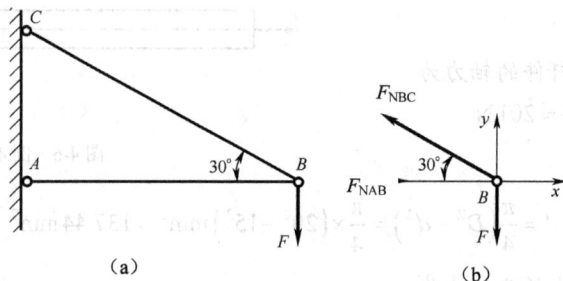

图4-8　例4-5图

解 假想将吊架截开，保留部分如图4-8（b）所示。由保留部分的平衡

$$\sum Y = 0 \qquad F_{\text{NBC}} \sin 30° - F = 0$$

$$F_{\text{NBC}} = \frac{F}{\sin 30°} = 2F$$

$$\sum X = 0 \qquad F_{\text{NAB}} - F_{\text{NBC}} \cos 30° = 0$$

$$F_{\text{NAB}} = F_{\text{NBC}} \cos 30° = \sqrt{3}F$$

由强度条件式（4-7）可得

$$F_{\text{NAB}} = \sqrt{3}F \leq A_{\text{木}}[\sigma]_{\text{木}} = 10^4 \times 10^{-6} \times 7 \times 10^6 \, \text{N} = 70 \, \text{kN}$$

从木杆来看 $[F]=\dfrac{70}{\sqrt{3}}\,\text{kN}=40.4\,\text{kN}$

$$F_{NBC}=2F\leqslant A_{钢}[\sigma]_{钢}=600\times10^{-6}\times160\times10^{6}\,\text{N}=96\,\text{kN}$$

从钢杆来看 $[F]=\dfrac{96}{2}\,\text{kN}=48.0\,\text{kN}$

只有木杆 AB 与钢杆 BC 均满足强度条件时，吊架才安全，故吊架的许可载荷$[F]$应取为40.4 kN。

4.1.3　轴向拉压杆的变形

直杆在轴向拉力作用下，将引起轴向尺寸的伸长和横向尺寸的缩小。反之，在轴向压力作用下，将引起轴向尺寸的缩短和横向尺寸的增大。

设等直杆的长度为 l，横截面面积为 A。在轴向拉力 F 作用下，等直杆长度由 l 变为 l_1，如图 4-9 所示。杆件在轴线方向的伸长为

$$\Delta l=l_1-l$$

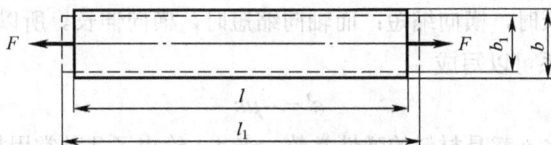

图 4-9　轴向拉伸或压缩时的变形

用 Δl 除以 l，得杆件轴线方向的线应变

$$\varepsilon=\frac{\Delta l}{l} \tag{4-8}$$

ε 称为杆件的纵向线应变，是轴向的相对变形。它是一个无量纲的量，其正负号与 Δl 相同，即正值表示拉应变，负值表示压应变。此外，杆件横截面上的应力

$$\sigma=\frac{F_N}{A} \tag{4-9}$$

由胡克定律可知：当应力不超过材料的比例极限时，应力与应变成正比。即

$$\sigma=E\varepsilon \tag{4-10}$$

综合各式得轴线变形量

$$\Delta l=\frac{F_N l}{EA} \tag{4-11}$$

式（4-11）表示：当应力不超过比例极限时，杆件的伸长 Δl 与轴力 F_N 和杆件的长度 l 成正比，与横截面面积 A 成反比。这是胡克定律的另一种表达形式。式（4-11）也适用于计算杆件压缩时的变形。

从式（4-11）可见，对长度相同、受力相等的杆件，EA 越大，则变形Δl 越小。所以 EA 称为杆件的抗拉（压）刚度。它反映了杆件抵抗拉伸（或压缩）变形的能力。

式（4-11）适用于杆件横截面面积 A 和轴力 F_N 皆为常量的情况。对于 F_N 或 A 沿杆件轴线间

断变化的情况，其轴向变形应分段计算后再求代数和，即

$$\Delta l = \sum_i \frac{F_{Ni} l_i}{EA_i} \tag{4-12}$$

对于 F_N 或 A 沿杆件轴线连续变化的情况，应按积分计算，即

$$\Delta l = \int \frac{F(x)}{EA(x)} dx \tag{4-13}$$

另外，若杆件变形前的横向尺寸为 b，受轴向拉伸变形后为 b_1（见图 4-9），则杆件的横向缩短为

$$\Delta b = b_1 - b \tag{4-14}$$

将 Δb 除以 b 得杆件的横向线应变为

$$\varepsilon' = \frac{\Delta b}{b} \tag{4-15}$$

试验结果表明，当应力不超过比例极限时，杆的横向应变 ε' 与纵向应变 ε 之比的绝对值是一个常数，即

$$\mu = \left| \frac{\varepsilon'}{\varepsilon} \right| \tag{4-16}$$

μ 称为横向变形系数或称为泊松比。它是一个无量纲的量，其值随材料而异，可以由试验确定。

因为当杆件轴向伸长时，横向缩短；而轴向缩短时，横向伸长。所以 ε 和 ε' 的符号总是相反的。这样，ε 和 ε' 的关系可以写成

$$\varepsilon' = -\mu\varepsilon \tag{4-17}$$

弹性模量 E 和泊松比 μ 都是材料的弹性常数。表 4-1 给出了几种常用材料的 E 和 μ 的近似值。

表 4-1　　　　　　　　　　几种常用材料的 E 和 μ 的近似值

弹性常数	碳钢	合金钢	灰铸铁	铜及合金	铝合金
E/GPa	196~216	186~206	78.5~157	72.6~128	70
μ	0.24~0.28	0.25~0.30	0.23~0.27	0.31~0.42	0.33

【例 4-6】　在图 4-10 所示的阶梯杆中，已知 $F_A = 10\text{kN}$，$F_B = 20\text{kN}$，$l = 100\text{mm}$，AB 段与 BC 段的横截面面积分别为 $A_{AB} = 100\text{mm}^2$、$A_{BC} = 200\text{mm}^2$，材料的弹性模量 $E = 200\text{GPa}$。试求杆的总伸长量及端面 A 与 $D-D$ 截面间的相对位移。

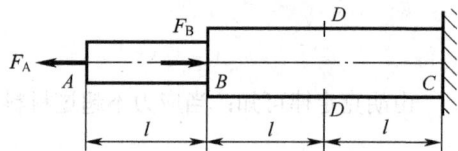

图 4-10　例 4-6 图

解　AB 段及 BC 段的轴力 F_{NAB} 和 F_{NBC} 分别为

$$F_{NAB} = F_A = 10\text{kN}$$

$$F_{NBC} = F_A - F_B = -10\text{kN}$$

杆的总伸长量为

$$\Delta l = \Delta l_{AB} + \Delta l_{BC} = \frac{F_{NAB} l}{EA_{AB}} + \frac{F_{NBC} \times 2l}{EA_{BC}}$$

$$= \left(\frac{10 \times 10^3 \times 100}{200 \times 10^3 \times 100} + \frac{-10 \times 10^3 \times 2 \times 100}{200 \times 10^3 \times 200} \right) \text{mm} = 0$$

端面 A 与 $D-D$ 截面间的相对位移 Δ_{AD} 等于端面 A 与 $D-D$ 截面间杆的伸长量 Δl_{AD}，有

$$\Delta l_{AD} = \Delta l_{AB} + \Delta l_{BC} = \frac{F_{NAB}l}{EA_{AB}} + \frac{F_{NBC}l}{EA_{BC}}$$

$$= \left(\frac{10 \times 10^3 \times 100}{200 \times 10^3 \times 100} + \frac{-10 \times 10^3 \times 100}{200 \times 10^3 \times 200} \right) mm = 0.25 \, mm$$

4.1.4　应力集中简介

等截面直杆受轴向拉伸或压缩时，横截面上的应力是均匀分布的。但由于实际需要，有些零件必须有切口、切槽、油孔、螺纹、轴肩等，以致在这些部位上截面尺寸发生突然变化。试验结果和理论分析表明，在零件尺寸突然改变处的横截面上，应力并不是均匀分布的。例如，图 4-11 中开有圆孔和带有切口的板条，当其受轴向拉伸时，在圆孔和切口附近的局部区域内，应力将急剧增加，但在离开这一区域稍远处，应力就迅速降低而趋于均

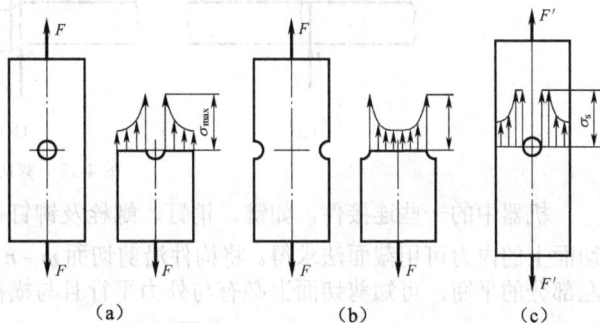

图 4-11　应力集中现象

（a）　　　　　（b）　　　　　（c）

匀。这种因杆件外形突然变化而引起局部应力急剧增大的现象，称为应力集中。

设发生应力集中截面上的最大应力为 σ_{max}，同一截面上的平均应力为 σ_0，则比值

$$\alpha = \frac{\sigma_{max}}{\sigma_0} \tag{4-18}$$

α 称为理论应力集中系数。它反映了应力集中程度，是一个大于 1 的系数。试验结果表明：截面尺寸改变得越急剧，角越尖，孔越小，应力集中的程度就越严重。因此，零件上应尽可能地避免带尖角的孔和槽；在阶梯轴的轴肩处要用圆弧过渡，而且在结构允许的范围内，应尽量使圆弧半径大一些。

各种材料对应力集中的敏感程度并不相同。塑性材料有屈服阶段，当局部的最大应力（σ_{max}）到达屈服极限（σ_s）时，该处材料的变形可以继续增长，而应力却不再加大。若外力继续增加，增加的力就由截面上尚未屈服的材料来承担，使截面上其他点的应力相继增大到屈服极限，如图 4-11（c）所示。这就使截面上的应力逐渐趋于平均，降低了应力的不均匀程度，也限制了最大应力（σ_{max}）的数值。因此，用塑性材料制成的零件在静载荷作用下，可以不考虑应力集中的影响。脆性材料没有屈服阶段，当载荷增加时，应力集中处的最大应力（σ_{max}）一直领先，不断增长，首先到达强度极限（σ_b），该处将首先产生裂纹。所以对于脆性材料制成的零件，应力集中的危害性显得严重。这样，脆性材料即使在静载荷下，也应考虑应力集中对零件承载能力的削弱。但是像灰铸铁这类材料，其内部的不均匀性和缺陷往往是产生应力集中的主要因素，而零件外形改变所引起的应力集中就可能成为次要因素，对零件的承载能力不一定造成明显的影响。

当零件受周期性变化的应力或冲击载荷作用时，不论是塑性材料还是脆性材料，应力集中对零件的强度都有严重的影响，往往是零件破坏的根源。

4.2 剪切和挤压

4.2.1 剪切与剪应力

在工程实际中，经常遇到剪切和挤压的问题。剪切变形的主要受力特点是构件受到与其轴线相垂直的大小相等、方向相反、作用线相距很近的一对外力的作用，如图 4-12（a）所示。构件的变形主要表现为沿着与外力作用线平行的剪切面（$m-n$ 面）发生相对错动，如图 4-12（b）所示。

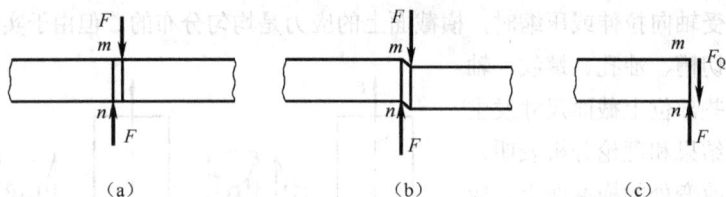

（a）　　　　　（b）　　　　　（c）

图 4-12　剪切

机器中的一些连接件，如键、销钉、螺栓及铆钉等，都是主要承受剪切作用的构件。构件剪切面上的内力可用截面法求得。将构件沿剪切面 $m-n$ 假想地截开，保留一部分考虑其平衡。如由左部分的平衡，可知剪切面上必有与外力平行且与横截面相切的内力 F_Q 的作用，如图 4-12（c）所示。F_Q 称为剪力，根据平衡方程 $\sum Y = 0$，可求得 $F_Q = F$。

剪切破坏时，构件将沿剪切面（见图 4-12（a）所示的 $m-n$ 面）被剪断。只有一个剪切面的情况，称为单剪切。图 4-12（a）所示情况即为单剪切。

4.2.2 挤压与挤压应力

一般情况下，连接件在承受剪切作用的同时，在连接件与被连接件之间传递压力的接触面上还发生局部受压的现象，称为挤压。例如，图 4-13（b）给出了销钉承受挤压力作用的情况，挤压力以 F_{bs} 表示。当挤压力超过一定限度时，连接件或被连接件在挤压面附近产生明显的塑性变形，称为挤压破坏。在有些情况下，构件在剪切破坏之前可能首先发生挤压破坏，所以需要建立挤压

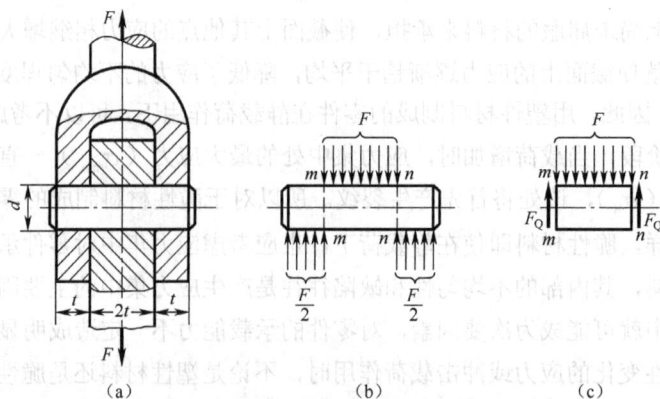

（a）　　　　　（b）　　　　　（c）

图 4-13　剪切与挤压

强度条件。图 4-13（a）中销钉与被连接件的实际挤压面为半个圆柱面，其上的挤压应力也不是均匀分布的。销钉与被连接件挤压应力的分布情况在弹性范围内，如图 4-14 所示。

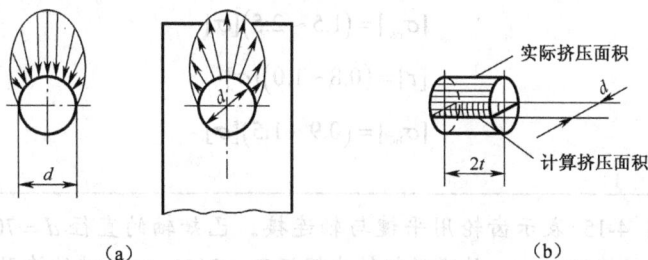

(a)　　　　　　　　　　　　　　(b)

图 4-14　挤压应力的分布

4.2.3　剪切与挤压的强度

1．剪切强度计算

由于受剪构件的变形及受力比较复杂，剪切面上的应力分布规律很难用理论方法确定，因而工程上一般采用实用计算方法来计算受剪构件的应力。在这种计算方法中，假设应力在剪切面内是均匀分布的。若以 A 表示销钉横截面面积，则应力为

$$\tau = \frac{F_Q}{A} \tag{4-19}$$

τ 与剪切面相切，故为切应力。以上计算是以假设"切应力在剪切面上均匀分布"为基础的，实际上它只是剪切面内的一个"平均切应力"，所以也称为名义切应力。

当 F 达到 F_b 时的切应力称剪切极限应力，记为 τ_b。对于图 4-13（b），剪切极限应力为

$$\tau_b = \frac{F_b}{2A} \tag{4-20}$$

将 τ_b 除以安全系数 n，即得到许用切应力

$$[\tau] = \frac{\tau_b}{n} \tag{4-21}$$

这样，剪切计算的强度条件可表示为

$$\tau = \frac{F_Q}{A} \leqslant [\tau] \tag{4-22}$$

2．挤压强度计算

与上面解决剪切强度的计算方法类同，按构件的名义挤压应力建立挤压强度条件

$$\sigma_{bs} = \frac{F_{bs}}{A_{bs}} \leqslant [\sigma_{bs}] \tag{4-23}$$

式中　A_{bs}——挤压面积，等于实际挤压面投影面的面积；

　　　σ_{bs}——挤压应力；

　　　$[\sigma_{bs}]$——许用挤压应力。

由图 4-13（b）可见，在销钉中部 $m-n$ 段，挤压力 F_{bs} 等于 F，挤压面积 A_{bs} 等于 $2td$；在销钉端部两段，挤压力均为 $\dfrac{F}{2}$，挤压面积为 td。

许用应力值通常可根据材料、连接方式和载荷情况等实际工作条件在有关设计规范中查得。

一般情况下，许用切应力要比同样材料的许用拉应力$[\sigma]$小，而许用挤压应力则比$[\sigma]$大。

对于塑性材料

$$[\tau] = (0.6 \sim 0.8)[\sigma]$$

$$[\sigma_{bs}] = (1.5 \sim 2.5)[\sigma]$$

对于脆性材料

$$[\tau] = (0.8 \sim 1.0)[\sigma]$$

$$[\sigma_{bs}] = (0.9 \sim 1.5)[\sigma]$$

剪切与挤压典
型计算案例

【例 4-7】 图 4-15 表示齿轮用平键与轴连接。已知轴的直径 $d = 70\text{mm}$，键的尺寸为 $b \times h \times l = 20\text{mm} \times 12\text{mm} \times 100\text{mm}$，传递的扭转力偶矩 $T_e = 2\text{kN} \cdot \text{m}$，键的许用应力 $[\tau] = 60\text{MPa}$，$[\sigma_{bs}] = 100\text{MPa}$。试校核键的强度。

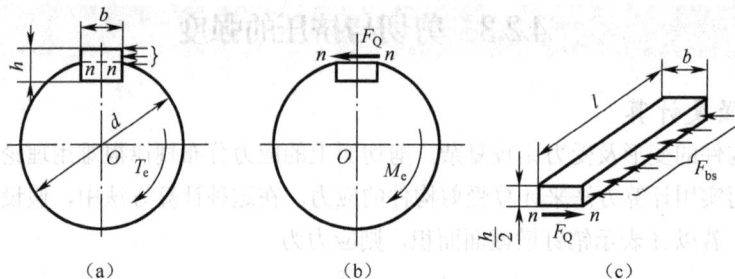

（a）　　　　　　　（b）　　　　　　　（c）

图 4-15　例 4-7 图

解　首先校核键的剪切强度。将键沿 $n-n$ 截面假想地分成两部分，并把 $n-n$ 截面以下部分和轴作为一个整体来考虑，如图 4-15（b）所示。因为假设在 $n-n$ 截面上的切应力均匀分布，故 $n-n$ 截面上剪力 F_Q 为

$$F_Q = A\tau = bl\tau$$

对轴心取矩，由平衡条件 $\sum M_O = 0$，得

$$F_Q \frac{d}{2} = bl\tau \frac{d}{2} = T_e$$

故

$$\tau = \frac{2T_e}{bld} = \frac{2 \times 2 \times 10^6}{20 \times 100 \times 90}\text{MPa} = 28.6\text{MPa} < [\tau]$$

可见该键满足剪切强度条件。

其次校核键的挤压强度。考虑键在 $n-n$ 截面以上部分的平衡，如图 4-15（c）所示，在 $n-n$ 截面上的剪力为 $F_Q = bl\tau$，右侧面上的挤压力为

$$F_{bs} = A_{bs}\sigma_{bs} = \frac{h}{2}l\sigma_{bs}$$

由水平方向的平衡条件得

$$F_Q = F_{bs} \text{ 或 } bl\tau = \frac{h}{2}l\sigma_{bs}$$

由此求得

$$\sigma_{bs} = \frac{2b\tau}{h} = \frac{2 \times 20 \times 28.6}{12}\text{MPa} = 95.3\text{MPa} < [\sigma_{bs}]$$

故平键也符合挤压强度要求。

【例 4-8】 电瓶车挂钩用插销连接，如图 4-16（a）所示。已知 $t=8\text{mm}$，插销材料的许用切应力 $[\tau]=30\text{MPa}$，许用挤压应力 $[\sigma_{bs}]=100\text{MPa}$，牵引力 $F=15\text{kN}$。试选定插销的直径 d。

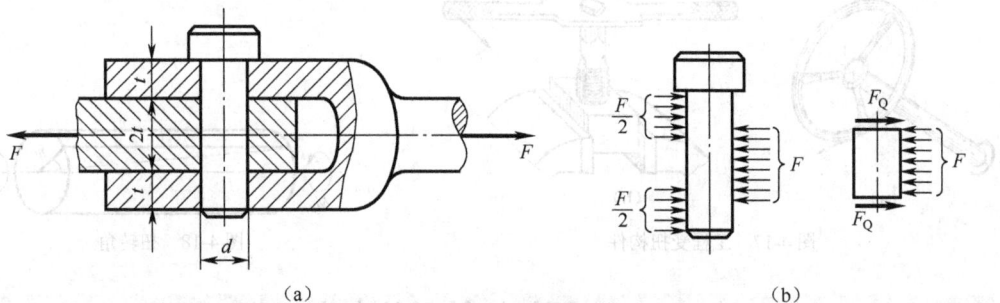

图 4-16　例 4-8 图

解 插销的受力情况如图 4-16（b）所示，可以求得

$$F_Q = \frac{F}{2} = \frac{15}{2}\text{kN} = 7.5\text{kN}$$

先按剪切强度条件进行设计

$$A \geqslant \frac{F_Q}{[\tau]} = \frac{7\,500}{30}\text{mm}^2 = 250\text{mm}^2$$

即

$$\frac{\pi d^2}{4} \geqslant 250\text{mm}^2$$

$$d \geqslant 17.8\text{mm}$$

再用挤压强度条件进行校核

$$\sigma_{bs} = \frac{F_{bs}}{A_{bs}} = \frac{F}{2td} = \frac{15\times10^3}{2\times8\times17.8}\text{MPa} = 52.7\text{MPa} < [\sigma_{bs}]$$

所以挤压强度条件也是足够的。查机械设计手册，最后采用 $d=20\text{mm}$ 的标准圆柱销钉。

4.3 圆轴扭转

4.3.1 圆轴扭转的概念

工程实际中，有很多构件，如车床的光杠、搅拌机轴、汽车传动轴等，都是受扭构件。还有一些轴类零件，如电动机主轴、水轮机主轴、机床传动轴等。例如，汽车方向盘下的转向轴 AB、攻螺纹用丝锥的锥杆（见图 4-17）等，其受力特点是：在杆件两端作用大小相等、方向相反且作用面垂直于杆件轴线的力偶。在这样一对力偶的作用下，杆件的变形特点是：杆件的任意两个横截面围绕其轴线做相对转动。杆件的这种变形形式称为扭转。扭转时杆件两个横截面相对转动的角度，称为扭转角，一般用 φ 表示（见图 4-18）。以截面形状为圆形的轴称为圆轴。圆轴在工程上是常见的一种受扭转的杆件。本节主要讨论圆轴扭转时的内力、应力及强度计算等问题。

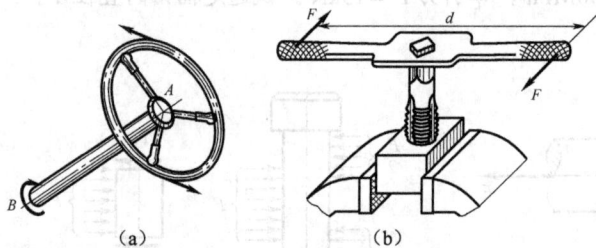

图 4-17　工程受扭构件

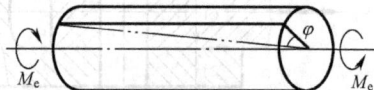

图 4-18　扭转角

4.3.2　圆轴扭转时的内力

圆轴扭转时的外力，通常用外力偶矩 M_e 表示。但工程上许多受扭构件，如传动轴等，往往并不直接给出其外力偶矩，而是给出轴所传递的功率和转速。设某轴传递的功率为 P_k（kW），转速为 n（r/min），则该轴的力偶矩 M_e（N·m）为

$$M_e = 9\,549\frac{P_k}{n}(\text{N·m}) \tag{4-24}$$

应当指出，外界输入的主动力矩，其方向与轴的转向一致，而阻力矩的方向与轴的转向相反。

作用在轴上的外力偶矩 M_e 确定之后，即可用截面法研究其内力。下面以图 4-19（a）所示圆轴为例，假想地将圆轴沿 $n-n$ 截面分成左、右两部分，保留左部分作为研究对象，如图 4-19（b）所示。由于整个轴是平衡的，所以左部分也处于平衡状态，这就要求截面 $n-n$ 上的内力系必须归结为一个内力偶矩 T，且由左部分的平衡方程

$$T - M_e = 0 \tag{4-25}$$

得

$$T = M_e \tag{4-26}$$

力偶矩 T 称为截面 $n-n$ 上的扭矩，是左、右两部分在 $n-n$ 截面上相互作用的分布内力系的合力偶矩。扭矩的符号规定如下：若按右手螺旋法则，把 T 表示为双矢量，当双矢量方向与截面的外法线方向一致时，T 为正；反之为负（见图 4-20）。按照这一符号规定，图 4-19（b）中所示扭矩 T 的符号为正。当保留右部分时，如图 4-19（c）所示，所得扭矩的大小、符号与保留的左部分计算结果相同。

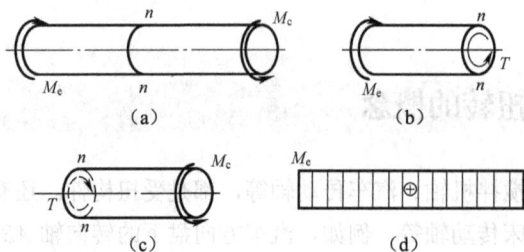

图 4-19　扭矩的大小

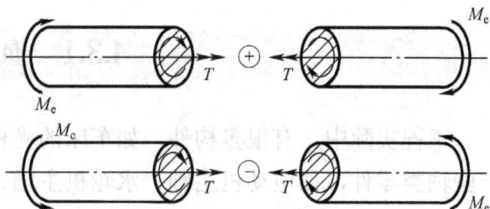

图 4-20　扭矩的符号

若作用于轴上的外力偶多于两个，也与拉伸（压缩）问题中画轴力图一样，往往用图线来表

示各横截面上的扭矩沿轴线变化的情况。图中以横轴表示横截面的位置，纵轴表示相应横截面上的扭矩，称为扭矩图。图 4-19（d）为图 4-19（a）所示受扭圆轴的扭矩图。

【**例 4-9**】 如图 4-21 所示，一传动轴转速 $n = 200\text{r/min}$，轮 A 为主动轴，输入功率 $P_A = 60\text{kW}$，轮 B、C、D 均为从动轮，输出功率为 $P_B = 20\text{kW}$、$P_C = 15\text{kW}$、$P_D = 25\text{kW}$。

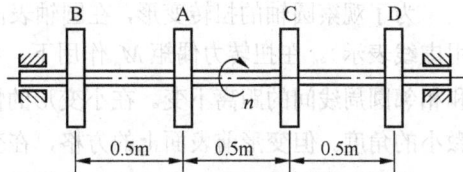

图 4-21　例 4-9 图

（1）试画出该轴的扭矩图。

（2）若将轮 A 和轮 C 位置对调，试分析对轴的受力是否有利？

解　（1）计算外力偶矩

$$M_A = （9\,549 \times 60/200）\text{N}\cdot\text{m} = 2\,864.7\text{N}\cdot\text{m}$$

同理可得

$$M_B = 954.9\text{N}\cdot\text{m}, \quad M_C = 716.2\text{N}\cdot\text{m}, \quad M_D = 1\,193.6\text{N}\cdot\text{m}$$

（2）计算扭矩

将轴分为 3 段，逐段计算扭矩。

对 BA 段：　　　　　　　　$\sum M_x = 0$，$T_1 + M_B = 0$

可得：　　　　　　　　　　$T_1 = -954.9\text{N}\cdot\text{m}$

对 AC 段：　　　　　　　　$\sum M_x = 0$，$T_2 + M_B - M_A = 0$

可得：　　　　　　　　　　$T_2 = 1\,909.8\text{N}\cdot\text{m}$

对 CD 段：　　　　　　　　$\sum M_x = 0$，$T_3 - M = 0$

可得：　　　　　　　　　　$T_3 = 1\,193.6\text{N}\cdot\text{m}$

（3）画扭矩图

根据计算结果，按比例画出扭矩图如图 4-22（a）所示。

将轮 A 和轮 C 位置对调后，由图 4-22（b）可知最大绝对值扭矩较之原来有所降低，对轴的受力有利。

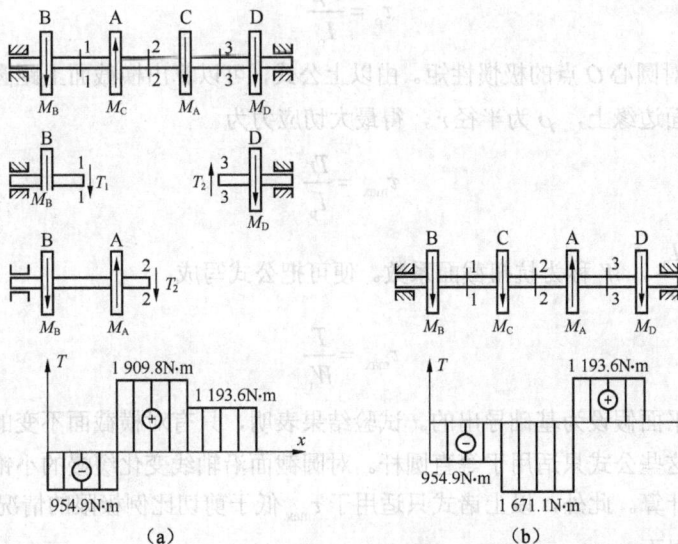

图 4-22　扭矩图

4.3.3 圆轴扭转时的应力和强度

1. 圆轴扭转时的应力

为了观察圆轴的扭转变形，在圆轴表面上做圆周线和纵向线（在图 4-23 中，变形前的纵向线用虚线表示）。在扭转力偶矩 M_e 作用下，各圆周线绕轴线相对地旋转了一个角度，但大小、形状和相邻圆周线间的距离不变。在小变形的情况下，纵向线仍近似地是一条直线，只是倾斜了一个微小的角度。但变形前表面上的方格，在变形后错动成了菱形。

根据观察到的现象，作下述基本假设：圆轴扭转变形前原为平面的截面，变形后仍保持为平面，形状和大小不变，半径仍保持为直线，且相邻两截面间的距离不变。这就是圆轴扭转的平面假设。按照这一假设，在扭转变形中，圆轴的横截面就像刚性平面一样，绕轴线旋转了一个角度。以平面假设为基础导出的应力和变形的计算公式均符合试验结果，且与弹性力学一致，这就足以说明假设是正确的，具体推导过程可参阅相关资料。

推导结果表明，若横截面上的扭矩为 T，则横截面上任意点的切应力 τ_ρ 的大小与该点到圆心的距离 ρ 成正比，方向与半径垂直。在纵向截面和横截面上，沿半径切应力的分布如图 4-24 所示。

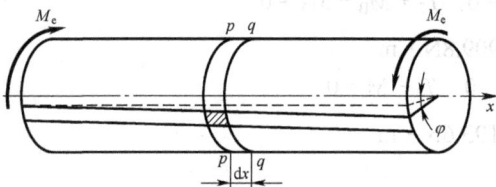

图 4-23　圆轴的扭转变形　　　图 4-24　切应力的方向分布

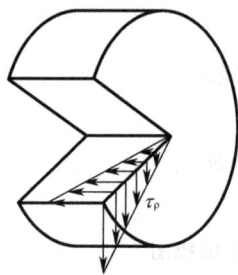

τ_ρ 的大小为

$$\tau_\rho = \frac{T\rho}{I_p} \tag{4-27}$$

I_p 称为横截面对圆心 O 点的极惯性矩。由以上公式，可以算出横截面上距圆心为 ρ 的任意点的切应力。在圆截面边缘上，ρ 为半径 r，得最大切应力为

$$\tau_{max} = \frac{Tr}{I_p} \tag{4-28}$$

引用记号 $W_t = \dfrac{I_p}{r}$，W_t 称为抗扭截面系数。便可把公式写成

$$\tau_{max} = \frac{T}{W_t} \tag{4-29}$$

以上各式是以平面假设为基础导出的。试验结果表明，只有对横截面不变的圆轴，平面假设才是正确的，所以这些公式只适用于等直圆杆。对圆截面沿轴线变化缓慢的小锥度锥形杆，也可近似地用这些公式计算。此外，以上诸式只适用于 τ_{max} 低于剪切比例极限的情况。

在实心轴的情况下

$$I_\text{p} = \frac{\pi d^4}{32} \qquad (4\text{-}30)$$

式中 d——圆截面的直径。

$$W_\text{t} = \frac{I_\text{p}}{r} = \frac{\pi d^3}{16} \qquad (4\text{-}31)$$

在空心的情况下，如图 4-25 所示，设外径为 D，内径为 d，$\alpha = \dfrac{d}{D}$。由于截面的空心部分没有内力，所以不应包括空心部分。于是

$$I_\text{p} = \frac{\pi}{32}(D^4 - d^4) = \frac{\pi D^4}{32}(1 - \alpha^4) \qquad (4\text{-}32)$$

$$W_\text{t} = \frac{I_\text{p}}{r} = \frac{\pi}{16D}(D^4 - d^4) = \frac{\pi D^3}{16}(1 - \alpha^4) \qquad (4\text{-}33)$$

【例 4-10】 一钢制阶梯状圆轴如图 4-26（a）所示，已知 $M_{e1} = 10\,\text{kN·m}$，$M_{e2} = 7\,\text{kN·m}$，$M_{e3} = 3\,\text{kN·m}$。试计算其最大切应力。

解 （1）作扭矩图

用截面法求出 AB 及 BC 段横截面上的扭矩分别为

$$T_\text{AB} = -M_{e1} = -10\,\text{kN·m}$$

$$T_\text{BC} = -M_{e3} = -3\,\text{kN·m}$$

扭矩图如图 4-26（b）所示。

（2）求最大切应力

由图 4-26（b）可见，最大扭矩发生在 AB 段，但 AB 段横截面直径大。因此，为求最大切应力需分别计算 AB 段及 BC 段横截面上最大切应力，并进行比较。

$$\tau_{\text{max AB}} = \frac{T_\text{AB}}{W_\text{tAB}} = \frac{10 \times 10^6 \times 16}{\pi \times 100^3}\,\text{MPa} = 50.9\,\text{MPa}$$

$$\tau_{\text{max BC}} = \frac{T_\text{BC}}{W_\text{tBC}} = \frac{3 \times 10^6 \times 16}{\pi \times 60^3}\,\text{MPa} - 70.7\,\text{MPa}$$

可见，最大切应力发生在 BC 段轴的外表面上，其值为 $\tau_\text{max} = 70.7\,\text{MPa}$。

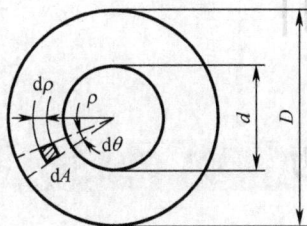

图 4-25 空心圆轴

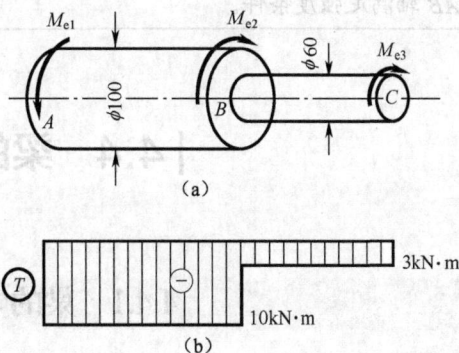

图 4-26 例 4-10 图

2．圆轴扭转时的强度条件

圆轴扭转时横截面上的最大工作切应力 τ_{max} 不得超过材料的许用切应力 $[\tau]$，即

$$\tau_{max} \leqslant [\tau] \qquad (4\text{-}34)$$

式（4-34）称为圆轴扭转时的强度条件。

对于等截面圆轴，从轴的受力情况或由扭矩图可以确定最大扭矩 T_{max}，以及最大切应力 τ_{max} 发生于 T_{max} 所在截面的边缘上。因而强度条件可改写为

$$\tau_{max} = \frac{T_{max}}{W_t} \leqslant [\tau] \qquad (4\text{-}35)$$

对变截面杆，如阶梯轴、圆锥形杆等，W_t 不是常量，τ_{max} 并不一定发生在扭矩为极值 T_{max} 的截面上，这时要综合考虑扭矩 T 和抗扭截面系数 W_t 两者的变化情况来确定 τ_{max}。

在静载荷情况下，扭转许用切应力 $[\tau]$ 与许用拉应力 $[\sigma]$ 之间有如下关系。

钢： $\qquad\qquad [\tau] = (0.5 \sim 0.6)[\sigma] \qquad (4\text{-}36)$

铸铁： $\qquad\qquad [\tau] = (0.8 \sim 1.0)[\sigma] \qquad (4\text{-}37)$

圆轴扭转计算典型案例

轴类零件由于考虑到动载荷等原因，所取许用切应力一般比静载荷的许用切应力还要低。

【例4-11】 由无缝钢管制成的汽车传动轴 AB（见图4-27），外径 $D = 90mm$，壁厚 $t = 2.5mm$，材料为Q235。使用时的最大扭矩为 $T = 1.5\,kN \cdot m$。若材料的许用切应力 $[\tau] = 60MPa$，试校核 AB 轴的强度。

解 由 AB 轴的几何尺寸计算其抗扭截面系数

$$\alpha = \frac{d}{D} = \frac{90 - 2 \times 2.5}{90} = 0.944$$

$$W_t = \frac{\pi D^3}{16}(1 - \alpha^4) = \frac{\pi \times 90^3}{16}(1 - 0.944^3)\,mm^3$$

$$= 29\,470\,mm^3$$

图4-27 例4-11 图

轴的最大切应力为

$$\tau_{max} = \frac{T}{W_t} = \frac{1.5 \times 10^6}{29\,470}\,MPa = 51MPa < [\tau]$$

所以 AB 轴满足强度条件。

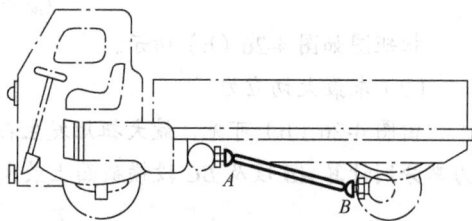

|4.4 梁的弯曲|

4.4.1 梁的弯曲内力

在实际工程和日常生活中，常常会遇到许多发生弯曲变形的杆件。例如，桥式起重机的大梁、火车轮轴以及车床上的割刀等，如图4-28、图4-29所示，均为典型的弯曲杆件。这类杆件的受力

特点是在轴线平面内受到外力偶或垂直于轴线方向的力。变形特点是杆的轴线弯曲成曲线。这种形式的变形称为弯曲变形。以弯曲变形为主的杆件通常称为梁。

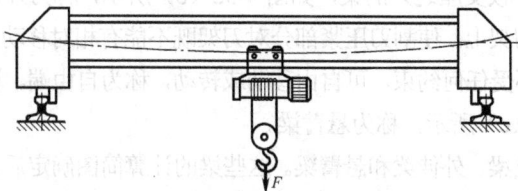

图 4-28 桥式起重机大梁的弯曲变形

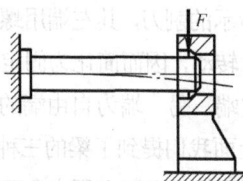

图 4-29 车床刀具的弯曲变形

在工程中，常见梁的横截面一般至少有一个对称轴，因而由各横截面的对称轴组成了梁的一个纵向对称面，如图 4-30 所示。当作用在梁上的所有外力都在纵向对称平面内时，梁的轴线变形后也将是位于这个对称平面内的曲线，这种弯曲称为平面弯曲。平面弯曲是弯曲问题中最基本、最常见的情况。

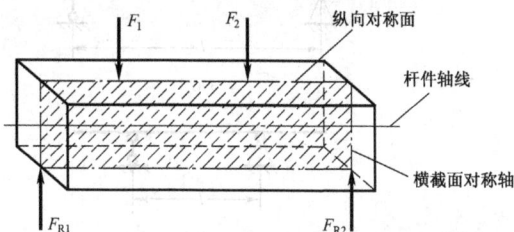

图 4-30 平面弯曲

1．梁的计算简图及其分类

在工程中，梁的支撑条件和作用在梁上的载荷情况一般都比较复杂，为了便于分析、计算，同时又要保证计算结果足够精确，需要对梁进行以下三方面的简化，以得到梁的计算简图。

（1）构件本身的简化

不论梁的截面形状如何，通常用梁的轴线来代替实际的梁。

（2）载荷的简化

实际杆件上作用的载荷是多种多样的，但归纳起来，可简化成以下三种载荷形式：当外力的作用范围与梁相比很小时，可视为集中作用于一点，即集中力；两集中力大小相等、方向相反，作用线相邻很近时，可视为集中力偶；连续作用在梁的全长或部分长度内的载荷为分布载荷。分布于单位长度上的载荷值称为分布载荷集度，用 q 表示。当 q 为常量时，称为均布载荷；当 q 沿梁轴线 x 变化时，即 $q = q(x)$，称为非均布载荷。

（3）支座类型和支座反力的简化

作用在梁上的外力，除载荷外还有支座反力。为了分析支座反力，必须对梁的约束进行简化。梁的支座按其对梁在载荷平面内约束作用的不同，可简化为三种典型支座：如图 4-31 所示，分别对应固定铰支座、活动铰支座和固定端。例如，图 4-28 中桥式起重机的大梁，通过车轮安置于钢轨上；钢轨不限制车轮平面的轻微偏转，但车轮凸缘与钢轨的接触却可约束轴线方向的位移。

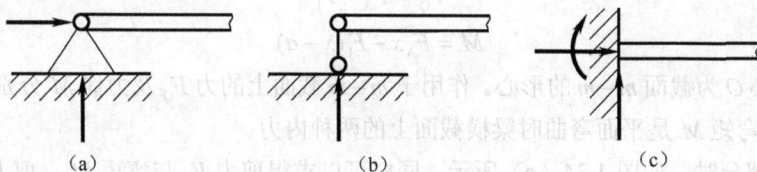

（a）　　　　　　　　　　（b）　　　　　　　　　　（c）

图 4-31 三种典型支座

因此，可以把两条钢轨中的一条看做是固定铰支座，而另一条则视为可动铰支座。这种一端为固定铰支座，另一端为可动铰支座的梁，如图 4-32（a）所示，称为简支梁。两支座间的距离称为跨度。又例如列车轮轴，在与车轮相接的两处，也可分别简化为固定铰支座及活动铰支座，但其轮轴伸出支座之外。这种由铰支座支撑，其一端或两端外伸于铰支座之外的梁，如图 4-32（b）所示，称为外伸梁。图 4-29 所示的割刀，其左端用螺钉压紧固定于刀架上，使割刀压紧部分对刀架既不能有相对移动，也不能有相对转动，因而简化为固定端；另一端面不受任何约束，可自由移动或转动，称为自由端。这种一端为固定端，另一端为自由端的梁，如图 4-32（c）所示，称为悬臂梁。

上面我们提到了梁的三种基本形式：简支梁、外伸梁和悬臂梁。这些梁的计算简图确定后，支座反力均可由静力平衡方程完全确定，统称为静定梁。有时出于工程的需要，在静定梁上再增添支座，此时支座反力不能完全由静力平衡方程确定，这种梁称为静不定梁，如图 4-33 所示。本教材不作讨论。

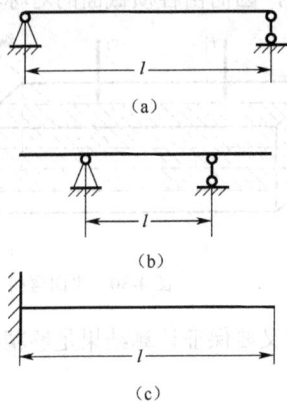

图 4-32　三种典型梁

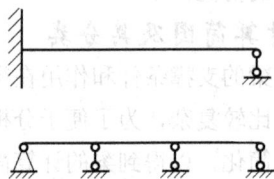

图 4-33　静不定梁

2．内力的性质

为了讨论梁的强度和刚度，首先应弄清楚梁横截面上有什么样的内力以及如何计算内力。求内力的根本方法是截面法。下面以图 4-34（a）所示的简支梁为例，对梁的内力计算作具体说明如下。

设图 4-34（a）所示简支梁两端的支座反力分别为 F_A 和 F_B，现求任一横截面 $m-m$ 上的内力。按截面法沿 $m-m$ 截面假想地把梁截开，分为左、右两部分，保留左部分考虑其平衡。作用于左部分上的力，除外力 F_A 及 F_1 外，在截面 $m-m$ 上还有右部分作用于其上的内力。为了使左部分梁处于平衡状态，横截面 $m-m$ 上应存在一个与横截面相平行的力 F_Q 及一个作用面与横截面相垂直的力偶，如图 4-34（b）所示。由平衡方程

$$\sum F_y = 0, \quad F_A - F_1 - F_Q = 0$$
$$\sum M_O = 0, \quad M + F_1(x-a) - F_A x = 0$$

得

$$F_Q = F_A - F_1$$
$$M = F_A x - F_1(x-a) \tag{4-38}$$

式中，矩心 O 为截面 $m-m$ 的形心。作用于 $m-m$ 截面上的力 F_Q 及力偶 M 分别称为剪力与弯矩。剪力 F_Q 和弯矩 M 是平面弯曲时梁横截面上的两种内力。

当保留右部分时，如图 4-34（c）所示，同样可以求得剪力 F_Q 与弯矩 M。剪力 F_Q 与弯矩 M 是截面左、右两部分之间的相互作用力。因此，作用于不同保留部分上的剪力 F_Q 与弯矩 M 大小相等，但方向（转向）相反。

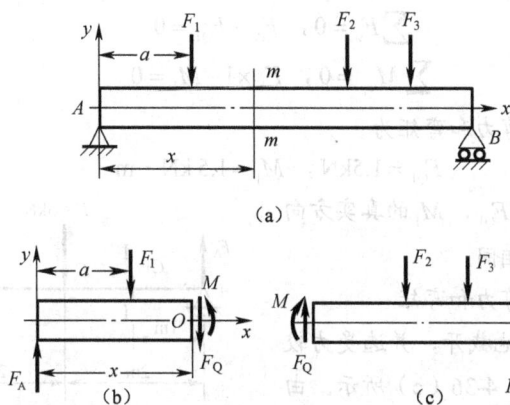

图 4-34 梁的内力

为了使保留不同部分进行内力计算时所得的剪力和弯矩不仅数值相等，而且正负号也相同，把剪力和弯矩的符号规则与梁的变形联系起来，如图 4-35 所示。从梁中取出一微段，并对剪力、弯矩的符号规定如下。

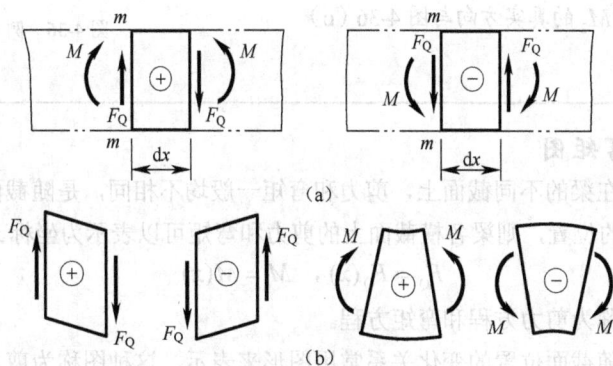

图 4-35 剪力和弯矩的符号

剪力符号：当剪力 F_Q 使微段梁绕微段内任一点沿顺时针方向转动时规定为正，反之为负。

弯矩符号：当弯矩 M 使微段梁凹向上方时规定为正，反之为负。

【例 4-12】 图 4-36（a）所示为受集中力及均布载荷作用的梁。试求 Ⅰ-Ⅰ、Ⅱ-Ⅱ 截面上的剪力和弯矩。

解 （1）求支座反力

设支座 A、B 处的支座反力分别为 F_A、F_B。由平衡方程式

$$\sum M_B = 0, \quad F_A \times 4 - F \times 2 + q \times 2 \times 1 = 0$$

$$\sum M_A = 0, \quad F \times 2 - F_B \times 4 + q \times 2 \times 1 = 0$$

得

$$F_A = 1.5\text{kN}, \quad F_B = 7.5\text{kN}$$

（2）计算 Ⅰ-Ⅰ 截面的剪力与弯矩

沿截面 Ⅰ-Ⅰ 将梁假想地截开，并选左段为研究对象，如图 4-36（b）所示。由平衡方程式

$$\sum F_y = 0, \quad F_A - F_{Q1} = 0$$

$$\sum M_{C_1} = 0, \quad F_A \times 1 - M_1 = 0$$

分别求得截面 Ⅰ-Ⅰ 的剪力和弯矩为

$$F_{Q1} = 1.5\text{kN}, \quad M_1 = 1.5\text{ kN} \cdot \text{m}$$

F_{Q1}、M_1 都为正，表示 F_{Q1}、M_1 的真实方向与图 4-36（b）中所示方向相同。

（3）计算 Ⅱ-Ⅱ 截面的剪力和弯矩

沿截面 Ⅱ-Ⅱ 将梁假想地截开，并选受力较少的右段为研究对象，如图 4-36（c）所示。由平衡方程式

$$\sum F_y = 0, \quad F_{Q2} - q \times 1 = 0$$

$$\sum M_{C_2} = 0, \quad M_2 + q \times 1 \times 0.5 = 0$$

分别求得截面 Ⅱ-Ⅱ 的剪力和弯矩为

$$F_{Q2} = 2\text{kN}, \quad M_2 = -1\text{ kN} \cdot \text{m}$$

M_2 为负号，表示 M_2 的真实方向与图 4-36（c）中所示的方向相反。

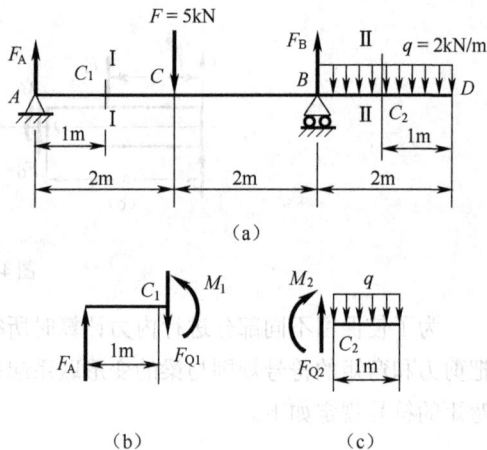

图 4-36　例 4-12 图

3．剪力图与弯矩图

以上分析表明，在梁的不同截面上，剪力和弯矩一般均不相同，是随截面位置而变化的。设用坐标 x 表示横截面的位置，则梁各横截面上的剪力和弯矩可以表示为坐标 x 的函数，即

$$F_Q = F_Q(x), \quad M = M(x) \tag{4-39}$$

上述关系式分别称为剪力方程和弯矩方程。

梁的剪力与弯矩随截面位置的变化关系常用图形来表示，这种图称为剪力图与弯矩图。绘图时以平行于梁轴的横坐标 x 表示截面的位置，以纵坐标表示相应截面上的剪力或弯矩。下面用例题说明列出剪力方程和弯矩方程以及绘制剪力图和弯矩图的方法。

【例 4-13】　图 4-37（a）所示为一集中力 F 作用的简支梁。设 F、l 及 a 均为已知。试列出剪力方程式与弯矩方程式，并绘制剪力图与弯矩图。

解　（1）求支座反力

由平衡方程式 $\sum M_B = 0$ 及 $\sum M_A = 0$，得

$$F_A = \frac{l-a}{l} F$$

$$F_B = \frac{a}{l} F$$

利用平衡方程式 $\sum F_y = 0$ 对所得结果进行检验，得

$$F_A + F_B - F = \frac{l-a}{l} F + \frac{a}{l} F - F = 0$$

可见，F_A 及 F_B 的解答是正确的。

（2）列出剪力与弯矩方程式

集中力 F 左右两段梁上的剪力与弯矩不能用同一方程式表示。将梁分成 AC 及 CB 两段，分别列剪力与弯矩方程式。

AC 段：利用截面法，沿距 A 点为 x_1 的任意截面将梁切开，并以左段为研究对象，如图 4-37（b）所示。由左段的平衡条件得剪力方程和弯矩方程分别为

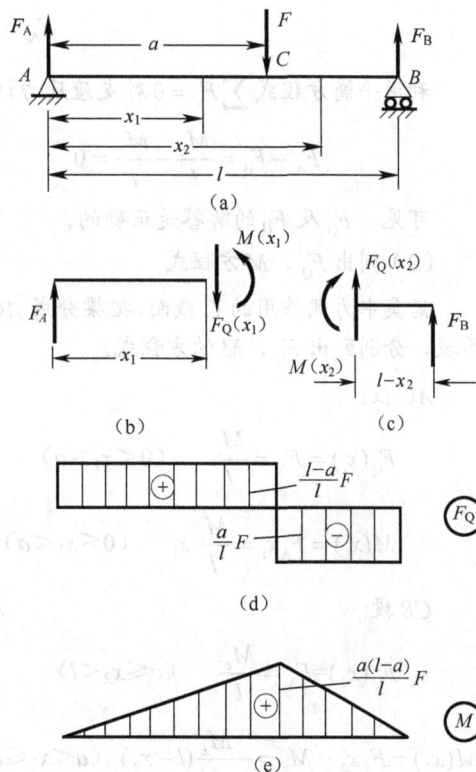

$$F_Q(x_1) = F_A = \frac{l-a}{l}F \quad (0 < x_1 < a) \quad\quad (a)$$

$$M(x_1) = F_A x_1 = \frac{l-a}{l}F x_1 \quad (0 \leqslant x_1 \leqslant a) \quad (b)$$

CB 段：沿距 A 点为 x_2 的任意截面将梁切开，并以右段为研究对象，如图 4-37（c）所示。由右段的平衡条件得到 CB 段的剪力方程和弯矩方程分别为

$$F_Q(x_2) = -F_B = -\frac{a}{l}F \quad (a < x_2 < l) \quad\quad (c)$$

$$M(x_2) = F_B(l-x_2) = \frac{a}{l}F(l-x_2) \quad (a \leqslant x_2 \leqslant l) \quad (d)$$

（3）绘制 F_Q、M 图

由式（a）可知，在 AC 段内，梁任意横截面上的剪力都为常数 $\frac{l-a}{l}F$，且符号为正。所以在 AC 段（$0 < x < a$）内，剪力图是在 x 轴上方且平行于 x 轴的直线图，如图 4-37（b）所示。同理，可以根

图 4-37　例 4-13 图

据式（c）作 CB 段的剪力图。从剪力图可看出，当 $a > \dfrac{l}{2}$ 时，最大剪力发生在 CB 段的各横截面上，其值为

$$\left|F_Q\right|_{max} = \frac{Fa}{l}$$

由式（b）可知，在 AC 段内弯矩是 x 的一次函数，所以弯矩图是一条斜直线。只要确定线上的两点，就可以确定这条直线。AC 段内的弯矩图如图 4-37（e）所示。同理，可以根据式（d）作 CB 段内的弯矩图。从弯矩图可看出，最大弯矩发生在集中力 F 作用的 C 截面上，其值为

$$\left|M\right|_{max} = \frac{Fa}{l}(l-a)$$

从例 4-13 可以看出，有集中力作用的梁，其 F_Q 图和 M 图有以下特点。

① 集中力作用点，F_Q 图有突变。突变的大小和方向与集中力 F 相一致。

② 集中力作用点，M 图有转折。所谓"转折"，即 M 图在此点两侧的斜率发生突变。

【例 4-14】　简支梁 AB 如图 4-38（a）所示。在梁上 C 处作用有集中力偶 M_e，试绘制梁的

剪力图和弯矩图，图中 M_e、a、b、l 均已知。

解 （1）求支座反力

由平衡方程式 $\sum M_B = 0$ 及 $\sum M_A = 0$，得

$$F_A = \frac{M_e}{l}, \quad F_B = \frac{M_e}{l}$$

利用平衡方程式 $\sum F_y = 0$ 对支座反力计算结果进行检验，得

$$F_A - F_B = \frac{M_e}{l} - \frac{M_e}{l} = 0$$

可见，F_Q 及 F_B 的解答是正确的。

（2）列出 F_Q、M 方程式

沿集中力偶作用的 C 截面，把梁分成 AC 和 CB 两段，分别列出 F_Q、M 的方程式。

AC 段：

$$F_Q(x_1) = F_A = \frac{M_e}{l} \qquad (0 < x_1 \leqslant a) \qquad \text{（a）}$$

$$M(x_1) = F_A x_1 = \frac{M_e}{l} x_1 \qquad (0 \leqslant x_1 < a) \qquad \text{（b）}$$

CB 段：

$$F_Q(x_2) = F_A = \frac{M_e}{l} \qquad (a \leqslant x_2 < l) \qquad \text{（c）}$$

$$M(x_2) = F_A x_2 - M_e = -\frac{M_e}{l}(l - x_2) \qquad (a < x_2 \leqslant l) \quad \text{（d）}$$

（3）绘制 F_Q、M 图

由式（a）、式（c）和式（b）、式（d）分别绘出 F_Q、M 图，如图4-38（d）、（e）所示。由 F_Q 图可见，F_Q 最大值为

$$\left| F_Q \right|_{\max} = \frac{M_e}{l}$$

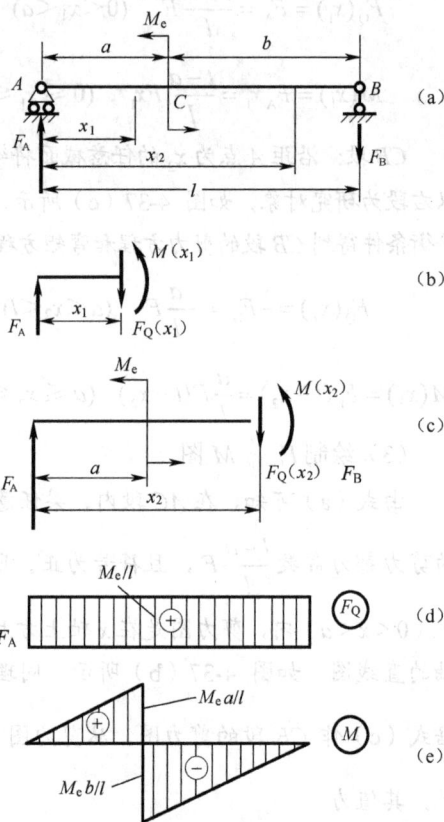

图4-38　例4-14图

当 $a < b$ 时，从 M 图可见，在 C 截面右侧，弯矩的绝对值最大，其值为 $\left| M \right|_{\max} = \frac{M_e}{l} b$。

从例4-14可以看出，在集中力偶作用处，F_Q 图、M 图存在如下特点。

① 在集中力偶作用点，F_Q 图无突变。

② 在集中力偶作用点，M 图有突变。其突变量等于集中力偶 M_e 的数值。

【例4-15】 试绘图4-39（a）所示简支梁的 F_Q、M 图。图中 q、l 均为已知。

解 （1）求支座反力

由平衡方程式 $\sum M_B = 0$ 及 $\sum M_A = 0$，得

$$F_A = F_B = \frac{1}{2}ql$$

利用平衡方程式 $\sum F_y = 0$ 对支座反力计算结果进行检验，得

$$F_A + F_B - ql = \frac{1}{2}ql + \frac{1}{2}ql - ql = 0$$

可见，F_A 及 F_B 的解答是正确的。

（2）列出 F_Q、M 方程式

用上述方法直接写出

$$F_Q(x) = \frac{ql}{2} - qx \qquad (0 < x < l) \qquad (a)$$

$$M(x) = \frac{ql}{2}x - \frac{q}{2}x^2 \qquad (0 \leqslant x \leqslant l) \qquad (b)$$

（3）绘制 F_Q、M 图

由式（a）可见，剪力图为一斜直线，绘得 F_Q 图如图 4-39（b）所示。由式（b）可见，弯矩图为一抛物线，将式（b）对 x 求导，并令

$$\frac{\mathrm{d}M(x)}{\mathrm{d}x} = \frac{ql}{2} - qx = 0 \qquad (c)$$

求得弯矩及极值的截面位置为 $x = \frac{l}{2}$，代入式（b），得弯矩的最大值

$$M_{max} = \frac{ql^2}{8}$$

绘得弯矩图如图 4-39（c）所示。

从例 4-15 可以看出，在分布载荷作用的梁段上，F_Q、M 图有如下特点。

① 载荷集度值不变，F_Q 图为斜直线。

② 载荷集度值不变，M 图为抛物线。

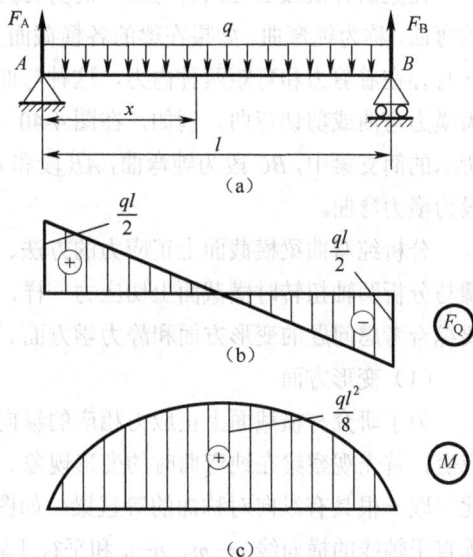

图 4-39　例 4-15 图

4.4.2　梁的弯曲应力和强度

4.4.1 节讨论了梁在弯曲时的内力——剪力和弯矩。但是，要解决梁的弯曲强度问题，只了解梁的内力是不够的，还必须研究梁的弯曲应力。应该知道梁在弯曲时，横截面上有什么应力以及如何计算各点的应力。

在一般情况下，横截面上有两种内力——剪力和弯矩。由于剪力是横截面上切向内力系的合力，所以它必然与切应力有关；而弯矩是横截面上法向内力系的合力偶矩，所以它必然与正应力有关。由此可见，梁横截面上有剪力 F_Q 时，就必然有切应力 τ；有弯矩 M 时，就必然有正应力 σ。本节只研究平面纯弯曲梁的正应力计算。

1. 梁弯曲时正应力的计算

正应力只与横截面上的弯矩有关，而与剪力无关。这里以横截面上只有弯矩，而无剪力作用

的弯曲情况来讨论弯曲正应力问题。

在梁的各横截面上只有弯矩，而剪力为零的弯曲，称为纯弯曲。如果在梁的各横截面上，同时存在着剪力和弯矩两种内力，这种弯曲称为横力弯曲或剪切弯曲。例如，在图 4-40（a）所示的简支梁中，BC 段为纯弯曲，AB 段和 CD 段为横力弯曲。

分析纯弯曲梁横截面上正应力的方法、步骤与分析圆轴扭转时横截面上切应力一样，需要综合考虑问题的变形方面和静力学方面。

（1）变形方面

为了研究与横截面上正应力相应的纵向线应变，首先观察梁在纯弯曲时的变形现象。为

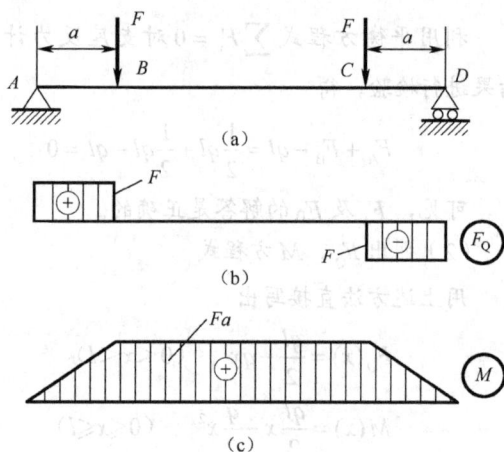

图 4-40　纯弯曲

此，取一根具有纵向对称面的等直梁。如图 4-41（a）所示的矩形截面梁，并在梁的侧面上画出垂直于轴线的横向线 m-m、n-n 和平行于轴线的纵向线 a-a、b-b。然后在梁的两端加一对大小相等、方向相反的力偶 M_e，使梁产生纯弯曲。此时可以观察到如下的变形现象。

纵向线弯曲后变成弧线 $a'a'$、$b'b'$，靠顶面的 a-a 线缩短，靠底面的 b-b 线伸长。横向线 m-m、n-n 在梁变形后仍是直线，但相对转过一定的角度，且仍与弯曲的纵向线保持正交，如图 4-41（b）所示。

梁内部的变形情况无法直接观察，但根据梁表面的变形现象对梁内部的变形进行如下假设。

① 平面假设。梁所有的横截面变形后仍为平面，且仍垂直于变形后的梁的轴线。

② 单向受力假设。认为梁由无数根纵向纤维组成，各纤维之间没有相互挤压，每根纤维均处于拉伸或压缩的单向受力状态。

根据平面假设，前面由试验观察到的变形现象已经可以推广到梁的内部，即梁在纯弯曲变形时，横截面保持平面并做相对转动，靠近上面部分的纵向纤维缩短，靠近下面部分的纵向纤维伸长。由于变形的连续性，中间必有一层纵向纤维既不伸长也不缩短，这层纤维称为中性层（见图 4-42）。中性层

梁的纯弯曲

与横截面的交线称为中性轴。由于外力偶作用在梁的纵向对称面内，因此梁的变形也应该对称于此平面，在横截面上就是对称于对称轴。所以中性轴必然垂直于对称轴。

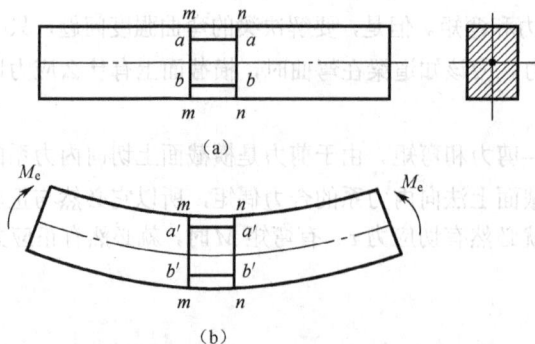

图 4-41　纯弯曲变形

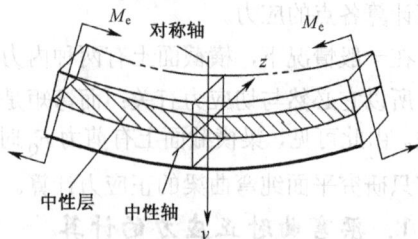

图 4-42　中性层

（2）弯曲正应力关系

由物理及静力学关系可导出横截面上的弯曲正应力公式为

$$\sigma = \frac{My}{I_z} \tag{4-40}$$

式中　M——横截面上的弯矩；

　　　I_z——横截面对中性轴的惯性矩；

　　　y——横截面上待求应力的 y 坐标。

应用式（4-40）时，也可将 M、y 均代入绝对值，σ 是拉应力还是压应力可根据梁的变形情况直接判断。以中性轴为界，梁的凸出一侧为拉应力，凹入一侧为压应力。

由式（4-40）可见，横截面上的最大弯曲正应力发生在距中性轴最远的点上。用 y_{max} 表示最远点至中性轴的距离，则最大弯曲正应力为

$$\sigma_{max} = \frac{My_{max}}{I_z} \tag{4-41}$$

上式可改写为

$$\sigma_{max} = \frac{M}{W_z} \tag{4-42}$$

其中

$$W_z = \frac{I_z}{y_{max}} \tag{4-43}$$

W_z 为抗弯截面系数，是仅与截面形状及尺寸有关的几何量，量纲为[长度]^3。高度为 h、宽度为 b 的矩形截面梁，其抗弯截面系数为

$$W_z = \frac{bh^3/12}{h/2} = \frac{bh^2}{6} \tag{4-44}$$

直径为 D 的圆形截面梁的抗弯截面系数为

$$W_z = \frac{\pi D^4/64}{D/2} = \frac{\pi D^3}{32} \tag{4-45}$$

工程中常用的部分型钢，其抗弯截面系数可从附录 A 常用型钢规格表中查得。当横截面对中性轴不对称时，其最大拉应力及最大压应力不相等。

【例 4-16】　如图 4-43（a）所示，已知弯矩 $M=1\text{kN}\cdot\text{m}$，外径 $D=50\text{mm}$，内径 $d=25\text{mm}$。试求横截面上 a、b、c 及 d 四点的应力，并绘制过 a、b 两点的直径线及过 c、d 两点弦线上各点的应力分布图。

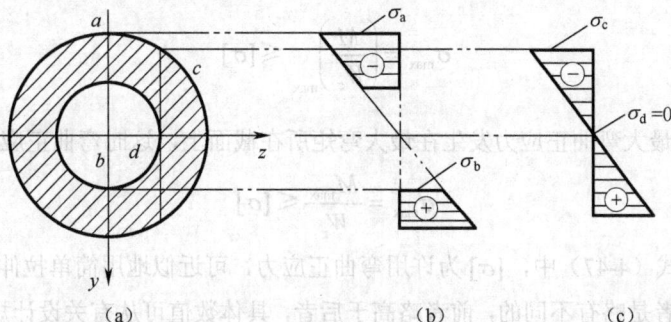

图 4-43　例 4-16 图

解 （1）求 I_z

$$I_z = \frac{\pi(D^4 - d^4)}{64} = \frac{\pi(50^4 - 25^4)}{64} \text{mm}^4 = 2.88 \times 10^5 \text{mm}^4$$

（2）求应力

a 点应力

$$y_a = \frac{D}{2} = 25\text{mm}$$

$$\sigma_a = \frac{M}{I_z} y_a = \frac{1 \times 10^6}{2.88 \times 10^5} \times 25\text{MPa} = 86.8\text{MPa}(压应力)$$

b 点应力

$$y_b = \frac{d}{2} = 12.5\text{mm}$$

$$\sigma_b = \frac{M}{I_z} y_b = \frac{1 \times 10^6}{2.88 \times 10^5} \times 12.5\text{MPa} = 43.4\text{MPa}(拉应力)$$

c 点应力

$$y_c = \left(\frac{D^2}{4} - \frac{d^2}{4}\right)^{\frac{1}{2}} = \left(\frac{50^2}{4} - \frac{25^2}{4}\right)^{\frac{1}{2}} = 21.7\text{mm}$$

$$\sigma_c = \frac{M}{I_z} y_c = \frac{1 \times 10^6}{2.88 \times 10^5} \times 21.7\text{MPa} = 75.3\text{MPa}(压应力)$$

d 点应力

$$y_d = 0$$

$$\sigma_d = \frac{M}{I_z} y_d = 0$$

因给定的弯矩为正值，梁凹向上，故 a 点和 c 点是压应力，而 b 点是拉应力。过 a、b 的直径线及过 c、d 的弦线上的应力分布图如图 4-43（b）、（c）所示。

2．梁弯曲时的强度计算

横截面上最大的正应力位于横截面边缘线上，一般说来，该处切应力为零。有些情况下，该处即使有切应力，其数值也较小，可以忽略不计。所以，梁弯曲时，最大正应力作用点可视为处于单向应力状态。因此，梁的弯曲正应力强度条件为

$$\sigma_{max} = \left(\frac{M}{W_z}\right)_{max} \leqslant [\sigma] \tag{4-46}$$

对等截面梁，最大弯曲正应力发生在最大弯矩所在截面上，这时弯曲正应力强度条件为

$$\sigma_{max} = \frac{M_{max}}{W_z} \leqslant [\sigma] \tag{4-47}$$

式（4-46）和式（4-47）中，$[\sigma]$ 为许用弯曲正应力，可近似地用简单拉伸（压缩）时的许用应力来代替。但二者是略有不同的，前者略高于后者，具体数值可从有关设计规范或手册中查得。对于不等截面梁，最大弯曲正应力则并不一定发生在最大弯矩所在截面上。

对于抗拉、抗压性能不同的材料，如铸铁等脆性材料，则要求最大拉应力和最大压应力都不超过各自的许用值。其强度条件为

$$\sigma_{t\,max} \leqslant [\sigma_t], \quad \sigma_{c\,max} \leqslant [\sigma_c] \tag{4-48}$$

当截面上的中性轴为非对称轴，且材料的抗拉、抗压许用应力数值不等时，最大正弯矩、最大负弯矩所在的两个截面均可能为危险截面，因而均应进行强度校核。

【例 4-17】 一热轧普通工字钢截面简支梁，如图 4-44 所示，已知 $l=6m$，$F_1=15kN$，$F_2=21kN$，钢材的许用应力 $[\sigma]=170\,MPa$，试选择工字钢的型号。

解 （1）求支点反力

$$R_A=17kN\ (\uparrow), \quad R_B=19kN\ (\uparrow)$$

（2）绘制弯矩图

最大弯矩发生在 F_2 作用截面上，其值为

$$M_{max}=38kN \cdot m$$

（3）计算工字钢梁所需的抗弯截面系数

$$W_z \geqslant \frac{M_{max}}{[\sigma]} = \frac{38 \times 10^6}{170} = 223.5 \times 10^3\,mm^3 = 223.5cm^3$$

（4）选择工字钢型号

由附录查型钢表得 NO20a 工字钢的 W_z 值为 237cm³，略大于所需的 W_z，故采用 NO20a 号工字钢。

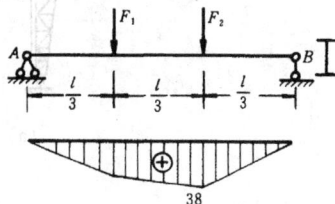

图 4-44 例 4-17 图

3. 提高梁抗弯强度的措施

前面曾经指出，弯曲正应力是控制抗弯强度的主要因素。因此，讨论提高梁抗弯强度的措施，应以弯曲正应力强度条件为主要依据。由 $\sigma_{max} = \dfrac{M_{max}}{W_z} \leqslant [\sigma]$ 可以看出，为了提高梁的强度，可以从以下三方面考虑。

（1）合理安排梁的支座和载荷

从正应力强度条件可以看出，在抗弯截面模量 W_z 不变的情况下，M_{max} 越小，梁的承载能力越高。因此，应合理地安排梁的支撑及加载方式，以降低最大弯矩值。例如图 4-45（a）所示简支梁，受均布载荷 q 作用，梁的最大弯矩为 $M_{max} = \dfrac{1}{8}ql^2$。

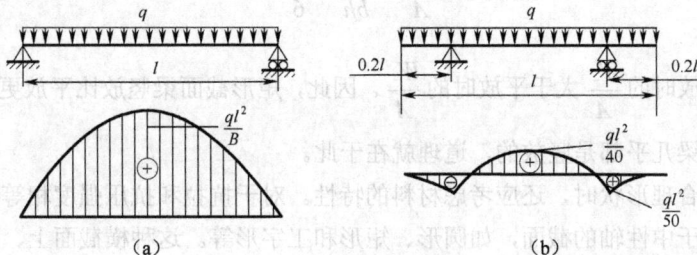

图 4-45 简支梁

如果将梁两端的铰支座各向内移动 $0.2l$，如图 4-45（b）所示，则最大弯矩变为 $M_{max} = \frac{1}{40}ql^2$，仅为前者的 1/5。

由此可见，在可能的条件下，适当地调整梁的支座位置，可以降低最大弯矩值，提高梁的承载能力。例如，图 4-46 所示的门式起重机的大梁、锅炉筒体等就是采用上述措施，以达到提高强度、节省材料的目的。

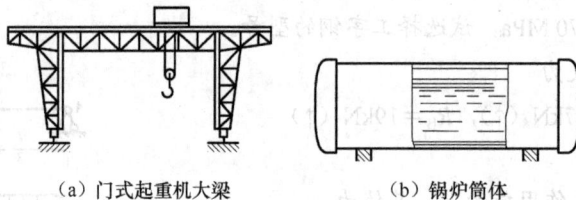

（a）门式起重机大梁　　（b）锅炉筒体

图 4-46　合理安排梁的支座和载荷

（2）采用合理的截面形状

由正应力强度条件可知，梁的抗弯能力还取决于抗弯截面系数 W_z。为提高梁的抗弯强度，应找到一个合理的截面，以达到既提高强度，又节省材料的目的。比值 $\frac{W_z}{A}$ 可作为衡量截面是否合理的尺度。$\frac{W_z}{A}$ 值越大，截面越趋于合理。如图 4-47 所示，尺寸及材料完全相同的两个矩形截面悬臂梁，由于安放位置不同，抗弯能力也不同。

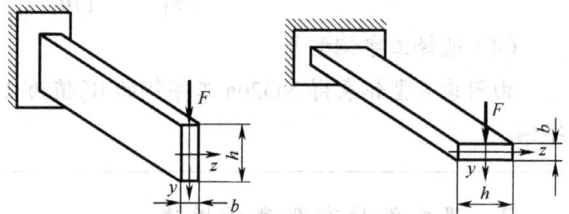

图 4-47　矩形梁的不同放置

竖放时

$$\frac{W_z}{A} = \frac{\dfrac{bh^2}{6}}{bh} = \frac{h}{6} \tag{4-49}$$

平放时

$$\frac{W_z}{A} = \frac{\dfrac{b^2h}{6}}{bh} = \frac{b}{6} \tag{4-50}$$

当 $h>b$ 时，竖放时的 $\frac{W_z}{A}$ 大于平放时的 $\frac{W_z}{A}$。因此，矩形截面梁竖放比平放更为合理。在房屋建筑中，矩形截面梁几乎都是竖放的，道理就在于此。

在讨论截面的合理形状时，还应考虑材料的特性。对于抗拉和抗压强度相等的材料，如各种钢材，宜采用对称于中性轴的截面，如圆形、矩形和工字形等。这种横截面上、下边缘的最大拉应力和最大压应力数值相同，可同时达到许用应力值。对抗拉和抗压强度不相等的材料，如铸铁，则宜采用非对称于中性轴的截面，如图 4-48 所示。对于铸铁等脆性材料，抗拉能力低于抗压能力，所以在设计梁的截面时，应使中性轴偏于受拉应力一侧。通过调整截面尺寸，如能使 y_1 和 y_2 之比接近下列关系：

$$\frac{\sigma_{t\,max}}{\sigma_{c\,max}} = \frac{\dfrac{M_{max}y_1}{I_z}}{\dfrac{M_{max}y_2}{I_z}} = \frac{y_1}{y_2} = \frac{[\sigma_t]}{[\sigma_c]} \tag{4-51}$$

则最大拉应力和最大压应力可同时接近许用应力，式中 $[\sigma_t]$ 和 $[\sigma_c]$ 分别表示拉伸和压缩许用应力。

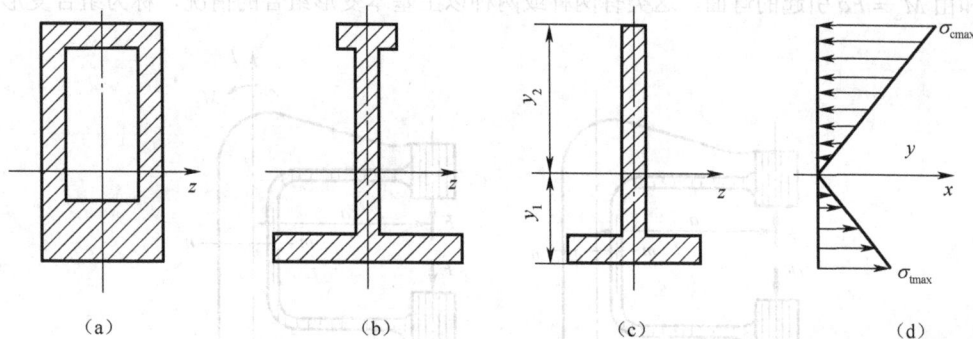

图 4-48 非对称中性轴截面

z—中性轴 y_1—最大拉应力位置离中性轴距离 y_2—最大压应力位置离中性轴距离

（3）采用等强度梁

横力弯曲时，梁的弯矩是随截面位置而变化的。若设计成等截面的梁，则除最大弯矩所在截面外，其他各截面上的正应力均未达到许用应力值，材料强度得不到充分发挥。为了减少材料消耗，以减轻重量，可把梁制成截面随截面位置变化的变截面梁。若截面变化比较平缓，前述弯曲应力计算公式仍可近似使用。当变截面梁各横截面上的最大弯曲正应力相同，并与许用应力相等时，即 $\sigma_{max} = \dfrac{M(x)}{W(x)} = [\sigma]$ 时，称为等强度梁。等强度梁的抗弯截面模量随截面位置的变化规律为

$$W_z(x) = \frac{M(x)}{[\sigma]} \tag{4-52}$$

确定了弯矩随截面位置的变化规律，即可求得等强度梁横截面的变化规律。

若设想把这一等强度梁分成若干狭条，然后叠置起来，并使其略微拱起，这就是汽车以及其他车辆上经常使用的叠板弹簧，如图 4-49 所示。可求得圆截面等强度梁的截面直径沿轴线的变化规律。但考虑到加工的方便及结构上的要求，常用阶梯形状的变截面梁（阶梯轴）来代替理论上的等强度梁，如图 4-50 所示。

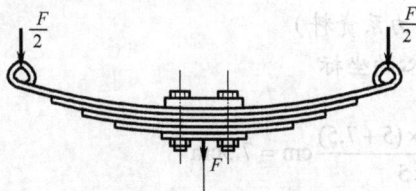

图 4-49 汽车叠板弹簧

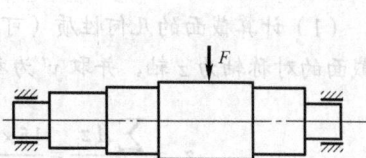

图 4-50 阶梯轴

4.5 组合变形的强度计算

在前面各节中分别讨论了杆件拉伸（压缩）、剪切、扭转和弯曲等基本变形，但工程实际中结构的某些构件往往同时承受几种基本变形。例如，图 4-51（a）所示为小型压力机框架，为分析框架立柱的变形，将外力向立柱的轴线简化，如图 4-51（b）所示，可见立柱承受了由 F 引起的拉伸和由 $M_e = Fa$ 引起的弯曲。这类有两种或两种以上基本变形组合的情况，称为组合变形。

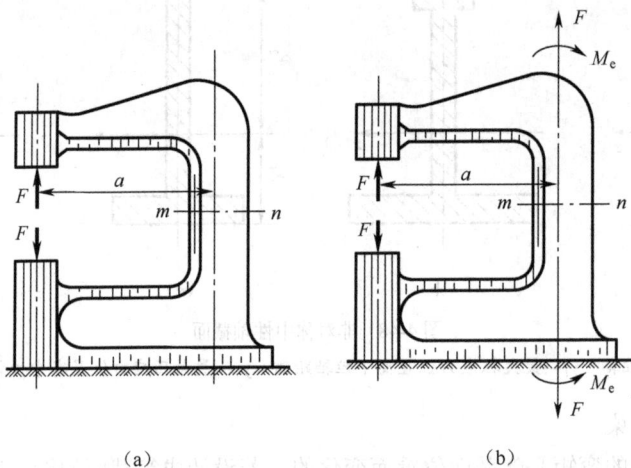

（a）　　　　　　　　　　　　（b）

图 4-51　组合变形

在材料服从胡克定律且变形很小的前提下，杆件上虽然同时存在着几种基本变形，但每一种基本变形都是各自独立、互不影响的，即任一基本变形都不会改变另一种变形所引起的应力和变形。因此，分别计算每一种基本变形各自引起的应力和变形，然后求出这些应力和变形的总和，便是杆件在原载荷作用下的应力和变形，这就是叠加原理在组合变形中的应用。

组合变形主要有两种常见形式：拉伸（压缩）与弯曲组合变形和弯曲与扭转组合变形。

4.5.1 拉压与弯曲组合的强度

拉伸（压缩）与弯曲组合变形是工程中常见的情况。现以例题说明其强度计算方法。

【例 4-18】 图 4-52 所示为小型压力机的铸铁机架，材料的许用拉应力 $[\sigma_t] = 30\text{MPa}$，许用压应力 $[\sigma_c] = 160\text{MPa}$。试按立柱的强度确定压力机的最大许可压力 F。

解 （1）计算截面的几何性质（可参考有关空间力系资料）

以截面的对称轴为 z 轴，并取 y' 为参考轴，则形心的坐标

$$z_0 = \frac{\sum A_i z_i}{\sum A_i} = \frac{15 \times 5 \times 2.5 + 15 \times 5 \times (5 + 7.5)}{15 \times 5 + 15 \times 5} \text{cm} = 7.5\text{cm}$$

过形心作形心主轴 y，则截面对 y 轴的惯性矩为

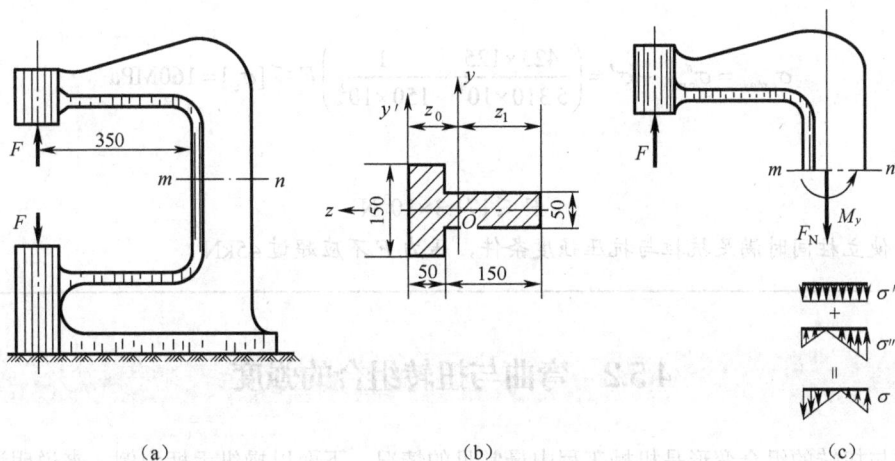

(a)　　　　　　　　　　　　(b)　　　　　　　　　　　　(c)

图 4-52　例 4-18 图

$$I_y = \left(\frac{15 \times 5^3}{12} + 15 \times 5 \times 5^2 + \frac{5 \times 15^3}{12} + 15 \times 5 \times 5^2 \right) \text{cm}^4 = 5\,310\,\text{cm}^4$$

截面的面积为

$$A = (15 \times 5 + 15 \times 5)\text{cm}^2 = 150\,\text{cm}^2$$

（2）分析立柱横截面上的应力

以截面 m-n 将机架分成两部分。根据上面部分的平衡条件，如图 4-52（c）所示，可以求得截面 m-n 上的内力为

$$F_N = F , \quad M_y = (350 + 75)F \quad （\text{N} \cdot \text{mm}）$$

拉力 F_N 将在截面上引起均匀分布的拉应力

$$\sigma' = \frac{F_N}{A} = \frac{F}{150 \times 10^2}\text{MPa}$$

弯矩 M_y 在截面上将引起按线性规律分布的正应力，且内侧边缘受最大拉应力，外侧边缘受最大压应力，其值分别为

$$\sigma''_{t\,max} = \frac{M_y z_0}{I_y} = \frac{425F \times 75}{5\,310 \times 10^4}\text{MPa}$$

$$\sigma''_{c\,max} = \frac{M_y z_1}{I_y} = \frac{425F \times 125}{5\,310 \times 10^4}\text{MPa}$$

（3）计算许可压力 F

将以上两种应力叠加后，如图 4-52（c）所示，分别代入抗拉与抗压强度条件求解。

由抗拉强度条件

$$\sigma_{t\,max} = \sigma''_{t\,max} + \sigma' = \left(\frac{425 \times 75}{5\,310 \times 10^4} + \frac{1}{150 \times 10^2} \right)F \leqslant [\sigma_t] = 300\text{MPa}$$

解得

$$F \leqslant 45 \times 10^3\,\text{N}$$

由抗压强度条件

$$\sigma_{c\,max} = \sigma''_{c\,max} - \sigma' = \left(\frac{425 \times 125}{5\,310 \times 10^4} - \frac{1}{150 \times 10^2} \right) F \leqslant [\sigma_c] = 160 \text{MPa}$$

解得

$$F \leqslant 171.3 \times 10^3 \, \text{N}$$

故为使立柱同时满足抗拉与抗压强度条件，压力 F 不应超过 45kN。

4.5.2 弯曲与扭转组合的强度

弯曲与扭转的组合变形是机械工程中最常见的情况。下面以操纵手柄为例，来说明这类组合变形的应力和强度计算的方法，如图 4-53（a）所示。

图 4-53（a）所示钢制手柄 AB 段为等直圆杆，直径为 d，A 端的约束可视为固定端。现在讨论在力 F 作用下，AB 杆的受力情况。

将力 F 向 AB 杆的 B 端简化，如图 4-53（b）所示。其扭矩图和弯矩图如图 4-53（c）、（d）所示。A 截面为危险截面，其内力值 $T = Fa$，$M = Fl$；其正应力 σ 和切应力 τ 的分布如图 4-53（e）所示。

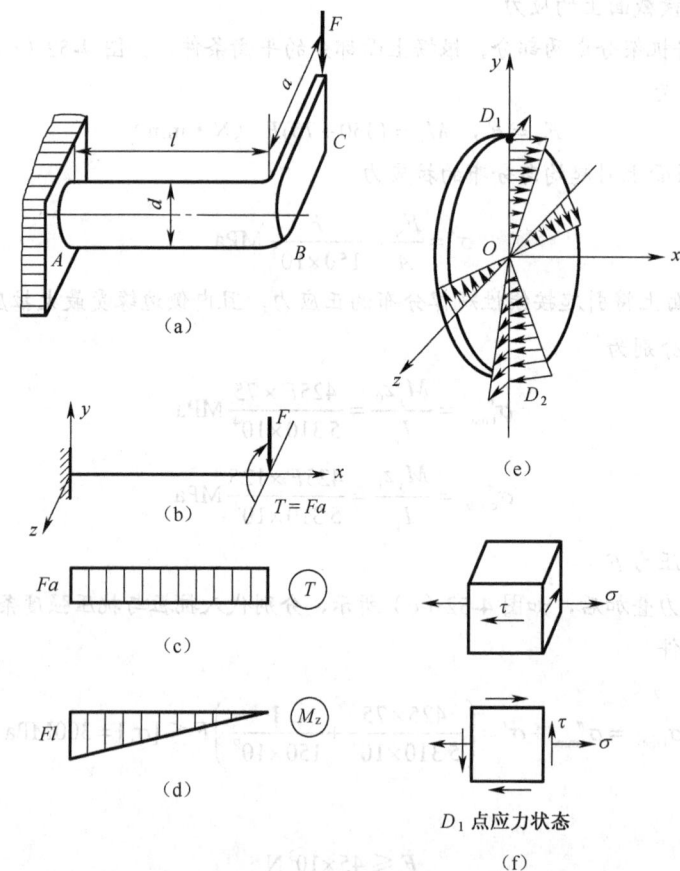

图 4-53 弯扭组合变形

其危险点为 D_1、D_2，考虑塑性杆抗拉、抗压性质相同，只校核一点就可以了。现研究 D_1 点，其应力状态如图 4-53（f）所示，作用在该点上的 σ 和 τ 分别为

$$\sigma = \frac{M}{W}$$

式中

$$W = \frac{\pi d^3}{32}$$

$$\tau = \frac{T}{W_n}$$

式中

$$W_n = \frac{\pi d^3}{16}$$

D_1 点处于平面应力状态，其第三强度理论的强度条件是

$$\sigma_{r3} = \sqrt{\sigma^2 + 4\tau^2} \leqslant [\sigma] \tag{4-53}$$

第四强度理论的强度条件是

$$\sigma_{r4} = \sqrt{\sigma^2 + 3\tau^2} \leqslant [\sigma] \tag{4-54}$$

如将 $\sigma = \dfrac{M}{W}$ 和 $\tau = \dfrac{T}{W_n}$ 代入式（4-58）和式（4-59），并注意到圆轴的抗扭截面系数 $W_n = 2W$，最后得到圆轴弯扭组合变形时第三强度理论的另一表达形式为

$$\sigma_{r3} = \frac{1}{W}\sqrt{M^2 + T^2} \leqslant [\sigma] \tag{4-55}$$

若按第四强度理论，则为

$$\sigma_{r4} = \frac{1}{W}\sqrt{M^2 + 0.75T^2} \leqslant [\sigma] \tag{4-56}$$

组合变形的典型
计算案例

式中：M 和 T 分别为危险截面的弯矩和扭矩，$W = \dfrac{\pi d^3}{32}$ 为圆轴截面的抗弯截面系数。

【例 4-19】 汽车减速器中的齿轮传动轴，如图 4-54（a）所示。已知轴的转速 $n = 256\text{r/min}$，经轮 1 输入的功率 $P_k = 10\text{kW}$，两圆柱直齿轮的节圆直径分别为 $D_1 = 396\text{mm}$、$D_2 = 168\text{mm}$，压力角 $\alpha = 20°$，轴的直径 $d = 50\text{mm}$，材料为钢，许用应力 $[\sigma] = 50\text{MPa}$。试校核轴的强度。

解 （1）计算外力并向轴线上简化

分别将轮 1、轮 2 所受的啮合力分解为圆周力与径向力，并向轴线上简化，得计算简图如图 4-54（b）所示。由 $\sum M_x = 0$，得

$$\frac{F_{t1}D_1}{2} = \frac{F_{t2}D_2}{2} = M_e$$

式中，M_e 为扭矩，其值为

$$M_e = 9549 \times \frac{10}{265}\text{N} \cdot \text{m} = 360\text{N} \cdot \text{m}$$

将 M_e 值代入式（4-57），得两轮之圆周力分别为

$$F_{t1} = \frac{2M_e}{D_1} = \frac{2 \times 360 \times 10^3}{396}\text{N} = 1820\text{N}$$

$$F_{t2} = \frac{2M_e}{D_2} = \frac{2 \times 360 \times 10^3}{168}\text{N} = 4\,286\text{N}$$

再由圆周力与径向力之间的关系，如图 4-54（a）所示。

$$F_r = F_t \tan\alpha$$

得两轮的径向力分别为

$$F_{r1} = F_{t1}\tan\alpha = 1\,820 \times \tan20°\text{N} = 662\text{N}$$

$$F_{r2} = F_{t2}\tan\alpha = 4\,286 \times \tan20°\text{N} = 1\,561\text{N}$$

（2）求支座反力，作内力图，确定危险截面

设支座反力如图 4-54（b）所示，则由轴的平衡条件 $\sum M_{yB} = 0$，$\sum M_{zB} = 0$，$\sum F_y = 0$ 与 $\sum F_z = 0$，可以求出支座 A 与 B 的反力为

$$F_{yA} = 703\text{N}，\quad F_{zA} = 887\text{N}$$

$$F_{yB} = 2\,921\text{N}，\quad F_{zB} = 628\text{N}$$

于是，截面 1 与截面 2 由铅垂方向与水平方向的外力分别引起的弯矩为

$$M_{z1} = 56.2\text{N}\cdot\text{m}，\quad M_{y1} = 71\text{N}\cdot\text{m}$$

$$M_{z2} = 234\text{N}\cdot\text{m}，\quad M_{y2} = 50.2\text{N}\cdot\text{m}$$

这两个截面的扭矩相同，均为

$$T_1 = T_2 = M_e = 360\text{N}\cdot\text{m}$$

根据上述数据，即可作出轴的扭矩图与两个方向的弯矩图，分别如图 4-54（c）、（d）所示。由图上的数据不难判断，截面 2 为危险截面。

（3）强度校核

这里按第四强度理论校核如下。

对于圆截面轴，其两向弯矩的作用可用一个合成弯矩 $M = \sqrt{M_y^2 + M_z^2}$ 来代替。将此代入强度条件公式，得

$$\sigma_{r4} = \frac{1}{W}\sqrt{M^2 + 0.75T^2} = \frac{1}{W}\sqrt{M_y^2 + M_z^2 + 0.75T^2}$$

将已知数据代入得

$$\sigma_{r4} = \frac{32 \times \sqrt{50.2^2 + 234^2 + 0.75 \times 360^2}}{\pi \times 50^3} \times 10^3\text{MPa} = 32\text{MPa} < [\sigma]$$

故此轴安全。

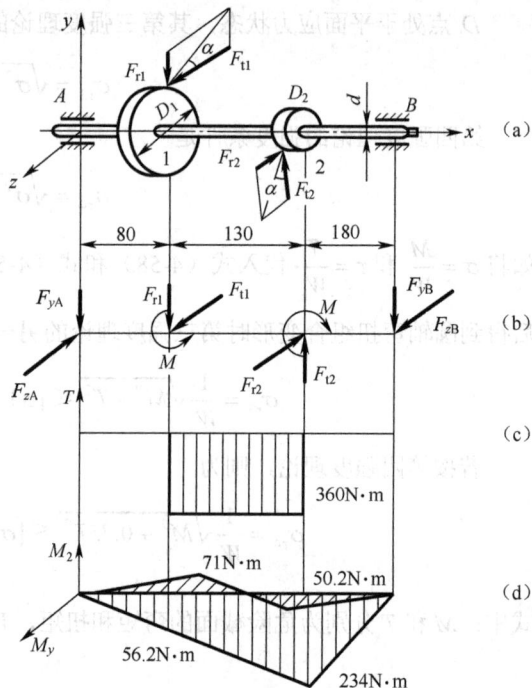

图 4-54　例 4-19 图

|本 章 小 结|

（1）拉（压）杆的内力（轴力 F_N）的计算可采取截面法和静力平面关系求得。拉（压）杆的正应力 σ 在横截面上均匀分布，其计算公式为 $\sigma = \dfrac{F_N}{A}$。

（2）胡克定律建立了应力和应变之间的关系。其表达式为 $\sigma = E\varepsilon$ 或 $\Delta l = \dfrac{F_N l}{EA}$。纵向应变 ε 和横向应变 ε' 之间有关系式 $\varepsilon' = -\mu\varepsilon$。

（3）轴向拉（压）的强度条件为 $\sigma_{max} = \dfrac{F_N}{A} \leqslant [\sigma]$。利用该式可以解决强度校核、截面设计和确定承载能力这三类强度计算问题。

（4）构件受到大小相等、方向相反、作用线平行且相距很近的两外力作用时，两力之间的截面发生相对错位，这种变形称为剪切变形。工程中的连接件在承受剪力的同时，还伴随着挤压的作用，即在传力的接触面上出现局部的不均匀压缩变形。

（5）工程实际中采用实用计算的方法来建立剪切强度条件和挤压强度条件。

（6）确定连接件的剪切面和挤压面是进行强度计算的关键。剪切面与外力平行且位于反向外力之间。当挤压面为平面时，其计算面积就是实际面积；当挤压面为圆柱体时，其计算面积等于半圆柱面积的正投影面积。

（7）圆轴扭转横截面上任一点的剪应力与该点到圆心的距离成正比，在圆心处为零。最大剪应力发生在截面外周边各点处，其计算公式为 $\tau_\rho = \dfrac{T\rho}{I_p}$、$\tau_{max} = \dfrac{T_{max}}{W_p}$。圆轴扭转的强度条件为 $\tau_{max} = \dfrac{T_{max}}{W_p} \leqslant [\tau]$，利用它可以完成强度校核、确定截面尺寸和许可荷载等三类强度计算问题。

（8）受弯构件横截面上有两种内力——弯矩和剪力。弯矩在横截面上产生正应力 σ；剪力在横截面上产生剪应力 τ。

（9）弯矩产生的正应力是影响强度和刚度的主要因素，故对弯曲正应力进行了较严格的推导，剪力产生的剪应力计算不做讨论。

（10）梁进行强度计算时，主要是满足正应力的强度条件 $\sigma_{max} = \dfrac{M_{max}}{W_z} \leqslant [\sigma]$。根据强度条件表达式，提高构件弯曲强度的主要措施是减小最大弯矩、提高抗弯截面系数和材料性能。

（11）组合变形是由两种以上的基本变形组合而成的。解决组合变形问题的基本原理是叠加原理，即在材料服从胡克定律小变形的前提下，将组合变形分解为几个基本变形的组合。

组合变形的计算步骤如下。

① 简化或分解外力。目的是使每一个外力分量只产生一种基本变形。通常是将横向力沿截面形心主轴分解；纵向力向截面形心平移。

② 分析内力。按分解后的基本变形计算内力，明确危险截面位置及危险面上的内力方向。

③ 分析应力。按各基本变形计算应力，明确危险点的位置，用叠加法求出危险点应力的大小，从而建立强度条件。

习　题

一、判断题

1. 轴力是指杆件沿轴线方向的内力。（　　）

2. 脆性材料和塑性材料的极限应力均取其破坏极限。（　　）

3. 一等直拉杆在两端承受拉力作用，若其一半段为钢，另一半段为铝，则两段的应力及变形量均相同。（　　）

4. 根据 $E=\dfrac{F_N l}{A\Delta l}$，可知弹性模量 E 与杆长 l 正比，与横截面面积 A 成反比。（　　）

5. 圆轴受扭转时，杆内各点均处于纯剪切状态。（　　）

6. 传动轴的转速越高，其横截面上所受的扭矩也就越大。（　　）

7. 无论取左截面还是右截面来研究，按右手螺旋法则规定的扭矩正负总是相同的。（　　）

8. 一般情况下，纯受扭转的圆轴尽量采用空心轴。（　　）

9. 梁弯曲时，弯矩最大的截面一定是危险截面。（　　）

10. 矩形截面对两中性轴的惯性矩相等。（　　）

二、选择题

1. 危险截面是（　　）所在的截面。

    A. 最弱材料　　　B. 最小面积　　　C. 最大应力　　　D. 最大内力

2. 材料的许用应力[σ]是保证构件安全工作的（　　）。

    A. 最高工作应力　　　　　　B. 最低工作应力

    C. 平均工作应力　　　　　　D. 最低破坏应力

3. 杆件在拉压时的变形特点是（　　）。

    A. 仅有纵向变形

    B. 仅有横向变形

    C. 同时发生纵向变形和横向变形

4. 有钢、铸铁两种棒材，其直径相同。从承载能力与经济效益两个方面考虑，图 4-55 结构中两种合理选择方案是（　　）。

    A. 1杆为钢，2杆为铸铁　　　B. 1杆为铸铁，2杆为钢

    C. 两杆均为钢　　　　　　　D. 两杆均为铸铁

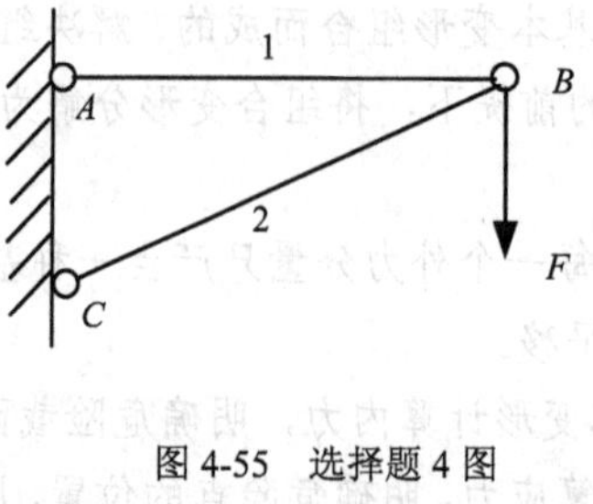

图 4-55　选择题 4 图

5. 圆轴由实心钢管和铝套管结合在一起。横截面上切应力分布图 4-56 中的（　　）图。

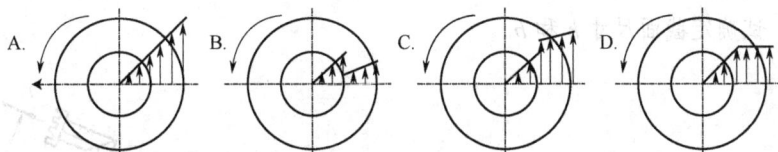

图 4-56 选择题 5 图

6. 实心圆轴扭转，已知不发生屈服的极限扭矩为 T_0，若其横截面积增加 1 倍，那么极限扭矩是（ ）。

    A. $\sqrt{2}T_0$ B. $2T_0$ C. $2\sqrt{2}T_0$ D. $4T_0$

7. 纯弯曲是指梁的横截面上（ ）的弯曲情况。

    A. 仅有剪力而无弯矩   B. 仅有弯矩而无剪力

    C. 既有剪力又有弯矩   D. 弯矩大而剪力小

8. 在梁中，有集中力偶作用的截面上（ ）。

    A. 剪力有突变   B. 剪力为零   C. 弯矩有突变   D. 弯矩为零

9. 两根跨度、载荷、支撑情况都相同的梁，它们的材料不同、截面的形状不同，则这两根梁在相应截面的（ ）。

    A. 弯矩和正应力都相同   B. 弯矩和正应力都不相同

    C. 弯矩相同正应力不同   D. 弯矩不同正应力相同

10. T 形截面铸铁梁，若各个截面的弯矩均为负值。则将其截面按图 4-57（ ）所示的方式布置，梁的强度最高。

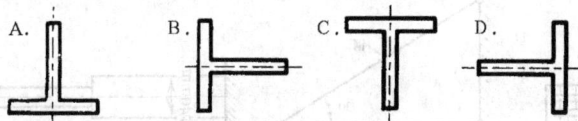

图 4-57 选择题 10 图

三、综合题

1. 试求图 4-58 所示直杆横截面 1-1、2-2、3-3 上的轴力，并画出轴力图。

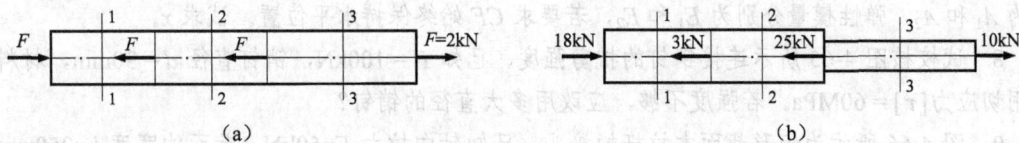

（a）   （b）

图 4-58 综合题 1 图

2. 试求图 4-59 所示中部对称开槽直杆横截面 1-1 和 2-2 上的正应力。

3. 汽车离合器踏板如图 4-60 所示。已知踏板受到压力 F=400N，拉杆 1 的直径 D=9mm，杠杆臂长 L=330mm，l=56mm，拉杆的许用应力 $[\sigma]$=56MPa。试校核拉杆 1 的强度。

4. 冷镦机的曲柄滑块机构如图 4-61 所示。镦压工件时连杆接近水平位置，承受的镦压力 F=1 100kN。连杆是矩形截面，高度 h 与宽度 b 之比为 $\dfrac{h}{b}$=1.4。材料为 Q235 钢，许用应力

$[\sigma]=58\text{MPa}$，试确定截面尺寸 h 和 b。

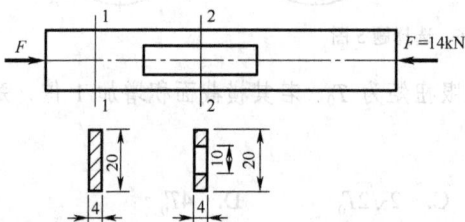

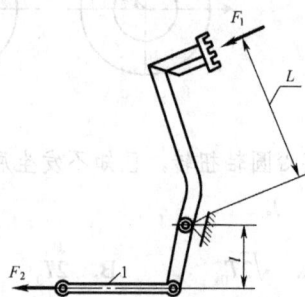

图 4-59　综合题 2 图　　　　　　　　　　　图 4-60　综合题 3 图

5. 在图 4-62 所示的简易吊车中，BC 为钢杆，AB 为木杆。木杆 AB 的横截面面积 $A_1=100\text{cm}^2$，许用应力 $[\sigma_1]=7\text{MPa}$；钢杆 BC 的横截面面积 $A_2=6\text{cm}^2$，许用应力 $[\sigma_2]=160\text{MPa}$。试求许可吊重 F。

6. 图 4-63 所示为阶梯形钢杆，材料的弹性模量 $E=200\text{GPa}$。试求杆横截面上的最大正应力和杆的总伸长。

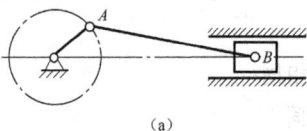

（a）

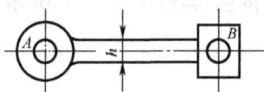

（b）

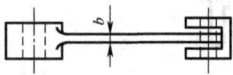

（c）

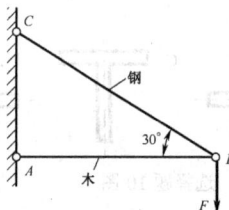

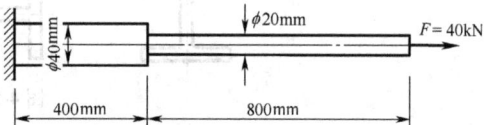

图 4-61　综合题 4 图　　　　　图 4-62　综合题 5 图　　　　　图 4-63　综合题 6 图

7. 如图 4-64 所示，设 CF 为刚体，BC 为铜杆，DF 为钢杆。BC 杆和 DF 杆的横截面面积分别为 A_1 和 A_2，弹性模量分别为 E_1 和 E_2，若要求 CF 始终保持水平位置。试求 x。

8. 试校核图 4-65 所示连接销钉的抗剪强度。已知 $F=100\text{kN}$，销钉直径 $d=30\text{mm}$，材料的许用切应力 $[\tau]=60\text{MPa}$。若强度不够，应改用多大直径的销钉？

9. 图 4-66 所示为矩形截面木拉杆的接头。已知轴向拉力 $F=50\text{kN}$，截面的宽度 $b=250\text{mm}$，木材顺纹的许用挤压应力 $[\sigma_{bs}]=10\text{MPa}$，顺纹的许用切应力 $[\tau]=1\text{MPa}$。试求接头处所需的尺寸 l 和 a。

10. 计算图 4-67 所示圆轴指定截面上的扭矩，并画出扭矩图。

11. 如图 4-68 所示，圆轴上作用有四个外力偶矩 $M_{e1}=1\text{kN}\cdot\text{m}$、$M_{e2}=0.6\text{kN}\cdot\text{m}$、$M_{e3}=0.2\text{kN}\cdot\text{m}$、$M_{e4}=0.2\text{kN}\cdot\text{m}$。

（1）试画出该轴的扭矩图。

（2）若 M_{e1} 与 M_{e2} 的作用位置互换，扭矩图有何变化？

12. 传动轴 AC 如图 4-69 所示，主动轮 A 传递的外力偶矩 $M_{e1}=1\text{kN}\cdot\text{m}$，从动轮 B、C 传递的外

力偶矩分别为 M_{e2}=0.4kN·m、M_{e3}=0.6kN·m。已知轴的直径 d=4cm，试求轴内的最大切应力。

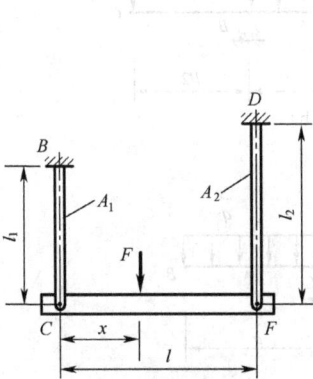 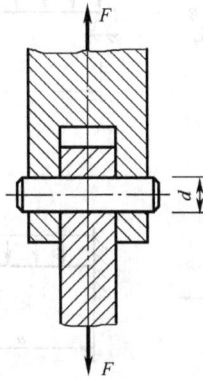 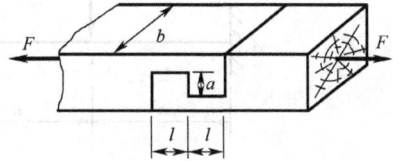

图 4-64　综合题 7 图　　　图 4-65　综合题 8 图　　　图 4-66　综合题 9 图

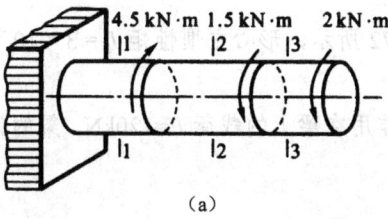 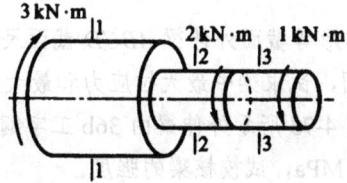

（a）　　　　　　　　　　（b）

图 4-67　综合题 10 图

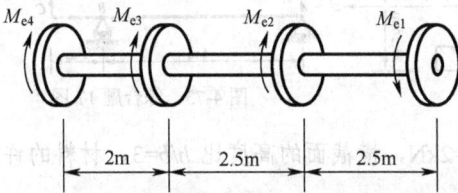 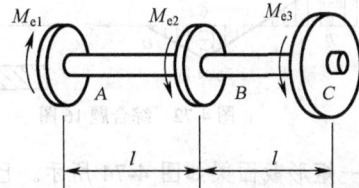

图 4-68　综合题 11 图　　　　　　图 4-69　综合题 12 图

13. 不同性质的载荷对剪力图和弯矩图的形状分别有什么影响？

14. 试用截面法求图 4-70 所示梁中 n-n 截面上的剪力和弯矩。

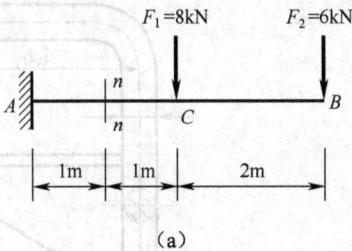 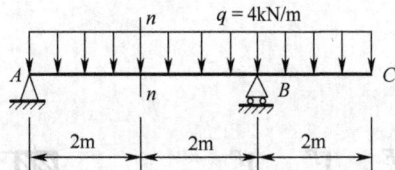

（a）　　　　　　　　　　（b）

图 4-70　综合题 14 图

15. 试画出图 4-71 所示各梁的剪力图和弯矩图。

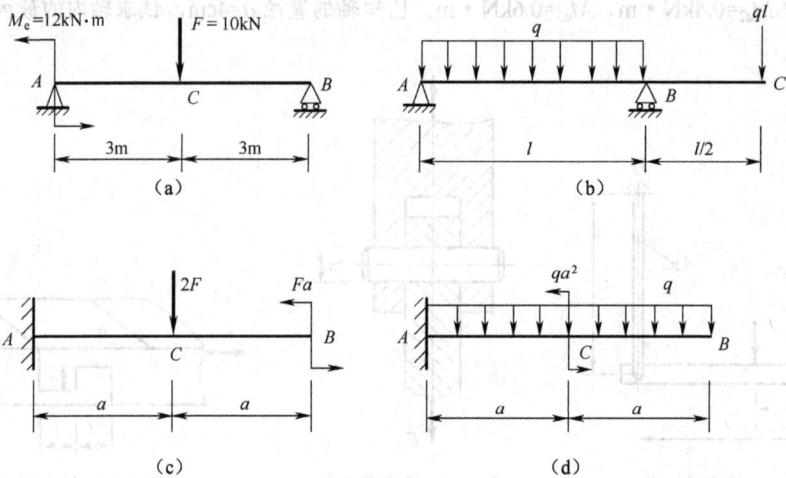

图 4-71　综合题 15 图

16. T 形等截面外伸梁 *ABCD* 截面尺寸如图 4-72 所示，形心主惯性矩 $I_z = 3 \times 10^{-5}$ m⁴。已知梁的弯矩图，试求梁中最大拉应力和最大压应力。

17. 图 4-73 所示外伸梁由 36b 工字钢制成，若作用在梁上的载荷 *F*=120kN，梁的许用弯曲应力 $[\sigma]$=160 MPa，试校核梁的强度。

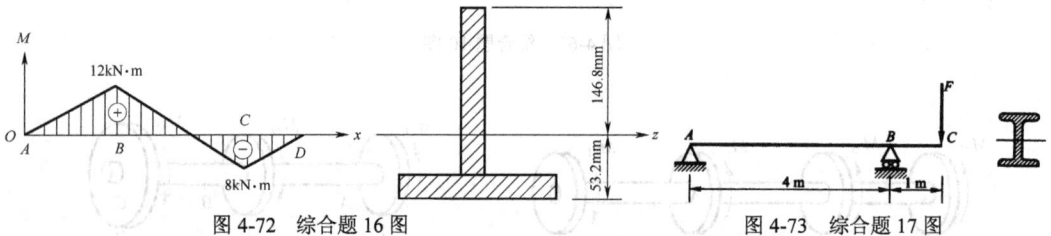

图 4-72　综合题 16 图

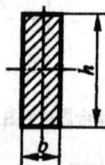

图 4-73　综合题 17 图

18. 一矩形截面梁如图 4-74 所示。已知：*F*=2kN，横截面的高度比 *h/b*=3，材料的许用正应力 $[\sigma]$=8MPa，试选择横截面的尺寸。

19. 图 4-75 所示的钻床立柱由铸铁制成，*F* = 15kN，许用拉应力 $[\sigma]$=35MPa。试确定立柱所需直径 *d*。

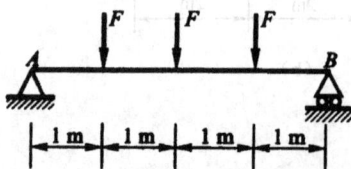

图 4-74　综合题 18 图

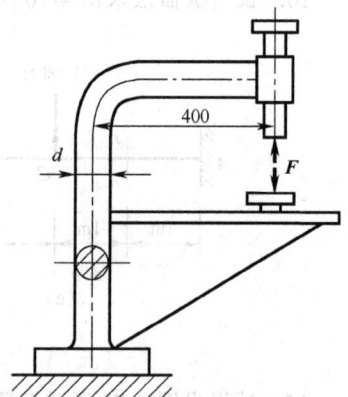

图 4-75　综合题 19 图

20. 手摇铰车如图 4-76 所示，轴的直径 d=20mm、$[\sigma]$=80MPa。试按第三强度理论求铰车的最大起吊重量 F。

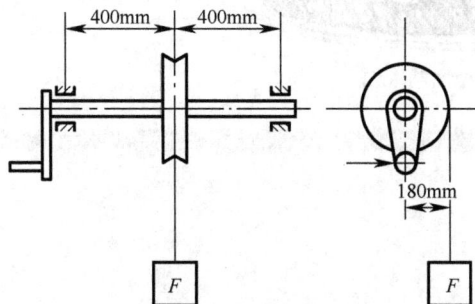

图 4-76　综合题 20 图

【学习目标】

1. 了解机构的基本组成，掌握平面机构运动简图的绘制方法
2. 理解运动副、自由度等基本概念，掌握平面机构自由度的计算方法
3. 理解平面连杆机构的工作原理及运动特性
4. 了解带传动和链传动的设计计算方法、步骤及主要参数的选择
5. 了解圆柱齿轮传动的类型、啮合特点、加工方法和材料的选择
6. 掌握渐开线圆柱齿轮的主要参数、几何尺寸计算、参数选择以及齿轮传动承载能力的一般分析计算方法
7. 了解直齿锥齿轮传动和蜗杆传动的应用特点、正确啮合条件
8. 掌握定轴轮系、周转轮系和简单复合轮系传动比的计算方法
9. 理解凸轮机构、螺旋机构的应用特点

| 5.1 机械的概念 |

本节的研究对象是机械的概念。机械是机器和机构的总称。

1. 机器

（1）机器的组成

在现代生产活动和日常生活中，广泛应用着各种各样的机器，如自行车、汽车、拖拉机、内燃机、电动机、洗衣机、复印机、缝纫机、各类机床等。尽管机器的种类繁多，式样、用途、性能各异，但它们都有共同的特征，即实现能量的转换，或完成有用的机械功。其目的是为了代替或减轻人的劳动，提高劳动生产率和产品质量，并创造出更多的物质财富。

按用途的不同，机器可分为动力机器，如内燃机、电动机和发动机等；工作机器，如金属切削机床、轧钢机、收割机、汽车等；信息机器，如照相机、打字机、复印机等。

现代机器一般由四大部分组成：动力装置部分、执行装置部分、传动装置部分和操纵、控制及辅助装置部分。

① 动力装置部分。它是驱动整台机器完成预定功能的动力来源。其作用是把其他形式的能量转换为机械能，以驱动机器各部件，如电动机、内燃机、液压电动机等。内燃机主要用于移动机械，如汽车、农业机械等，大部分现代机器则采用电动机。

② 执行装置部分。它是机器中直接完成工作任务的组成部分。如机床的刀架、汽车的车轮、船舶的螺旋桨、工业机器人的手臂等。其运动形式依据用途的要求，可能是直线运动，也可能是回转运动或间歇运动等。

③ 传动装置部分。它是将动力装置的运动和动力传递给执行装置的中间环节。利用它可以减速、增速、调速、改变转矩以及改变运动形式等，从而满足执行部分的各种要求，如机械传动（带传动、齿轮传动等）、液压传动、电力传动等。工程上应用最多的是机械传动。

④ 操纵、控制及辅助装置部分。操纵装置有启动、停车、正反转、运动和动力参数的改变及各执行装置间的动作协调等功能。控制装置有自动监测、自动数据处理和显示、自动控制与调节、故障诊断和自动保护等功能。辅助装置包括照明、润滑和冷却等装置。检测和控制部分的作用是显示和反映机器的运行位置和状态，控制机器正常运行和工作。如工业机器人，检测部分的作用是检测工业机器人执行机构运动位置和状态，并将信息反馈给控制部分；而控制部分是工业机器人的指挥系统，它控制机器人按规定的程序运动，完成预定的动作。随着机电工业的高速发展，检测和控制部分在机电一体化产品（加工中心、数控机床、工业机器人）中的地位越来越重要。

简单的机器往往由前三部分组成，有时甚至只有动力部分和执行部分，如水泵、排风扇等。

（2）机器的特征

图 5-1 所示为内燃机。活塞 1、连杆 2、曲轴 3 和缸体 9（机架）组成其主体部分，汽缸内燃烧的膨胀气体，推动活塞在汽缸内做往复移动时，通过连杆使曲轴做连续转动；凸轮轴 6、气门推杆 7、8 和机架组成其控制部分，凸轮转动，通过气门推杆推动进、排气门按时启闭，实现可燃混合气定时进入汽缸、废气定时排出汽缸的功能；曲轴上的齿轮 4 和凸轮轴上的齿轮 5 及机架组成其传动部分，把燃料燃烧产生的热能转换为机械能。上述三部分共同协调工作，保证燃料燃烧产生的热能转换为机械能。

又如全自动洗衣机主要由机体、电动机、叶轮和控制电路组成。当接通电源后，操作控制按钮，驱动电动机经带传动使叶轮回转，搅动洗涤液实现洗涤。一旦设置好程序，全自动洗衣机就会自动完成洗涤、清洗、甩干等洗衣全过程。

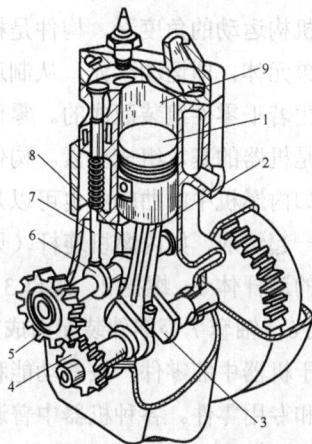

图 5-1　内燃机

1—活塞　2—连杆　3—曲轴　4—曲轴齿轮　5—凸轮轴齿轮　6—凸轮轴　7、8—气门推杆　9—缸体

由上述实例及日常生活中常见的其他机器可以看出，尽管机器的构造和用途差别很大，但注意观察就会发现机器都有着以下共同特征。

① 机器是若干人为实体的组合。

② 各实体间具有确定的相对运动。

③ 能够代替或减轻人类劳动，有效完成机械功，变换或传递能量、物料和信息等。

内燃机工作原理

2．机构

从图 5-1 中我们还可以看出，机器中若干实体的组合，可实现某些特定的动作。在内燃机中，活塞、连杆、曲轴和汽缸体组合起来，可以把活塞的往复直线运动转变成曲轴的连续转动；而凸轮、气门推杆和机架的组合，又可将凸轮轴的连续转动转换为进、排气门推杆的往复直线移动；曲轴齿轮和凸轮轴齿轮及机架的组合可将曲轴的主动转动转换成凸轮轴的从动转动，并改变转向和转速。这些由若干具有确定相对运动的实体组成，用来传递力、运动或转换运动形式的系统称为机构。上述内燃机中三个能够完成预期动作的组合体分别称为曲柄滑块机构、凸轮机构和齿轮机构。

组成机构的具有确定相对运动的实体，称为构件，如图 5-1 中活塞 1、连杆 2、缸体（机架）9 等。

因此，机构是具有确定相对运动的构件组合体，它用来实现运动和动力的传递或转换。

组成机构的构件可以是刚性的，也可以是挠性的、弹性的，或是液压件、气动件、电磁件。如果机构中除刚体外，液体或气体也参与运动的变换，则该机构相应地称为液压机构或气动机构。

从机器的运动原理角度分析，机器的主体通常由一个或几个机构组成。机器的种类很多，但组成机器的机构并不太多，常用的机构有连杆机构、齿轮机构、凸轮机构、螺旋机构等。随着机械技术的发展，一些新型传动机构也正在得到开发和应用。

3．构件、零件和部件

从机构运动的角度看，构件是机构中不可分割的相对运动单元体，即运动单元。从制造加工的角度来看，机器是由若干零件组装而成的。零件是机器的最小制造单元，是机器的基本组成要素。构件可以是一个单独的零件，如内燃机中的曲轴；也可以是由几个零件刚性地连接在一起组成，如内燃机连杆（见图 5-2）。它是由单独加工的连杆体 1、螺栓 2、螺母 3、开口销 4、连杆盖 5、轴瓦 6、轴套 7 等零件装配而成的构件。

对于机器中的零件，按其功能和结构特点可分为通用零件和专用零件。各种机器中普遍使用的零件称为通用零件，如螺栓、齿轮、轴等；仅在某些特定机器中才用到的零件称为专用零件，如内燃机中的活塞、曲轴、汽轮机中的叶片、电动机中的转子等。

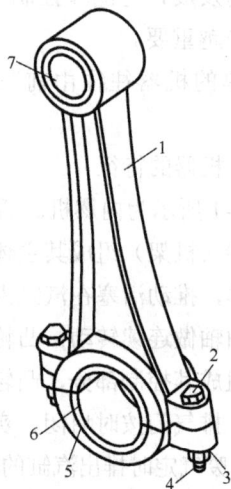

图 5-2　内燃机连杆

1—连杆体　2—螺栓　3—螺母　4—开口销
5—连杆盖　6—轴瓦　7—轴套

对于一组协同工作的零件组成的独立制造或装配的组合体称为部件。部件是机器的装配单元。部件也分为专用部件和通用部件，如滚动轴承、电动机、减速器、联轴器、制动器属于通用部件，而汽车转向器则属于专用部件。

认识机械设计过程

本章具体的研究内容包括机械中的常用机构和通用零件的工作原理、运动特性、结构特点、标准规范、选用、设计的基本理论和方法，以及使用与维护的基本知识。常用的机构有平面连杆机构、齿轮机构、挠性传动机构、轮系、凸轮机构、螺旋机构；通用零件主要有传动零件、连接零件和轴系零部件。

|5.2 平面机构的结构分析|

5.2.1 结构分析的目的

机构是用来传递或变换运动的构件系统,组成机构的各构件彼此间具有确定的相对运动。然而,任意拼凑的构件组合不一定能够运动,即使能够运动,也不一定具有确定的运动。图 5-3 所示为一个三构件组合体,但各构件之间无法相对运动,所以它不是机构。图 5-4 所示为一个五构件组合体,当只给定构件 1 驱动力矩(主动件)时,其余构件的运动并不确定。因此,讨论构件应如何组合才能成为机构以及机构在什么条件下,才具有确定的相对运动就成为必要问题,这对分析现有机构或设计新机构具有重要意义。实际上机械的外形和结构都很复杂,为便于分析和研究机构,在工程上常用到由简单线条和规定符号表示的机构运动简图,机械技术人员应能绘制和看懂机构运动简图。本节将讨论这些问题。

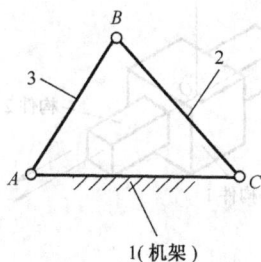

图 5-3 三构件组合体

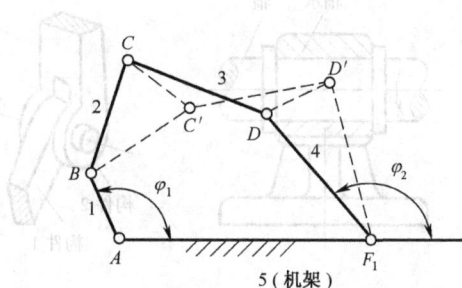

图 5-4 五构件组合体

若组成机构的所有构件都在同一平面或平行平面中运动,则称该机构为平面机构。目前工程上常见的机构大多属于平面机构,故本节仅限于讨论平面机构。

5.2.2 平面机构的组成

平面机构是由多个构件通过一定的约束关系有机地组合而成的。为了正确地分析或设计平面机构,必须了解构件的自由度、运动副和构件类型的概念。

1. 构件的自由度

做平面运动的构件相对于定参考系所有独立运动的数目称为构件的自由度。如图 5-5 所示,一个在 xOy 平面内做平面运动的自由构件,它具有三个独立的运动,即沿 x 轴和 y 轴的移动,以及绕任一垂直于 xOy 平面的轴线 A 的转动。因此,做平面运动的自由构件具有三个自由度。

2. 运动副

机构是具有确定相对运动的构件组合体,为传递运动,各构件之间必须以一定的方式连接起来,并且能有一定的相对运动。两构件之间直接接触并能产

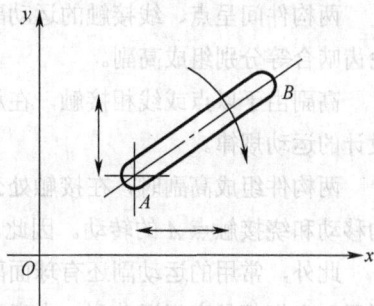

图 5-5 构件的自由度

生一定相对运动的连接称为运动副。如内燃机中活塞与汽缸、活塞与连杆、轴与轴承、车轮与钢轨、齿轮轮齿之间的接触，都构成了运动副。

两构件组成运动副后，就限制了两构件间的某些相对运动，这种限制称为约束。构件受到约束后自由度便随之减少，运动副引入的约束数等于构件失去的自由度数。

认识构件的自由度

两构件只能相对作平面运动的运动副称为平面运动副。两构件之间不外乎通过点、线、面来实现接触。按两构件间的接触特性，平面运动副通常可分为低副和高副。

（1）低副

两构件间呈面接触的运动副称为低副。低副根据其成副两构件相对运动的特点又可分为转动副和移动副。

运动副的种类及特点

转动副是两构件只能做相对转动的运动副。图 5-6（a）和（b）所示的轴与轴承的连接和铰链连接等都组成转动副。

移动副是两构件只能沿某一轴线相对移动的运动副。图 5-1 中的活塞与汽缸，以及机床床身与导轨等，它们的相对运动关系如图 5-6（c）所示。

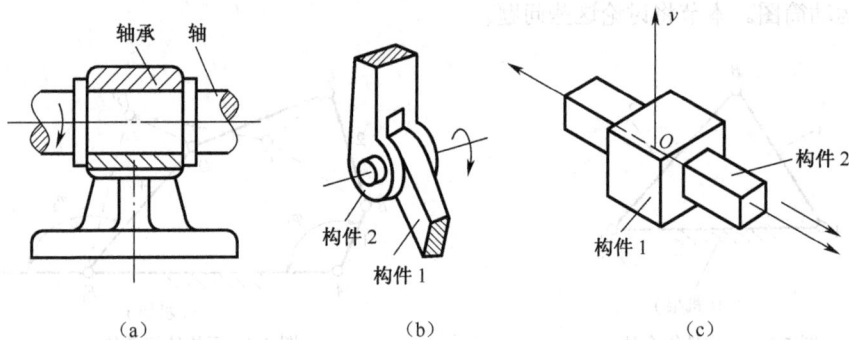

图 5-6　平面低副

由于低副是面接触，在承受载荷时应力较小，不易磨损，使用寿命长，故传力性能较好。按照两构件的相对运动性质，低副可分为转动副和移动副。

当两构件组成平面转动副时，两构件间便只具有一个独立的相对转动；当两构件组成平面移动副时，两构件间便只具有沿一个方向的独立的相对移动。因此，一个平面低副将引入两个约束，使构件失去了两个自由度。

（2）高副

两构件间呈点、线接触的运动副称为高副。图 5-7 所示的车轮与钢轨、凸轮与从动件、凸轮轮齿啮合等分别组成高副。

高副由于以点或线相接触，在承受载荷时应力较大，故易磨损，但高副比较灵活，易于实现设计的运动规律。

两构件组成高副时，在接触处公法线 $n-n$ 方向的移动受到约束，但保留了沿公切线 $t-t$ 方向的移动和绕接触点 A 的转动。因此，一个平面高副将引入一个约束，使构件失去了一个自由度。

此外，常用的运动副还有球面副（球面铰链），如图 5-8（a）所示；螺旋副，如图 5-8（b）所示。它们都是空间运动副，本章不作讨论。

3．组成机构的构件类型

由上述分析可知，机构是由构件和运动副组成的。机构中的构件按其运动性质可分为三类。

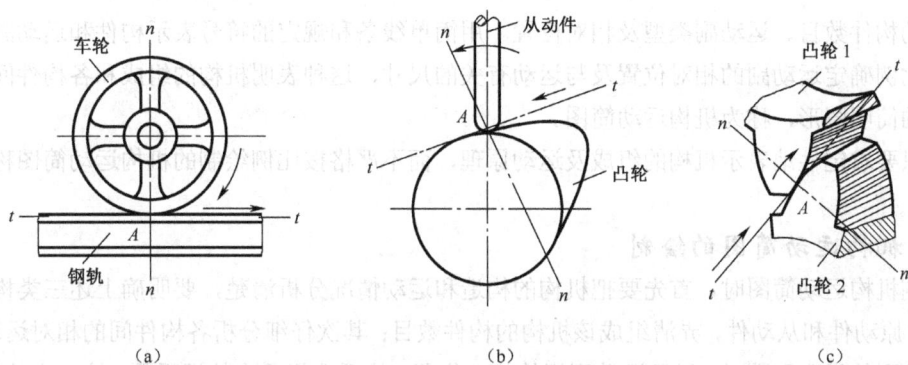

图 5-7 平面高副

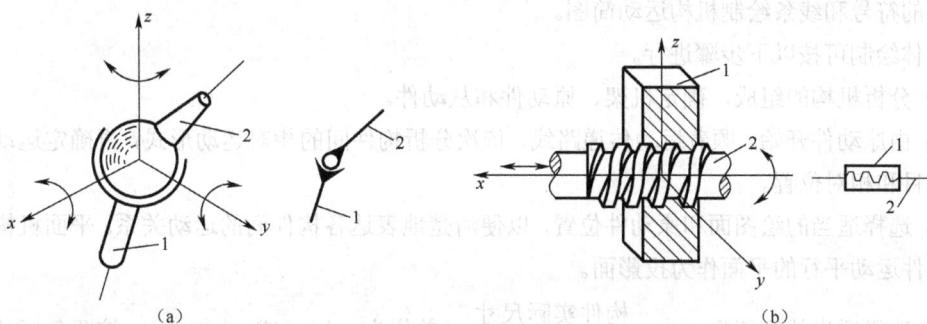

图 5-8 空间运动副

（1）固定构件

固定构件也称为机架，是用来支撑活动件的构件。组成机构的构件中必有也只有一个构件为机架，其余构件为活动件。图 5-1 中的汽缸体是固定构件，用它来支撑活塞和曲轴等。研究机构中活动构件的运动时，常以机架作为参考系。

（2）原动件

原动件也称为主动件，是机构中作用有驱动力或已知运动规律的构件。原动件一般与机架相连，一个机构中必有一个或几个原动件。图 5-1 中的活塞，其运动是由燃料燃烧形成的高压气体驱动的。

（3）从动件

机构中随原动件运动而运动的所有活动构件称为从动件。图 5-1 中的连杆、曲轴等都是从动件。完成工作动作的从动件又称为执行构件。

由以上分析可知，一般机构由原动件、从动件和机架组成。特殊的机构可以没有从动件，但必须有原动件和机架，如电动机和液压缸等。

一台较复杂的机器，在进行机构结构分析时，一般应从机器的原动件入手。支撑原动件的一定是机架，随主动件的运动而运动的是从动件，从动件又带动其他从动件，最终的从动件即执行构件一定是被机架所支撑的。因此，机器中组成"固定—主动—从动—……—固定"这样一个封闭的运动系统，也就是一个机构。机器组成中有几个这样的封闭系统就有几个机构。

5.2.3 平面机构运动简图的绘制

1. 机构运动简图的概念

在研究机构运动特性时，为了使问题简化，可不考虑构件和运动副的实际结构，只考虑与运动有关的构件数目、运动副类型及相对位置。用简单线条和规定的符号表示构件和运动副，并按一定的比例确定运动副的相对位置及与运动有关的尺寸，这种表明机构的组成和各构件间真实运动关系的简明图形，称为机构运动简图。

若只要求定性地表示机构的组成及运动原理，而不严格按比例绘制的机构运动简图称为机构示意图。

2．机构运动简图的绘制

绘制机构运动简图时，首先要把机构的构造和运动情况分析清楚，要明确上述三类构件，即固定件、原动件和从动件，弄清组成该机构的构件数目；其次仔细分析各构件间的相对运动关系，确定运动副的类型和数目，以及运动副间的相对位置；然后选择适当的视平面，按一定的比例尺，用规定的符号和线条绘制机构运动简图。

具体绘制可按以下步骤进行。

① 分析机构的组成，确定机架、原动件和从动件。

② 由原动件开始，顺着运动传递路线，依次分析构件间的相对运动形式，再确定运动副的类型、数目和相对位置。

③ 选择适当的绘图面和原动件位置，以便清楚地表达各构件间的运动关系。平面机构通常选择与构件运动平行的平面作为投影面。

④ 选择适当的比例尺：$\mu_1 = \dfrac{构件实际尺寸}{构件图样尺寸}$（单位为 m/mm 或 mm/mm）。按照各运动副间的距离和相对位置，以规定的线条和符号绘图。

常用构件和运动副的符号见表 5-1，一些常用机构的表示符号将会在后面各节中介绍。

表 5-1　　　　构件和运动副的规定符号（摘自 GB/T 4460—2013）

名称		简图符号	名称		简图符号
构件	轴杆		构件	基本符号	
	三副元素构件			机架是转动副的一部分	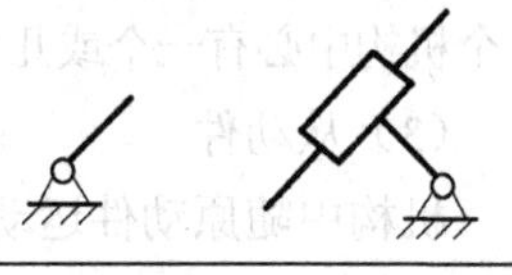
				机架是移动副的一部分	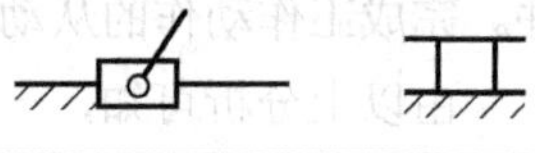
	构件的永久连接		平面高副	齿轮副外啮合、内啮合	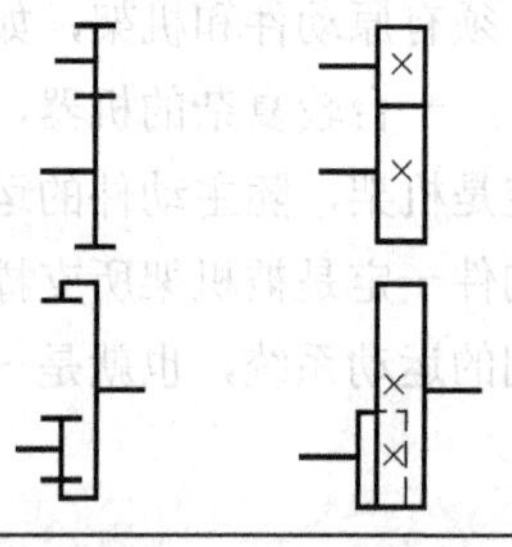
平面低副	转动副				
	移动副			凸轮副	

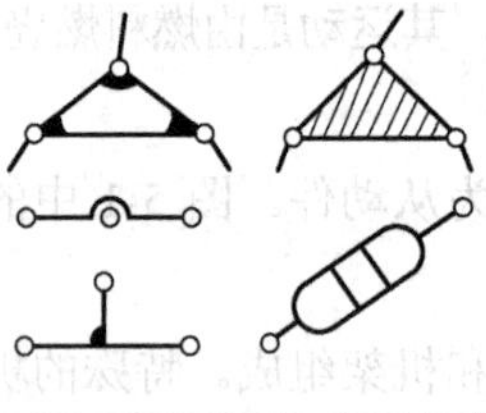

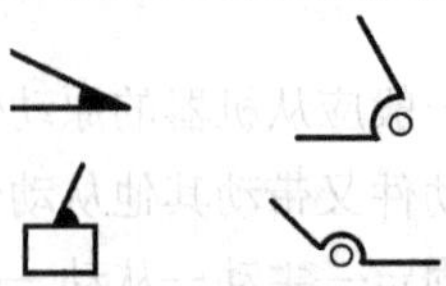

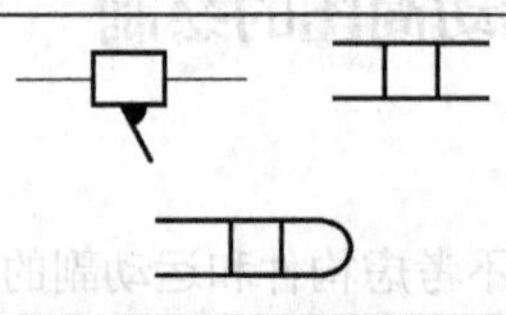

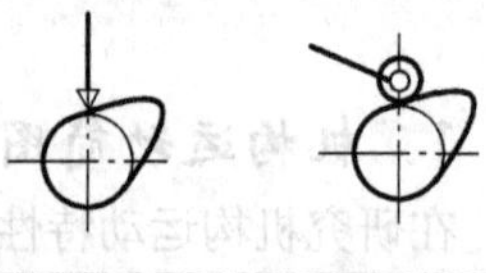

【例 5-1】 绘制图 5-9（a）所示的颚式破碎机主体机构的运动简图。

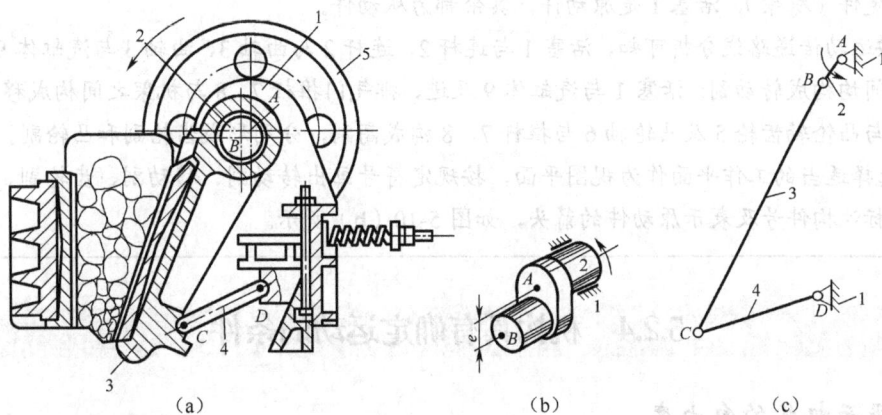

图 5-9 例 5-1 图
1—机架　2—偏心轴　3—动颚　4—肘板　5—带轮

解 ① 由图 5-9（a）可知，颚式破碎机主体机构由机架 1、偏心轴 2（见图 5-9（b））、动颚 3、肘板 4 组成。机构运动由带轮 5 输入，而带轮 5 与偏心轴 2 固定连成一体（属同一构件）绕 A 转动，故偏心轴 2 为原动件，而动颚 3 和肘板 4 为从动件。动颚 3 通过肘板 4 与机架相连，并在偏心轴 2 的带动下做平面运动将矿石打碎，故动颚 3 和肘板 4 为从动件。

② 偏心轴 2 与机架 1、偏心轴 2 与动颚 3、动颚 3 与肘板 4、肘板 4 与机架 1 均构成转动副，其转动中心分别为 A、B、C、D。

③ 选择构件的运动平面为视图平面，且原动件的位置为机构运动瞬时位置，如图 5-9（c）所示。

④ 根据实际机构尺寸及图样大小选定比例尺 μ_1。根据已知运动副间距 L_{AB}、L_{DA}、L_{BC}、L_{CD} 依次确定各转动副 A、B、D、C 的位置，画上代表转动副的符号，并用线条连接 A、B、C、D 转动中心。用数字标注构件号，并在构件 1 上标注表示原动件的箭头，如图 5-9（c）所示。

【例 5-2】 试绘制图 5-10（a）所示内燃机的机构示意图。

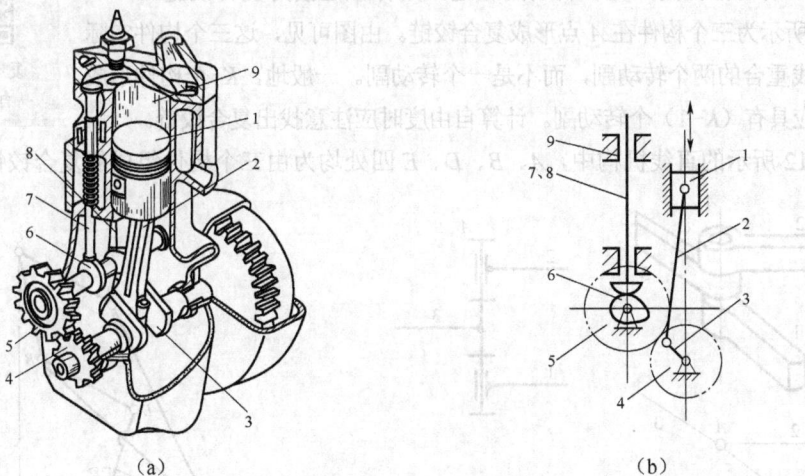

图 5-10 例 5-2 图
1—活塞　2—连杆　3—曲轴　4—曲轴齿轮　5—凸轮轴齿轮
6—凸轮轴　7、8—进、排气门推杆　9—汽缸体

解 ① 根据分析，内燃机是由曲柄滑块机构、凸轮机构和齿轮机构三个机构组成的。其汽缸体9是固定件（机架），活塞1是原动件，其余都为从动件。

② 按运动传递路线分析可知，活塞1与连杆2、连杆2与曲轴3、曲轴3与汽缸体9、凸轮6与机架之间均构成转动副；活塞1与汽缸体9及进、排气门推杆7、8与机架之间构成移动副；曲轴齿轮4与凸轮轴齿轮5及凸轮轴6与推杆7、8构成高副，分别形成齿轮副和凸轮副。

③ 选择适当的工作平面作为视图平面，按规定符号画出转动副、移动副、齿轮副、凸轮副、机架，并标注构件号及表示原动件的箭头，如图5-10（b）所示。

5.2.4 机构具有确定运动的条件

1. 平面机构的自由度

为了使所设计的机构能够运动并具有运动的确定性，必须研究机构的自由度和机构具有运动确定性的条件。

机构相对于其机架所具有的独立运动数目称为机构的自由度。显然，机构的自由度应为所有活动构件自由度的总数与运动副引入的约束总数之差。

设一个平面机构由 N 个构件组成，其中必有一个构件为机架，则活动构件数为 $n = N-1$。它们在未组成运动副之前，共有 $3n$ 个自由度。由前述可知，平面低副引入两个约束，平面高副引入一个约束。若机构中各构件共组成 P_L 个低副、P_H 个高副，则平面机构自由度 F 的计算公式为

$$F = 3n - 2P_L - P_H \tag{5-1}$$

图5-9（c）所示为颚式破碎机机构，其活动构件数 $n = 3$，低副数 $P_L = 4$，高副数 $P_H = 0$。则该机构的自由度为

$$F = 3n - 2P_L - P_H = 3 \times 3 - 2 \times 4 - 0 = 1$$

2. 计算机构自由度的注意事项

（1）复合铰链

两个以上的构件在同一处以转动副相连，则称该连接为复合铰链。

图5-11所示为三个构件在 A 点形成复合铰链。由图可见，这三个构件实际上组成了轴线重合的两个转动副，而不是一个转动副。一般地，K 个构件形成的复合铰链应具有（$K-1$）个转动副。计算自由度时应注意找出复合铰链。

复合铰链及其
自由度计算

在图5-12所示的直线机构中，A、B、D、E 四处均为由三个构件组成的复合铰链，每处有两

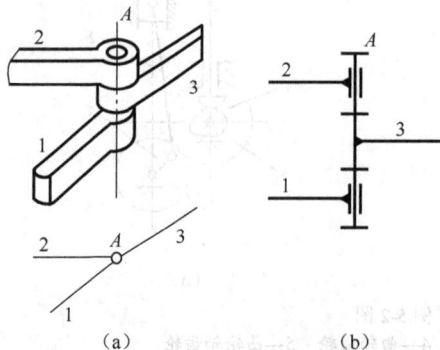

（a）　　　　　（b）

图5-11 复合铰链　　　　　图5-12 直线机构

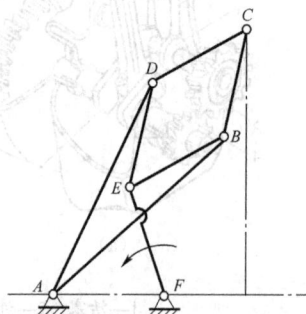

个转动副。因此，该机构 $n = 7$、$P_L = 10$、$P_H = 0$。其自由度为：$F = 3 \times 7 - 2 \times 10 - 0 = 1$。该机构只需图 5-12 所示的一个原动件，运动便可完全确定。

（2）局部自由度

与机构运动无关的构件的独立运动称为局部自由度。在计算机构的自由度时，局部自由度应除去不计。

图 5-13（a）所示的凸轮机构，为了减少磨损，在从动件 2 的端部装有滚子 3。凸轮 1 为主动件，当其逆时针转动时，通过滚子 3 使从动件 2 在导路中往复移动。显然，滚子 3 绕其自身轴线的转动完全不会影响从动件 2 的运动，因而滚子 3 的这一转动属局部自由度。在计算该机构的自由度时，可将滚子与从动件看成一个构件，如图 5-13（b）所示，这样即可去除局部自由度。这时该机构中 $n = 2$，$P_L = 2$，$P_H = 1$，其自由度 $F = 3 \times 2 - 2 \times 2 - 1 = 1$。

局部自由度及其
自由度计算

局部自由度虽不影响机构的运动关系，但可以减少高副接触处的摩擦和磨损。因此在机械中常有局部自由度结构，如滚动轴承、滚轮等。

（3）虚约束

机构中与其他约束重复，而对机构运动不起新的限制作用的约束称为虚约束。计算机构自由度时，应除去不计。

虚约束常出现在下列场合。

① 两构件形成多个轴线重合的转动副。如图 5-14 所示，曲轴与机架在 A、B 两处组成了两个转动副。从运动关系看，只有一个转动副起约束作用，计算机构自由度时应按一个转动副计算。

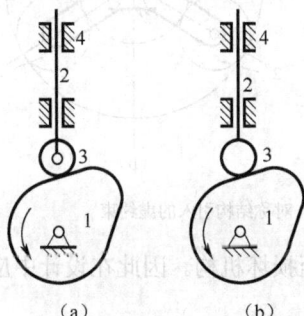

虚约束及其
自由度计算

图 5-13　局部自由度

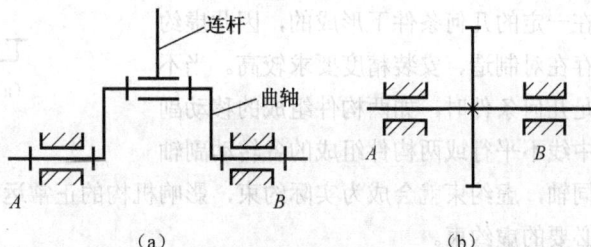

图 5-14　转动副轴线重合的虚约束

② 两构件形成多个导路平行或重合的移动副。图 5-15 中，缝纫机针杆机构中的针杆 3 与机架 4 都组成了两个导路重合的移动副，计算自由度时应只算一个移动副。

上述两种虚约束情况都属于两构件形成多个作用相同的运动副。在判断时，应掌握两构件只能形成一个有效运动副的原则。

③ 两构件上连接点的运动轨迹互相重合。图 5-16（a）所示的平行四边形机构，杆 3 做平移运动，其上各点轨迹均为圆心在机架 AD 上、半径为 AB 的圆弧。该机构自由度为：$F = 3n - 2P_L - P_H = 3 \times 3 - 2 \times 4 = 1$。现若在该机构上加上构件 5（$EF$），且 $EF /\!/ AB$、$EF = AB$，构件 5 中 E' 点的轨迹与连杆 BC 上 E 点的轨迹重合，如图 5-16（b）所示。显然构件 5 对该机构的运动并不产生任何影响，为虚约束。因此，在计算机构自由度时，应将构件 5 去除。应当注意，构件 5 成为虚约束

的几何条件为 $EF/\!/AB$、$EF = AB$，否则构件 5 将变为实际约束，其自由度：$F = 3 \times 4 - 2 \times 6 = 0$，使机构不能运动。

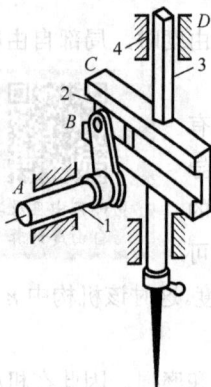

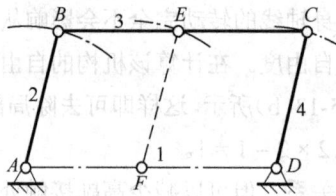

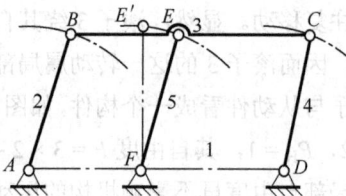

图 5-15　移动副导路重合的虚约束　　　　图 5-16　运动轨迹互相重合的虚约束

④ 机构中具有对运动不起作用的对称部分。图 5-17（b）所示的行星轮系为使受力均匀，安装三个相同的行星轮对称布置。从运动关系看，只需一个行星轮 2 就能满足运动要求，如图 5-17（a）所示，其余行星轮及其所引入的高副均为虚约束，应除去不计。该机构的自由度：$F = 3 \times 3 - 2 \times 3 - 2 = 1$。

综上所述，虚约束虽对机构运动不起约束作用，但为改善机构的刚性或受力情况，在结构设计中被广泛采用。应当指出，虚约束是在一定的几何条件下形成的，因此虚约束的存在对制造、安装精度要求较高。当不能满足几何条件时，如两构件组成的移动副导路中线不平行或两构件组成的各转动副轴线不同轴，虚约束就会成为实际约束，影响机构的正常运行，甚至损坏机构。因此在设计中应避免不必要的虚约束。

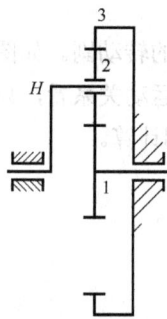

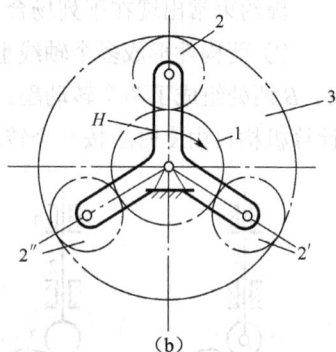

图 5-17　对称结构引入的虚约束

【例 5-3】　计算图 5-18（a）所示筛料机构的自由度。

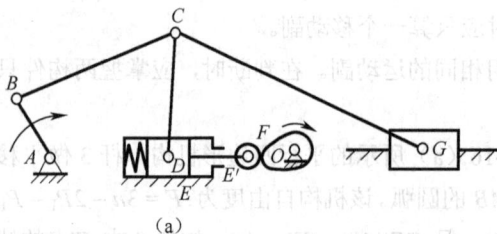

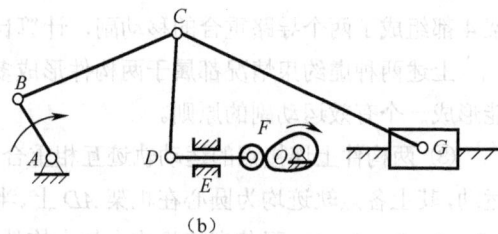

图 5-18　例 5-3 图

解　经分析可知，机构中滚子 F 处有一个局部自由度。推杆 DF 与机架组成两导路重合的移动副 E、E'，故其中之一为虚约束。C 处为复合铰链，弹簧不起限制自由度的作用。去除局部自由度和虚约束后，按图 5-18（b）所示的机构计算自由度。机构中 $n=7$，$P_L=9$，$P_H=1$，其自由度为

$$F=3n-2P_L-P_H=3\times7-2\times9-1=2$$

3．机构具有确定运动的条件

机构的自由度即平面机构所能有的独立运动的数目。通常机构的原动件只能输入一个独立运动。显然，只有机构自由度大于零，机构才有可能运动。同时，只有给机构输入的独立运动数目与机构的自由度数相等，该机构才能有确定的运动。

如例 5-3 中筛料机构的自由度为 2，从图 5-18 中可看出，其原动件数也为 2，因此该机构具有确定的相对运动。

再如，图 5-19 所示中原动件数等于 2，机构自由度 $F=3n-2P_L-P_H=3$。构件同时要满足原动件 1 和原动件 3 的给定运动，则势必将杆 2 拉断。

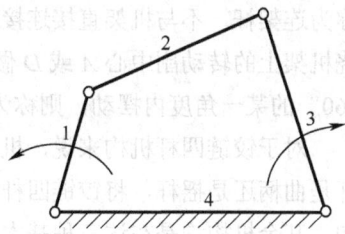

因此，机构具有确定运动的条件为：机构的自由度数大于零且等于机构的原动件数目，即

$$F=W>0$$

综上所述，当机构的自由度小于原动件数时，机构不能运动；当机构的自由度大于原动件数时，机构的相对运动不确定；只有当机构的自由度大于零且等于主动件数时，机构才具有确定的相对运动。

在分析现有机器或设计新机器中，需考虑所画出的机构简图应满足机构具有确定运动的条件，否则将导致机构组成原理错误。图 5-20（a）所示的简易冲床机构设计方案，经分析其 $F=0$，从动件 3 无法实现预期的运动。图 5-20（b）、（c）给出了两种改进方案，它们的自由度数都是 1，达到了运动设计要求。

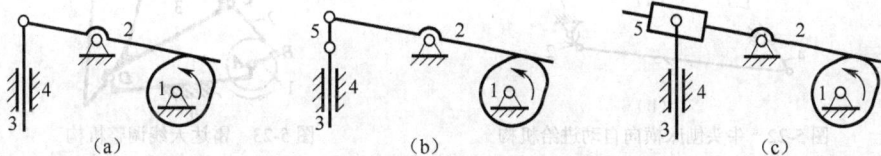

图 5-19　四杆机构

图 5-20　简易冲床机构设计方案及改进

总之，机构自由度的计算和其运动确定性的分析，可使我们在设计机构运动方案时，判别其合理性，同时也帮助我们在分析机器运动原理时，判断所测绘的机构运动简图是否正确。

5.3　平面连杆机构

平面连杆机构是许多构件用低副连接组成的平面机构。

转动副和移动副的接触表面是圆柱面和平面，制造简便，易于获得较高的制造精度。因此，平面连杆机构在各种机械和仪器中获得广泛使用。连杆机构的缺点是：低副中存在间隙，数目较多的低副会引起运动积累误差；而且它的设计比较复杂，不易精确地实现复杂的运动规律。

最简单的平面连杆机构是由四个构件组成的，称为平面四杆机构。它的应用非常广泛，而且是组成多杆机构的基础。本节着重介绍平面四杆机构的基本类型及其特性。

5.3.1 平面四杆机构的基本形式及其演化

全部用转动副相连的平面四杆机构称为平面铰链四杆机构，简称铰链四杆机构。如图 5-21 所示，机构的固定构件 4 称为机架，与机架用转动副相连接的杆 1 和杆 3 称为连架杆，不与机架直接连接的杆 2 称为连杆。连架杆 1 或杆 3 如能绕机架上的转动副中心 A 或 D 做整周转动，则称为曲柄；若仅能在小于 360° 的某一角度内摆动，则称为摇杆。

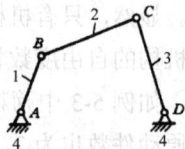

图 5-21 铰链四杆机构

对于铰链四杆机构来说，机架和连杆总是存在的，因此可按照连架杆是曲柄还是摇杆，将铰链四杆机构分为三种基本形式：曲柄摇杆机构、双曲柄机构和双摇杆机构。其余机构均是在这三种基本形式的基础上演化得到的。

1．曲柄摇杆机构

在铰链四杆机构中，若有两个连架杆，一个为曲柄，另一个为摇杆，则此铰链四杆机构称为曲柄摇杆机构。通常曲柄 1 为原动件，并做匀速转动；而摇杆 3 为从动件，做变速往复摆动。图 5-22 所示为牛头刨床横向自动进给机构。图 5-23 所示为调整雷达天线俯仰角的曲柄摇杆机构。

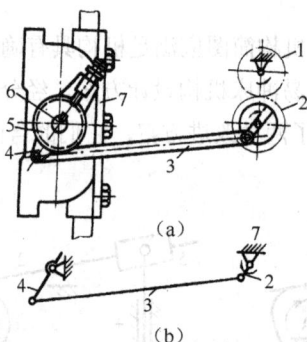

曲柄摇杆机构的工作原理

图 5-22 牛头刨床横向自动进给机构

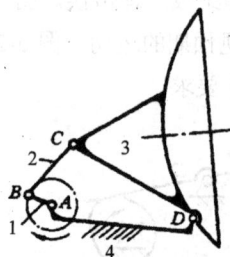

图 5-23 雷达天线调整机构

2．双曲柄机构

两连架杆均为曲柄的铰链四杆机构称为双曲柄机构。图 5-24（a）所示为旋转式水泵。它由相位依次相差 90° 的四个双曲柄机构组成，图 5-24（b）是其中一个双曲柄机构的运动简图。

双曲柄机构中，用得最多的是平行四边形机构，或称为平行双曲柄机构，如图 5-25（a）中的 AB_1C_1D 所示。这种机构的对边长度相等，组成平行四边形。当杆 1 等角速转动时，杆 3 也以相同的角速度同向转动，连杆 2 则做平移运动。必须指出，这种机构当四个铰链中心处于同一直线（如图中 AB_2C_2D 所示）上时，将出现运动不确定状态。例如在图 5-25（a）中，当曲柄 1 由 AB_2 转到 AB_3 时，从动曲柄 3 可能转到 DC_3'，也可能转到 DC_3''。为了消除这种运动不确定状态，可以在主、从动曲柄上错开一定角度再安装一组平行四边形机构，如图 5-25（b）所示。当上面一组平行四边形机构转到 $AB'C'D$ 共

双曲柄机构的工作原理

线位置时，下面一组平行四边形机构 $AB_1'C_1'D$ 却处于正常位置，故机构仍然保持确定运动。

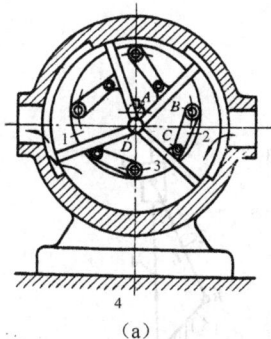

图 5-24　旋转式水泵

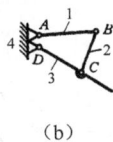

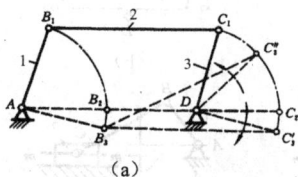

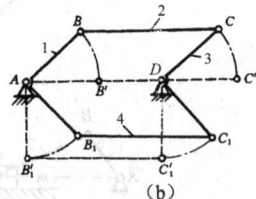

图 5-25　平行四边形机构

3．双摇杆机构

两连架杆均为摇杆的铰链四杆机构称为双摇杆机构。图 5-26 所示为飞机起落架机构的运动简图。飞机着陆前，需要将着陆轮从机翼 4 中推放出来（图中实线所示）；起飞后，为了减小空气阻力，又需将着陆轮收入翼中（图中虚线所示）。这些动作是由原动摇杆 3、通过连杆 2、从动摇杆 5 带动着陆轮来实现的。

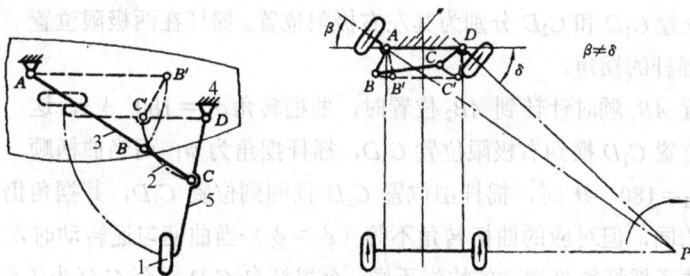

双摇杆机构的
工作原理

图 5-26　飞机起落架机构

4．曲柄滑块机构

图 5-27（a）所示为曲柄摇杆机构，铰链中心 C 的轨迹为以 D 为圆心和 l_3 为半径的圆弧 mm。若 l_3 增至无穷大，则如图 5-27（b）所示，C 点轨迹变成直线。于是摇杆 3 演化为直线运动的滑块，转动副 D 演化为移动副，机构演化为图 5-27（c）所示的曲柄滑块机构。若 C 点运动轨迹正对曲柄转动中心则称为对心曲柄滑块机构，如图 5-27（c）所示；若 C 点运动轨迹 mm 的延长线与回转中心 A 之间存在偏距 e，如图 5-27（d）所示，则称为偏置曲柄滑块机构。当曲柄等速转动时，偏置曲柄滑块机构可实现急回运动。

曲柄滑块机构广泛应用在活塞式内燃机、空气压缩机、冲床等机械中。

5．导杆机构

导杆机构可看成是改变曲柄滑块机构中的固定构件而演化来的。图 5-28（a）所示为曲柄滑块机构，若改曲杆 2 为固定构件，即得图 5-28（b）所示的导杆机构。杆 4 称为导杆，滑块 3 相对导杆滑动并一起绕 A 点转动。通常曲杆 2 为原动件，当 $l_1<l_2$ 时，杆 2 和杆 4 均可整周回转，称为转动导杆机构；当 $l_1>l_2$ 时，杆 4 只能往复摆动，称为摆动导杆机构。导杆机构的传动角始终等于 90°，具有很好的传力性能，故常用于牛头刨床、插床和回转式油泵之中。

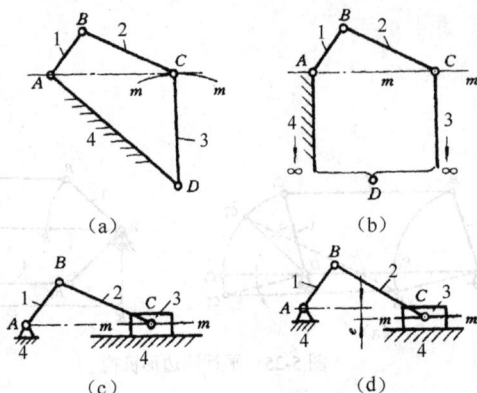

图 5-27　曲柄滑块机构

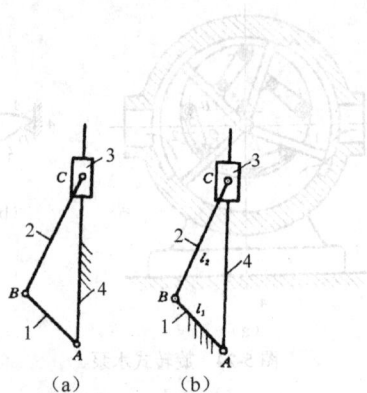

图 5-28　导杆机构

5.3.2　平面四杆机构的基本特性

1. 急回特性

图 5-29 所示为一曲柄摇杆机构，其曲柄 AB 在转动一周的过程中，有两次与连杆 BC 共线。在这两个位置，铰链中心 A 与 C 之间的距离 AC_1 和 AC_2 分别为最短和最长，因而摇杆 CD 的位置 C_1D 和 C_2D 分别为其左右极限位置。摇杆在两极限位置间的夹角 ψ 称为摇杆的摆角。

当曲柄由位置 AB_1 顺时针转到 AB_2 位置时，曲柄转角 $\phi_1 = 180° + \theta$，这时摇杆由左极限位置 C_1D 摆到右极限位置 C_2D，摇杆摆角为 ψ；而当曲柄顺时针再转过角度 $\phi_2 = 180° - \theta$ 时，摇杆由位置 C_2D 摆回到位置 C_1D，其摆角仍然是 ψ。虽然摇杆来回摆动的摆角相同，但对应的曲柄转角不等（$\phi_1 > \phi_2$）当曲柄匀速转动时，对应的时间也不等（$t_1 > t_2$），从而反映了摇杆往复摆动的快慢不同。令摇杆自 C_1D 摆至 C_2D 为工作行程，这时铰链 C 的平均速度是 $v_1 = C_1C_2 / t_2$，摇杆自 C_2D 摆回至 C_1D 是其空回行程，这时 C 点的平均速度是 $v_2 = C_1C_2 / t_1$，显然 $v_1 < v_2$，它表明摇杆具有急回运动的特性。牛头刨床、往复式输送机等机械就利用这种急回特性来缩短非生产时间，提高生产率。

急回运动特性可用行程速度变化系数（或称行程速比系数）K 表示，即

$$K = \frac{v_2}{v_1} = \frac{C_1C_2 / t_2}{C_1C_2 / t_1} = \frac{t_1}{t_2} = \frac{180 + \theta}{180 - \theta} \tag{5-2}$$

式中，θ 为摇杆处于两极限位置时，对应的曲柄所夹的锐角，称为极位夹角。式（5-2）表明：极限位置夹角 θ 大，K 值越大，急回运动的性质也越显著。

设计新机械时，总是根据该机械的急回要求先给出 K 值，然后由式（5-2）算出极限位置夹角 θ，再确定各构件的尺寸。

2. 死点位置

对于图 5-29 所示的曲柄摇杆机构，如以摇杆 3 为原动件，而曲柄 1 为从动件，则当摇杆摆到极限位置 C_1D 和 C_2D 时，连杆 2 与曲柄 1 共线。若不计各杆的质量，则这时连杆加给曲柄的力将

通过铰链中心 A。此力对 A 点不产生力矩,因此不能使曲柄转动。机构的这种位置称为死点位置。死点位置会使机构的从动件出现卡死或运动不确定现象。为了消除死点位置的不良影响,可以对从动曲柄施加外力,或利用飞轮及构件自身的惯性作用,使机构通过死点位置。

机构的死点

图 5-30 (a) 所示为缝纫机的踏板机构,在实际使用中,缝纫机有时会出现踏不动或倒车现象,这就是由于机构处于死点位置引起的。在正常运转时,借助安装在机头主轴上的飞轮的惯性作用,可以使缝纫机踏板机构的曲柄冲过死点位置。

死点位置对传动虽然不利,但是对某些夹紧装置却可用于防松。例如图 5-30 (b) 所示可利用死点夹紧工件。

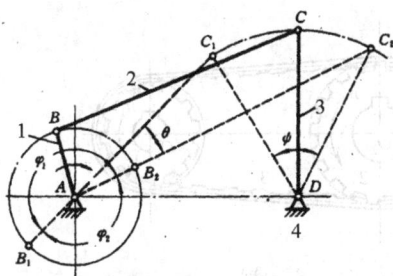

图 5-29　曲柄摇杆机构

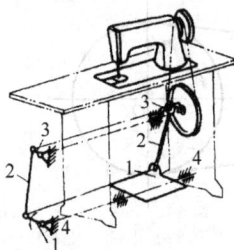

(a)

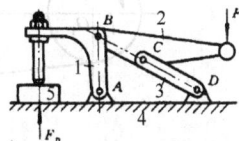

(b)

图 5-30　死点的利弊

3. 压力角和传动角

在生产中,不仅要求连杆机构能实现预定的运动规律,而且希望运转轻便,效率较高。图 5-31 所示的曲柄摇杆机构,如不计各杆质量和运动副中的摩擦,则连杆 BC 为二力件,它作用于从动摇杆 3 上的力 F 是沿 BC 方向的。作用在从动件上的驱动力 F 与该力作用点绝对速度 v_c 之间所夹的锐角 α 称为压力角。显然,力 F 在 v_c 方向的有效分力为 $F' = F\cos\alpha$,即压力角越小,有效分力就越大。也即是说,压力角可作为判断机构传动性能的标志。在连杆设计中,为了度量方便,习惯用压力角 α 的余角 γ(即连杆和从动摇杆之间所夹的锐角)来判断传力性能,γ 称为传动角。因为 $\gamma = 90° - \alpha$,所以 α 越小,γ 越大,机构传力性能越好;反之,α 越大,γ 越小,机构传动效率越低。

机构的压力角和传动角

机构运转时,传动角是变化的,为了保证机构正常工作,必须规定最小传动角 γ_{min} 的下限。对于一般机械,通常取 $\gamma_{min} > 40°$;对于颚式破碎机、冲床等大功率机械,最小传动角应当取大一些,可取 $\gamma_{min} > 50°$;对于小功率的控制机构和仪表,γ_{min} 可略小于 40°。

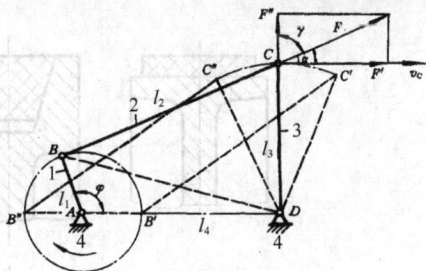

图 5-31　机构的压力角与传动角

| 5.4　带传动和链传动 |

带传动和链传动是机械传动中常用的挠性传动。本节主要介绍带传动和链传动的工作原理、运动特性、应用特点、结构标准、设计计算方法以及使用维护的基本知识和基本方法。

5.4.1 带传动的应用特点和结构标准

带传动在各类机械中是应用非常广泛的挠性传动，它是通过中间挠性件传递运动和动力的。带传动传动平稳，结构简单，成本低廉，适用于两轴中心距较大的场合，常用于减速运动。

如图 5-32 所示，带传动是由主动轮 1、从动轮 2 和适度张紧在两轮上的传动带 3 组成的。

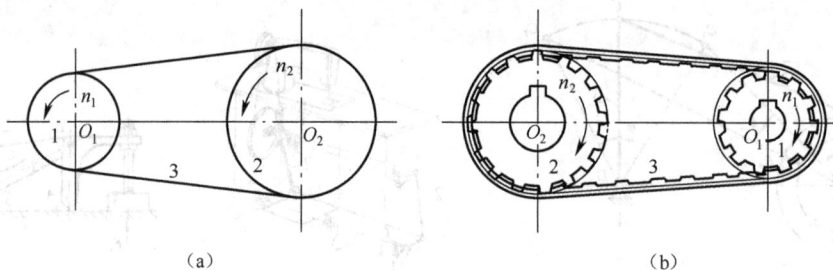

认识带传动

（a）   （b）

图 5-32　带传动

1. 带传动的类型

按工作原理不同，带传动分为摩擦型和啮合型两大类。图 5-33 所示为摩擦型带传动，由于带紧套在带轮上，使带与带轮之间的接触面间产生正压力。当驱动力矩使主动轮转动时，带和带轮之间将产生摩擦力而驱动带运动，带又靠摩擦力使从动轮克服阻力矩而转动。图 5-34 所示为啮合型带传动，依靠带内侧的齿与齿形带轮的啮合来传递运动和动力，也称为同步带传动。

带传动的工作原理

摩擦带传动，按带的截面形状可分为平带、V 带、多楔带和圆带，如图 5-33 所示。与摩擦带传动相比，啮合型带传动依靠正压力传动，传递功率大，效率高，如图 5-34 所示。

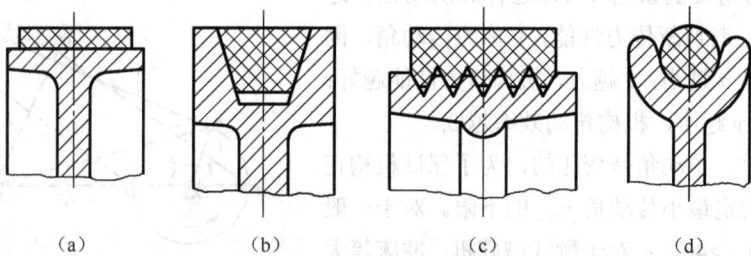

（a）   （b）   （c）   （d）

图 5-33　摩擦带传动

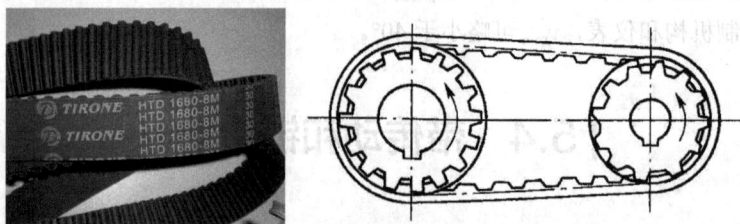

图 5-34　啮合带传动

（1）平带传动

如图 5-35（a）所示，平带截面为扁平矩形，工作面为内表面。平带传动结构简单，带轮制造容易，常用于中心距较大的场合，也广泛用于高速带传动。

（a）　　　　　　　　（b）　　　　　　　　（c）　　　　　　　　（d）

图 5-35　带的类型

（2）V 带传动

如图 5-35（b）所示，V 带的横截面为等腰梯形，工作面为两侧面。工作时两侧面与轮槽侧面接触，产生的摩擦力较大，传递的功率比平带大得多，且结构紧凑，因此广泛用于动力传动。

（3）多楔带传动

如图 5-35（c）所示，多楔带兼有平带和 V 带的优点，工作面为楔的侧面。带与带轮接触面数较多，摩擦力和横向刚度较大，故常用于传递功率较大且要求结构紧凑的场合。

（4）圆带传动

如图 5-35（d）所示，圆带的横截面为圆形。它传递的功率较小，一般用于低速、轻载传动，如缝纫机、仪表、牙科医疗器械等。

2．带传动的应用特点

摩擦带传动的优点有以下几点。

① 带有良好的弹性，能缓冲减振，因而传动平稳，噪声小。

② 过载时，会因摩擦力的不足使带在带轮上打滑，对其他零件起到安全保护作用。

③ 适用于两轴中心距较大场合的传动。

④ 结构简单，制造和安装精度要求不高，维护方便，成本较低。

摩擦带传动的缺点有以下几点。

① 由于带的弹性滑动，不能保证准确的传动比。

② 外廓尺寸大，传动效率较低，寿命较短。

③ 工作时因摩擦产生静电，故不宜在易燃、易爆的场合使用。

④ 支撑带轮的轴和轴承受力较大，一般需要张紧装置。

根据上述特点，带传动常用于对传动比要求不严格，且两轴中心距较大的场合。传递功率 $P < 50\text{kW}$，带速 $v = 5 \sim 25\text{m/s}$，传动比 $i \leqslant 7$，传动效率为 0.94～0.97。在多级传动系统中，常将带传动配置于高速级。

5.4.2　V 带轮的结构及标准

1．普通 V 带的结构和标准

V 带有普通 V 带、窄 V 带、宽 V 带、联组 V 带等多种类型。其中普通 V 带应用最广，近年来窄 V 带的应用也越来越广。本节主要介绍普通 V 带和带轮。

普通 V 带呈无接头环形，其结构如图 5-36 所示，由包布、顶胶、抗拉体和底胶组成。顶胶和底胶在带弯曲时分别受拉和受压；抗拉体在工作时主要承受拉力，是主要承载部分；包布由橡胶帆布制成，包在带的外面，起保护作用。按抗拉体的结构可分为帘布芯 V 带、和绳芯 V 带，如图 5-36 所示。帘布芯 V 带制造方便，价格价廉，抗拉强度高，故应用广泛；绳芯 V 带柔性好，抗弯强度高，适用于直径较小的带轮。如今，已出现采用化学合成纤维如聚氨酯、锦纶等作为绳芯材料的普通 V 带，其承载能力可提高 33%。

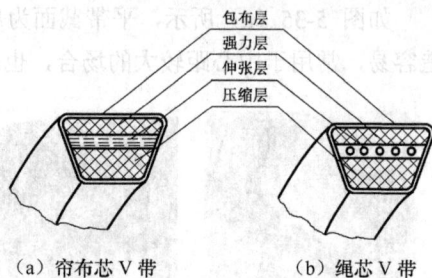

包布层
强力层
伸张层
压缩层

（a）帘布芯 V 带　　　　（b）绳芯 V 带

图 5-36　普通 V 带的结构

普通 V 带是标准件，其截面尺寸和长度已经标准化。按截面尺寸由小到大分为 Y、Z、A、B、C、D、E 七种，其截面尺寸见表 5-2。同样条件下，截面尺寸越大，V 带的承载能力越大。

表 5-2　　　　　普通 V 带截面尺寸和单位带长质量（摘自 GB/T 11544—2012）

参数	V 带型号						
	Y	Z	A	B	C	D	E
节宽 b_p/mm	5.3	8.5	11	14	19	27	32
顶宽 b/mm	6	10	13	17	22	32	38
截面高度 h/mm	4	6	8	11	14	19	23
每米带长质量 q/（kg/m）	0.04	0.06	0.10	0.17	0.30	0.62	0.90
楔角 θ/（°）	40						

当 V 带在带轮上弯曲时，带中保持原有长度不变的周线称为节线。由全部节线组成的面称为节面，节面宽度称为节宽，以 b_p 表示。当带弯曲时，节宽保持不变。

带的节线长度称为带的基准长度，即带的公称长度，以 L_d 表示。各种型号普通 V 带的基准长度见表 5-3。

表 5-3　　　　　　　　普通 V 带基准长度系列及带长修正系数

基准长度 L_d/mm	修正系数 K_L							基准长度 L_d/mm	修正系数 K_L						
	Y	Z	A	B	C	D	E		Y	Z	A	B	C	D	E
200	0.81							2 000		1.03	0.98	0.88			
224	0.82							2 240		1.06	1.00	0.91			
250	0.84							2 500		1.09	1.03	0.93			
280	0.87							2 800		1.11	1.05	0.95	0.83		
315	0.89							3 150		1.13	1.07	0.97	0.86		
355	0.92							3 550		1.17	1.09	0.99	0.89		
400	0.96	0.87						4 000		1.19	1.13	1.02	0.91		
450	1.00	0.89						4 500			1.15	1.04	0.93	0.90	
500	1.20	0.91						5 000			1.18	1.07	0.96	0.92	
560		0.94						5 600				1.09	0.98	0.95	
630		0.96	0.81					6 300				1.12	1.00	0.97	
710		0.99	0.83					7 100				1.15	1.03	1.00	
800		1.00	0.85					8 000				1.18	1.06	1.02	
900		1.03	0.87	0.82				9 000				1.21	1.08	1.05	

续表

基准长度 L_d/mm	修正系数 K_L							基准长度 L_d/mm	修正系数 K_L						
	Y	Z	A	B	C	D	E		Y	Z	A	B	C	D	E
1 000		1.06	0.89	0.84				10 000					1.23	1.11	1.07
1 120		1.08	0.91	0.86				11 200						1.14	1.10
1 250		1.11	0.93	0.88				12 500						1.17	1.12
1 400		1.14	0.96	0.90				14 000						1.20	1.15
1 600		1.16	0.99	0.92	0.83			16 000						1.22	1.18
1 800		1.18	1.01	0.95	0.86										

在使用中，带的标记压印在带的外表面上。普通 V 带的标记方法为带型—基准长度—标准号。如基准长度为 2 000mm 的 A 型普通 V 带，标记为 A—2000—GB/T 11544—2012。

图 5-37 所示为窄 V 带的横截面结构图。窄 V 带是一种新型 V 带，抗拉体材料为高强度的涤纶绳芯，其位置高于普通 V 带，使中性层上移。顶面为弓形，受载后抗拉层仍处于同一平面内。两侧面为内凹曲面，当带在带轮上弯曲时，侧面变直，与带轮槽面接触良好。

在相同的工作条件下，窄 V 带的承载能力比普通 V 带高 1.5～2.5 倍以上，速度达 40～50m/s。在传递相同功率时，其结构尺寸可比普通 V 带小，使用寿命长。目前国外已普遍采用，我国也已制订了相应的标准。

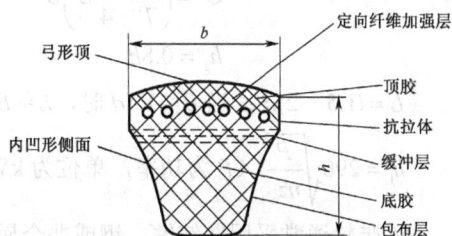

图 5-37 窄 V 带的结构

窄 V 带有四种截面形状：SPZ、SPA、SPB、SPC，其节宽与普通 V 带的 Z、A、B、C 型相同，只是高度尺寸大一些。其截面高度和节宽之比约为 0.9，而普通 V 带截面高度和节宽之比约为 0.7，见表 5-3。

窄 V 带的标记同普通 V 带一样，如 SPA—1600—GB/T 11544—2012 是基准长度为 1 600mm 的 SPA 型窄 V 带。

2. V 带轮的结构和材料

V 带轮由轮缘、轮辐和轮毂三部分组成。轮缘是安装带的部分，轮毂是与轴配合的部分，连接轮缘和轮毂的部分称为轮辐。

V 带轮轮缘及轮槽尺寸见表 5-4。通常 V 带节宽与轮槽基准宽度重合，即 $b_p = b_d$，轮槽基准宽度所在圆称为基准圆，其直径 d_d 称为带轮的基准直径。

表 5-4　　普通 V 带轮缘及轮槽尺寸（摘自 GB/T 13575.1—2008）

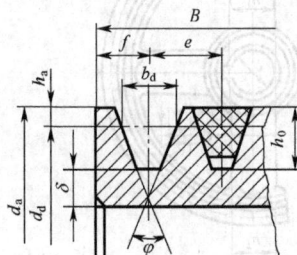

h_0/mm		6.3	9.5	12	15	20	28	33
$h_{a\,min}$/mm		1.6	2.0	2.75	3.5	5.8	8.1	9.6
e/mm		8	12	15	19	25.5	37	45.5
f/mm		7	8	10	12.5	17	23	29
b_d/mm		5.3	8.5	11.0	15.0	19.0	27.0	32.0
δ/mm		5	5.5	6	7.5	10	12	15
B/mm		$B = (x-1)e + 2f$, x 为带根数						
φ	32°	d_d/mm	≤60						
	34°			≤80	≤118	≤190	≤315		
	36°		>60					≤475	≤600
	38°			>80	>118	>190	>315	>475	>600

各种型号的 V 带楔角 α 均为 40°，但当带绕上带轮而弯曲时，带的截面楔角变小。而且带轮直径越小，这种现象越明显。为使带与轮槽侧面接触良好，应使轮槽角小于 V 带的楔角。故 V 带轮的轮槽角规定为 32°、34°、36° 和 38°，可根据带轮直径的不同进行选择。

V 带轮结构形式根据带轮直径的大小决定。当带轮基准直径 $d_{d} \leqslant 3d_{0}$（d_{0} 为轴的直径）时，采用 S 型，称为实心式，如图 5-38（a）所示。中等直径的带轮采用 P 型，称为腹板式，如图 5-38（b）所示；也可采用 H 型，称为孔板式，如图 5-38（c）所示。当带轮直径 $d_{d} \geqslant 350mm$ 时，可采用 E 型，称为椭圆轮辐式，如图 5-38（d）所示。

V 带轮结构尺寸可按下面的经验公式确定，或查设计手册。

$$d_{1} = (1.8 \sim 2)d \text{（d 为轴的直径）} \qquad D_{0} = 0.5(D_{1} + d_{1})$$

$$d_{0} = (0.2 \sim 0.3)(D_{1} - d_{1})$$

$$C' = \left(\frac{1}{7} \sim \frac{1}{4}B\right)S \qquad b_{1} = 0.4h_{1} \qquad b_{2} = 0.8b_{1} \qquad f = 0.2h_{1}$$

$$h_{2} = 0.8h_{1}$$

$L = (1.5 \sim 2)d$；当 $B < 1.5d$ 时，$L = B$

$h_{1} = 290 \sqrt[3]{\dfrac{P}{nz_{a}}}$（$P$ 为功率，单位为 kW；n 为转速，单位为 r/min；z_{a} 为轮辐数）。

V 带轮通常采用灰铸铁、钢或非金属制造。一般带速 $v < 25m/s$ 时，采用灰铸铁 HT150 或 HT200；带速更高时，可采用铸钢；单件生产时宜用钢板冲压、焊接带轮；小功率时可用铸铝或工程塑料。

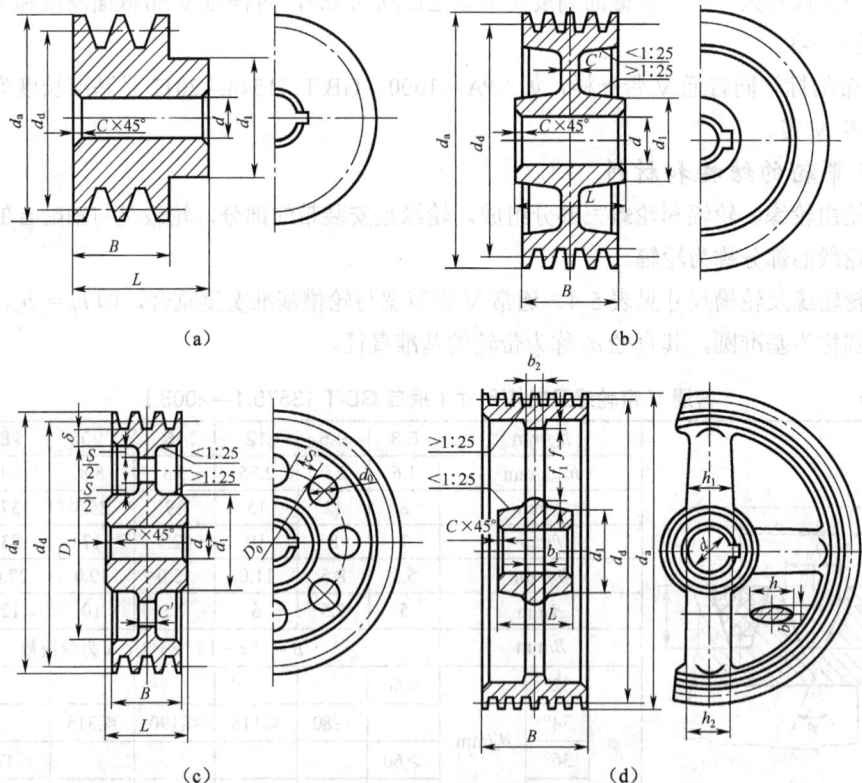

（a）

（b）

（c）

（d）

图 5-38　V 带轮的结构

5.4.3 带传动的工作情况分析

1. 带传动的受力分析

如图 5-39 所示，带传动安装时，带必须以一定的初拉力张紧在带轮上。静止时，如图 5-39（a）所示，带上各处所受拉力均相等，此拉力称为初拉力，用 F_0 表示。

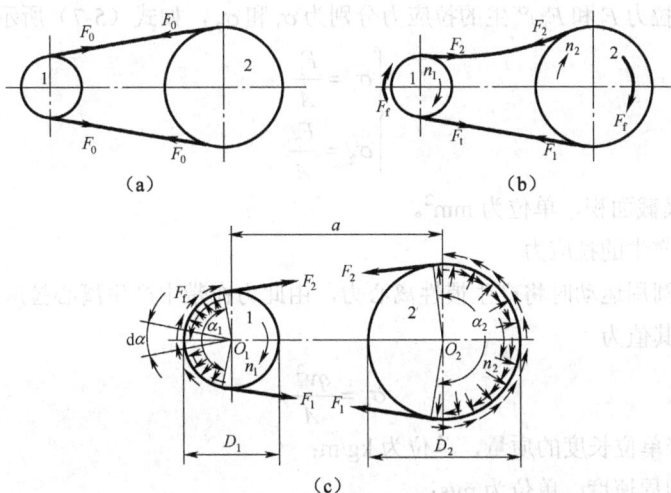

带传动的受力分析

图 5-39 带传动的受力分析

传动时，如图 5-39（b）所示，带与带轮之间产生摩擦力，主动轮对带的摩擦力 F_f 的方向与带的运动方向相同，从动轮对带的摩擦力 F_f 的方向与带的运动方向相反。由于摩擦力的作用，带绕入主动轮的一边被拉紧，称为紧边，紧边拉力由 F_0 增加到 F_1；带绕入从动轮的一边则被放松，称为松边，松边拉力由 F_0 减小到 F_2。两边的拉力差（$F_1 - F_2$）就是带传动中起传递动力作用的有效拉力 F_e，即

$$F_e = F_1 - F_2 \tag{5-3}$$

有效拉力 F_e 等于带和带轮接触面上各点摩擦力的总和 $\sum F_f$，即

$$F_e = \sum F_f = F_1 - F_2 \tag{5-4}$$

带传递的功率为

$$P = \frac{F_e v}{1\,000} \tag{5-5}$$

式中　P——带传递的功率，单位为 kW；

　　　F_e——有效拉力，单位为 N；

　　　v——带速，单位为 m/s。

当 $\sum F_f$ 达到极限值时，带即将打滑。带传动的有效拉力达到最大值，其值可由欧拉公式推导得

$$F_{e\max} = \sum F_{f\lim} = F_1 - F_2 = 2F_0 \left(-\frac{2}{e^{f\alpha}+1} \right) \tag{5-6}$$

式中　α——带在带轮上的包角；

　　　e——自然对数的底，e = 2.718；

　　　f——摩擦因数。对于 V 带，用当量摩擦因数 f_v 代替 f，$f_v = f / \sin(\varphi/2)$；

　　　φ——V 带轮轮槽楔角，见表 5-4。

可知，带传动的工作能力与初拉力 F_0、摩擦因数和包角有关。增大初拉力、摩擦因数和包角均可增加摩擦力，并增大有效拉力，从而提高带传动的工作能力。但初拉力过大，会加剧带的磨损，降低带的使用寿命。由于大带轮上的包角 α_2 总是大于小带轮上的包角 α_1，一般要求 $\alpha_1 \geq 120°$。当量摩擦因数 f_v 与带轮的材料、表面粗糙度和工作条件有关。

2．带传动的应力分析

带传动工作时，带中将产生以下三种应力。

（1）由拉力产生的拉应力

带的紧、松边拉力 F_1 和 F_2 产生的拉应力分别为 σ_1 和 σ_2，如式（5-7）所示。

$$\begin{cases} \sigma_1 = \dfrac{F_1}{A} \\ \sigma_2 = \dfrac{F_2}{A} \end{cases} \tag{5-7}$$

式中　A——带的横截面积，单位为 mm^2。

（2）由离心力产生的拉应力

带在带轮上做圆周运动时将产生惯性离心力，由此力在带中产生离心拉应力。力在带全长各截面处均匀分布，其值为

$$\sigma_c = \frac{qv^2}{A} \tag{5-8}$$

式中　q——传动带单位长度的质量，单位为 kg/m；

　　　v——带的圆周速度，单位为 m/s；

　　　A——带的横截面积，单位为 mm^2。

（3）由带弯曲产生的弯曲应力

带绕在带轮上时，带中将产生弯曲应力 σ_b，由材料力学可知，其值为

$$\sigma_b \approx E\frac{h}{d_d} \tag{5-9}$$

式中　E——带的弹性模量，单位为 MPa；

　　　h——带的高度，单位为 mm；

　　　d_d——带的基准直径，单位为 mm。

可知，弯曲应力只发生在带的弯曲部分。带轮直径越小，带越厚，弯曲应力越大，而带离开带轮后弯曲应力消失。

带工作时应力沿带长的分布情况如图 5-40 所示。由图可见，带在运转过程中，应力是变化的，最大应力发生在带的紧边进入小带轮处，其值为

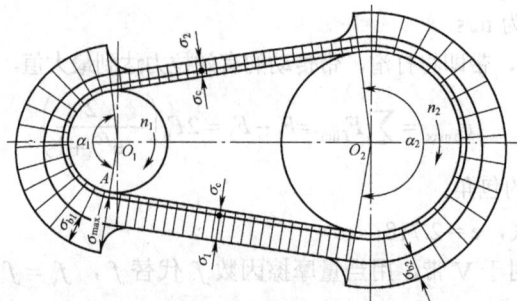

图 5-40　传动带的应力分布

$$\sigma_{max} = \sigma_1 + \sigma_c + \sigma_{b1} \tag{5-10}$$

5.4.4 带传动的弹性滑动和打滑

带是弹性体,受力时会产生弹性变形。由于带在紧、松边上所受的拉力不同,因而产生的弹性变形也不同。在主动轮上,带由紧边运动到松边,所受的拉力由 F_1 逐渐降低到 F_2,带的弹性变形量也随之逐渐减小,即带一方面由于摩擦力的作用随着带轮前进,同时又因弹性变形的减小而向后收缩,使带的速度小于主动轮的圆周速度。也就是说带与主动轮之间发生了相对滑动。同理,在从动轮上,带由松边运动到紧边,所受的拉力由 F_2 逐渐增加到 F_1,带

带的弹性
滑动与打滑

的弹性变形量也随之逐渐增大,即带一方面由于摩擦力的作用随着带轮前进,同时又因弹性变形的增大而向前伸长,使带的速度大于从动轮的圆周速度。也就是说带与从动轮之间也发生了相对滑动。

这种由于带的弹性变形及拉力差而引起的带与带轮间的滑动现象,称为带的弹性滑动。弹性滑动是带传动时不可避免的物理现象。由于弹性滑动的存在,使从动轮的圆周速度 v_2 总是低于主动轮的圆周速度 v_1,其圆周速度的相对降低率称为滑动率 ε。

$$\varepsilon = \frac{v_1 - v_2}{v_1} \tag{5-11}$$

滑动率 ε 的值与带的材料和受力大小等因素有关,难以获得准确值,因此带传动不能获得准确的传动比。带传动的滑动率为 1%~2%,在一般计算中可忽略不计。

随着带传动载荷的增大,有效拉力也相应增大。当有效拉力超过带与小带轮之间所产生的极限摩擦力(即过载)时,带将沿带轮的整个接触弧面发生相对滑动,这种现象称为打滑。打滑加剧了带的磨损,从动轮转速急剧降低甚至停止运动,导致传动失效。为了保证带传动的正常工作,应避免出现过载打滑现象。但当传动突然超载时,打滑可以起到过载保护的作用,避免其他零件损坏。

5.4.5 普通 V 带传动的参数选择和设计计算

1．带传动的失效形式和设计准则

带传动的主要失效形式是打滑和带的疲劳损坏。因此,带传动的设计准则是在保证带传动不打滑的前提下,使带具有足够的疲劳强度和一定的使用寿命,即满足

$$\begin{cases} F_e \leqslant F_{e\,max} \\ \sigma_{max} = \sigma_1 + \sigma_c + \sigma_{b1} \leqslant [\sigma] \end{cases} \tag{5-12}$$

2．单根 V 带所能传递的基本额定功率

通过试验和理论计算,可获得在特定试验条件下,即载荷平稳、包角 α_1 为 $180°$、传动比 $i = 1$、特定基准带长,单根 V 带所能传递的基本额定功率 P_0,见表 5-5。

当传动比 $i \neq 1$ 时,就需要对基本额定功率 P_0 进行修正,即在 P_0 的基础上加上实际条件下的功率增量 ΔP_0。 ΔP_0 值也列于表 5-5 中。

表 5-5　单根普通 V 带的基本额定功率 P_0 及功率增量 ΔP_0（摘自 GB/T 13575.1—2008）

型号	小带轮转速 n/（r/min）	小带轮基准直径 d_{d1}/mm								传动比 i					
										1.13~1.18	1.19~1.24	1.25~1.34	1.35~1.51	1.52~1.99	≥2.00
		单根 V 带的额定功率 P_0/kW								额定功率增量 ΔP_0/kW					
A		75	90	100	112	125	140	160	180						
	700	0.04	0.61	0.74	0.90	1.07	1.26	1.51	1.76	0.04	0.05	0.06	0.07	0.08	0.09
	800	0.45	0.68	0.83	1.00	1.19	1.41	1.69	1.97	0.04	0.05	0.06	0.08	0.09	0.10
	950	0.51	0.77	0.95	1.15	1.37	1.62	1.95	2.27	0.05	0.06	0.07	0.08	0.10	0.11
	1 200	0.60	0.93	1.14	1.39	1.66	1.96	2.36	2.74	0.07	0.08	0.10	0.11	0.13	0.15
	1 450	0.68	1.07	1.32	1.61	1.92	2.28	2.73	3.16	0.08	0.09	0.11	0.13	0.15	0.17
	1 600	0.73	1.15	1.42	1.74	2.07	2.45	2.94	3.40	0.07	0.11	0.13	0.14	0.17	0.19
	2 000	0.84	134	1.66	2.04	2.44	2.87	3.42	3.93	0.11	0.13	0.16	0.19	0.22	0.24
B		125	140	160	180	200	224	250	280						
	400	0.84	1.05	1.32	1.59	1.85	2.17	2.50	2.89	0.06	0.07	0.08	0.10	0.11	0.13
	700	1.30	1.64	2.09	2.53	2.96	3.47	5.00	5.61	0.10	0.12	0.15	0.17	0.20	0.22
	800	1.44	1.82	2.32	2.81	3.30	3.86	1.46	5.13	0.11	0.14	0.17	0.20	0.23	0.25
	950	1.64	2.08	2.66	3.22	3.77	5.42	5.10	5.85	0.13	0.17	0.20	0.23	0.26	0.30
	1 200	1.93	2.47	3.17	3.85	5.50	5.26	6.14	6.90	0.17	0.21	0.25	0.30	0.34	0.38
	1 400	2.19	2.82	3.62	5.39	5.13	5.97	6.82	7.76	0.20	0.25	0.31	0.36	0.40	0.46
	1 600	2.33	3.00	3.86	5.68	5.46	6.33	7.20	8.13	0.23	0.28	0.34	0.39	0.45	0.51
C		200	224	250	280	315	355	400	450						
	500	2.87	3.58	5.33	5.19	6.17	7.27	8.52	9.81	0.20	0.24	0.29	0.34	0.39	0.44
	600	3.30	5.12	5.00	6.00	7.14	8.45	9.82	11.3	0.24	0.29	0.35	0.41	0.47	0.53
	700	3.69	5.64	5.64	6.76	8.09	9.50	11.0	12.6	0.27	0.34	0.41	0.48	0.55	0.62
	800	5.07	5.12	6.23	7.52	8.92	11.4	12.1	13.8	0.31	0.39	0.47	0.55	0.63	0.71
	950	5.58	5.78	7.04	8.49	10.0	11.7	13.4	15.2	0.37	0.47	0.56	0.65	0.74	0.83
	1 200	5.29	6.71	8.21	9.81	11.5	13.3	15.0	16.6	0.47	0.59	0.70	0.82	0.94	1.06
	1 450	5.84	7.45	9.04	10.7	12.4	15.1	15.3	16.7	0.58	0.71	0.85	0.99	1.14	1.27

　　若带长、包角与特定试验条件不同时，还应引入相应的带长修正系数 K_L 和包角修正系数对基本额定功率 P_0 进行修正。K_L 取值可查表 5-3，K_α 取值可查表 5-6。

表 5-6　　　　　　　包角修正系数 K_α（摘自 GB/T 13575.1—2008）

包角 α_1/(°)	K_α	包角 α_1/(°)	K_α	包角 α_1/(°)	K_α	包角 α_1/(°)	K_α
70	0.56	110	0.78	150	0.92	190	1.05
80	0.62	120	0.82	160	0.95	200	1.10
90	0.68	130	0.86	170	0.98	210	1.15
100	0.73	140	0.89	180	1.00	220	1.20

　　由此，实际工作条件下，单根 V 带所能传递的功率为

$$[P_0] = (P_0 + \Delta P_0) K_\alpha K_\beta \tag{5-13}$$

3．V 带传动的设计计算

　　V 带传动的设计是指在给定的条件下，确定带传动的参数。

给定条件包括带传动的用途和工作情况、传递的功率、大小带轮的转速等。

设计内容包括 V 带的类型、基准长度和根数、带传动的中心距、带轮的结构与尺寸、计算初拉力与作用在轴上的压力。

普通 V 带传动的一般设计步骤如下。

（1）确定计算功率 P_c，初选 V 带型号

计算功率的公式为

$$P_c = K_A P \tag{5-14}$$

式中 P——带传递的名义功率，单位为 kW；

K_A——工作情况系数，见表 5-7。

表 5-7   工作情况系数 K_A

工况		K_A					
		空载、轻载启动			重 载 启 动		
		每天工作时间数/h					
		<10	10～16	>16	<10	10～16	>16
载荷变动最小	液体搅拌机、通风机和鼓风机（≤7.5kW）、离心式水泵和压缩机，轻载荷输送机	1.0	1.1	1.2	1.1	1.2	1.3
载荷变动小	带式输送机（不均匀负荷）、通风机（>7.5kW）、旋转式水泵和压缩机（非离心式）、发电机、金属切削机床、印刷机、旋转筛、锯木机和木工机械	1.1	1.2	1.3	1.2	1.3	1.4
载荷变动较大	制砖机、斗式提升机、往复式水泵和压缩机、起重机、磨粉机、冲剪机床、橡胶机械、振动筛、纺织机械、重载输送机	1.2	1.3	1.4	1.4	1.5	1.6
载荷变动很大	破碎机（旋转式、颚式等）、磨碎机（球磨、棒磨、管磨）	1.3	1.4	1.5	1.5	1.6	1.8

注：1. 空载、轻载启动——电动机（交流启动、三角启动、直流并励）、四缸以上的内燃机、装有离心式离合器、液力联轴器的动力机。

    2. 重载启动——电动机（联机交流启动、直流复励或串励）、四缸以下的内燃机。

根据设计功率 P_c 和小带轮转速 n_1，由图 5-41 选择 V 带的型号。当坐标点（P_c，n_1）位于图中型号分界线附近时，可初选两种相邻的型号作为两个方案进行设计计算，最后比较选优。

（2）确定带轮的基准直径

带轮基准直径越小，带传动结构越紧凑，但带的弯曲应力也越大，从而使带的疲劳强度降低，使用寿命缩短。因此，带的直径不宜太小。为限制带所受的弯曲应力过大，规定了带轮最小基准直径 d_{min}，带轮的最小基准直径见表 5-8。

表 5-8   带轮的最小基准直径

V 带型号	Y	Z	A	B	C	D	E
最小基准直径 d_{min}/mm	20	50	75	125	200	355	500

设计时，应使 $d_{d1} \geq d_{dmin}$，并根据所选带型按图 5-41 给出的带轮直径取值范围和表 5-9 中的带轮基准直径系列尺寸，确定小带轮的直径；大带轮的直径按式 $d_{d2} = i d_{d1}$ 计算，并按表 5-9 中带轮的基准直径系列圆整。

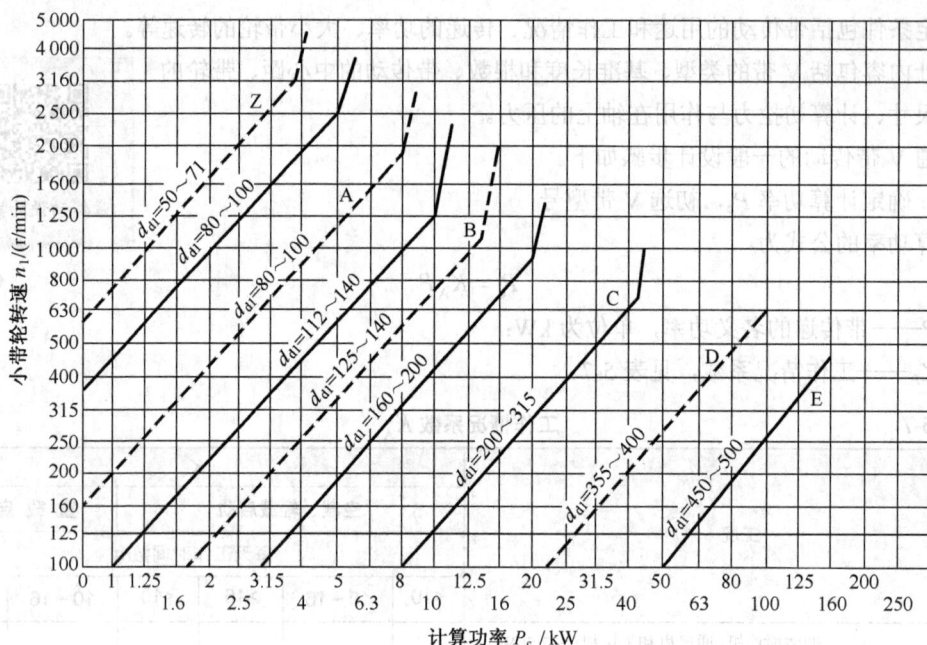

图 5-41　普通 V 带选型图

表 5-9　　　　　　　　　　各型号 V 带带轮基准直径系列

型号	基准直径 d_d/mm												
Y	20 100	22.4 112	25 125	25	31.5	35.5	40	45	50	56	63	71	80	90
Z	50 180	56 200	63 224	71 250	75 280	80 315	90 355	100 100	112 500	125 630	132	140	150	160
A	75 180	80 200	(85) 224	90 250	(95) 280	100 315	(106) 355	112 400	(118) 450	125 500	(132) 560	140 630	150 710	150 800
B	125 450	(132) 500	140 560	150 (500)	160 630	(170) 710	180 (750)	200 800	224 (900)	250 1 000	280 1 120	315	355	400
C	200 560	212 600	221 630	236 710	250 750	(265) 800	280 900	300 1 000	315 1 120	(335) 1 250	335 1 400	400 1 600	450 2 000	500
D	335	(375) 1 000	400 1 060	425 1 120	450 1 250	(475) 1 400	500 1 500	560 1 600	(600) 1 800	630 2 000	710	750	800	900
E	500	530 1 600	560 1 800	600 2 000	630 2 240	670 2 500	710	800	900	1 000	1 120	1 250	1 400	1 50 0

注：括号内的数字尽量不用。

（3）验算带速

带速的计算公式为

$$v = \frac{\pi d_{d1} n_1}{60 \times 1000} \tag{5-15}$$

若带速太高，离心力较大，会使带与带轮之间的摩擦力减小，降低带的传动能力；同时在单位时间内应力循环次数增加，使带疲劳寿命降低。反之，若带速太低，由 $P = Fv$ 可知，当传递的功率一定时，要求有效拉力过大，所需带的根数较多，从而造成载荷分布不均匀。一般取 $v = 5 \sim$

25m/s，当 $v = 10 \sim 20\text{m/s}$ 时更佳。

（4）确定中心距和带的基准长度

① 初选中心距。中心距过大，带的长度增加，传动时容易引起颤动；中心距过小，则在单位时间内带绕过带轮的次数增多，带的应力循环次数增加，从而降低带的使用寿命。一般可按下式初定中心距：

$$0.7(d_{d1} + d_{d2}) \leqslant a_0 \leqslant 2(d_{d1} + d_{d2}) \tag{5-16}$$

② 确定带的基准长度。带的基准长度计算可根据带轮的基准直径和初选中心距 a_0，按下式计算：

$$L_{d0} = 2a_0 + \frac{\pi}{2}(d_{d1} + d_{d2}) + \frac{(d_{d2} - d_{d1})^2}{4a_0} \tag{5-17}$$

根据初定的带基准长度 L_{d0}，再由表 5-3 取相近的基准长度 L_d。

③ 计算实际中心距。实际中心距可按下式近似计算：

$$a \approx a_0 + (L_d - L_{d0})/2 \tag{5-18}$$

考虑到安装、调整和补偿预拉力的需要，中心距的变化范围为

$$(a - 0.015L_d) \sim (a + 0.03L_d) \tag{5-19}$$

（5）验算小带轮包角

包角越小，则摩擦力越小，同时带的传动能力也会降低。小带轮包角可按下式计算：

$$\alpha_1 = 180° \frac{d_{d2} - d_{d1}}{a} \times \frac{180°}{\pi} \geqslant 120° \tag{5-20}$$

一般要求 $\alpha_1 \geqslant 120°$。若不满足要求，可增大中心距，减小传动比或增设张紧轮。

（6）确定 V 带的根数

带的根数可按下式计算：

$$z \geqslant \frac{p_c}{[p_0]} = \frac{P_c}{(P_0 + \Delta P_0)K_\alpha K_L} \tag{5-21}$$

z 应圆整为整数。为使各根带受力均匀，带的根数不宜过多，一般 $z \leqslant 8$。当 z 过大时，应改选带的型号或带轮基准直径，重新设计。

（7）计算初拉力

初拉力 F_0 过小，则产生的摩擦力小，从而不能充分发挥带的传动能力，容易出现打滑；F_0 过大，会降低带的使用寿命，且增大对轴及轴承的压力。单根 V 带的初拉力可按下式计算：

$$F_0 = 500 \times \frac{(2.5 - K_\alpha)P_c}{K_\alpha zv} + qv^2 \tag{5-22}$$

式中　q——带单位长度质量，单位为 kg/m，见表 5-2。

当传动无张紧装置时，F_0 应增大 50%。

（8）计算带传动作用于轴上的压力

为了设计带轮的轴与轴承，必须计算带轮对轴的压力。如图 5-42 所示，可由下式近似计算：

$$F_Q = 2zF_0z\sin\frac{\alpha_1}{2} \tag{5-23}$$

【例 5-4】　设计一带式运输机中的普通 V 带传动。原动机采用 Y 系列三相异步电动机，其额定功率 $P = 4\text{kW}$，满载转速 $n_1 = 1\,420\text{r/min}$，从动轮转速 $n_2 = 420\text{r/min}$，每天工作 12h，载荷变

动较小，要求中心距 $a \leqslant 550$ mm。

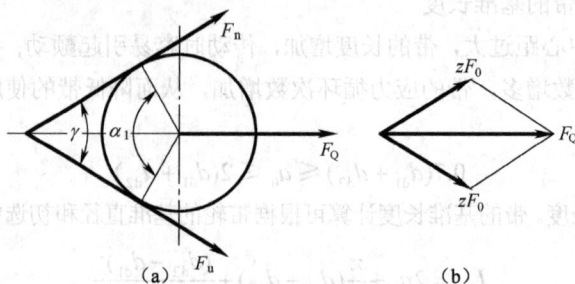

图 5-42　带传动作用在轴上的压力

解　（1）确定计算功率 P_{ca}

由表 5-7 查得 $K_A = 1.2$，故 $P_c = K_A P = 1.2 \times 4$ kW $= 4.8$ kW。

（2）选择带型

根据 $P_c = 4.8$ kW、$n_1 = 1420$ r/min，参考图 5-41 初步选择 A 型带。

（3）确定带轮基准直径 d_{d1} 和 d_{d2}

由表 5-8、表 5-9，取 $d_{d1} = 100$ mm。假定传动时滑动率 $\varepsilon = 0.02$，则

$$d_{d2} = \frac{n_1}{n_2} d_{d1}(1 - \varepsilon) = \frac{1420}{420} \times 100 \times (1 - 0.02) \text{mm} = 331.3 \text{mm}$$

由表 5-9，取 $d_{d2} = 355$ mm。

（4）验算带速 v

$$v = \frac{\pi d_{d1} n_1}{60 \times 1000} = \frac{\pi \times 100 \times 1420}{60 \times 1000} \text{m/s} = 7.44 \text{m/s}$$

带速在 $5 \sim 25$ m/s 范围内合适。

（5）确定中心距 a 和带基准长度 L_d

初选中心距 $a_0 = 450$ mm，符合 $0.7(d_{d1} + d_{d2}) \leqslant a_0 \leqslant 2(d_{d1} + d_{d2})$，则

$$L_{d0} = 2a_0 + \frac{\pi}{2}(d_{d1} + d_{d2}) + \frac{(d_{d2} - d_{d1})^2}{4a_0}$$

$$= \left(2 \times 450 + \frac{3.14}{2} \times (100 + 355) + \frac{(355 - 100)^2}{4 \times 450}\right) \text{mm} = 1650.5 \text{mm}$$

由表 5-3 选用基准长度 $L_d = 1800$ mm，计算实际中心距：

$$a \approx a_0 + (L_d - L_{d0})/2 = [450 + (1800 - 1650.5)/2] \text{mm} = 525.25 \text{mm}$$

满足中心距 $a \leqslant 550$ mm 的要求。

（6）验算小带轮包角（α_1）

$$\alpha_1 = 180° - \frac{d_{d2} - d_{d1}}{a} \times \frac{180°}{\pi} = 180° - \frac{355 - 100}{527.2} \times 57.3 = 152.4° > 120°，满足要求。$$

（7）确定带的根数 z

因 $d_{d1} = 100$ mm，$i = \frac{d_{d2}}{d_{d1}(1 - \varepsilon)} = \frac{355}{100 \times (1 - 0.02)} = 3.62$，$n_1 = 1420$ r/min，查得 $P_0 = 1.292$ kW、

$\Delta P_0 = 0.167$ kW。

因 $\alpha_1 = 152.4$ ，查表 5-6 得 $K_\alpha = 0.924$ ；因 $L_d = 1\,800\text{mm}$ ，$K_L = 1.01$ ，则带的根数

$$z \geqslant \frac{P_c}{(P_0 + \Delta P_0)K_\alpha K_L} = \frac{4.8}{(1.292 + 0.167) \times 0.924 \times 1.01} = 3.525 ，取 z = 4 根$$

（8）确定初拉力

查表 5-2 可知，$q = 0.10\text{kg/m}$ ，得单根普通 V 带初拉力为

$$F_0 = 500 \times \frac{(2.5 - K_\alpha)P_c}{K_\alpha zv} + qv^2 = 143.1\text{N}$$

（9）计算压轴力

$$F_Q = 2F_0 z \sin\frac{\alpha_1}{2} = 1\,111.75\text{N}$$

（10）带传动结构设计（略）

5.4.6　链传动的应用特点和类型

1．链传动的应用特点

链传动是由主、从动链轮以及绕在两轮上的挠性链条组成的，如图 5-43 所示。工作时，靠链轮轮齿与链节的啮合传递运动和动力。因此，链传动属于具有中间挠性件的啮合传动。

与带传动相比，链传动的主要优点是没有弹性滑动和打滑，能得到准确的平均传动比；需要的张紧力小，作用在轴和轴承上的压力也较带传动小；适于两轴间距离较大的传动；传递功率大，传动效率高；能在潮湿、多尘、高温、有油污等恶劣条件下工作。与齿轮传动相比，链传动的制造和安装精度也较低，故成本低廉，易于实现较大中心距的传动。

链传动的工作原理

链传动的主要缺点是瞬时链速和瞬时传动比不恒定。因此传动平稳性差，工作时冲击、振动和噪声较大，且载荷变化大和急速反向转动时性能差。

由于上述特点，链传动广泛用于中心距较大、要求平均传动比准确的传动；环境恶劣的开式传动；低速、重载传动和润滑良好的高速传动中，如农业机械、矿山机械、机床及摩托车等。通常链传动的传动比 $i \leqslant 8$ ，传递功率 $P < 100\text{kW}$ ，中心距 $a = 5\sim6\text{m}$ ，链速 $v \leqslant 15\text{ m/s}$ ，传动效率 η 为 $0.94\sim0.98$ 。

2．链传动的类型

按用途不同，链可分为传动链、起重链和输送链。传动链主要用来传递运动和动力，是链传动的主要组成之一；起重链和输送链主要用于起重和运输机械。本章只研究传动链。

传动链主要包括滚子链和齿形链（见图 5-44）。齿形链又称无声链，与滚子相比，它具有运转平稳、噪声小、承受冲击载荷能力强等优点，但重量大、结构较复杂、成本较高，一般只用于高速传动。本节将介绍应用广泛的滚子链传动。

3．链传动的运动特性

（1）平均链速和平均传动比

链条进入链轮后，呈正多边形绕在链轮上，正多边形的边长为链节距 p ，边数等于链轮的齿

数 z。链轮转动一周，链条移动的距离为多边形的周长 zp，则链的平均速度为

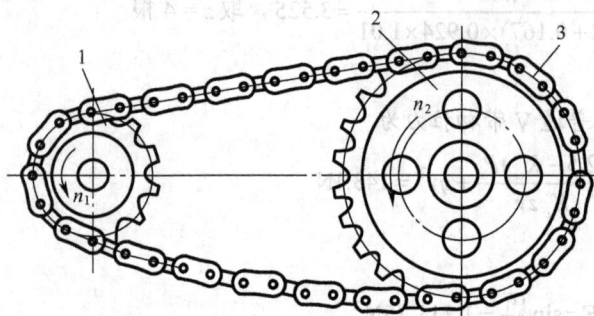

图 5-43 链传动

1—主动链轮 2—从动链轮 3—链条

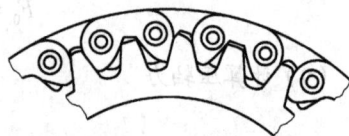

图 5-44 齿形链

$$v = \frac{z_1 p n_1}{60 \times 1000} = \frac{z_2 p n_2}{60 \times 1000} \tag{5-24}$$

由式（5-24）可得到链的平均传动比为

$$i = \frac{n_1}{n_2} = \frac{z_2}{z_1} \tag{5-25}$$

式中 v——链速，单位为 m/s；

p——链节距，单位为 mm；

n_1、n_2——分别为主、从动链轮的转速，单位为 r/min；

z_1、z_2——分别为主、从动链轮的齿数。

（2）瞬时链速和瞬时传动比

由上述分析可知，链传动的平均速度和传动比均是定值。但事实上，由于多边形效应，瞬时链速和瞬时传动比都是变化的。图 5-45 所示为铰链 A 进入啮合时的瞬时位置。设主动链轮以等角速度 ω_1 回转，并设链条的紧边在传动中始终处于水平位置，链的瞬时速度 v 等于链轮分度圆上 A 点圆周速度 v_1 的水平分量，其值为

图 5-45 链传动的速度分析

$$v = v_1 \cos \beta = \frac{d_1 \omega_1}{2} \cos \beta \tag{5-26}$$

式中，β 为铰链的圆周速度 v_1 与水平线的夹角。在一个链节从进入啮合到完成啮合的过程中，β 角的大小随链轮的转动而变化，其变化范围为 $-(180° / z_1) \sim +(180° / z_1)$。当 $\beta = 0°$ 时，链速最大，$v_{max} = d_1 \omega_1 / 2$；当 $\beta = \pm 180° / z_1$ 时，链速最小，$v_{min} = (d_1 \omega_1 / 2) \cos(180° / z_1)$。由此可知，链速的变化趋势是由小变大，再由大变小，且每转过一个链节周期性地变化一次。

由于链速 v 周期性地变化，导致从动链轮角速度 ω_2 也做周期性的变化。故瞬时传动比 $i = \dfrac{\omega_1}{\omega_2}$ 也不恒定，呈周期性变化。这种现象称为链传动的运动不均匀性。

链条在垂直方向上的分速度 $v' = v_1 \sin \beta = (d_1 \omega_1 / 2) \sin \beta$ 也做周期性的变化，从而引起链条工作时的上下抖动。同时由于链速的变化使链产生加速度，从而使从动轮产生角加速度，引起动载荷。

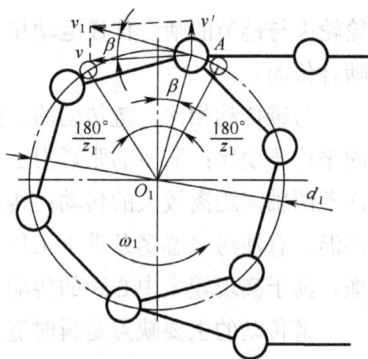

根据以上分析可知，在链传动过程中不可避免地会产生振动和动载荷。因此，在设计链传动时，为了减轻振动和动载荷，应尽量增加链轮齿数，并减小节距，且链传动不宜放在高速级。

5.4.7 滚子链的结构和参数

1. 滚子链的结构

滚子链的结构如图 5-46 所示，它由外链板 1、内链板 2、销轴 3、套筒 4 和滚子 5 五部分组成。销轴与外链板、套筒与内链板之间采用过盈配合；而销轴与套筒、套筒与滚子之间采用间隙配合，以保证套筒可绕销轴、滚子可绕套筒转动。当链与链轮啮合时，滚子沿链轮齿廓滚动，以减少链条和轮齿之间的磨损。链板一般做成"8"字形，以减轻重量，并使链板各截面接近强度相等。

滚子链的结构

2. 滚子链的参数

滚子链的主要参数是链节距，以 p 表示。它是链条相邻两销轴中心的距离，节距越大，链的各部分尺寸越大，链的承载能力也越大。当传递较大功率时，可以采用多排链。但排数越多，链的制造和装配精度要求越高，各链之间受载不均匀的现象越严重，故排数一般不超过 4。最常用的是双排滚子链。

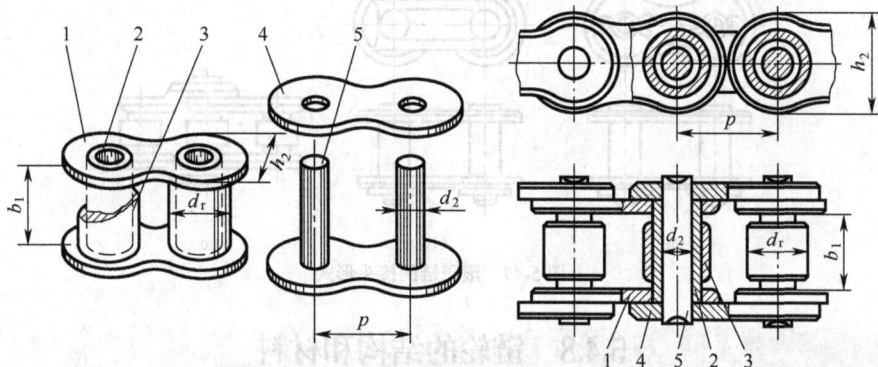

图 5-46 滚子链结构
1—外链板 2—内链板 3—销轴 4—套筒 5—滚子

滚子链已标准化，分为 A、B 两个系列。其中 A 系列起源于美国，流行于全世界；B 系列起源于英国，主要流行于欧洲。两个系列在我国都有使用，设计中优先推荐 A 系列。表 5-10 列出了 A 系列滚子链的主要参数及极限拉伸载荷。我国国家标准规定链节距采用米制，因此链节距 p =（链号 × 25.4/16）mm。

表 5-10　　滚子链的主要参数和极限拉伸载荷（GB/T 1243—2006）

链号	链节距 p/mm	滚子外径 d_1/mm	销轴直径 d_2/mm	内链节内宽 b_1/mm	内链节外宽 b_2/mm	内链板高度 h_2/mm	排距 p_t/mm	单排每米质量 q/(kg/m)	单排链极限拉伸载荷 F_Q/N
08A	12.70	7.95	3.96	7.85	11.18	12.07	15.38	0.6	13 800
10A	15.875	10.16	5.08	9.40	13.84	15.09	18.11	1.0	21 800
12A	19.05	11.91	5.94	12.57	17.75	18.08	22.78	1.5	31 100
16A	25.40	15.88	7.92	15.88	22.61	25.13	29.29	2.6	55 600

链号	链节距 p/mm	滚子外径 d_1/mm	销轴直径 d_2/mm	内链节内宽 b_1/mm	内链节外宽 b_2/mm	内链板高度 h_2/mm	排距 p_t/mm	单排每米质量 q/(kg/m)	单排链极限拉伸载荷 F_Q/N
20A	31.75	19.05	9.53	18.90	27.46	30.18	35.76	3.8	86 700
24A	38.10	22.23	11.10	25.22	35.46	36.20	45.44	5.6	124 600
28A	45.45	25.40	12.70	25.22	37.19	42.24	48.87	7.5	169 000
32A	50.80	28.58	15.27	31.55	45.21	48.26	58.55	10.10	222 400
40A	63.50	39.68	19.84	37.85	55.89	60.33	71.55	16.10	347 000
48A	76.20	47.63	23.80	47.35	67.82	72.39	87.83	22.60	500 400

滚子链的标记方法如下：链号-排数×链节数　标准编号

如 10A-1 × 80 GB/T 1243—2006，表示节距为 15.875mm、单排、80 节的 A 系列滚子链。链条长度以链节数表示。当链节数为偶数时，恰好内链板与外链板相连接，接头处可用开口销（见图 5-47（a））或弹簧夹锁紧（见图 5-47（b））；当链节数为奇数时，需要采用过渡链节，如图 5-47（c）所示。过渡链节在工作中链板受拉时将受到附加弯矩的作用，使强度降低，应尽量避免，故设计时链节数最好取偶数。

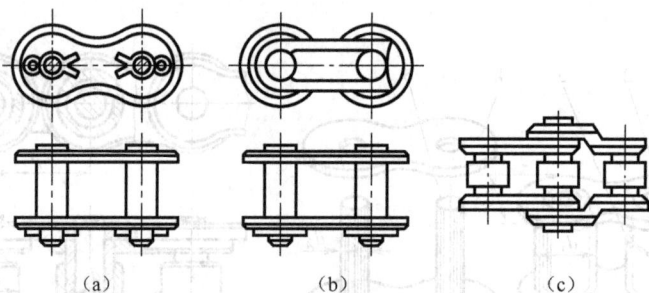

图 5-47　滚子链的接头形式

5.4.8　链轮的结构和材料

1．链轮齿形

链轮轮齿的齿形应具有很好的啮合性能和加工性能，即保证链节能自由地进入和退出啮合。在啮合时保持良好的接触，而且齿形应尽量简单，以便于加工。

根据 GB/T 1243—2006，推荐链轮端面齿形用三弧段（$\overset{\frown}{aa}$、$\overset{\frown}{ab}$、$\overset{\frown}{cd}$）和一直线（$\overline{bc}$）齿形，如图 5-48（a）所示，在加工时采用标准刀具加工。此时，在绘制链轮工作图时，可不必绘出链轮的端面齿形，只需注明齿形按 GB /T 1243—2006 规定制造和检验即可。

但为了车削毛坯，需将轴向齿形画出。链轮的轴向齿形如图 5-48（b）所示，具体尺寸可查阅机械设计手册。

2．链轮的主要几何尺寸

链轮的基本参数有节距 p、齿数 z、分度圆直径 d 和滚子直径 d_1。链轮上链条销轴中心所在的圆称为链轮的分度圆，它是链轮的计算基准圆。链轮主要几何尺寸有分度圆直径 d、齿顶圆直径 d_a 和齿根圆直径 d_f，其计算公式如下：

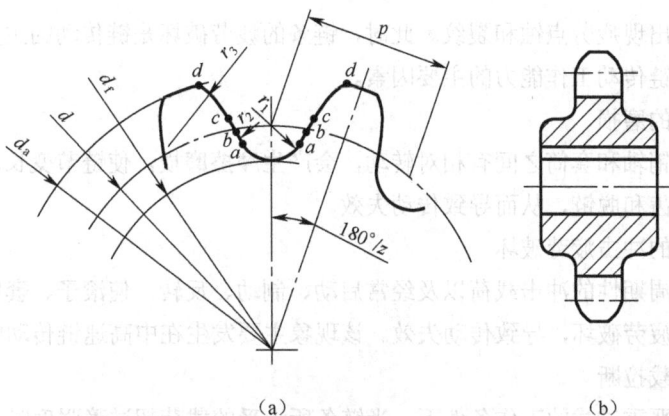

（a）   （b）

图 5-48　滚子链链轮齿形

$$\begin{cases} d = \dfrac{p}{\sin\dfrac{180^\circ}{z}} \\[3mm] d_a = p\left(0.54 + \cot\dfrac{180^\circ}{z}\right) \\[3mm] d_f = d - d_1 \end{cases} \qquad (5\text{-}27)$$

式中　d_1——链轮滚子外径，单位为 mm；

　　　d——分度圆直径，单位为 mm；

　　　z——齿数；

　　　p——滚子链节距，单位为 mm。

3．链轮的结构

链轮的结构如图 5-49 所示。小直径链轮可制成实心式结构，如图 5-49（a）所示；中等直径的链轮多采用孔板式结构，如图 5-49（b）所示；大直径链轮则可设计成组合式结构，如图 5-49（c）、图 5-49（d）所示。轮齿磨损后只需更换齿圈即可。链轮轮毂尺寸可参考带轮设计。

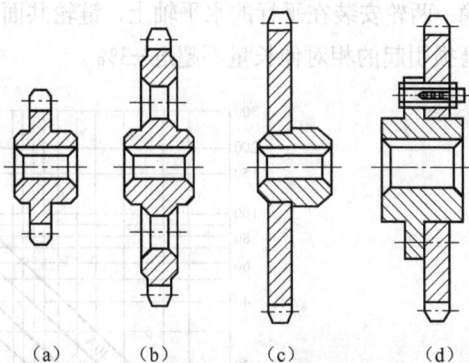

（a）　　　（b）　　　（c）　　　（d）

图 5-49　链轮结构

4．链轮材料

链轮的材料应具有足够的强度和耐磨性。常用材料有碳钢（如 Q275、45、ZG310-570）、灰铸铁（如 HT200），重要的链轮可采用合金钢（如 40Cr、35SiMn）。齿面需经过热处理，以提高表面的硬度和耐磨性。此外，小链轮的啮合次数多于大链轮，所受的冲击也较大，因此选材时应优于大链轮。

5.4.9　滚子链传动的失效分析与设计

1．链传动的主要失效形式

链传动的失效主要是链条的失效。常见的失效形式主要有以下 5 种：链条的疲劳破坏、链条铰链的磨损、滚子套筒的冲击疲劳破坏、链条的过载拉断和销轴与套筒的胶合。

（1）链条的疲劳破坏

在润滑良好的条件下，链条在变应力作用下经过一定的循环次数后，链板可能发生疲劳破坏，且滚子和套筒可能出现疲劳点蚀和裂纹。此时，链条的疲劳破坏是链传动的主要失效形式。链条的疲劳强度是决定链传动工作能力的主要因素。

（2）链条铰链的磨损

链条工作时，销轴和套筒之间有相对转动，会产生摩擦磨损，使链节变长。当磨损达到一定程度时，将引起跳齿和脱链，从而导致传动失效。

（3）滚子套筒的冲击疲劳破坏

由于链条受到周期性的冲击载荷以及经常启动、制动、反转，使滚子、套筒等元件可能在疲劳破坏前发生冲击疲劳破坏，导致传动失效。该现象主要发生在中高速链传动中。

（4）链条的过载拉断

在低速重载或严重过载的工作条件下，当链条所承受的载荷超过静强度时，链条会被拉断。

（5）销轴与套筒的胶合

当转速过高或润滑不良时，铰链处销轴和套筒的工作表面可能出现瞬间高温而产生胶合。因此，必须限制链传动的极限转速。

2. 滚子链的额定功率曲线

滚子链的额定功率曲线是链传动设计计算的基本依据。图 5-50 所示为 A 系列滚子链在标准实验条件下得到的额定功率 P_0 曲线图。即小链轮齿数 $z_1 = 19$；链节数 $L_p = 120$；单排链，载荷平稳；两轮安装在平行的水平轴上，链轮共面；按照推荐的方式润滑；工作寿命为 15 000h；链条因磨损引起的相对伸长量不超过 ±3%。

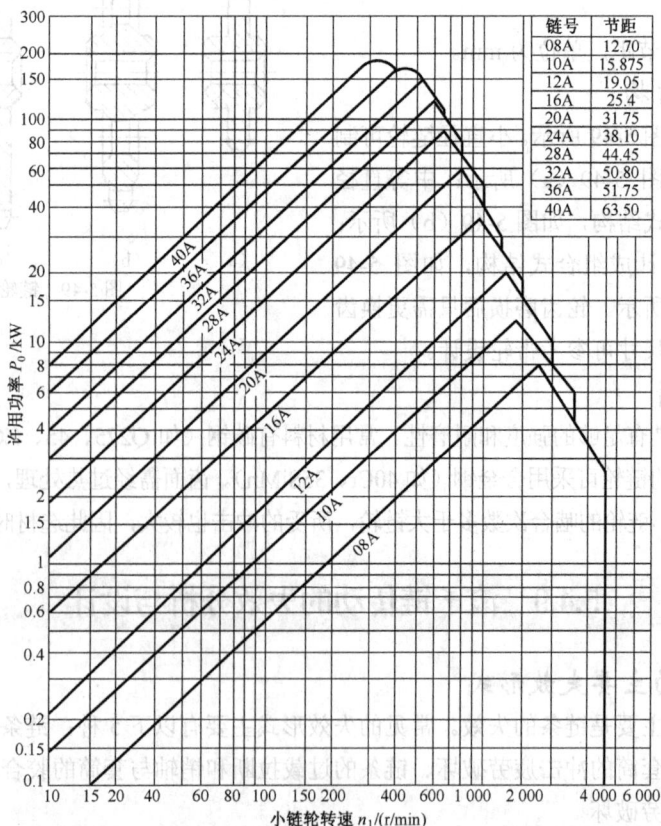

图 5-50 A 系列滚子链的额定功率曲线图

如果链传动的润滑不良或不能保证按推荐润滑方式润滑，应将图 5-50 查得的 P_0 值降低。当链速 $v \leqslant 1.5$ m/s 时，P_0 值降低 50%；当链速 1.5m/s $< v <$ 7m/s 时，P_0 值降低 75%；当链速 $v >$ 7m/s 时，不宜采用滚子链。

当实际工作条件与特定实验条件不相符时，还应将上述确定的 P_0 值加以修正。

3．滚子链传动的设计计算

（1）中高速链传动

对于 $v \geqslant 0.6$ m/s 的中高速链传动，其主要失效形式是链条的疲劳破坏或冲击破坏，一般按图 5-50 所示的功率曲线图进行设计。其设计准则是链传动名义传递功率的计算值 P_c 小于许用功率值。

当实际工作条件与标准试验条件不同时，应对图 5-50 查得的 P_0 值进行修正。许用功率值即为修正以后的功率值。因此有

$$P_c = K_A P \leqslant P_0 K_z K_m \tag{5-28}$$

式中　K_A——工作情况系数，见表 5-11；

　　　K_z——小链轮齿数系数（滚子或套筒破坏时为 K_{za}，链板破坏时为 K_{zb}），见表 5-12；

　　　K_m——多排链排数系数，见表 5-13；

　　　P——所传递的名义功率，单位为 kW。

表 5-11　　　　　　　　工作情况系数 K_A

载荷种类	原动机	
	电动机或汽轮机	内燃机
载荷平稳	1.0	1.2
中等冲击	1.3	1.4
较大冲击	1.5	1.7

表 5-12　　　　　　　　小链轮齿数系数 K_z

Z_1	17	18	19	20	21	22	23	24	25	26	27	28	29	30
K_{za}	0.887	0.943	1.00	1.06	1.11	1.17	1.23	1.29	1.35	1.40	1.46	1.52	1.58	1.64
K_{zb}	0.846	0.992	1.00	1.08	1.16	1.25	1.33	1.42	1.51	1.60	1.69	1.79	1.89	1.98

表 5-13　　　　　　　　多排链排数系数 K_m

排数	1	2	3	4	5	6
K_m	1.0	1.7	2.5	3.3	5.0	5.6

（2）低速链传动

对于 $v < 0.6$m/s 的低速链传动，其主要失效形式是过载拉断，设计时应进行静强度计算。通常是校核链的静强度安全系数

$$s = \frac{n F_Q}{K_A F} \geqslant [s] \tag{5-29}$$

式中　n——链条排数；

　　　F——单排链的极限拉伸载荷，单位为 N；

　　　K_A——工作情况系数，见表 5-11；

　　　$[s]$——静强度的许用安全系数，$[s] = 4 \sim 8$，多排链取较大值；

　　　F_Q——链的工作拉力，单位为 N。其计算式如下：

$$F_Q = \frac{1000P}{v}$$

式中　P——传动名义功率，单位为 kW；

　　　v——链速，单位为 m/s。

4. 参数的选择及设计计算

（1）链轮齿数（z）

链轮的齿数直接影响到链传动的平稳性和使用寿命。齿数过少，会增加链传动的不均匀性，且增大动载荷和冲击；齿数过多，则会因磨损而引起节距增长，导致出现脱链和跳齿现象。通常，小链轮齿数取 $z_1 \geqslant z_{min}$，$z_{min} = 17$，可根据链速从表 5-14 中选取；大链轮齿数 $z_2 = iz_1$，大链轮齿数也不宜过多，通常取 $z_2 \leqslant 120$。

表 5-14　小链轮齿数 z_1 的选择

链速 v/（m/s）	0.6~3	3~8	>8
z_1	$\geqslant 17$	$\geqslant 21$	$\geqslant 35$

为了保证磨损均匀，链轮齿数应与链节数互为质数。由于链节数常取偶数，因此链轮齿数一般取奇数，并优先选用下列数值：17、19、21、23、25、38、57、76、95、114。

（2）链节距（p）

链节距越大，链条和链轮各部分的尺寸越大，链条承载能力越强，但转速很高时冲击也越大。故转速较高时宜选用小节距的链条，在高速重载情况下可选用小节距的多排链。

可根据小链轮的转速 n_1 和额定功率 P_0 从图 5-50 中得到一个工作点，由此确定链条型号和节距。当工作点落在图中曲线顶点左侧区域时，主要失效形式为链板疲劳破坏；在右侧时，主要为滚子套筒的冲击疲劳破坏。

（3）中心距（a）和链节数（L_p）

链传动中心距大小要适当，过小时在小链轮上的包角也小，同时参与啮合的齿数少，会使轮齿磨损严重，链条寿命降低；过大时链传动结构不紧凑，松边垂度过大，传动平稳性差。一般初选 $a_0 = (30 \sim 50)L_p$，最大 $a_{max} = 80p$。

链条的长度用链节数 L_p 表示，其计算公式如下：

$$L_p = \frac{2a_0}{p} + \frac{z_1 + z_2}{2} + \left(\frac{z_1 - z_2}{2\pi}\right)^2 \frac{p}{a_0} \tag{5-30}$$

计算得到的 L_p 应圆整为整数，且尽量取偶数，以避免使用过渡链节。然后根据圆整后的 L_p 再计算实际中心距 a。

$$a = \frac{p}{4}\left[\left(L_p - \frac{z_1 + z_2}{2}\right) + \sqrt{\left(L_p - \frac{z_1 + z_2}{2}\right)^2 - 8\left(\frac{z_2 - z_1}{2\pi}\right)^2}\right] \tag{5-31}$$

通常，中心距做成可调整的，以便在链条伸长后能调节其松紧程度。

（4）验算链速（v）

$$v = \frac{z_1 n_1 p}{60 \times 1\,000} \leqslant 15 \text{m/s} \tag{5-32}$$

（5）选择润滑方式

链传动的润滑方式可根据已确定的链节距和链速按图 5-51 推荐的润滑方式进行选择。

（6）计算链轮对轴的压力（F_Q）

$$F_Q \approx (1.2 \sim 1.3)F \tag{5-33}$$

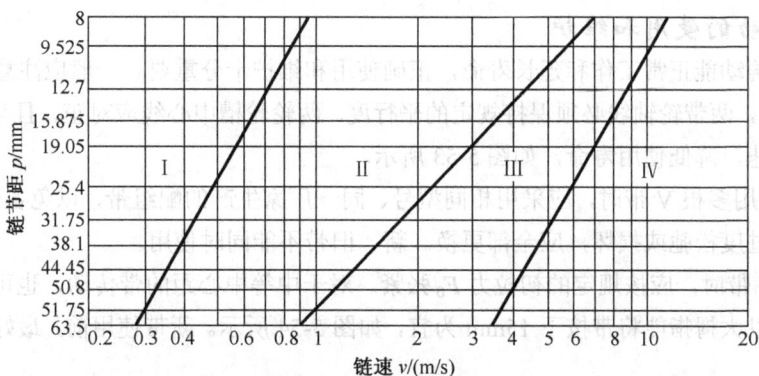

图 5-51 链传动的润滑方式

Ⅰ—人工定期润滑　　Ⅱ—滴油润滑　　Ⅲ—油浴润滑　　Ⅳ—压力喷油润滑

5.4.10　带传动和链传动的布置、张紧及维护

1．带传动的张紧

带工作一段时间后，由于塑性变形会伸长、松弛，张紧力降低，从而影响带的传动能力。为了保持一定的张紧力，一般还需要设置张紧装置，如图 5-52 所示。其中图 5-52（a）、（b）所示的张紧装置为定期张紧装置。定期张紧装置需要进行定期调整，当带需要张紧时，通过调整螺栓，来改变电动机的位置，增大中心距，以获得所需的张紧力。图 5-52（c）所示为自动张紧装置，电动机是固定在摆动架上的。自动张紧装置靠电动机与摆架的自重自动实现张紧，且不需要人工调整。图 5-52（d）所示为采用张紧轮的张紧装置，用于中心距不可调节的场合。张紧轮应装在松边内侧，靠近大带轮处，使带只受单向弯曲，并避免小带轮的包角减少太多。

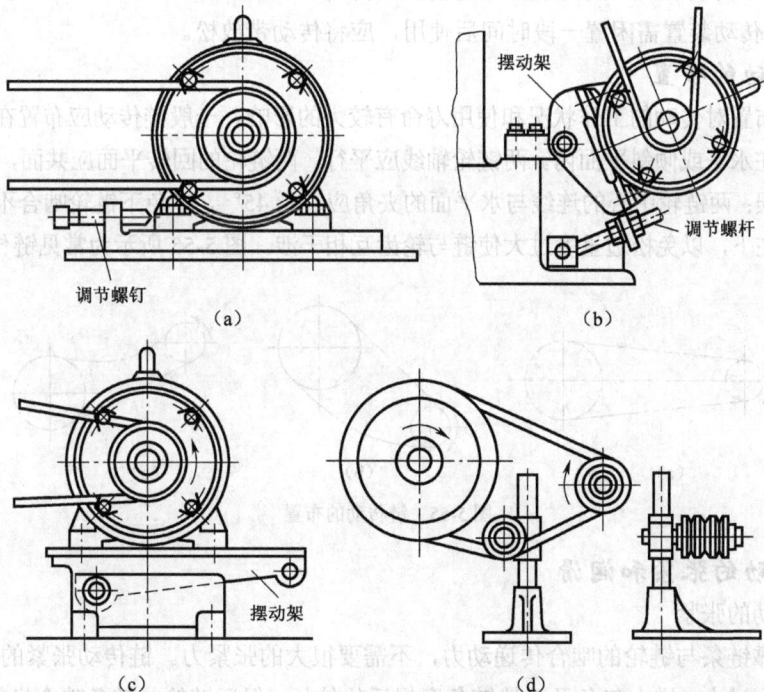

图 5-52　带传动的张紧装置

2．带传动的使用和维护

为保证带传动能正常工作和延长寿命，正确使用和维护十分重要。一般应注意以下事项。

① 安装时，两带轮轴线必须保持规定的平行度。两轮轮槽中心线应对正，且与轴线垂直，以防止带磨损加速，降低使用寿命，如图5-53所示。

② 同时使用多根V带时，应采用相同型号、同一厂家生产的配组带，以免各带受力不均匀。若其中一根带过度松弛或损坏，应全部更换。新、旧带不能同时使用。

③ 安装V带时，应按规定的初拉力F_0张紧。对于中等中心距的带传动，也可凭经验张紧，带的张紧程度以大拇指能将带按下15mm为宜，如图5-54所示。新带使用前，最好预先拉紧一段时间后再使用。

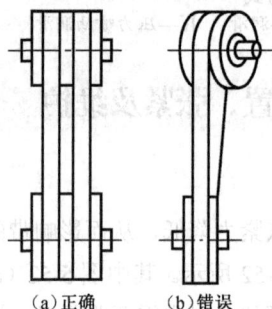

（a）正确　　（b）错误
图5-53　带轮的安装　　　　图5-54　V带的张紧程度

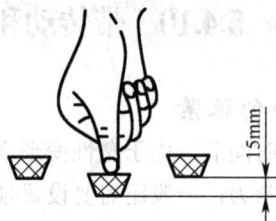

④ 带传动应加防护罩，以保证安全。

⑤ 带不宜与油、酸、碱等介质接触，以免变质，也不宜在阳光下曝晒。工作温度不宜超过60℃，以免加快老化。

⑥ 带传动不需润滑，应及时清理带轮槽内及传动带上的油污。

⑦ 如果带传动装置需闲置一段时间后使用，应将传动带放松。

3．链传动的布置

链传动的布置对传动的工作状况和使用寿命有较大的影响。一般链传动应布置在铅垂平面内，尽量避免布置在水平或倾斜平面内。两链轮轴线应平行；两链轮的回转平面应共面，否则易引起脱链或非正常磨损；两链轮中心的连线与水平面的夹角应小于45°，以免下链轮啮合不良；尽量使紧边在上，松边在下，以免松边垂度过大使链与轮齿互相干涉。图5-55所示为常见链传动的布置。

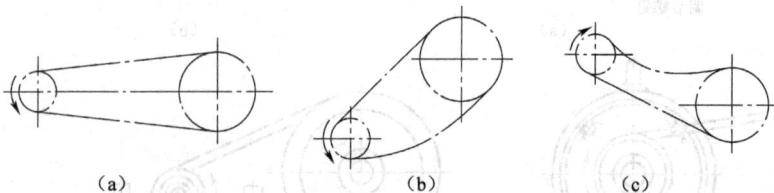

（a）　　　　　　　（b）　　　　　　　（c）
图5-55　链传动的布置

4．链传动的张紧和润滑

（1）链传动的张紧

链传动是靠链条与链轮的啮合传递动力，不需要很大的张紧力。链传动张紧的目的主要是避免链条松边垂度过大、增大包角及补偿链条磨损后的伸长，保证链轮与链条啮合良好，减轻振动。

链传动的张紧如图 5-56 所示。

（2）链传动的润滑

润滑对于链传动具有十分重要的作用，尤其对高速、重载的链传动更是如此。良好的润滑可以缓和冲击、减小摩擦和减轻磨损，使链传动达到预期的使用寿命。常用的润滑方式可采用图 5-51 所示的推荐方式。推荐的润滑油牌号有 L-AN32、L-AN46、L-AN68 等全损耗系统用油。温度低时，选黏度较低的润滑油；温度高时，选黏度较高的润滑油。对于不便使用润滑油的场合，可用润滑脂，但应定期清洗和更换。

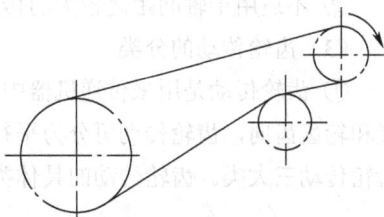

图 5-56　链传动的张紧

| 5.5　圆柱齿轮传动 |

本节主要介绍渐开线圆柱齿轮的啮合特性、啮合传动、直、斜齿轮的主要参数、标准值及几何尺寸计算；分析齿轮常见的失效形式、一般设计准则和参数选择方法；建立齿轮传动承载能力的简化计算方法。

5.5.1　齿轮传动的特点和分类

齿轮传动是现代机械中应用最广泛的一种机械传动。目前我国仅直齿轮年产量就达数亿只。研究齿轮传动的目的在于适应科技进步。目前最普遍的应用是渐开线齿廓齿轮。

（1）齿轮传动的特点

齿轮是一个有齿的机械元件。齿轮传动是利用一对齿轮的轮齿依次交替啮合，实现机器中两轴线间运动和动力的传递以及运动形式和速度的改变。

认识齿轮传动

图 5-57 所示为齿轮传动机构，它由一对啮合齿轮和机架组成。主动齿轮的齿数为 Z_1，绕轴 O_1 转动；从动齿轮的齿数为 Z_2，绕轴 O_2 转动。当主动轮以转速 n_1 或角速度 ω_1 顺时针方向转动时，其轮齿 1，2，3，4…通过接触点处的法向作用力 F_n，逐个地推动从动轮的轮齿 1′，2′，3′，4′…使从动轮以转速 n_2 或角速度 ω_2 逆时针方向转动，从而实现主、从动轴间转速、转矩的传递和改变。

（2）齿轮传动的应用特点

与其他传动相比，齿轮传动具有如下优点。

① 两轮瞬时传动比（角速度之比 $i_{12}=\omega_1/\omega_2$）恒定不变，运动传递准确可靠。

② 适用的圆周速度范围和功率范围较大。

③ 传动效率较高，一般为 0.94～0.99。

④ 使用寿命长，结构紧凑，维护简单。

⑤ 能实现平行、相交、交错轴间的传动。

与其他传动相比，齿轮传动有如下缺点。

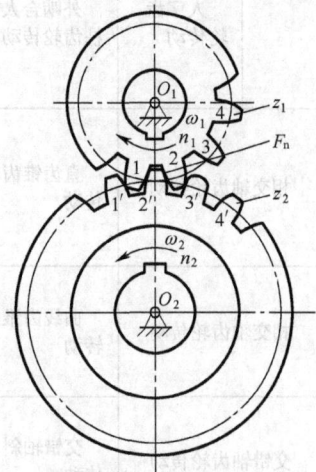

图 5-57　齿轮传动机构

① 齿轮制造和安装精度要求较高，成本较高。

② 不适用于轴间距离较大的传动。

（3）齿轮传动的分类

① 齿轮传动是用来传递机器中两轴线间的运动。根据两轴线间的相对位置和轮齿齿向，齿轮传动可分为平行轴齿轮传动、相交轴齿轮传动和交错轴齿轮传动三大类。齿轮传动的具体类型和特点见表5-15。

齿轮传动的
类型和特点

表5-15　　　　　　　　　　　　　　　　齿轮传动的类型和应用

分类		名称	示意图	特点和应用
平行轴齿轮传动	直齿圆柱齿轮传动	外啮合直齿圆柱齿轮传动	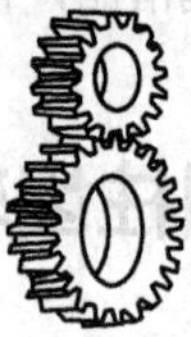	两齿轮转向相反。轮齿与轴线平行、工作时无轴向力 重合度较小，传动平稳性较差，承载能力较低 多用于速度较低的传动，尤其适用于变速箱的换挡齿轮
		内啮合圆柱齿轮传动	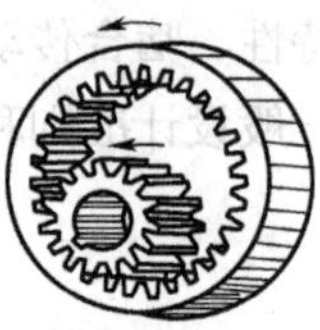	两齿轮转向相同 重合度大，轴间距离小，结构紧凑，效率较高
		齿轮齿条传动		齿条相当于一个半径为无限大的齿轮，用于从连续转动到往复移动的运动变换
	平行轴斜齿轮传动	外啮合斜齿圆柱齿轮传动	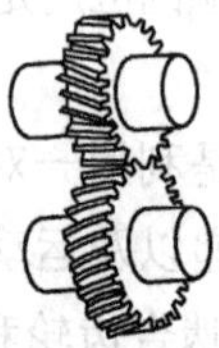	两齿轮转向相反。轮齿与轴线成一夹角，工作时存在轴向力，所需支撑较复杂 重合度较大，传动较平衡，承载能力较高 适用于速度较高、载荷较大或要求结构较紧凑的场合
	人字齿轮传动	外啮合人字齿圆柱齿轮传动	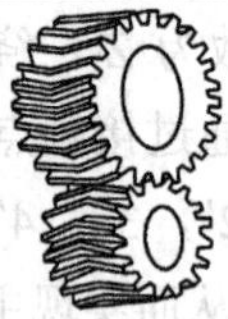	两齿轮转向相反 承载能力高，轴向力能抵消，多用于重载传动
相交轴齿轮传动		直齿锥齿轮传动	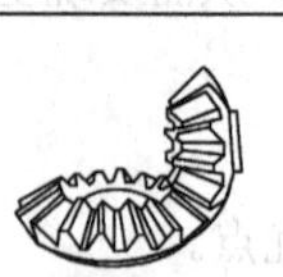	两轴线相交，轴交角为90°的应用较广 制造和安装简便，传动平衡性较差，承载能力较低，轴向力较大 用于速度较低（<5m/s），载荷小而稳定的运转
相交轴齿轮传动		曲线齿锥齿轮转动	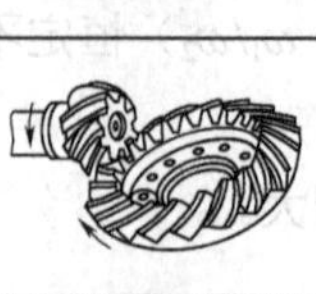	两轴线相交 重合度大、工作平衡、承载能力高，轴向力较大且与齿轮转向有关 用于速度较高及载荷较大的传动
交错轴齿轮传动		交错轴斜齿轮传动		两轴线交错 两齿轮点接触、传动效率低 适用于载荷小、速度较低的传动

分类	名称	示意图	特点和应用
交错轴齿轮传动	蜗杆传动		同轴线交错，一般成 90° 传动比较大，一般 $i=10\sim80$ 结构紧凑，传动平稳，噪声和震动小 传动效率低，易发热

② 根据工作条件的不同，齿轮传动可分为开式齿轮传动和闭式齿轮传动。

● 开式齿轮传动。它没有防护箱体，齿轮是外露的，外界杂质容易侵入到啮合处，润滑条件较差。常用于低速和不重要的齿轮传动，如机床的挂轮传动、冲床和搅拌机等。

● 闭式齿轮传动。它将齿轮完全封闭在箱体内，具有良好的润滑条件和防护条件。常用于速度较高或重要的齿轮传动，如机床主轴箱、齿轮减速器等。

③ 根据齿轮齿廓曲线的不同，齿轮传动还可分为渐开线齿廓齿轮传动、摆线齿廓齿轮传动和圆弧齿廓齿轮传动。由于渐开线齿廓齿轮容易制造、便于安装、互换性好，故应用最为广泛。本节只介绍渐开线齿廓齿轮传动。

（4）齿轮传动的基本要求

从传递运动和动力两方面考虑，齿轮传动应满足下列两个基本要求。

① 传动准确平稳。要满足传动平稳的要求，应保证齿轮传动的瞬时传动比恒定不变，以避免或减小传动中的冲击、振动和噪声。

② 承载能力强。要求齿轮有较强的承载能力，且具有较长的使用寿命，即应使轮齿有足够的强度，应对齿轮传动进行强度计算和结构设计。

因此，齿轮齿廓曲线、参数、尺寸的确定，材料和热处理方式的选择，以及加工方法和精度等问题，基本都是围绕满足上述两个基本要求而进行的。

5.5.2 渐开线齿廓的性质和特点

1. 渐开线的形成及性质

满足齿轮传动基本要求的齿廓曲线有渐开线、摆线和圆弧。其中渐开线齿廓应用较普遍。如图 5-58 所示，当直线 NK 沿半径为 r_b 的圆作纯滚动时，直线上任一点 K 的轨迹 AK，就是该圆的渐开线。该圆称为渐开线的基圆，r_b 为基圆半径，直线 NK 称为渐开线的发生线。渐开线齿轮的可用齿廓就是由同一基圆形成的两条反向渐开线的某段组成的，如图 5-59 所示。

渐开线的形成及其特性

根据渐开线的形成过程，可知其具有如下性质。

① 发生线在基圆上滚过的长度，等于基圆上被滚过的弧长，即 $\overline{NK} = \overset{\frown}{AK}$。

② 渐开线上任一点的法线必与基圆相切。线段 NK 既是基圆的切线，同时也是渐开线在 K 点的法线和曲率半径。

③ 渐开线上 K 点的速度 V 与作用力 F_n 的夹角 α_K 称为 K 点的压力角。渐开线上各点的压力角不同。离基圆越远，压力角越大。

④ 渐开线的形状取决于基圆的大小。基圆半径越大，渐开线越平直。当基圆趋于无穷大时，渐开线就成为直线，这就是渐开线齿条的齿廓。

⑤ 基圆内无渐开线。

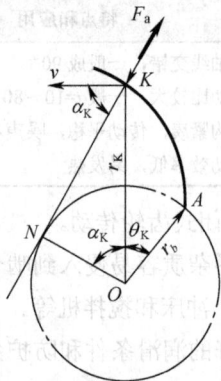

图 5-58 渐开线的形成

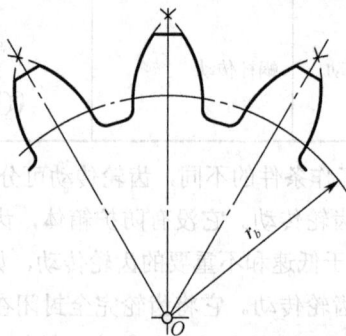

图 5-59 渐开线齿廓的形成

2. 渐开线齿廓的啮合特性

（1）四线合一性

如图 5-60 所示，一对渐开线齿廓在任意点 K 啮合，过 K 点作两齿廓的公法线 N_1N_2。根据渐开线性质，该公法线就是两基圆的内公切线。当两齿廓转到 K' 点啮合时，过 K' 点作两齿廓公法线，也是两基圆的内公切线。由于齿轮基圆的大小和位置均固定，故其公法线 N_1N_2 是唯一的。因此两个齿轮的齿廓啮合点，从开始到终止，总在这条公法线的某一段内移动，该公法线也可称为啮合线。由于两个齿轮啮合传动时其正压力是沿着公法线方向的，因此对渐开线齿廓的齿轮传动来说，啮合线、过啮合点的公法线、基圆的内公切线和正压力作用线四线合一。该线与两轮连心线 O_1O_2 的交点 P 是一固定点，P 点称为节点。

（2）能保证瞬时传动比恒定

如图 5-60 所示，分别以轮心 O_1 与 O_2 为圆心，以 $r_1' = O_1P$ 与 $r_2' = O_2P$ 为半径所作的圆，称为节圆。一对渐开线齿轮的啮合传动可以看做是两个节圆的纯滚动，且 $vp_1 = vp_2$。设两齿轮的角速度分别为 ω_1 和 ω_2，则

图 5-60 渐开线齿廓的啮合

$$vp_1 = \omega_1 \cdot O_1P = vp_2 = \omega_2 \cdot O_2P$$

从图 5-60 中不难看出，两轮的瞬时传动比为

$$i_{12} = \frac{\omega_1}{\omega_2} = \frac{O_2P}{O_1P} = \frac{r_2'}{r_1'} = \frac{r_{b2}}{r_{b1}} \tag{5-34}$$

渐开线齿轮的传动比等于主、从动轮基圆半径之反比。由于基圆半径 r_{b1}、r_{b2} 是定值，故渐开线齿轮的传动比能保持恒定不变。

（3）中心距可分性

两轮轴线 O_1O_2 的距离称为齿轮传动的中心距，其计算公式为

$$a = r_1' + r_2'$$

由于渐开线齿轮的传动比只与基圆半径有关，而与中心距无关，因此在安装时若中心距略有变化也不会改变传动比的大小，此特性称为中心距可分性。该特性使渐开线齿轮对加工、安装的误差

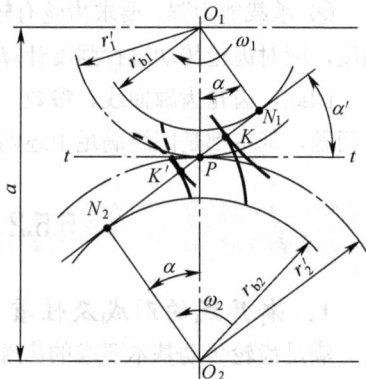

及轴承的磨损不敏感，这一点对齿轮传动十分重要。标准齿轮在标准安装时，节圆与分度圆重合。

（4）啮合角不变

啮合线与两节圆公切线所夹的锐角称为啮合角，用 α' 表示，它就是渐开线在节圆上的压力角。显然齿轮传动时啮合角不变，力作用线方向不变，因而传动比较平稳。

5.5.3　直齿圆柱齿轮的主要参数及几何尺寸

1．齿轮各部分名称

图 5-61 所示为渐开线直齿圆柱齿轮的一部分，齿轮各部分名称及代号如下。

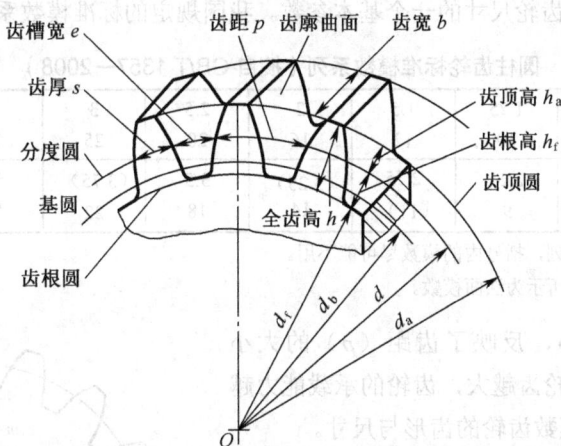

图 5-61　齿轮各部分名称及代号

（1）齿顶圆和齿根圆

齿轮顶部所在的圆称为齿顶圆，其半径与直径分别用 r_a 和 d_a 表示。相邻两齿间的空间部分称为齿槽，齿槽底所在的圆称为齿根圆，其半径与直径分别用 r_f 和 d_f 表示。

（2）分度圆

为了方便设计计算，在齿轮的齿顶圆和齿根圆之间规定一个圆作为度量齿轮尺寸的基准。这个圆称为分度圆，其半径与直径分别用 r 和 d 表示。

（3）齿厚、齿槽宽和齿距

在任意圆周上轮齿两侧齿廓间的弧长称为该圆齿厚，在分度圆周上齿厚用 s 表示；在齿槽两侧齿廓间的弧长称为该圆齿槽宽，在分度圆周上的齿槽宽用 e 表示；相邻两齿同侧齿廓间的弧长称为齿距，在分度圆周上的齿距用 p 表示。齿距与齿厚和齿槽宽的关系为

$$p = s + e \tag{5-35}$$

对于标准齿轮，分度圆上的齿厚与齿槽宽相等，即 $s = e$。

（4）齿顶高、齿根高和齿高

介于分度圆与齿顶圆之间部分称为齿顶，其径向距离称为齿顶高，用 h_a 表示。介于分度圆与齿根圆之间部分称为齿根，其径向距离称为齿根高，用 h_f 表示。齿顶圆与齿根圆间的径向距离称为齿高，用 h 表示。显然，$h = h_a + h_f$。

（5）齿宽

轮齿的轴向宽度称为齿宽，用 b 表示。

2．直齿圆柱齿轮的主要参数

（1）齿数

齿数（z）是指齿轮圆周上的轮齿总数。

（2）模数

齿轮的分度圆直径（d）、齿数（z）和轮齿的齿距（p）之间的关系为

$$\pi d = zp \quad \text{或} \quad d = pz/\pi \tag{5-36}$$

式中含无理数 π，为了设计、制造和互换方便，令 $m = p/\pi$ 为标准值，m 称为齿轮的模数，单位为 mm，故

$$d = mz \tag{5-37}$$

模数是计算和度量齿轮尺寸的一个基本参数。我国规定的标准模数系列见表 5-16。

表 5-16　　　　　　　圆柱齿轮标准模数系列（摘自 GB/T 1357—2008）

第一系列	1	1.25	1.5	2	2.5	3	4	5	6
	8	10	12	16	20	25	32	40	50
第二系列	1.75	2.25	2.75	(3.25)	3.5	(3.75)	5.5	5.5	(6.5)
	7	9	(11)	14	18	22	28	(30)	36

注：① 优先采用第一系列，括号内的模数尽可能不用。

　　② 对斜齿轮，该表所示为法面模数。

模数（m）的大小，反映了齿距（p）的大小（$p = \pi m$）。模数越大，轮齿越大，齿轮的承载能力越强。图 5-62 表示不同模数齿轮的齿形与尺寸。

（3）压力角

由前述可知，渐开线齿廓上各点的压力角不同。通常所说的压力角是指分度圆上的压力角，用 α 表示。我国规定标准压力角 $\alpha = 20°$。显然，分度圆是齿轮上具有标准模数和标准压力角的圆。在分度圆上齿厚和齿槽宽相等。

齿顶高因数 h_a^* 和顶隙因数 c^* 的标准规定如下。

正常齿制：　　　$h_a^* = 1$　　　$c^* = 0.25$

短齿制：　　　　$h_a^* = 0.8$　　$c^* = 0.3$

对标准齿轮：　$h_a = h_a^* m$　　　$h_f = (h_a^* + c^*) m$

因此，模数、压力角、齿顶高因数 h_a^* 和顶隙因数 c^* 取标准值，且分度圆齿厚与齿槽宽相等的齿轮称为标准齿轮。

图 5-62　齿轮齿形与模数的关系

3．标准直齿圆柱齿轮的主要几何尺寸

渐开线标准直齿圆柱齿轮外齿轮主要几何尺寸的计算公式见表 5-17。

表 5-17　　　　渐开线标准直齿圆柱齿轮外齿轮主要几何尺寸的计算公式

名称	符号	公式
齿顶高	h_a	$h_a = h_a^* m$
齿根高	h_f	$h_f = (h_a^* + c^*) m$

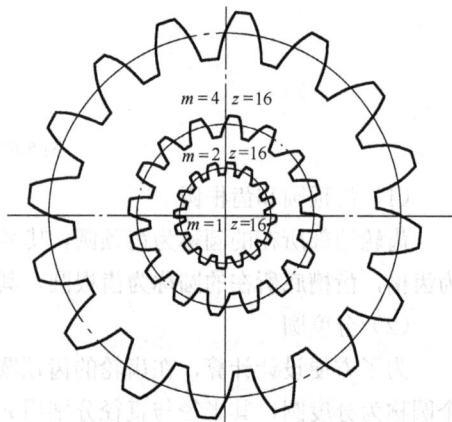

名称	符号	公式
全齿高	h	$h = h_a + h_f$
分度圆直径	d	$d = mz$
齿顶圆直径	d_a	$d_a = zm + 2h_a$
齿根圆直径	d_f	$d_f = zm - 2h_f$
基圆直径	d_b	$d_b = d\cos\alpha$
齿距	p	$p = \pi m$
齿厚	s	$s = \dfrac{1}{2}\pi m$
齿槽宽	e	$e = \dfrac{1}{2}\pi m$
基圆齿距	p_b	$p_b = p\cos\alpha$
标准中心距	a	$a = \dfrac{d_1 + d_2}{2} = \dfrac{m(z_1 + z_2)}{2}$

注：上述公式适用于外齿轮，对于内齿轮只需将公式中的加减号进行变换即可。

5.5.4　渐开线直齿圆柱齿轮的啮合传动

1. 渐开线直齿圆柱齿轮的啮合过程

一对渐开线齿廓啮合能保证瞬时传动比恒定，但齿廓长度是有限的，必然会出现前、后齿的交替啮合。图 5-63 所示为渐开线直齿圆柱齿轮的啮合过程，1 为主动轮，2 为从动轮。一对轮齿开始啮合时，由主动轮轮齿的齿根推动从动轮轮齿的齿顶，即从动轮的齿顶圆与啮合线 N_1N_2 的交点 B_2 为开始啮合点。随着轮 1 推动轮 2 转动，啮合点沿啮合线 N_1N_2 移动。当啮合点移动到齿轮 1 的齿顶圆与啮合线的交点 B_1 时，这一对轮齿的啮合终止。线段 B_2B_1 为啮合点的实际轨迹，称为实际啮合线段，N_1N_2 称为理论啮合线段。

2. 渐开线直齿圆柱齿轮正确啮合的条件

一对齿轮连续顺利地传动，需要各对轮齿依次正确啮合互不干涉。如图 5-64 所示，前一对轮齿在啮合线上的 K' 点相啮合时，后一对轮齿必须正确地在啮合线上的 K 点进入啮合。由渐开线性质知 $K'K$ 既是轮 1 的法向齿距，又是轮 2 的法向齿距。两轮要正确啮合，两者的法向齿距必须相等，即 $p_{b1} = p_{b2}$。

由 $p_b = \pi m\cos\alpha$，可得出渐开线直齿圆柱齿轮的正确啮合条件是：两齿轮的模数和压力角必须分别相等，即

$$m_1 = m_2 = m$$

$$\alpha_1 = \alpha_2 = \alpha$$

由此可进一步推出传动比公式为

$$i = \frac{\omega_1}{\omega_2} = \frac{n_1}{n_2} = \frac{d_2}{d_1} = \frac{z_2}{z_1} \tag{5-38}$$

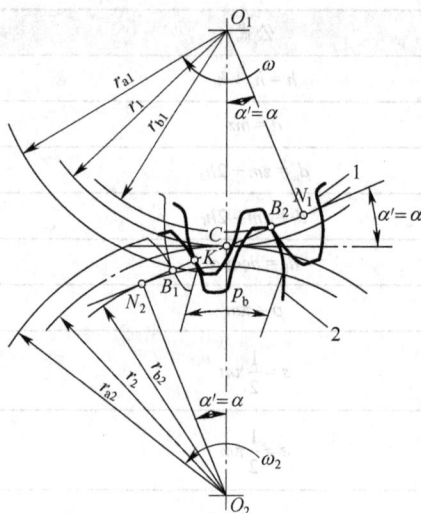

图 5-63　渐开线齿轮的啮合过程　　　　　图 5-64　渐开线齿轮的正确啮合条件

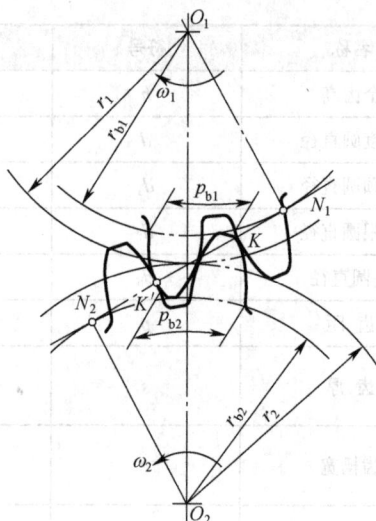

3．渐开线直齿圆柱齿轮连续传动的条件

由图 5-63 可知，要使齿轮能连续传动，至少要求一对齿轮在 B_1 点退出啮合时，后一对轮齿已在 B_2 点进入啮合，传动便能连续进行，这时实际啮合线 B_2B_1 不小于齿轮的法向齿距 KB_2。因此，渐开线齿轮的连续传动条件是：$B_2B_1 \geqslant p_b$。

实际啮合线段与基圆齿距之比称为重合度，用 ε 表示，即

$$\varepsilon = \frac{B_2B_1}{p_b} \geqslant 1 \tag{5-39}$$

重合度越大，说明同时参加啮合的轮齿越多，传动越平稳。一般直齿圆柱齿轮重合度为 $1 < \varepsilon < 2$。

5.5.5　渐开线直齿圆柱齿轮的加工原理和变位齿轮简介

1．渐开线齿轮的加工方法及原理

齿轮轮齿的加工方法很多，如精密铸造、模锻、热轧、冷冲和切削加工等。生产中常用的是切削法。切削加工就齿形形成的原理又可分为仿形法和展成法两类。

（1）仿形法

仿形法的特点是刀具的形状与加工齿轮的齿廓形状完全相同。图 5-65 所示为用仿形铣刀铣削齿轮，其中图 5-65（a）是用盘形铣刀加工齿轮，图 5-65（b）是用指形铣刀加工齿轮。加工时，铣刀绕本身轴线旋转，轮坯沿齿轮轴线方向直线移动。铣出一个齿槽以后，将齿坯转过 $360°/Z$ 再铣第二个齿槽，直到齿槽全部加工完毕。

这种方法加工简单，在普通铣床上便可进行，但生产效率低、精度差，故常用于机械修配和单件生产。

（2）展成法

展成法是利用一对齿轮相互啮合时其齿廓互为包络线的原理来切齿的。常用的方法有滚齿、插齿、剃齿、纺齿、磨齿等。它的实质是在保证刀具和齿坯间按渐开线齿轮啮合关系而运动的同时，对齿坯进行切削。图 5-66（a）

插齿加工

所示为用插齿刀加工齿轮。插齿刀是具有切削刃的特殊齿轮，插齿时插齿刀沿齿坯轴线上下往复运动进行切削，同时插齿刀与齿坯由机床驱动绕各自轴线旋转，并保证它们旋转的速度与其齿数成反比。插齿刀切削刃相对于齿坯的各个瞬间位置所组成的包络线，如图 5-66（b）所示，即为被加工齿轮的齿廓。图 5-66（c）所示为用滚齿刀加工齿轮。滚齿刀是具有切削刃的特殊螺旋，它的轴截面为一齿条。滚切时滚齿刀和齿坯由机床保证它们的对滚关系，这样便按展成原理切出渐开线齿廓，如图 5-66（d）所示。

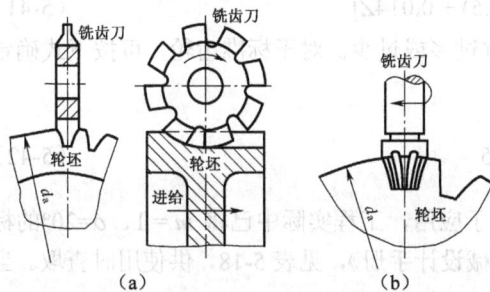

图 5-65　用仿形法加工齿轮　　　　　图 5-66　用展成法加工齿轮

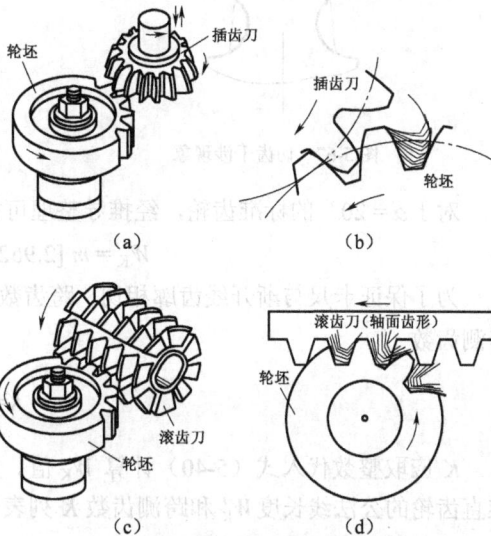

用展成法加工齿轮，同一模数和压力角但齿数不同的齿轮，可以使用同一把刀具加工。其加工精度与生产效率都较高，但必须在专用机床上加工。展成法主要用于成批、大量生产。

2．渐开线齿轮的切齿干涉和最少齿数

用展成法加工渐开线标准齿轮时，如果被加工齿轮的齿数太少，刀具的顶部将会切入轮齿的根部，从而把轮齿根部的部分渐开线齿廓切去，如图 5-67 所示，这种现象称为切齿干涉，又称根切。显然，切齿干涉会削弱轮齿的强度，使齿轮传动的重合度ε减小，影响传动质量。因此，应避免产生切齿干涉现象。根据理论推导和实践证明，切齿干涉与被加工齿轮的齿数有着密切的关系，齿数越少，切齿干涉现象越严重。因此，切制标准直齿圆柱齿轮时，为了保证无切齿干涉现象，被切齿轮的最少齿数一般为 17。

根切现象
产生的原因

3．渐开线齿轮加工的测量尺寸

齿轮在加工和检验中，常用测量公法线长度或分度圆弦齿厚来保证齿轮的精度。

（1）公法线长度

如图 5-68 所示，卡尺在齿轮上跨若干齿数 K 所量得齿廓间的法向距离称为公法线长度，用 W_K 表示。根据渐开线性质有

$$W_K = (K-1) p_b + S_b \qquad (5-40)$$

式中　p_b——齿轮的基圆齿距，单位为 mm；

　　　S_b——齿轮的基圆齿厚，单位为 mm；

　　　K——跨测齿数。

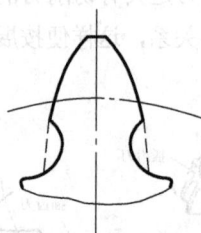

图 5-67 切齿干涉现象

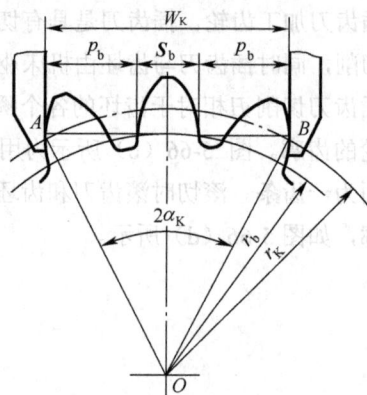

图 5-68 公法线长度

对于 $\alpha=20°$ 的标准齿轮，经推导整理可得齿数为 Z 的公法线长度 W_K 的计算公式为

$$W_K = m\,[2.952\ 1(K-0.5) + 0.014Z] \tag{5-41}$$

为了保证卡尺与渐开线齿廓相切，跨齿数 K 不宜过多或过少。对于标准齿轮，可按下式确定跨测齿数

$$K = \frac{Z}{9} + 0.5 \tag{5-42}$$

K 应取整数代入式（5-40）计算 W_K 值。为了便于应用，工程实际中已将 $m=1$、$\alpha=20°$ 的标准直齿轮的公法线长度 W_K' 和跨测齿数 K 列表于《机械设计手册》，见表 5-18，供使用时查取。当 $m\neq1$ 时，公法线长度 $W_K = mW_K'$。

表 5-18　　　　　　　　　　　　**公法线长度和跨测齿数**

齿数	跨齿数	$m=1$ 的公法线长度	齿数	跨齿数	$m=1$ 的公法线长度	齿数	跨齿数	$m=1$ 的公法线长度	齿数	跨齿数	$m=1$ 的公法线长度
z	k	W_K'	z	k	W_K'	z	k	W_K'	z	k	W_K'
			20	3	7.660 4	40	5	13.844 8	60	7	20.029 2
			21	3	7.674 4	41	5	13.858 8	61	7	20.043 2
			22	3	7.688 5	42	5	13.872 8	62	7	20.057 2
			23	3	7.702 5	43	5	13.886 8	63	8	23.023 3
1	2	5.484 2	24	3	7.716 5	44	5	13.900 8	64	8	23.037 3
5	2	5.498 2	25	3	7.730 5	45	6	16.867 0	65	8	23.051 3
6	2	5.512 2	26	3	7.744 5	46	6	16.881 0	66	8	23.065 4
7	2	5.526 2	27	4	10.710 6	47	6	16.895 0	67	8	23.079 4
8	2	5.540 2	28	4	10.724 6	48	6	16.909 0	68	8	23.093 4
9	2	5.554 2	29	4	10.738 6	49	6	16.923 0	69	8	23.107 4
10	2	5.568 3	30	4	10.752 6	50	6	16.937 0	70	8	23.121 4
11	2	5.582 3	31	4	10.766 8	51	6	16.951 0	71	8	23.135 4
12	2	5.596 3	32	4	10.780 6	52	6	16.965 0	72	9	26.101 5
13	2	5.610 3	33	4	10.784 6	53	6	16.979 0	73	9	26.115 5
14	2	5.621 3	34	4	10.808 5	54	7	19.945 2	74	9	26.129 5
15	2	5.638 3	35	1	10.822 7	55	7	19.959 2	75	9	26.143 5

续表

齿数	跨齿数	m=1的公法线长度	齿数	跨齿数	m=1的公法线长度	齿数	跨齿数	m=1的公法线长度	齿数	跨齿数	m=1的公法线长度
z	k	W'_K	z	k	W'_K	z	k	W'_K	z	k	W'_K
16	2	5.652 3	36	5	13.788 8	56	7	19.973 2	76	9	26.157 5
17	2	5.666 3	37	5	13.802 8	57	7	10.987 2	77	9	26.171 5
18	3	7.632 4	38	5	13.816 8	58	7	20.001 2	78	9	26.185 5
19	3	7.646 4	39	5	13.830 8	59	7	20.015 2	79	9	26.199 6
80	9	26.213 6	110	13	38.442 3	140	16	47.718 8	170	19	56.995 4
81	10	29.179 7	111	13	38.456 3	141	16	47.732 8	171	20	59.961 5
82	10	29.193 7	112	13	38.470 3	142	16	47.746 8	172	20	59.975 5
83	10	29.207 7	113	13	38.484 3	143	16	47.760 8	173	20	59.989 5
84	10	29.221 7	114	13	38.498 3	144	17	50.727 0	174	20	60.003 5
85	10	29.235 7	115	13	38.512 3	145	17	50.741 0	175	20	60.017 5
86	10	29.249 7	116	13	38.526 3	146	17	50.755 0	176	20	60.031 5
87	10	29.263 7	117	14	41.492 4	147	17	50.769 0	177	20	60.045 5
88	10	29.277 7	118	14	41.506 4	148	17	50.783 0	178	20	60.059 5
89	10	29.291 1	119	14	41.520 4	149	17	50.797 0	179	20	60.073 6
90	10	32.257 9	120	14	41.534 4	150	17	50.811 0	180	21	63.039 7
91	11	32.271 9	121	14	41.548 4	151	17	50.825 0	181	21	63.053 7
92	11	32.285 9	122	14	41.562 5	152	17	50.839 0	182	21	63.067 7
93	11	32.299 9	123	14	41.576 5	153	18	53.805 1	183	21	63.081 7
94	11	32.313 9	124	14	41.590 5	154	18	53.819 2	184	21	63.095 7
95	11	32.327 9	125	14	41.604 5	155	18	53.833 2	185	21	63.109 7
96	11	32.341 9	126	15	45.570 6	156	18	53.847 2	186	21	63.123 7
97	11	32.355 9	127	15	45.584 6	157	18	53.861 2	187	21	63.137 7
98	11	32.369 9	128	15	45.598 6	158	18	53.875 2	188	21	63.151 7
99	12	35.336 1	129	15	45.612 6	159	18	53.889 2	189	22	66.117 9
100	12	35.350 1	130	15	45.626 6	160	18	53.903 2	190	22	66.131 9
101	12	35.364 1	131	15	45.640 6	161	18	53.917 2	191	22	66.145 9
102	12	35.378 1	132	15	45.654 6	162	19	56.883 3	192	22	66.159 9
103	12	35.392 1	133	15	45.668 6	163	19	56.897 3	193	22	66.173 9
104	12	35.406 1	134	15	45.682 6	164	19	56.911 3	194	22	66.187 9
105	12	35.420 1	135	16	47.648 3	165	19	56.925 3	195	22	66.201 9
106	12	35.134 1	136	16	47.662 8	166	19	56.939 4	196	22	66.215 9
107	12	35.148 1	137	16	47.676 8	167	19	56.953 4	197	22	66.229 9
108	13	38.414 2	138	16	47.690 8	168	19	56.967 4	198	23	69.196 1
109	13	38.428 2	139	16	47.704 8	169	19	56.981 4	199	23	69.210 1
									200	23	69.221 1

注：当 $m \neq 1$ 时，公法线长度 $W_K = m W'_K$ ；$\alpha \neq 20°$ 时，此表不适用。

（2）分度圆弦齿厚和分度圆弦齿高

如图 5-69 所示，分度圆弦齿厚就是齿轮分度圆齿厚对应的弦长 $\overline{AB}$，记作 $\overline{S}$。弦齿厚 $\overline{AB}$ 的中点到齿顶圆的径向距离称为分度圆弦齿高，记作 $\overline{h_a}$。

一般直齿圆柱齿轮检测采用公法线长度，对于 $m>10mm$ 的直齿圆柱齿轮、斜齿轮、锥齿轮、蜗轮等检测采用分度圆弦齿厚。图 5-70（a）所示为公法线长度的测量，图 5-70（b）所示为分度圆弦齿厚的测量。

4．变位齿轮简介

标准齿轮在应用中存在着局限性。如有些工业设备，为了使结构紧凑，往往需要采用齿数小于 17 的齿轮；当中心距受到限制时，由于标准齿轮具有一定的中心距，采用标准齿轮就不能满足正常的啮合要求；小齿轮往往容易磨损，而它的齿根强度却较弱等。这些矛盾可采用变位齿轮传动加以解决。

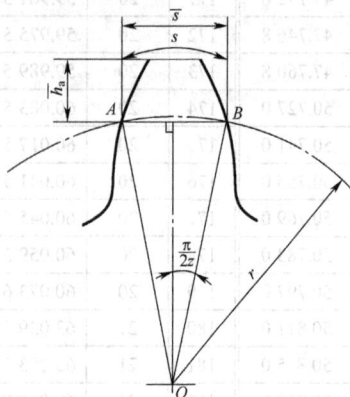

图 5-69　分度圆弦齿厚

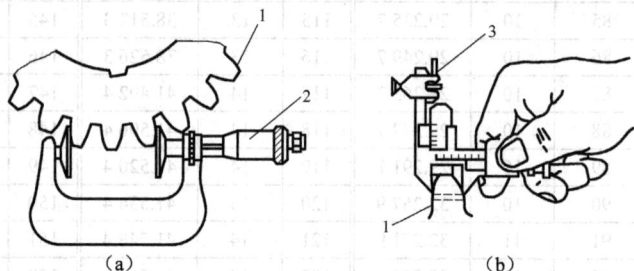

图 5-70　公法线长度和分度圆弦齿厚的测量

变位齿轮是通过不改变齿轮的基本参数和切削运动，仅改变刀具与轮坯轴线间的相对距离进行加工得到的，如图 5-71 所示。在齿条工具的中线与被加工齿坯的分度圆相切时，加工出的齿轮为标准齿轮，其分度圆上的齿厚与齿槽相等，如图 5-71（a）所示。如果改变齿条刀具与齿坯的相对位置，刀具中线与齿坯分度圆分离或相割时，此时被加工齿坯的分度圆不与刀具的中线相切，而与平行于刀具中线的另一条直线（称刀具分度线）相切。这样加工出的齿轮称为变位齿轮，其分度圆上的齿厚和齿槽宽不相等。

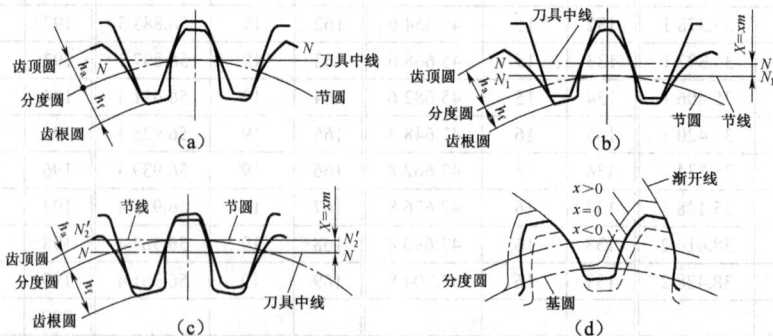

图 5-71　变位齿轮的形成

由于齿条刀具的分度线和中线上的齿距、压力角相等，所以加工出来的变位齿轮与标准齿轮的模数、压力角相等，分度圆、基圆也相同。它们的齿廓曲线是同一基圆渐开线的不同部分，但是变位齿轮的齿厚与齿槽宽不等，齿顶高、齿根高也已改变。

切削变位齿轮时，刀具相对于切削标准齿轮时刀具位置的改变量，称为变位量。变位量用 xm 表示，m 是模数，x 称为变位因数。切制齿轮时，如果刀具中线相对于齿坯中心移远，称为正变位，这时变位因数 x 为正值，切制的齿轮称为正变位齿轮。如果刀具中心相对于齿坯中心移近，称为负变位，这时变位因数 x 为负值，切制的齿轮称为负变位齿轮。

正变位可以避免根切，加工出来的齿轮分度圆上的齿厚大于齿槽宽，相应轮齿根部厚度增大，提高了轮齿的强度，但齿顶变尖。负变位齿轮则容易引起根切，削弱齿轮强度。

总之，变位齿轮传动可以避免根切，减小齿轮机构的尺寸，均衡大、小齿轮强度，提高使用寿命，以及配凑中心距。因而，随着生产的发展，变位齿轮传动日益得到广泛应用。

5.5.6　齿轮失效形式与齿轮材料

1．齿轮的常见失效形式

图 5-72 所示为齿轮常见的失效形式。

（1）齿面点蚀

齿面的疲劳点蚀大多发生在轮齿靠近节圆偏齿根处。轮齿工作时，齿面接触处在脉动循环交变接触应力的长期作用下，当应力峰值超过材料的接触疲劳极限，并经过一定应力循环次数后，齿面上将产生微小的疲劳裂纹。随着裂纹的扩展，将导致小块金属剥落，从而产生齿面点蚀。由于轮齿在节圆附近啮合时，同时啮合的齿对数少，且轮齿间相对滑动速度较小，因此点蚀首先出现在轮齿靠近节圆的齿根面上。点蚀会引起轮齿冲击和噪声，且造成传动的不平稳。为了提高齿轮的抗点蚀能力，可采取一些措施：选择合适的齿轮材料与热处理方法，以提高齿面硬度；合理选择齿轮传动的主要参数；提高表面粗糙度要求；采用黏度较大的润滑油和变位齿轮等。

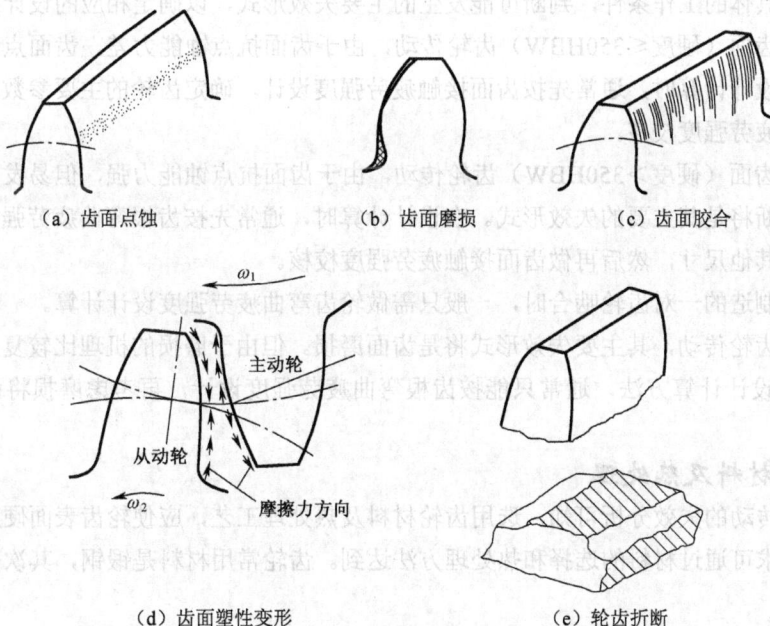

（a）齿面点蚀　　（b）齿面磨损　　（c）齿面胶合

（d）齿面塑性变形　　（e）轮齿折断

图 5-72　齿轮的失效形式

（2）轮齿折断

轮齿的整体折断大多发生在轮齿的齿根处，而局部折断则发生在轮齿的一端。轮齿折断有两种情况：一是由于轮齿根部的弯曲应力较大，超过了材料的弯曲疲劳极限而造成的轮齿折断；另一种情况是由于突然严重过载或承受较大的冲击载荷等原因引起的。为了防止轮齿折断，可采取一些措施：选择合适的材料和热处理方法，降低齿面硬度；增大齿根处的圆角半径；减小齿根的弯曲应力等。

（3）齿面磨损

齿面（磨粒）磨损大多发生在齿面的工作高度上。当齿面磨损严重时，会使渐开线齿面损坏，齿侧间隙增大，从而引起齿轮传动不平稳和冲击。齿轮传动中，由于润滑条件不良，齿面磨损是在一定的滑动速度及硬质颗粒进入等原因下引起的。为了减轻齿面磨损，可采取一些措施：采用闭式传动；加强和改善润滑条件；提高齿面硬度；提高轮齿表面粗糙度要求等。

（4）齿面胶合

齿面胶合发生在高速、重载的齿轮传动中。由于齿面之间的润滑油膜被挤破，产生瞬时高温，将较软齿面的金属撕下，在轮齿工作表面上形成与滑动方向一致的沟纹。当轮齿出现胶合后，将严重损坏齿面，使传动失效。为了防止齿面胶合，可采取一些措施：提高齿面硬度；采取不同材料组合；提高表面粗糙度要求；选择黏度较大的或抗胶合的润滑油；加强散热等。

（5）齿面塑性变形

齿面塑性变形发生在频繁启动和严重过载的齿轮传动中。由于轮齿承受了很大的载荷和摩擦力等原因，使得啮合中的齿面表层材料沿着摩擦力方向产生塑性流动而变形。为了防止齿面塑性变形，可采取一些措施：提高齿面硬度；采取强度较高的金属材料；使用黏度较大的润滑油等。

2．齿轮传动的设计准则

齿轮的失效形式很多，在一定条件下，必有一种为主要失效形式。在进行齿轮传动的设计计算时，应分析具体的工作条件，判断可能发生的主要失效形式，以确定相应的设计准则。

对闭式软齿面（硬度≤350HBW）齿轮传动，由于齿面抗点蚀能力差，齿面点蚀将是主要的失效形式。在设计计算时，通常先按齿面接触疲劳强度设计，确定齿轮的主要参数和尺寸，然后再作齿根弯曲疲劳强度校核。

对闭式硬齿面（硬度＞350HBW）齿轮传动，由于齿面抗点蚀能力强，但易发生轮齿折断，故轮齿疲劳折断将是其主要的失效形式。在设计计算时，通常先按齿根弯曲疲劳强度设计，确定齿轮的模数和其他尺寸，然后再做齿面接触疲劳强度校核。

对用铸铁制造的一对齿轮啮合时，一般只需做轮齿弯曲疲劳强度设计计算。

对于开式齿轮传动，其主要失效形式将是齿面磨损。但由于磨损的机理比较复杂，到目前为止尚无成熟的设计计算方法，通常只能按齿根弯曲疲劳强度设计，再考虑磨损将齿轮模数增大10%～20%。

3．齿轮材料及热处理

通过齿轮传动的失效分析可知，选用齿轮材料及热处理工艺，应使轮齿表面硬度高而心部韧性好。这些要求可通过材料的选择和热处理方法达到。齿轮常用材料是锻钢，其次是铸钢、铸铁及非金属材料。

钢材经加热、锻造后成为齿轮毛坯锻件，然后对齿轮毛坯进行热处理，改变其力学性能。常用的锻钢有中碳钢和中碳合金钢，如 35、45、40Cr、35SiMn、38CrMoAl 等，并通过退火、正火、调质或表面淬火等热处理；低碳钢和低碳合金钢，如 15、20Cr、20CrMnTi 等，并通过渗碳淬火、回火热处理。

铸钢件是指钢材经熔炼、浇入铸型、凝固后成为铸件，然后对齿轮毛坯进行热处理。在机械切削加工前，应安排正火热处理，这样既消除铸造内应力，又能得到均匀的硬度。常用铸钢为 ZG270-500、ZG300-600、ZG380-700 等，可作为直径大于 $\phi 500mm$ 齿轮的材料。

铸铁件是指铸铁经熔炼、浇入铸型、凝固后成为铸件，然后对齿轮毛坯进行人工时效或正火热处理。常用铸铁为灰铸铁 HT200、HT300；球墨铸铁 QT600-3、QT420-10 等。灰铸铁可作为开式齿轮传动中的齿轮材料；球墨铸铁在一定范围内可代替铸钢。

非金属材料可用于高速、轻载及精度要求不高的齿轮传动。常用材料为塑性、尼龙、碳纤维增强塑性、复合材料等。

常用齿轮材料、热处理方式及其力学性能见表 5-19。

表 5-19　　　　　　　　　　　齿轮常用材料及力学性能

材料牌号	热处理	直径 d/mm	力学性能/MPa		齿面硬度	
			R_m	R_{eL}	HBW	HRC 表面淬火
45	正火	≤100	600	300	169～217	40～50
		101～300	580	290	162～217	
	调质	≤100	660	380	229～286	
		101～300	640	350	217～255	
40Cr	调质	≤100	750	550	241～286	48～55
		101～300	700	500		
20Cr	渗碳、淬火	≤60	650	400	—	56～62
20CrMnTi	渗碳、淬火	15	1 140	850	—	57～63
38CrMoAl	调质、氮化	30	1 000	850	—	60
ZG310-570	正火	—	570	310	163～207	
HT300	—	—	300	—	187～255	
QT500-7	—	—	500	320	170～241	
夹布胶木	—	—	100	—	25～35	

由于齿轮传动中，小齿轮的受载次数多于大齿轮，齿根厚度较薄，弯曲应力较大。为了使大、小齿轮的使用寿命比较接近，一般在设计时，小齿轮的齿面硬度应高出大齿轮的齿面硬度 30～50HBW 或更多。若小齿轮与大齿轮的齿数比很大时，也可采用硬齿面小齿轮和软齿面大齿轮相配，从而提高齿轮齿面的疲劳极限。常用齿轮齿面硬度组合见表 5-20。

表 5-20　　　　　　　　　　　齿轮齿面硬度组合及应用举例

齿面类型	齿轮种类	热处理		两轮工作齿面硬度差	工作齿面硬度举例		备注
		小齿轮	大齿轮		小齿轮	大齿轮	
软齿面	直齿	调质	正火 调质	25～30 HBW	240～270HBW 260～290HBW	180～220HBW 220～240HBW	用于重载中、低速和一般的传动装置
	斜齿及人字齿	调质	正火 调质	40～50 HBW	240～270HBW 260～290HBW 270～300HBW	160～190HBW 180～210HBW 200～230HBW	

续表

齿面类型	齿轮种类	热 处 理		两轮工作齿面硬度差	工作齿面硬度举例		备 注
		小齿轮	大齿轮		小齿轮	大齿轮	
软、硬组合齿面	斜齿及人字齿	表面淬火	调质	齿面硬度差很大	45～50HRC	270～300HBW 200～230HBW	用于冲击载荷及过载都不大的重载中、低速传动装置
		渗氮渗碳	调质		56～62HRC	270～300HBW 300～330HBW	
硬齿面	直齿、斜齿及人字齿	表面淬火	表面淬火	齿面硬度大致相同	45～50HRC		用于传动受结构限制的情况和寿命、重载能力要求较高的传动装置
		渗碳	渗碳		56～62HRC		

4. 齿轮的许用应力

（1）许用接触疲劳应力

简化计算中齿面许用接触疲劳应力$[\sigma_H]$推荐按下式确定：

$$[\sigma_H] = 0.9\sigma_{Hlim}$$

式中　σ_{Hlim}——试验齿轮的齿面接触疲劳极限，单位为 MPa，可根据齿轮的材料、热处理工艺及硬度从图 5-73 中查取。对材料为碳素钢并经调质的齿轮，硬度超过 210HBW 时，可将图线向右延伸。硬度 10HV 可按 1HBW 对待。

（2）许用弯曲疲劳应力

简化计算中齿根许用弯曲应力$[\sigma_F]$推荐按下式确定。

轮齿单向受力：　　　　　　　　$[\sigma_F] = 0.7\sigma_{Flim}$

轮齿双向受力或开式齿轮：　　　$[\sigma_F] = 0.5\sigma_{Flim}$

式中　σ_{Flim}——试验齿轮的齿根弯曲疲劳极限，单位为 MPa，可根据齿轮的材料、热处理工艺及硬度从图 5-74 中查取。

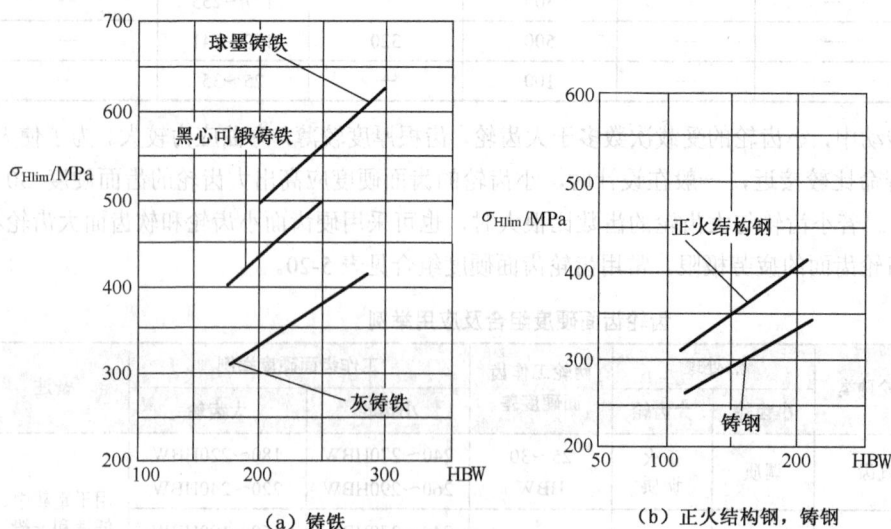

（a）铸铁　　　　　　　　　（b）正火结构钢，铸钢

图 5-73　试验齿轮接触疲劳极限 σ_{Hlim}

（c）调质钢、合金铸钢　　10HV（≈1HBW）　（d）表面淬火钢，渗碳硬化钢

图 5-73　试验齿轮接触疲劳极限 σ_{Hlim}（续）

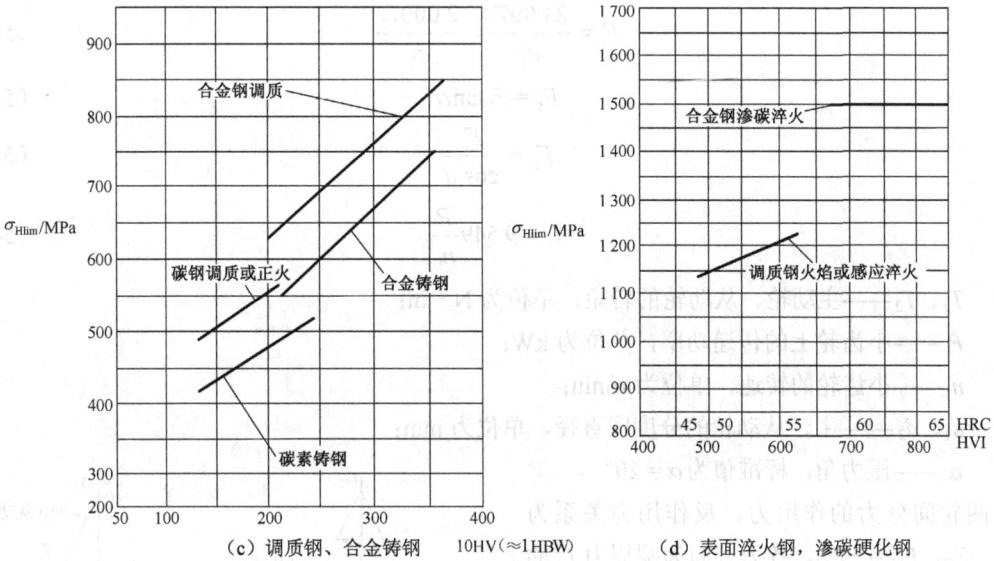

（a）铸铁　　　　　　　　　　　　（b）正火结构钢，铸钢

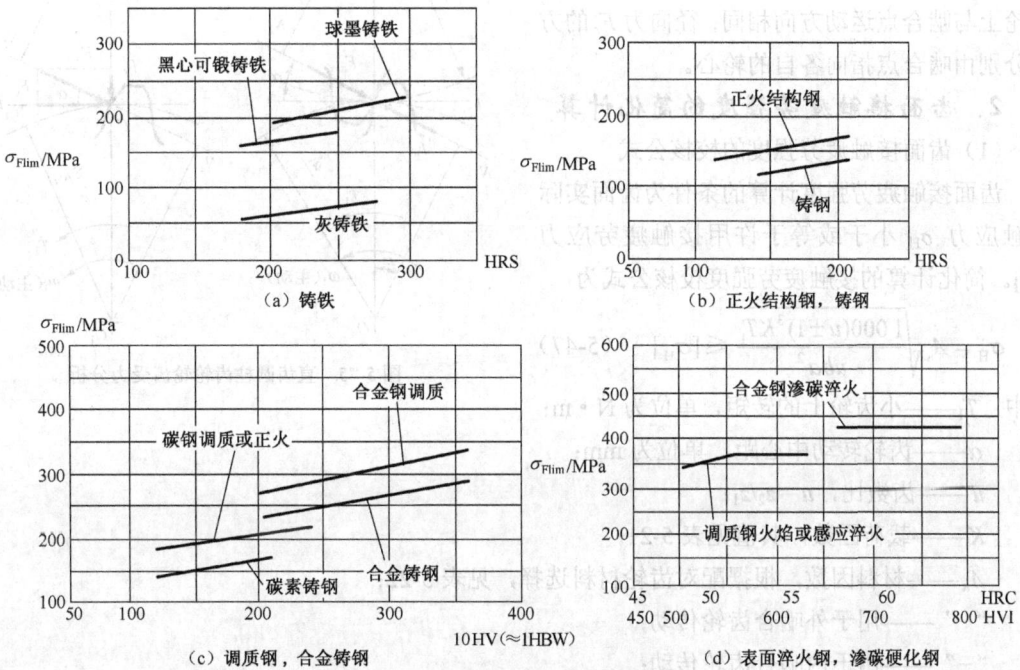

（c）调质钢，合金铸钢　　10HV（≈1HBW）　（d）表面淬火钢，渗碳硬化钢

图 5-74　试验齿轮弯曲疲劳极限 σ_{Flim}

5.5.7　标准直齿圆柱齿轮传动的承载能力计算

1. 直齿圆柱齿轮的受力分析

为了计算齿轮、轴和轴承等零件的承载能力，需要对齿轮传动进行受力分析。图 5-75 所示为一对标准直齿圆柱齿轮正确安装时在节点 C 处接触的情况。若不计摩擦力，则作用在啮合轮齿上的法向力 F_n 必定沿着啮合线方向。为了分析和计算方便，将法向力 F_n 分解为两个相互垂直的分力：圆周力 F_t 和径向力 F_r，大小为

$$F_t = \frac{2\,000T_1}{d_1} = \frac{2\,000T_2}{d_2} \tag{5-43}$$

$$F_r = F_t \tan\alpha \tag{5-44}$$

$$F_n = \frac{F_t}{\cos a} \tag{5-45}$$

$$T_1 = 9\,549\frac{P}{n_1} \tag{5-46}$$

式中　T_1、T_2——主动轮、从动轮的转矩，单位为 N·m；

　　　P——小齿轮上的传递功率，单位为 kW；

　　　n_1——小齿轮的转速，单位为 r/min；

　　　d_1、d_2——主、从动轮的分度圆直径，单位为 mm；

　　　α——压力角，标准值为$\alpha = 20°$。

两轮间分力的作用力、反作用力关系为
$F_{t1} = -F_{t2}$，$F_{r1} = -F_{a2}$。各力方向为圆周力 F_t 的
方向在主动轮上与啮合点运动方向相反，在从
动轮上与啮合点运动方向相同；径向力 F_r 的方
向分别由啮合点指向各自的轮心。

2．齿面接触疲劳强度的简化计算

（1）齿面接触疲劳强度的校核公式

齿面接触疲劳强度计算的条件为齿面实际
接触应力 σ_H 小于或等于许用接触疲劳应力
$[\sigma_H]$。简化计算的接触疲劳强度校核公式为

$$\sigma_H = A_a\sqrt{\frac{1\,000(u\pm1)^3KT_1}{uba^2}} \leqslant [\sigma_H] \tag{5-47}$$

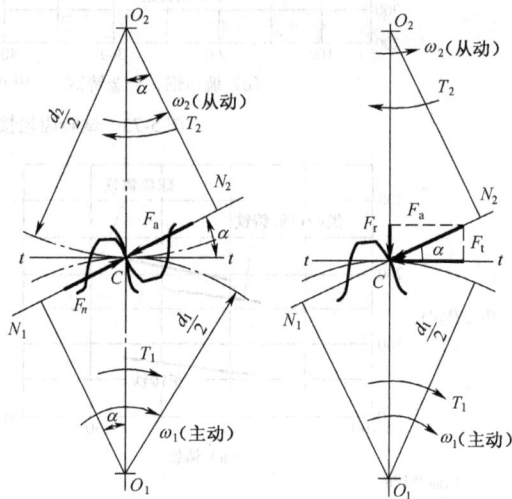

图 5-75　直齿圆柱齿轮轮齿受力分析

式中　T_1——小齿轮上的转矩，单位为 N·m；

　　　α——齿轮转动中心距，单位为 mm；

　　　u——齿数比，$u = z_2/z_1$；

　　　K——载荷因数，其值见表 5-21；

　　　A_a——材料因数，根据配对齿轮材料选择，见表 5-22；

　　　"+"——用于外啮合齿轮传动；

　　　"–"——用于内啮合齿轮传动；

　　　b——轮齿啮合宽度，单位为 mm。

表 5-21　　　　　　　　　　　　　齿轮传动载荷因数 K

工作特性		工作机		
		平稳	中等冲击	较大冲击
原动机	平稳（电动机、汽轮机）	1～1.2	1.2～1.6	1.6～1.8
	轻度冲击（多缸内燃机）	1.2～1.6	1.6～1.8	1.9～2.1
	中等冲击（单缸内燃机）	1.6～1.8	1.8～2.1	2.2～2.4

注：1. 斜齿轮、圆周速度低、精度高的齿轮传动，取小值；直齿轮、圆周速度高的齿轮传动，取大值。

　　2. 齿轮在两轴承之间且对称布置时，取小值；齿轮不在两轴承中间，或悬臂布置时，取大值。

表 5-22   齿轮传动材料因数 A_a

	钢	球墨铸铁	灰铸铁
钢	336	—	—
球墨铸铁	320	307	—
灰铸铁	289	276	258

（2）齿面接触疲劳强度的设计公式

在初步设计齿轮时，齿轮传动中心距的估算公式为

$$a \geqslant (u \pm 1) \sqrt[3]{\left(\frac{A_a}{[\sigma_H]}\right)^2 \frac{1\,000KT_1}{\psi_a u}} \tag{5-48}$$

式中 ψ_a——齿宽因数，$\psi_a = b/a$。

由于相啮合大、小齿轮的齿面接触应力相等，而两齿轮的材料和热处理方法不尽相同。即由于两轮的许用接触疲劳应力$[\sigma_H]_1$、$[\sigma_H]_2$ 不同，因此在应用式（5-47）和式（5-48）时，应取两者中的较小值进行计算。

由式（5-47）可知，若一对齿轮的材料及热处理方法、传动比及齿宽因数确定后，齿面接触疲劳强度仅与中心距 a 有关。因此，提高齿面接触疲劳强度的有效措施之一是增大中心距。

3．齿根弯曲疲劳强度的简化计算

（1）齿根弯曲疲劳强度校核公式

啮合齿轮的弯曲疲劳强度条件为齿根的弯曲应力 σ_F 小于或等于齿轮的许用弯曲疲劳应力$[\sigma_F]$。简化计算的齿根弯曲疲劳强度校核公式为

$$\sigma_F = \frac{2\,000KT_1}{bd_1 m} Y_{FS} \leqslant [\sigma_F] \tag{5-49}$$

式中 d_1——小齿轮分度圆直径，单位为 mm；

      m——齿轮的模数，单位为 mm；

      Y_{FS}——复合齿形因数，可从图 5-76 中查取。

（2）弯曲疲劳强度的设计公式

将齿宽因数 $\psi_a = \dfrac{b}{a}$，$d = mz_1$，$a\dfrac{m(z_1+z_2)}{2}$，$z_2 = uz_1$，代入式（5-49），可得估算齿轮模数 m 的公式为

$$m \geqslant \sqrt[3]{\frac{4\,000KT_1}{\psi_a (u \pm 1) z_1^2} \frac{Y_{FS}}{[\sigma_F]}} \tag{5-50}$$

应用公式时注意：校核计算时应对大、小两齿轮分别进行。估算模数时，应将 $Y_{FS1}/[\sigma_F]_1$ 与 $Y_{FS2}/[\sigma_F]_2$ 两个比值中较大的一个代入式（5-50）。

由式（5-49）可知，若一对齿轮的材料及热处理方法、小齿轮齿数及齿宽因数确定后，齿轮的弯曲疲劳强度就仅与模数 m 有关。因此，提高齿轮弯曲疲劳强度的有效措施之一为增大模数。

4．齿轮传动主要参数的选择

（1）齿数（z）和模数（m）

通常在满足轮齿弯曲疲劳强度的前提下，宜采用较多的齿数和较小的模数，这样可以增大齿

轮传动的重合度，提高传动的平稳性。

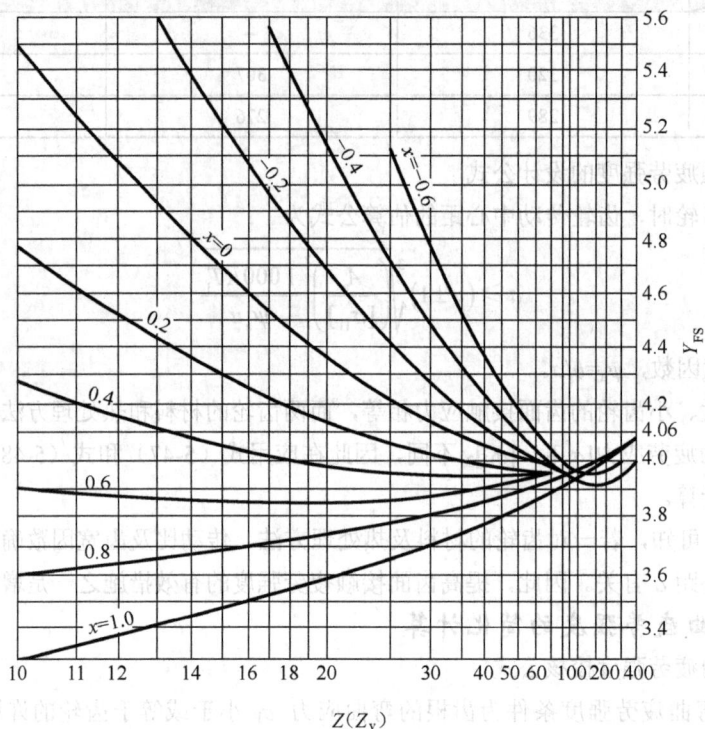

图 5-76　外啮合复合齿形因数

对于闭式软齿面齿轮传动，一般可取 $z_1=20\sim40$。载荷平稳和速度高时取大值。

对于闭式硬齿面齿轮传动及开式齿轮传动，宜取较少的齿数，而适当增大模数，这样可以提高轮齿的弯曲强度，以防轮齿折断。一般取 $z_1=17\sim30$。

模数 m 除可按估算公式确定外，也可按经验公式确定。当齿轮传动中心距 a 确定后，在初选模数时，常取 $m=（0.007\sim0.02）a$。

为了防止轮齿在意外冲击时折断，凡传递动力的齿轮，模数 m 不宜小于 1.5mm。

（2）齿数比（u）

齿数比 u 为大齿轮齿数与小齿轮齿数之比，即 $u=z_2/z_1$，$u\geq1$。齿数比 u 与传动比 i 的含义不同，$i_{12}=n_1/n_2$，n_1 为主动轮转速，n_2 为从动轮转速。对于减速齿轮传动，$u=i$；对于增速齿轮传动，$u=1/i$。

齿数比 u 可由工作要求和结构尺寸确定。对于一般单级减速传动，可取 $u\leq7$，开式齿轮传动可取得大一些；齿数比 $u>7$ 时，可采用二级或多级齿轮传动。

（3）齿宽因数（ψ_a）

齿宽因数 $\psi_a=b/a$，增大齿宽因数，可以减小传动装置的尺寸和重量。但是齿宽因数过大，将会出现载荷沿齿向分布严重不均匀的现象，使齿轮承载能力下降。因此，齿宽因数应限制在一个合理的范围。对于闭式齿轮传动，取 $\psi_a=0.2\sim0.6$。对标准圆柱齿轮减速器，其 ψ_a 的标准值为 0.2、0.25、0.3、0.4、0.5、0.6、0.8、1.0、1.2。一般减速器中齿轮可取 $\psi_a=0.4$。

为保证齿轮传动有足够的啮合宽度，并便于安装和补偿轴向尺寸误差，一般取小齿轮的齿宽

$b_1=b_2+(5\sim10)\text{mm}$，大齿轮的齿宽 $b_2=b$，b 为啮合宽度。

5．圆柱齿轮的精度等级选择

齿轮在加工过程中，由于刀具和机床本身等原因，使加工成的齿轮不可避免地产生一定的误差。齿轮传动的传动质量与其制造质量密切相关。加工误差大、齿轮精度低，将严重影响齿轮的传动质量和承载能力。反之，若精度要求太高，将会给加工带来困难，提高加工成本。因此，根据使用要求选定恰当的精度等级至关重要。

GB/T 10095.1—2008 规定齿轮及齿轮副精度等级为 13 级。从 0 级到 12 级，表示精度从高到低依次排列。0～2 级齿轮精度要求非常高，目前我国只有极少的单位能制造 2 级精度的齿轮，使用场合也很少，所以属于有待发展的精度等级。3～5 级精度称为高精度等级；6～9 级称为中等精度等级；10～12 级则称为低精度等级。机械制造及设备中一般常用 5～9 级。标准中的 5 级精度是 13 个精度等级中的基础级，是制订精度标准时齿轮各项偏差公差计算式的精度等级。

齿轮精度主要包括传动精度和齿侧间隙两方面。

对齿轮传动的使用有三个方面的要求：传递运动的准确性；传动的平稳性；载荷分布的均匀性。齿轮每个精度等级的公差根据对这三方面的要求可划分成三个公差组：第 I 公差组主要影响传动的准确性；第 II 公差组主要影响传动的平稳性；第Ⅲ公差组主要影响传动时齿面载荷分布的均匀性。每个公差组包括若干个检验项目公差或极限偏差。

齿轮传动精度等级的选择要考虑齿轮的用途、工作条件、圆周速度、传递功率以及使用寿命和技术经济指标等方面要求。一般企业界多用类比法。

一般情况下，三个公差组可选用相同的精度等级，但也允许根据使用要求的不同，选择不同精度等级的公差组合。例如，仪表及机床分度系统的齿轮传动，传递运动的准确性比传动的平稳性要求高，所以第 I 公差组的精度等级比第 II 公差组的精度等级高一级；而轧钢机、起重机中的低速、重载齿轮传动则要求齿面载荷分布均匀，所以第Ⅲ公差组的精度等级比第 II 公差组的精度等级高。

齿轮传动的侧隙是指一对齿轮啮合时，为避免因制造、安装误差以及热膨胀或承载变形等原因而导致轮齿卡死，要求齿廓的非工作表面齿侧有一定的间隙，成为齿侧间隙。合适的侧隙是通过适当的齿厚极限偏差（负偏差）和中心距极限偏差来保证的，中心距越大，齿厚越小，其侧隙越大。

在齿轮零件图上应标注齿轮的精度等级和齿厚极限偏差的字母代号。例如，齿轮第 I 公差组精度为 7 级，第 II、Ⅲ公差组精度均为 6 级，齿厚上、下偏差代号分别为 G、M，可表示为

$$7\text{-}6\text{-}6\quad GM\quad GB/T\ 10095.1\text{—}2008$$

齿轮的三个公差组精度均为 7 级，齿厚上、下偏差代号分别为 F、L，则可表示为

$$7\ FL\ GB/T\ 10095.1\text{—}2008$$

6．圆柱齿轮的结构设计与工作图

在确定齿轮尺寸的基础上，考虑材料、制造工艺等因素，确定齿轮的结构形式及其尺寸是齿轮设计的任务之一。齿轮的结构形式一般根据齿顶圆直径大小选定。结构尺寸一般根据强度及工艺要求由经验公式确定。圆柱齿轮的结构形式及尺寸见表 5-23。齿轮工作图示例如图 5-77 所示。

齿轮的结构设计

表 5-23 圆柱齿轮的结构

名称	结构形式	结构尺寸
齿轮轴		$d_a<2d$ 或 $\delta<$（2~2.5）m_t 时，轴与齿轮做成一体
实心式	$d_a\leqslant200$	$d_1=kd$，k 值见下表 （表） （1.2~1.5）$d\geqslant l\geqslant b$ $\delta_0=2.5m_t$，但不小于 8mm $D_0=0.5$（d_1+d_2） 当 $d_0<10$mm 时不钻孔 $n=0.5m_t$
腹板式	锻造 　$d_a\leqslant500$	$d_1=1.6d$ $1.5d>l\geqslant b$ $\delta_0=$（3~4）m_t，但不小于 8mm $D_0=0.5$（d_1+d_2） $d_0=15~25$mm $c=0.2b$（模锻）、$c=0.3b$（自由锻），但不小于 8mm $n=0.5m_t$ $r\approx0.5c$
腹板式	铸造 　$d_a<500$	$d_1=1.6d$（铸钢）、$d_1=1.8d$（铸铁） $1.5d>l\geqslant b$ $\delta_0=$（3~4）m_t，但不小于 8mm $D_0=0.5$（d_1+d_2） $d_0=$（0.25~0.35）（d_2-d_1） $c=0.2b$，但不小于 10mm $n=0.5m_t$ $r\approx0.5c$
轮辐式	铸造 　$d_a>400,b<500$	$d_1=1.6d$（铸钢）、$d_1=1.8d$（铸铁） $1.5d>l\geqslant b$ $\delta_0=$（3~4）m_t，但不小于 8mm $H=0.8d$（铸钢）、$H=0.9d$（铸铁） $H_1=0.8H$ $c=(1~1.3)\delta_0$，$s=0.8c$ $e=(1~1.2)\delta_0$ $n\approx0.5m_t$ $r\approx0.5c$

下表（实心式 k 值）：

d/mm	<20	20~32	32~50	50~80	80~120	120~200
k	2.0	1.9	1.8	1.7	1.6	1.5

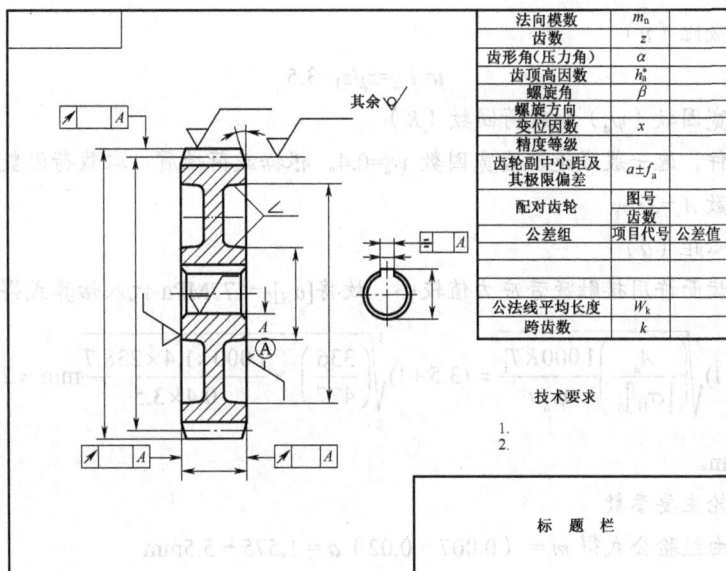

法向模数	m_n
齿数	z
齿形角（压力角）	α
齿顶高因数	h_a^*
螺旋角	β
螺旋方向	
变位因数	x
精度等级	
齿轮副中心距及其极限偏差	$a\pm f_a$
配对齿轮	图号
	齿数
公差组	项目代号 公差值
公法线平均长度	W_k
跨齿数	k

技术要求
1.
2.

标 题 栏

图 5-77　圆柱齿轮工作图示例

【例 5-5】　试设计图 5-78 所示带式输送机用减速器中的直齿圆柱齿轮传动。已知齿轮传递功率 $P=10$kW，小齿轮转速 $n_1=400$r/min，传动比 $i=3.5$，电动机驱动，载荷有中等冲击，单向运转。

解　1. 选择齿轮的材料及热处理方式，并确定许用应力

所设计的齿轮传动属于闭式传动，无特殊要求，故通常采用软齿面的钢制齿轮。选用价格便宜便于制造的材料：大、小齿轮均选用 45 钢制造。小齿轮调质处理，齿面硬度为 220HBW；大齿轮正火处理，齿面硬度为 180HBW。

根据两齿轮的齿面硬度，得齿面接触疲劳极限应力为

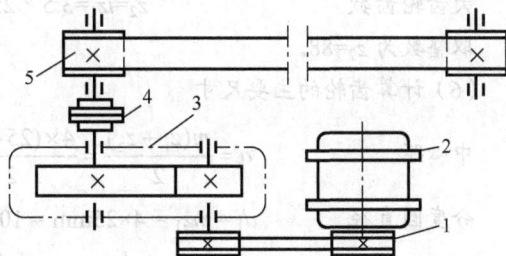

图 5-78　例 5-5 图
1—传送带　2—电动机　3—减速器
4—联轴器　5—输送带

$$\sigma_{Hlim1} = 560\text{MPa}, \quad \sigma_{Hlim2} = 530\text{MPa}$$

得轮齿弯曲疲劳极限应力为

$$\sigma_{Flim1} = 210\text{MPa}, \quad \sigma_{Flim2} = 200\text{MPa}$$

于是可得许用应力

$$[\sigma_H]_1 = 0.9\sigma_{Hlim1} = 504\text{MPa}$$
$$[\sigma_H]_2 = 0.9\sigma_{Hlim2} = 477\text{MPa}$$
$$[\sigma_F]_1 = 0.7\sigma_{Flim1} = 147\text{MPa}$$
$$[\sigma_F]_2 = 0.7\sigma_{Flim2} = 140\text{MPa}$$

2. 按接触疲劳强度设计齿轮尺寸

（1）计算小齿轮传递的转矩（T_1）

$$T_1 = 9\,549\frac{P}{n_1} = 9\,549\times\frac{10}{400}\text{N·m} = 238.7\text{N·m}$$

（2）确定齿数比（u）

$$u=i_{12}=z_2/z_1=3.5$$

（3）确定齿宽因数（ψ_a）和载荷因数（K）

根据工作条件，选一般减速器齿宽因数 $\psi_a=0.4$。根据载荷性质，取载荷因数 $K=1.4$。根据两齿轮材料，得因数 $A_a=336$。

（4）计算中心距（a）

因大齿轮的齿面许用接触疲劳应力值较小，故将$[\sigma_H]_2=477$MPa 代入估算式得

$$a \geqslant (u+1)\sqrt[3]{\left(\frac{A_a}{[\sigma_H]_2}\right)^2 \frac{1\,000KT_1}{\psi_a u}} = (3.5+1)\sqrt[3]{\left(\frac{336}{477}\right)^2 \times \frac{1\,000\times1.4\times238.7}{0.4\times3.5}}\text{mm} = 225.1\text{mm}$$

取 $a=225$mm。

（5）确定齿轮主要参数

选取模数，由经验公式得 $m=（0.007\sim0.02）a=1.575\sim5.5$mm

取标准值 $m=4$mm。

小齿轮齿数

$$z_1 = \frac{2a}{m(u+1)} = \frac{2\times225}{4\times(3.5+1)} = 25$$

大齿轮齿数 $\qquad z_2=iz_1=3.5\times25=87.5$

取整数为 $z_2=88$。

（6）计算齿轮的主要尺寸

中心距 $\qquad a=\dfrac{m(z_1+z_2)}{2}=\dfrac{4\times(25+88)}{2}$mm=226mm

分度圆直径 $\qquad d_1=mz_1=4\times25$mm = 100mm

$\qquad\qquad\qquad d_2=mz_2=4\times88$mm = 352mm

齿顶圆直径 $\qquad d_{a1}=（z_1+2）m=（25+2）\times4$mm = 108mm

$\qquad\qquad\qquad d_{a2}=（z_2+2）m=（88+2）\times4$mm = 360mm

齿根圆直径 $\qquad d_{f1}=（z_1-2.5）m=（25-2.5）\times4$mm = 90mm

$\qquad\qquad\qquad d_{f2}=（z_4-2.5）m=（88-2.5）\times4$mm = 342mm

齿顶高 $\qquad h_a=h_a^* m=4$ mm

齿根高 $\qquad h_f=（h_a^* + c^*）m=1.25\times4$mm = 5mm

全齿高 $\qquad h=h_a+h_f=9$mm

齿宽 $\qquad b=\psi_a a=0.4\times226$mm = 90.4mm

取 $b_2=90$mm；$b_1=b_2+（5\sim10）$mm，取 $b_1=95$mm。

3. 校核齿根弯曲疲劳强度

计算轮齿齿根弯曲疲劳应力：由 $z_1=25$、$z_2=88$ 得

$$Y_{FS1}=5.22,\quad Y_{FS2}=3.98$$

$$\sigma_{F1} = \frac{2\,000KT_1}{bz_1m^2}Y_{FS1} = \frac{2\,000\times1.4\times238.7}{90\times25\times4^2}\times4.22\text{MPa} = 78.3\text{mPa} \leqslant [\sigma_{F1}]$$

$$\sigma_{F2} = \sigma_{F1} \frac{Y_{FS2}}{Y_{FS1}} = 78.3 \times \frac{3.98}{4.22} \text{MPa} = 73.9\text{mPa} \leqslant [\sigma_{F2}]$$

故大、小齿轮的弯曲疲劳强度是足够的。

4. 确定齿轮精度

圆周速度： $v = \dfrac{\pi d_1 n}{60 \times 1\,000} = \dfrac{3.14 \times 100 \times 400}{60 \times 1\,000} \text{m/s} = 2.09\text{m/s}$

确定精度等级：可选用 8 级精度。

5. 确定检测尺寸

检测尺寸选用公法线长度。

小齿轮： $K = 3$ 　　　公法线长度 $W_1 = mW_1' = 4 \times 7.730\,5 = 30.922\text{mm}$

大齿轮： $K = 10$ 　　公法线长度 $W_2 = mW_1' = 4 \times 29.277\,7 = 117.111\text{mm}$

6. 齿轮的结构设计

小齿轮与轴做成一体为齿轮轴结构，大齿轮腹板式结构，具体结构尺寸这里不予讲述。

7. 绘制齿轮零件工作图（略）

5.5.8　斜齿圆柱齿轮传动

1. 斜齿圆柱齿轮传动的特点

（1）斜齿圆柱齿轮的形成

齿线为螺旋线的圆柱齿轮称为斜齿圆柱齿轮。平面沿着一个固定的圆柱面（即基圆柱面）作纯滚动时，平面上一条恒定角度与基圆柱轴线倾斜交错的直线形成的空间轨迹曲面成为渐开螺旋面，如图 5-79 所示。其恒定角度称为基圆螺旋角，用 β_b 表示。用渐开螺旋面作为齿面的圆柱齿轮即为渐开线圆柱齿轮。当 $\beta_b = 0$ 时，为直齿圆柱齿轮； $\beta_b \neq 0$ 时，则为斜齿圆柱齿轮。

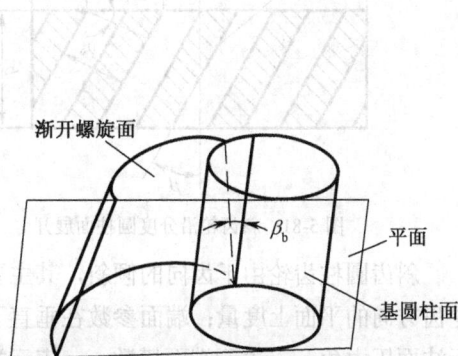

图 5-79　渐开线螺旋面的形成

斜齿圆柱齿轮的加工原理、采用的刀具和机床与加工直齿圆柱齿轮相同，只是机床的调整有所不同。

（2）斜齿圆柱齿轮传动的特点

如图 5-80 所示，直齿轮副啮合传动时，齿面上的接触线是一条平行于齿轮轴线的直线，齿轮的啮合沿着齿宽同时开始和同时终止，故传动平稳性差。在高速、重载下，直齿轮传动容易引起冲击、振动和噪声。斜齿轮副啮合时，齿面上的接触线是倾斜的，沿着齿宽接触线逐渐接触并由短变长，再由长变短，直至啮合终止，其啮合过程比直齿轮长。另外，斜齿轮同时啮合的齿数比直齿轮多，即总重合度大，因此斜齿圆柱齿轮传动平稳，承载能力高，适合于高速、重载的传动。但是，斜齿轮传动会产生轴向分力，给轴和支撑设计带来不利影响，也使其应用受到影响。

斜齿圆柱齿轮齿廓曲面的形成

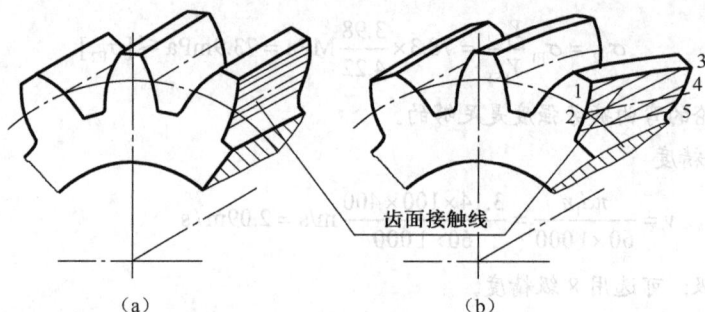

齿面接触线

（a） （b）

图 5-80　直齿圆柱齿轮与斜齿圆柱齿轮

2．斜齿圆柱齿轮啮合传动

（1）斜齿圆柱齿轮的主要参数及几何尺寸

图 5-81 所示为斜齿轮沿分度圆柱面展开。展开后螺旋线齿线成为一斜直线，齿线与轴线的夹角 β 称为斜齿轮的螺旋角。β 是表示斜齿轮轮齿倾斜程度的重要参数。β 越大，其传动优点越显著，但轴向力也越大。一般 β 取 $8°\sim20°$。

图 5-82 所示为斜齿轮旋向。轮齿螺旋线方向分为左旋和右旋。判断方向时，将齿轮轴线垂直放置，沿齿向左高右低为左旋，反之为右旋。

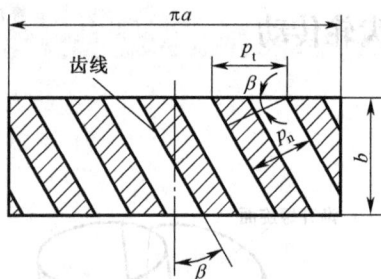

图 5-81　斜齿轮沿分度圆柱面展开

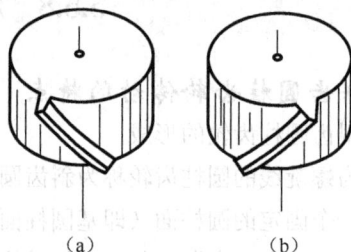

（a） （b）

图 5-82　斜齿轮旋向

斜齿圆柱齿轮由于齿向的倾斜，其主要参数有法面参数和端面参数之分。法面参数在垂直于轮齿方向的平面上度量；端面参数在垂直于齿轮轴线的平面上度量。以 m_n 表示法面模数，α_n 表示法面压力角，m_t 表示端面模数，α_t 表示端面压力角。

加工圆柱齿轮时，常用滚刀或成形铣刀切齿。这些刀具在切齿时沿着轮齿螺旋线方向进刀，要求轮齿的法面参数与标准刀具的参数一致。因此，斜齿圆柱齿轮的法面参数为标准值。而斜齿圆柱齿轮的几何尺寸计算应按端面参数进行，故需将轮齿的法面参数换算成端面参数。根据理论分析，法面参数和端面参数的换算公式如下：

$$m_n = m_t \cos\beta \tag{5-51}$$

$$\tan\alpha_n = \tan\alpha_t \cos\beta \tag{5-52}$$

式中　β——斜齿轮的螺旋角。

标准斜齿圆柱齿轮传动几何尺寸的计算公式见表 5-24。

表 5-24　　　　　　　　　　标准斜齿圆柱齿轮几何尺寸计算公式

名称	符号	计算公式
法面模数	m_n	取标准值
端面模数	m_t	$m_t = m_n/\cos\beta$

续表

名称	符号	计算公式
法面压力角	α_n	$\alpha_n = 20°$
端面压力角	α_t	$\tan\alpha_t = \tan\alpha_n / \cos\beta$
螺旋角	β	$\beta_1 = -\beta_2$（外啮合），$\beta_1 = \beta_2$（内啮合）
法面周节	p_n	$p_n = \pi m_n$
端面周节	p_t	$p_t = \pi m_t = p_n / \cos\beta$
分度圆直径	d	$d = z \cdot m_t = z m_n / \cos\beta$
齿顶高	h_a	$h_a = h_{an}^* m_n = h_{At}^* m_T$
齿根高	h_f	$h_f = (h_{an}^* + C_n^*) m_n = (h_{at}^* + C_t^*) m_n$
全齿高	h	$h = h_a + h_f$
齿顶圆直径	d_a	$d_a = d + 2h_a$
齿根圆直径	d_f	$d_f = d - 2h_f$
中心距	a	$a = \dfrac{d_1 + d_2}{2} = \dfrac{m_n(z_1 + z_2)}{2\cos\beta}$

斜齿圆柱齿轮传动的中心距，一般要求圆整为 5 的倍数，以便于加工和检验。由表 5-24 中斜齿圆柱齿轮传动中心距 a 的计算式可见，当模数和齿数不变时，可通过调整螺旋角 β 配凑中心距：

$$\beta = \cos^{-1}\frac{m_n(z_1 + z_2)}{2a} \tag{5-53}$$

（2）斜齿圆柱齿轮传动的正确啮合条件

斜齿圆柱齿轮传动的正确啮合条件是两齿轮的模数和压力角分别相等；两齿轮在分度圆上的螺旋角必须绝对值相等；外啮合时旋向相反（$\beta_1 = -\beta_2$）；内啮合时旋向相同（$\beta_1 = \beta_2$）。

即

$$m_1 = m_2 = m, \quad \alpha_1 = \alpha_2 = \alpha, \quad \beta_1 = \pm\beta_2 \tag{5-54}$$

（3）斜齿圆柱齿轮的当量齿轮

用仿形法切制斜齿轮轮齿时，刀具需根据斜齿轮的法面齿形（见图 5-83）选择；斜齿轮轮齿的弯曲强度也与法面齿形有关。与斜齿轮法面齿形十分相近的直齿圆柱齿轮，称为斜齿轮的当量齿轮，它的齿数称为斜齿轮的当量齿数，用 z_v 表示。

由理论推导可得

$$z_v = z/\cos^3\beta \tag{5-55}$$

式中　z——斜齿轮的实际齿数。

因此，标准斜齿轮不发生根切齿的最少实际齿数为

$$z_{min} = z_{vmin}\cos^3\beta = 17\cos^3\beta$$

显然，斜齿轮不产生根切的最少齿数小于 17，斜齿轮可以得到比直齿轮更为紧凑的结构。

应当注意：当量齿数并非真实齿数，应用时 z_v 不必圆整为整数。

3. 斜齿圆柱齿轮传动的承载能力计算

（1）斜齿圆柱齿轮的受力分析

图 5-84 所示为斜齿圆柱齿轮传动主动轮上的受力情况。图中 F_{n1} 作用在齿轮的法面内，忽略

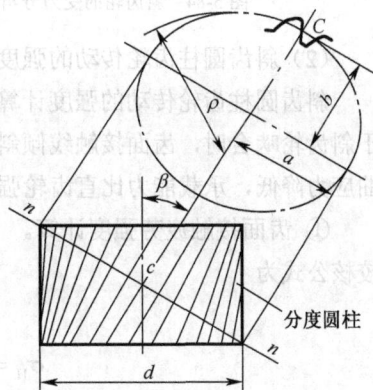

图 5-83　斜齿轮的法面齿形

摩擦力的影响，F_{n1} 可分解成三个互相垂直的分力，即圆周力 F_{t1}、径向力 F_{r1} 和轴向力 F_{a1}，其值分别为

圆周力 $$F_{t1}=2\,000T_1/d_1=2\,000T_2/d_2 \tag{5-56}$$

径向力 $$F_{r1}=F_{t1}\tan\alpha_n/\cos\beta \tag{5-57}$$

轴向力 $$F_{a1}=F_{t1}\tan\beta \tag{5-58}$$

根据作用力与反作用力定律可知，两轮所受的法向力 F_n 及分力圆周力 F_t、径向力 F_r 和轴向力 F_a 大小分别相等，方向分别相反，即

$$F_{t1}=-F_{t2},\ F_{r1}=-F_{r2},\ F_{a1}=-F_{a2} \tag{5-59}$$

主动轮上的圆周力和径向力方向的判定方法与直齿圆柱齿轮相同，即圆周力 F_t 的方向在主动轮上与啮合点运动方向相反，在从动轮上与啮合点运动方向相同。径向力 F_r 的方向分别由啮合点指向各自的轮心。轴向力的方向可根据左、右手法则判定，即右旋斜齿轮用右手判定，左旋斜齿轮用左手判定，弯曲的四指表示齿轮的转向，拇指的指向即为轴向力的方向，如图5-85所示。作用于从动轮上的力可根据作用力与反作用力原理来判定。

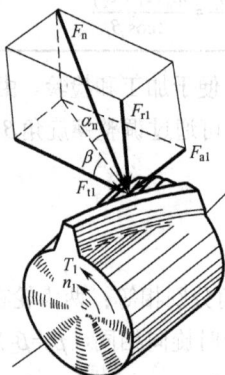

图 5-84　斜齿轮的受力分析　　　　　　图 5-85　轴向力方向判定

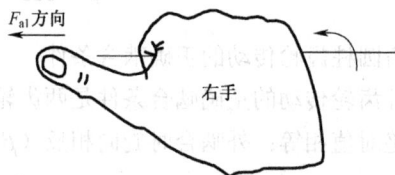

（2）斜齿圆柱齿轮传动的强度计算

斜齿圆柱齿轮传动的强度计算方法与直齿圆柱齿轮相似，但受力是按轮齿的法向进行的。由于斜齿轮啮合时，齿面接触线倾斜以及传动重合度增大等因素的影响，使斜齿轮的接触应力和弯曲应力降低，承载能力比直齿轮强。其强度简化计算公式如下所示。

① 齿面接触疲劳强度计算。

校核公式为

$$\sigma_H=0.91A_a\sqrt{\frac{1\,000(u\pm1)^3\,KT_1}{uba^2}}\leqslant[\sigma_H] \tag{5-60}$$

设计公式为

$$a\geqslant(u\pm1)\sqrt[3]{\left(\frac{0.91A_a}{[\sigma_H]}\right)^2\frac{1\,000KT_1}{\psi_a u}} \tag{5-61}$$

式（5-60）、式（5-61）中符号的意义及单位同直齿轮。

② 齿根弯曲疲劳强度计算。

校核公式为

$$\sigma_F = \frac{1\,600KT_1}{bd_1m_n}Y_{FS} = \frac{1\,600KT_1Y_{FS}\cos\beta}{bm_n^2z_1} \leqslant [\sigma_F] \tag{5-62}$$

设计公式为

$$m_n \geqslant \sqrt[3]{\frac{3\,200KT_1\cos^2\beta}{\psi_a(u\pm1)z_1^2}\frac{Y_{FS}}{[\sigma_F]}} \tag{5-63}$$

式中：Y_{FS} 应按斜齿轮的当量齿数 z_v 查取，公式应用注意点同直齿轮。另外，由于斜齿轮传动较直齿轮传动平稳，上述强度计算公式中载荷因素 K 应较直齿取较小值。

【例 5-6】 已知条件同例 5-5，现要求结构紧凑。试设计一斜齿圆柱齿轮传动。

解 （1）选择材料及热处理方式，并确定许用应力

因要求结构紧凑，故采用硬齿面。小齿轮选用 20CrMnTi，渗碳淬火，59HRC；大齿轮选用 45 钢，表面淬火，48HRC。

根据两齿轮的齿面硬度、调质钢火焰或感应淬火图线得齿面接触疲劳极限应力为

$$\sigma_{Hlim1} = 1\,500\text{MPa}, \quad \sigma_{Hlim2} = 1\,150\text{MPa}$$

根据合金钢淬火图线得轮齿弯曲疲劳极限应力为

$$\sigma_{Flim1} = 430\text{MPa}, \quad \sigma_{Flim2} = 340\text{MPa}$$

于是可得许用应力

$$[\sigma_H]_1 = 0.9\sigma_{Hlim1} = 0.9 \times 1\,500\text{MPa} = 1\,350\text{MPa}$$
$$[\sigma_H]_2 = 0.9\sigma_{Hlim2} = 0.9 \times 1\,150\text{MPa} = 1\,035\text{MPa}$$
$$[\sigma_F]_1 = 0.7\sigma_{Flim1} = 0.7 \times 430\text{MPa} = 301\text{MPa}$$
$$[\sigma_F]_2 = 0.7\sigma_{Flim2} = 0.7 \times 340\text{MPa} = 238\text{MPa}$$

（2）按齿根弯曲疲劳强度设计尺寸

对于硬齿面闭式传动，应按齿根弯曲强度设计公式估算模数。

① 确定硬齿面闭式传动齿数，取 $z_1 = 20$，$z_2 = z_1 i = 20 \times 3.5 = 70$。

② 确定载荷因数 K 和齿宽因数 ψ_a。选齿宽因数 $\psi_a = 0.4$，取载荷因数 $K = 1.2$。

③ 确定 $\dfrac{Y_{FS}}{[\sigma_F]}$。

当量齿数

$$z_{v1} = \frac{z_1}{\cos^3\beta} = \frac{20}{\cos^3 15°} = 22.2$$

$$z_{v2} = \frac{z_2}{\cos^3\beta} = \frac{70}{\cos^3 15°} = 77.7$$

查得，$Y_{FS1} = 4.30$，$Y_{FS2} = 3.98$

$$\frac{Y_{FS1}}{[\sigma_F]_1} = \frac{4.30}{301} = 0.014\,3$$

$\dfrac{Y_{FS2}}{[\sigma_{F2}]_2} = \dfrac{3.98}{238} = 0.016\,7$，选其中较大值 0.016 7。

④ 粗估模数。

粗选螺旋角 $\beta=12°$，得

$$m_n \geqslant \sqrt[3]{\frac{3\,200KT_1\cos^2\beta}{\psi_a(u+1)z_1^2}\frac{Y_{FS}}{[\sigma_F]}} = \sqrt[3]{\frac{3\,200\times1.2\times238.7\times\cos^2 12°\times0.016\,7}{0.4\times(3.5+1)\times20^2}}mm = 2.73mm$$

取 $m_n=3mm$。

⑤ 计算主要尺寸。

中心距 $$a=\frac{m_n}{2\cos\beta}=(z_1+z_2)=\frac{3}{2\cos12°}\times(20+70)mm=138.02mm$$

取 $a=140mm$

螺旋角 $$\beta=\cos^{-1}\frac{m_n(z_1+z_2)}{2a}=\cos^{-1}\frac{3\times(20+70)}{2\times140}=15°21'36''$$

分度圆直径 $$d_1=m_n\frac{z_1}{\cos\beta}=3\times\frac{20}{\cos15°21'36''}mm=62.22mm$$

$$d_2=m_n\frac{z_2}{\cos\beta}=3\times\frac{70}{\cos15°21'36''}mm=217.77mm$$

齿顶圆直径 $$d_{a1}=m_n\left(\frac{z_1}{\cos\beta}+2h_{an}^*\right)=3\times\left(\frac{20}{\cos15°21'36''}+2\times1\right)mm=68.22mm$$

$$d_{a2}=m_n\left(\frac{z_2}{\cos\beta}+2h_{an}^*\right)=3\times\left(\frac{70}{\cos15°21'36''}+2\times1\right)mm=223.77mm$$

齿根圆直径

$$d_{f1}=m_n\left(\frac{z_1}{\cos\beta}-2h_{an}^*-2c_n^*\right)=3\times\left(\frac{20}{\cos15°21'36''}-2\times1-2\times0.25\right)mm=54.72mm$$

$$d_{f2}=m_n\left(\frac{z_2}{\cos\beta}-2h_{an}^*-2c_n^*\right)=3\times\left(\frac{70}{\cos15°21'36''}-2\times1-2\times0.25\right)mm=210.27mm$$

齿宽

$$b=\psi_a a=0.4\times140mm=56mm，取 b_2=56mm$$

$$b_1=b_2+(5\sim10)mm=61\sim66mm，取 b_1=65mm$$

其他几何尺寸略。

（3）校核齿面接触疲劳强度

齿面接触应力

$$\sigma_H=0.91A_a\sqrt{\frac{1\,000(u+1)^3 KT_1}{uba^2}}=0.91\times336\times\sqrt{\frac{1\,000\times(3.5+1)^3\times1.2\times238.7}{3.5\times56\times140^2}}MPa=797.01MPa$$

$[\sigma_H]_1>[\sigma_H]_2$，$[\sigma_H]=[\sigma_H]_2=1\,035MPa$，$\sigma_H<[\sigma_H]$，故齿面接触强度满足要求。

（4）其他相关计算略，斜齿轮的结构设计同直齿轮。

5.5.9 齿轮传动的润滑与维护

1. 齿轮传动的润滑

润滑对齿轮传动具有很大的影响。正确而良好的润滑可以提高齿轮的承载能力，延长使用寿命，并提高工作效率。正确选择润滑剂和润滑方式是润滑的重要问题。

润滑剂有润滑油和润滑脂两种。只要黏度足够，应当优先采用润滑油。只有在低速运行场合，如开式传动或间歇运行的闭式传动中，才采用润滑脂。

润滑方式可按传动的发热情况而定。对于闭式齿轮传动，当齿轮的圆周速度 $v \leq 12\text{m/s}$ 时，常将大齿轮浸入油池进行油浴润滑，如图 5-86 所示；当齿轮圆周速度 $v > 1.5\text{m/s}$ 时，可借助齿轮的传动，将油带到啮合齿面，同时也可将油甩到箱壁上，用以润滑轴承或散热。圆柱齿轮浸入油中的深度，最深为齿高的 3 倍，最浅为 1/3 齿高。

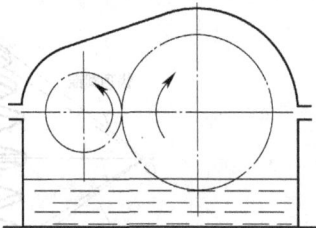

图 5-86　浸油润滑

当齿轮圆周速度 $v > 12\text{m/s}$ 时，为避免搅油损失过大，常采用喷油润滑，即由油泵或中心给油站以一定的压力给油并经喷嘴射向齿轮啮合处，如图 5-87 所示。

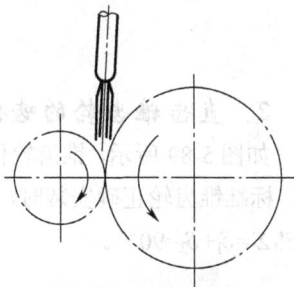

2．齿轮传动的维护

齿轮的正确维护是保证齿轮传动正常工作、延长齿轮使用寿命的必要条件。日常维护工作主要有以下内容。

① 安装与跑合。齿轮安装时，其固定和定位应符合技术要求。使用一对新齿轮，先要进行跑合运转，即在空载及逐步加载的方式下，运转十几至几十小时，然后清洗箱体，更换新油，才能使用。

图 5-87　喷油润滑

② 正确使用齿轮传动。在启动、加载、卸载及换挡的过程中应力求平稳，避免产生冲击载荷，以免引起断齿等故障。

③ 经常检查润滑系统的状况，如润滑油量、供油状况、润滑油质量等。按照使用规则定期更换、补充规定牌号的润滑油。

④ 监控运转状态。通过看、摸、听，监视有无不正常的声音或箱体过热现象，禁止齿轮"带病工作"。对高速、重载或重要场合的齿轮传动，可采用自动监测装置，确保齿轮传动的安全、可靠。

⑤ 装防护罩。对于开式齿轮传动，应装防护罩，防止灰尘、切屑等杂物侵入齿面，导致加速齿面磨损，同时也保护人身安全。

润滑不良和装配不合要求是齿轮失效的重要原因。声响监测和定期检查是发现齿轮损伤的主要方法。

5.6　直齿锥齿轮传动

1．直齿锥齿轮传动的特点

锥齿轮传动用于传递两相交轴之间的运动和动力。一对锥齿轮两轴之间的交角 Σ 可由传动需要而决定，一般机械中常采用 $\Sigma = 90°$。如图 5-88 所示，锥齿轮轮齿分布在一个截锥体外表面上，由大端向小端逐渐收缩，轮齿齿厚也逐渐变薄。单个锥齿轮同圆柱齿轮一样，有齿顶圆锥、分度圆锥和齿根圆锥。按齿线的走向，锥齿轮可分为直齿、斜齿和曲齿三种形式。由于直齿锥齿轮的设计、制造和安装较为方便，故应用最为广泛。曲齿锥齿轮传动平稳，承载能力强，但加

直齿圆锥齿轮齿廓
曲面的形成

工复杂，主要用于高速、重载的场合。

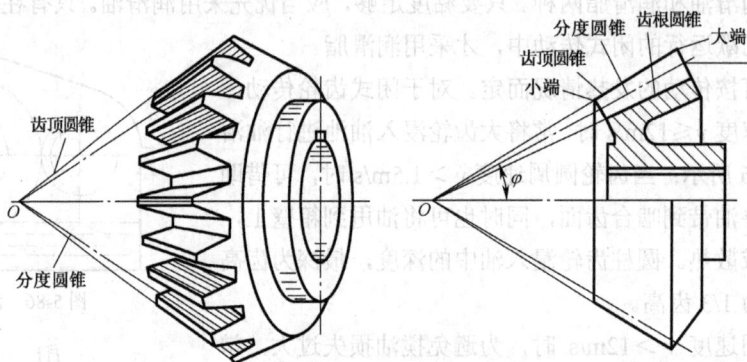

图 5-88　锥齿轮结构

2．直齿锥齿轮的啮合传动

如图 5-89 所示，锥齿轮传动相当于锥顶重合的一对圆锥做纯滚动。做纯滚动的圆锥称为节圆锥。标准锥齿轮正确安装时，节圆锥与分度圆锥重合。δ_1 和 δ_2 分别为小齿轮和大齿轮的分度锥角，显然 $\Sigma = \delta_1 + \delta_2 = 90°$。

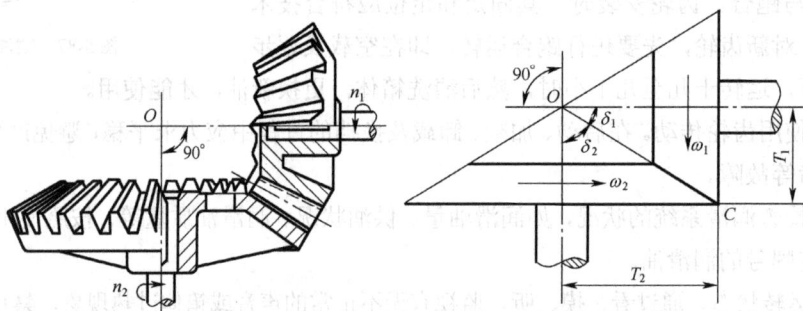

图 5-89　标准直齿锥齿轮传动

3．直齿锥齿轮传动的主要参数和几何尺寸

（1）主要参数

由于直齿锥齿轮的加工切削是从大端开始切入，为了便于测量和计算，并减少测量误差，所以锥齿轮的标准参数都规定在大端。标准直齿锥齿轮的基本参数有 δ、Z、m、α、h_a^* 和 c^*。我国规定了锥齿轮大端模数的标准系列，见表 5-25，大端分度圆标准压力角 $\alpha = 20°$。当模数大于 1 时，齿顶高因数 $h_a^* = 1$，顶隙因数 $c^* = 0.25$；当模数小于 1 时，齿顶高因数 $h_a^* = 1$，顶隙因数 $c^* = 0.2$。

表 5-25　　　　　　　　　　锥齿轮的标准模数（摘自 GB/T 12369—1990）　　　　　　　（单位：mm）

0.1	0.35	0.9	1.75	3.25	5.5	10	20	36
0.12	0.4	1	2	3.5	6	11	22	40
0.15	0.5	1.125	2.25	3.75	6.5	12	25	45
0.2	0.6	1.25	2.5	4	7	14	28	50
0.25	0.7	1.375	2.75	5.5	8	16	30	—
0.3	0.8	1.5	3	5	9	18	32	—

（2）几何尺寸

图 5-90 所示为两轴交角 $\Sigma = 90°$ 的标准直齿锥齿轮传动。它的各部分名称及几何尺寸的计算

公式见表 5-26。

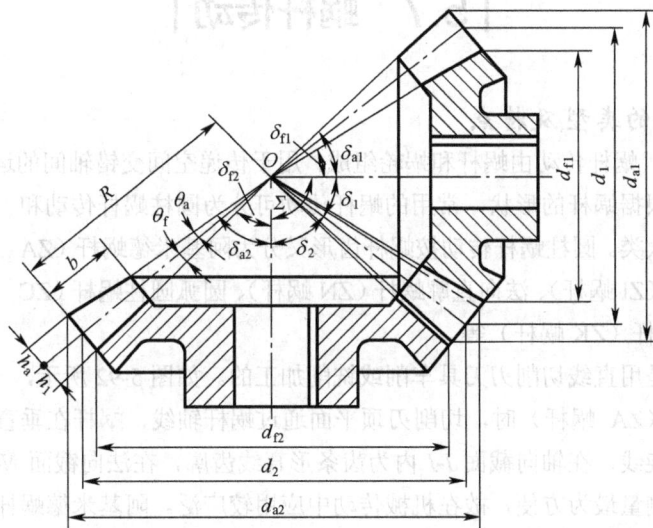

图 5-90 锥齿轮传动的几何尺寸（不等顶隙）

表 5-26	标准直齿圆锥齿轮传动的主要几何尺寸（$\Sigma=90°$）		
名称	代号	小齿轮	大齿轮
齿数	z	z_1	z_2
传动比	i	$i = \dfrac{z_2}{z_1} = \cot\delta_1 = \tan\delta_2$	
分度圆锥角	δ	$\delta_1 = \arctan\dfrac{z_1}{z_2}$	$\delta_2 = 90° - \delta_1$
齿顶高	h_a	$h_a = h_a^* m$	
齿根高	h_f	$h_f = (h_a^* + c^*)m$	
分度圆直径	d	$d_1 = m \cdot z_1$	$d_2 = mz_2$
齿顶圆直径	d_a	$d_{a1} = d_1 + 2h_a\cos\delta_1$	$d_{a2} = d_2 + 2h_a\cos\delta_2$
齿根圆直径	d_f	$d_{f1} = d_1 - 2h_f\cos\delta_1$	$d_{f2} = d_2 - 2h_f\cos\delta_2$
锥距	R	$R = \dfrac{d_1\sqrt{u^2+1}}{2} = \dfrac{m\sqrt{z_1^2+z_2^2}}{2}$	
齿宽	b	$b = \psi_R R$ 一般取齿宽因数 $\psi_R = 0.25 \sim 0.33$	
齿顶角	θ_a	$\theta_a = \arctan\dfrac{h_a}{R}$	
齿根角	θ_f	$\theta_f = \arctan\dfrac{h_f}{R}$	
顶锥角	δ_a	$\delta_{a1} = \delta_1 + \theta_a$	$\delta_{a2} = \delta_2 + \theta_a$
根锥角	δ_f	$\delta_{f1} = \delta_1 - \theta_f$	$\delta_{f2} = \delta_2 - \theta_f$

（3）正确啮合条件

正确啮合条件是两齿轮大端模数和压力角分别相等，即 $m_1 = m_2 = m$，$\alpha_1 = \alpha_2 = \alpha$。

5.7 蜗杆传动

1. 蜗杆传动的类型及特点

如图 5-91 所示，蜗杆传动由蜗杆和蜗轮组成，用于传递空间交错轴间的运动和动力。两轴间的交错角 $\Sigma=90°$。根据蜗杆的形状，常用的蜗杆传动可分为圆柱蜗杆传动和圆弧面蜗杆传动两大类。圆柱蜗杆传动按蜗杆齿形又分为阿基米德蜗杆（ZA 蜗杆）、渐开线蜗杆（ZI 蜗杆）、法向直廓蜗杆（ZN 蜗杆）、圆弧圆柱蜗杆（ZC 蜗杆）、锥面包络蜗杆（ZK 蜗杆）等。

阿基米德蜗杆是用直线切削刃刀具车削或铣削加工的。如图 5-92 所示，切削阿基米德蜗杆（ZA 蜗杆）时，切削刃顶平面通过蜗杆轴线，蜗杆在垂直于轴线的截面内，齿形为阿基米德螺旋线，在轴向截面 I-I 内为齿条形直线齿廓，在法向截面 N-N 内为曲线齿廓。由于这种蜗杆加工测量最为方便，故在机械传动中应用较广泛。阿基米德蜗杆传动又称为普通蜗杆传动，本节仅介绍此种传动。

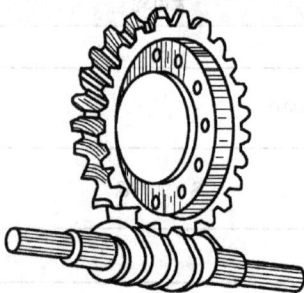

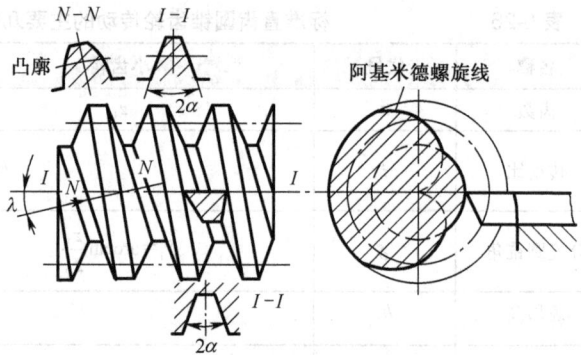

图 5-91 蜗杆传动　　图 5-92 阿基米德蜗杆

蜗杆传动可近似地看做是由螺旋传动变化而来的。蜗杆传动的特点如下所述。

① 传动平稳，噪声小。

② 传动比大，结构紧凑。在一般动力传动中，传动比 $i=5\sim80$。当用于传递运动时，蜗杆传动的传动比可达 1 000。

③ 具有自锁性。当蜗杆导程角较小时，蜗杆传动可实现反向自锁，即只能由蜗杆带动蜗轮。此特性被广泛应用于提升设备中。

④ 传动效率低。由于齿面间相对滑动速度大，摩擦损耗大，故效率低。蜗杆传动一般不宜于大功率传动的场合。

⑤ 制造成本高。

2. 蜗杆传动的主要参数和几何尺寸

（1）模数（m）和压力角（α）

如图 5-93 所示，通过蜗杆轴线并垂直于蜗轮轴线的平面称为中间平面。在中间平面内蜗杆与蜗轮的啮合相当于齿条与齿轮的啮合传动。因此，规定中间平面上的参数为标准值。

观察一级蜗杆减速器

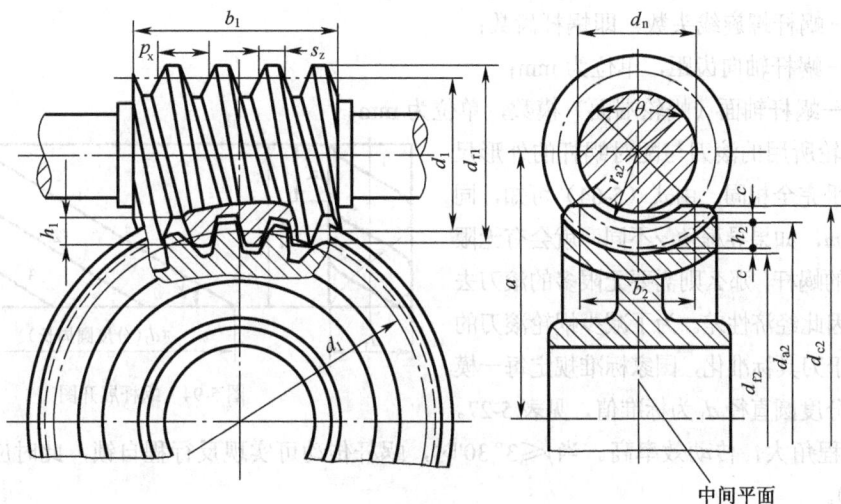

图 5-93 蜗杆传动的几何尺寸

可见，蜗杆传动正确啮合时，蜗杆的轴面模数 m_{x1}、轴面压力角 α_{x1} 必须分别与蜗轮的端面模数 m_{t2}、端面压力角 α_{t2} 相等，且等于标准值，即 $m_{x1} = m_{t2} = m$，$\alpha_{x1} = \alpha_{t2} = \alpha = 20°$。蜗杆传动的标准模数见表 5-27。

表 5-27　　　　普通圆柱蜗杆的基本尺寸和参数（摘自 GB 10085—1988）

m/mm	1	1.25	1.6	2	2.5	3.15	4
d_1/mm	18	20 22.4	20 28	(18) 22.4 (28) 35.5	(22.5) 28 (35.5) 45	(28) 35.5 (45) 56	(31.5) 40 (50) 71
$m^2 d_1$/mm³	18	31.25 35	51.2 1.68	72 89.6 112 142	140 175 221.9 281	277.8 352.2 446.5 556	504 640 800 1 136
m/mm	5	6.3	8	10	12.5	16	20
d_1/mm	(40) (50) (63) 90	(50) 63 (80) 112	(63) 80 (100) 140	(71) 90 (112) 160	(90) 112 (140) 200	(112) 140 (180) 250	(140) 160 (224) 315
$m^2 d_1$/mm³	1 000 1 250 1 575 2 250	1 985 2 500 3 175 4 445	4 032 5 376 6 400 8 960	7 100 9 000 11 200 16 000	14 062 17 500 21 875 31 250	28 672 35 840 46 080 64 000	56 000 64 000 89 000 126 000

注：括号内数据尽可能不采用。

（2）蜗杆分度圆直径（d_1）和蜗杆导程角（γ）

蜗杆上齿厚与齿槽宽相等的圆柱称为蜗杆的分度圆柱，其直径以 d_1 表示。蜗杆螺旋线有单头、多头之分，其头数用 z_1 表示。蜗杆的导程角 γ 是指圆柱螺旋线的切线与端平面之间所夹的锐角。如果将直径为 d_1 的蜗杆分度圆柱展开，如图 5-94 所示，则

$$\tan\gamma = \frac{z_1 p_x}{\pi d_1} = \frac{z_1 m}{d_1} \tag{5-64}$$

式中　z_1——蜗杆螺旋线头数，即蜗杆齿数；

　　　p_x——蜗杆轴向齿距，单位为 mm；

　　　m——蜗杆轴面（蜗轮端面）模数，单位为 mm。

加工蜗轮所用的滚刀与配对蜗杆的外形尺寸和参数几乎完全相同。由式（5-64）可知，同一标准模数 m，如果导程角 γ 不同，就会有无限多直径不同的蜗杆，那么则需要无限多的滚刀去切制蜗轮，因此经济性差。为了减少蜗轮滚刀的数目，以便于刀具标准化，国家标准规定每一模数下的蜗杆分度圆直径 d_1 为标准值，见表 5-27。

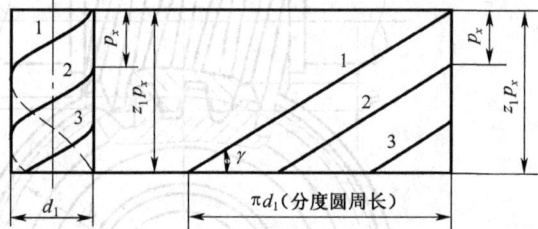

图 5-94　蜗杆展开图

蜗杆导程角大，传动效率高。当 $\gamma \leqslant 3°30'$ 时，蜗杆传动可实现反行程自锁，此时应采用单头蜗杆（$z_1=1$）。

蜗轮轮齿和斜齿轮相似，齿的旋向与轴线之间的夹角称为螺旋角，用 β 表示。

轴交角 $\varSigma=90°$ 的蜗杆传动正确啮合时，其导程角 γ 应等于蜗轮分度圆柱面上的螺旋角 β，且两者的螺旋方向必须相同，即 $\gamma=\beta$。

（3）蜗杆传动的正确啮合条件

由上述可知，蜗杆传动的正确啮合条件为

$$m_{x1}=m_{12}=m, \quad \alpha_{x1}=\alpha_{12}=\alpha, \quad \gamma=\beta \tag{5-65}$$

（4）蜗杆头数 z_1、蜗轮齿数 z_2 和传动比 i

蜗杆头数通常为 z_1=1、2、4、6。单头蜗杆容易切削，导程角小，自锁性好，效率低。为了提高效率，可采用多头蜗杆。蜗杆头数越多，加工越困难，分度误差越大。

蜗轮齿数 $z_2=iz_1$，i 为传动比。蜗杆传动比 i 是蜗杆转速 n_1 与蜗轮转速 n_2 之比，为

$$i = \frac{n_1}{n_2} = \frac{z_2}{z_1} \tag{5-66}$$

为了避免产生切齿干涉现象，取 $z_2 \geqslant 27$，动力蜗杆 z_2=28～83。若 z_2 过多，会使结构尺寸过大，蜗杆长度也随之增加，影响蜗杆的刚度和啮合精度。通常蜗轮齿数按传动比来确定，蜗杆头数 z_1 和蜗轮齿数 z_2 的推荐值见表 5-28。

应当注意：蜗杆传动 $d_1 \neq m_{z1}$，传动比 $i \neq d_2/d_1$。

表 5-28　　　　　　　　　　圆柱蜗杆传动的 i 与 z_1、z_2 推荐值

i	5～8	7～16	15～32	30～83
z_1	6	4	2	1
z_2	30～48	28～64	30～64	30～83

（5）蜗杆传动几何尺寸计算

蜗杆与蜗轮几何尺寸计算公式见表 5-29。

表 5-29　　　　　　　　　　阿基米德蜗杆传动几何尺寸计算

名称	代号	计算公式
蜗杆头数	z_1	按规定选取
蜗轮齿数	z_2	$z_2=iz_1$

续表

名称	代号	计算公式
模数	m	由强度计算确定，按表 5-27 取标准值
传动比	i	$i=n_1/n_2=z_2/z_1$
蜗杆轴向齿距	p_{x1}	$p_{x1}=\pi m$
蜗杆导程	p_z	$p_z=z_1\,p_{x1}$
蜗杆分度圆直径	d_1	由强度计算确定，按表 5-27 取标准值
蜗轮分度圆直径	d_2	$d_2=mz_2$
齿顶高	h_a	$h_{a1}=h_{a2}=m$（正常齿）
齿根高	h_f	$h_{f1}=h_{f2}=1.2m$（正常齿）
蜗杆齿顶圆直径	d_{a1}	$d_{a1}=d_1+2h_{a1}=d_1+2m$
蜗杆齿根圆直径	d_{f1}	$d_{f1}=d_1-2h_{f1}=d_1-2.4m$
蜗轮分度圆直径	d_{a2}	$d_{a2}=d_2+2h_{a2}=m\,(z_2+2)$
蜗轮齿根圆直径	d_{f2}	$d_{f2}=d_2-2h_{f2}=m\,(z_4-2.4)$
蜗杆分度圆导程角	γ	$\tan\gamma=mz_1/d_1$
蜗轮分度圆螺旋角	β	$\beta=\gamma$
蜗杆螺旋部分宽度	b_1	$b_1\approx(11+0.06z_2)\,m$　　$(z_1\leqslant2)$ $b_1\approx(12.5+0.09z_2)\,m$　　$(z_1>2)$
蜗轮齿宽	b_2	$b_2\leqslant0.75d_{a1}$　　　$(z_1\leqslant3)$ $b_2\leqslant0.67d_{a1}$　　　$(z_1>3)$
蜗轮轮齿包角	θ	$\theta=2\arcsin\dfrac{b_2}{d_1}$
中心距	a	$a=\dfrac{d_1+d_2}{2}=\dfrac{d_1+mz_2}{2}$

3．蜗杆和蜗轮的结构

蜗杆一般与轴制成一体，称为蜗杆轴，如图 5-95 所示。

蜗轮结构可分为整体式和组合式两种。铸铁蜗轮和直径小于 100mm 的青铜蜗轮，均采用整体式，如图 5-96（a）所示。为了节约材料，直径较大的青铜蜗轮，采用青铜齿圈配以铸铁或铸钢的轮心，制成组合式蜗轮，如图 5-96（b）、（c）所示，可以将青铜齿圈用过盈配合或螺栓与轮心连接起来。

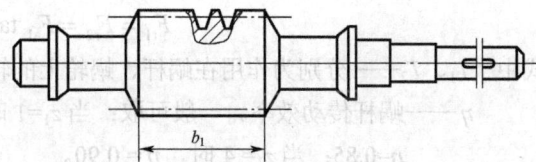

图 5-95　蜗杆轴

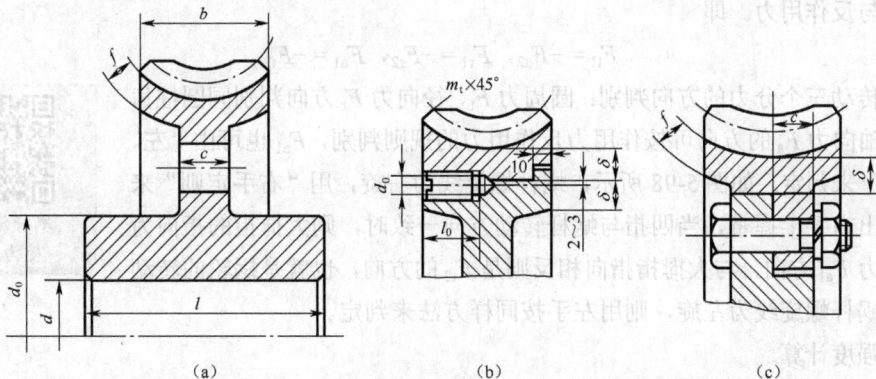

图 5-96　蜗轮结构

4．蜗杆传动的承载能力

（1）蜗杆传动的失效形式及设计准则

蜗杆传动的失效主要是轮齿失效。由于蜗轮材料的强度往往较蜗杆材料强度低，所以失效大多发生在蜗轮的轮齿上。与齿轮传动类似，蜗杆传动的失效形式有点蚀、胶合、磨损和折断。由于相对滑动速度大，传动效率低，因此更容易产生胶合和磨损。实践表明，在闭式传动中，蜗轮的失效形式主要是胶合与点蚀；在开式传动中，失效形式主要是磨损；当过载时，会发生轮齿折断现象。

因此，对于闭式蜗杆传动，一般只对蜗轮轮齿进行齿面接触疲劳强度计算。对于效率不高且又连续工作的闭式传动，因温升过高可能导致失效，故还需对其进行热平衡验算。对于开式传动，只对蜗轮轮齿进行齿根弯曲强度计算即可。蜗杆的强度可按轴的强度计算方法进行计算。

（2）蜗杆传动的材料

根据蜗杆传动的失效形式，对蜗杆传动副材料组合的要求是有良好的减摩性、导热性和抗胶合性，且有足够的强度。

蜗杆通常和轴制成一体，故常用碳钢或合金钢制造。如选用 45、40Cr、42SiMn 等，经调质或高频淬火；或选用 20Cr、18CrMnTi、15CrMn 等，经渗碳和淬火处理。

蜗轮材料的选择要考虑齿面相对滑动速度。对于高速而重要的蜗杆传动，蜗轮常用锡青铜，如 ZCuSn10Pb1、ZCuSn5Pb5Zn5 等；当滑动速度较低时，可选用价格较低的铝青铜，如 ZCuAl10Fe3 等；对于低速、轻载传动，可选用灰铸铁等材料，如 HT150、HT200 等。

（3）蜗杆传动的受力分析

图 5-97 所示为蜗杆传动的受力情况。齿面上相互作用的法向力 F_n 可以分解为互相垂直的三个分力，即圆周力 F_t、径向力 F_r 和轴向力 F_a。各分力分别为

$$F_{t1} = F_{a2} = \frac{2\,000T_1}{d_1} \tag{5-67}$$

$$F_{a1} = F_{a2} = \frac{2\,000T_2}{d_2} = \frac{2\,000T_1 i\eta}{d_2} \tag{5-68}$$

$$F_{r1} = F_{r2} = F_{a1} \tan\alpha = F_{a2} \tan\alpha \tag{5-69}$$

式中　T_1、T_2——分别为作用在蜗杆、蜗轮上的转矩，单位为 N·m；

　　　η——蜗杆传动效率。一般可取：当 $z_1=1$ 时，$\eta=0.75$；当 $z_1=2$ 时，$\eta=0.80$；当 $z_1=3$ 时，$\eta=0.85$；当 $z_1=4$ 时，$\eta=0.90$。

一对轴交角 $\Sigma=90°$ 的蜗杆传动，作用在蜗杆、蜗轮的 F_{t1} 与 F_{a2}、F_{r1} 与 F_{r2}、F_{a1} 与 F_{t2} 分别构成作用力与反作用力。即

$$F_{t1} = -F_{a2}, \quad F_{r1} = -F_{r2}, \quad F_{a1} = -F_{t2}$$

蜗杆传动三个分力的方向判别：圆周力 F_t、径向力 F_r 方向判别同圆柱齿轮传动；轴向力 F_a 的方向可按作用力反作用力的规则判别，F_{a1} 也可由"左、右手定则"来判定。如图 5-98 所示，蜗杆螺旋线为右旋，用"右手定则"来判定。伸出右手半握拳，当四指与蜗杆转动方向一致时，则大拇指的指向为蜗杆轴向力 F_{a1} 方向，与大拇指指向相反则是 F_{t2} 的方向，也就是蜗轮的转动方向。若蜗杆螺旋线为左旋，则用左手按同样方法来判定。

蜗杆传动的受力分析

（4）强度计算

以锡青铜为齿圈材料的闭式蜗杆传动，齿面疲劳点蚀为其主要形式。其弯曲强度所限定的承

载能力远高于齿面点蚀所限定的承载能力。因此，一般只需对其进行接触强度计算。

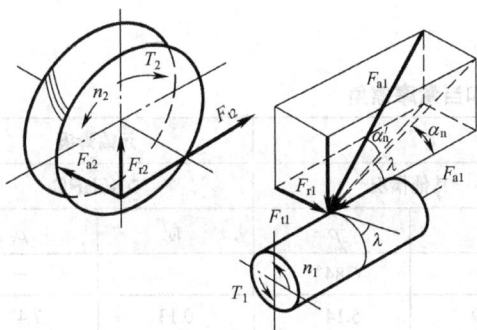

图 5-97 蜗杆传动受力分析

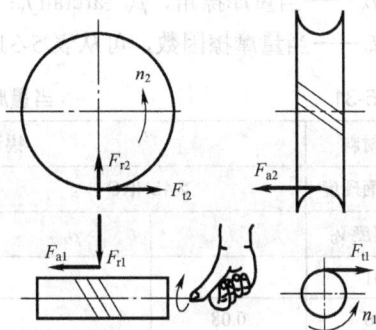

图 5-98 蜗轮转向的判定

当青铜蜗轮和钢蜗杆配对使用时，其齿面接触疲劳强度简化计算式为

校核公式
$$\sigma_H = \frac{15\,000}{mz_2}\sqrt{\frac{KT_2}{d_1}} \leqslant [\sigma_H] \tag{5-70}$$

设计公式
$$m^2 d_1 \geqslant \left\{\frac{15\,000}{z_2[\sigma_H]}\right\}^2 KT_2 \tag{5-71}$$

式中　K——载荷因数，一般 $K=1\sim1.4$。载荷平稳、蜗轮转速较低时取小值，否则取较大值；

$[\sigma_H]$——蜗轮齿面许用接触应力，单位为 MPa。该值由表 5-30 查取。

表 5-30　　　　　　　　　铸锡青铜蜗轮材料的许用应力$[\sigma_H]$

蜗轮材料	铸造方法	滑动速度 v_s / (m/s)	许用应力$[\sigma_H]$/MPa	
			蜗杆齿面硬度	
			≤350HBW	> 45HRC
ZCuSn10Pb1	砂型	≤12	180	200
	金属型	≤25	200	220
ZCuSn5Pb5Zn5	砂型	≤10	110	125
	金属型	≤12	135	150

按式（5-71）计算出所需的 m、d_1 值后，按表 5-29 中查取相应的 m、d_1 值，然后确定相应的 m 和 d_1 值。

对于开式蜗杆传动采用脆性材料时，需对蜗轮轮齿进行弯曲疲劳强度计算，相关内容可查阅《机械设计手册》。

5. 蜗杆传动的效率和热平衡计算

（1）蜗杆传动的效率

蜗杆传动的功率损耗一般包括三部分：轮齿啮合时的摩擦损耗、蜗杆轴上轴承的摩擦损耗和搅动润滑油的油阻损耗。其中主要是轮齿啮合摩擦损耗，后两项的影响较小。蜗杆传动的总效率可按下式计算：

$$\eta = (0.95 \sim 0.97)\frac{\tan\gamma}{\tan(\gamma + \rho_v)} \tag{5-72}$$

式中　　γ——蜗杆导程角；

ρ_v——当量摩擦角，$\rho_v = \arctan f_v$；

f_v——当量摩擦因数，可从表 5-31 中查取。

表 5-31　　　　　　　　　　　　　当量摩擦因数和当量摩擦角

蜗轮材料	锡青铜				无锡青铜	
蜗杆齿面硬度	>45HRC		其他情况		>45HRC	
滑动速度 v_0	f_v	ρ_v	f_v	ρ_v	f_v	ρ_v
0.01	—	—	—	6.84°	—	—
0.10	0.08	—	0.09	5.14°	0.13	7.4°
0.50	0.055	3.15°	0.065	3.72°	0.09	5.14°
1.00	0.045	5.58°	0.055	3.15°	0.07	4°
2.00	0.035	2°	0.045	2.58°	0.055	3.15°
3.00	0.028	1.6°	0.035	2°	0.045	2.58°
5.00	0.024	1.37°	0.031	1.78°	0.04	2.29°
5.00	0.022	1.26°	0.029	1.66°	0.035	2°
8.00	0.018	1.03°	0.026	1.49°	0.03	1.72°
10.0	0.016	0.92°	0.024	1.37°		
15.0	0.014	0.8°	0.020	1.15°		
25.0	0.013	0.74°				

在一定范围内，蜗杆传动的效率 η 将随 γ 的增大而增大。由于多头蜗杆的 γ 大，因此在传递较大动力时，多采用多头蜗杆，以提高传动效率。但 γ 大，加工困难，一般取 $\gamma \leqslant 27°$。

（2）蜗杆传动的热平衡计算

由于蜗杆传动的效率低，工作时发热量大，在连续工作的闭式蜗杆传动中，若散热条件不好，易使工作温度过高，从而使润滑失效，会导致齿面胶合，并加剧磨损，所以应对连续工作的闭式传动进行热平衡计算。其目的在于控制箱体内润滑油的温度在允许范围内。

当油温达到平衡时，传动装置的发热功率应和箱体的散热速率相等，即

$$1\,000\,(1-\eta)\,P_1 = kA\,(t_1 - t_2)$$

$$t_1 = \frac{1\,000P_1(1-\eta)}{kA} + t_2 \tag{5-73}$$

式中　P_1——蜗杆传动的输入功率，单位为 kW；

η——蜗杆传动的总效率；

k——散热因数。自然通风条件良好时，$k = 14 \sim 17.5\text{W}/(\text{m}^2 \cdot \text{℃})$；没有循环空气流动时，$k = 8.15 \sim 10.5\text{W}/(\text{m}^2 \cdot \text{℃})$；

A——散热面积，单位为 m^2。$A = A_1 + 0.5A_2$，A_1 为与外界空气接触的箱体表面积，A_2 为凸缘和散热片的面积；

t_1——达到热平衡时箱体内润滑油的温度，一般限制在 $t_1 = 70\text{℃} \sim 90\text{℃}$；

t_2——周围空气的温度，一般可取 $t_2 = 20\text{℃}$。

如果润滑油的工作温度超过许用温度，可以采用下列措施以提高散热能力。

① 增加箱体的散热面积或散热片。

② 在蜗杆轴上装风扇，改善通风条件，如图 5-99（a）所示。

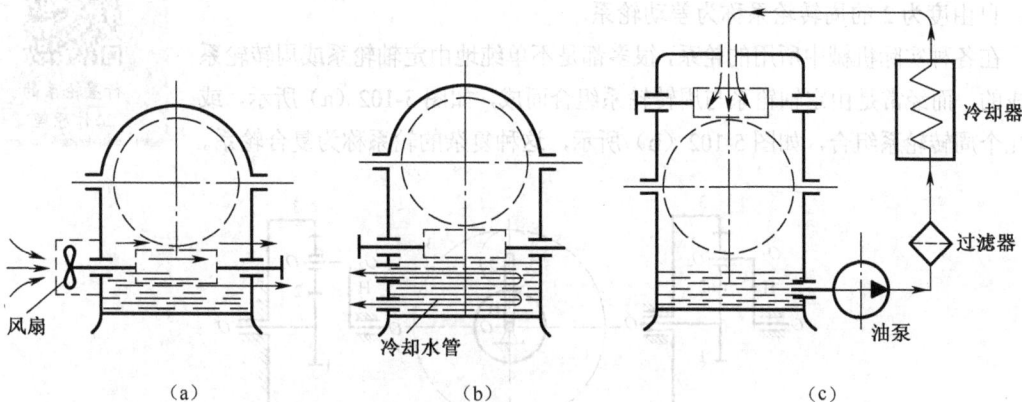

图 5-99　蜗杆传动的散热方法

③ 在箱体油池内安装蛇形水管，利用循环水进行冷却，如图 5-99（b）所示。

④ 采用循环油冷却，如图 5-99（c）所示。

|5.8　轮系|

由一系列齿轮组成的传动系统称为轮系。轮系在机械传动中的应用十分广泛。本节主要介绍定轴轮系、周转轮系和简单复合轮系传动比的计算，以及齿轮系在机械中的应用。

由一对齿轮组成的机构是齿轮传动的最简单形式，但是在工程实际中为了满足不同的工作要求，常采用若干个彼此啮合的齿轮进行传动，即把原动机的运动和动力按照需要传递给工作机构或执行机构，或者将输入、输出轴连接起来。这种由一系列齿轮组成的传动系统称为轮系，一对齿轮传动可以视为最简单的轮系。轮系可以分为三种类型：定轴轮系、周转轮系和复合轮系。

如图 5-100 所示，轮系运转时，如果轮系中各齿轮的轴线相对机架的位置不变，则称为定轴轮系，又称普通轮系。

轮系运转时，若其中至少有一个齿轮的几何轴线相对于机架不固定，而是绕着其他定轴齿轮轴线转动，这种轮系就称为周转轮系。

图 5-101 所示为周转轮系，主要有行星轮、行星架（系杆）和太阳轮组成。图中小齿轮 2 即为行星轮，其轴线是不固定的，它除了能绕自身的几何轴线 O_2 转动（自转）外，同时又绕固定轴线 O 转动（公转）。轮 1 和轮 3 的轴线固定，称为太阳轮。支撑行星轮的构件 H 称为行星架或系杆。

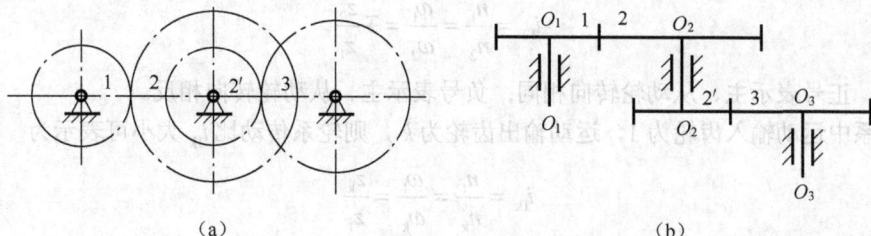

图 5-100　定轴轮系

观察图 5-101 所示的两个周转轮系，分别计算轮系自由度，不难发现图 5-101（a）的自由度为 2，而图 5-101（b）的自由度为 1。把自由度为 1 的周转轮系称为行星轮系，自由度为 2 的周转轮系称为差动轮系。

在各种实际机械中所用的轮系，很多都是不单纯地由定轴轮系或周转轮系组成的，而经常是由定轴轮系与周转轮系组合而成，如图 5-102（a）所示，或将几个周转轮系组合，如图 5-102（b）所示，这种复杂的轮系称为复合轮系。

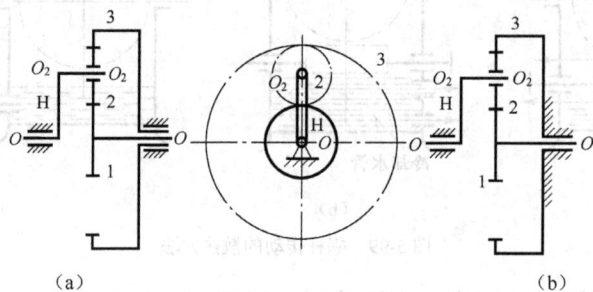

行星轮系的
工作原理

图 5-101　周转轮系

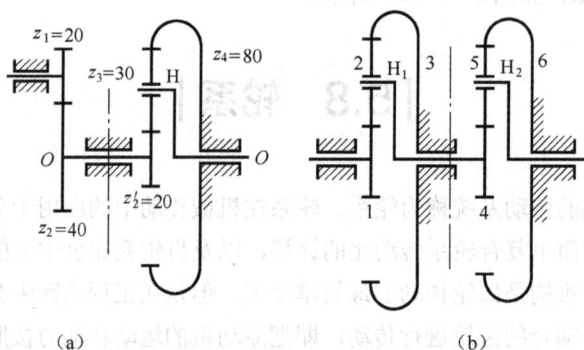

图 5-102　复合轮系

5.8.1　定轴轮系的传动比计算

1. 传动比大小的计算

对轮系来说，其传动比是指轮系中运动输入齿轮与运动输出齿轮的角速度或转速之比。对一对齿轮传动来说，无论是圆柱齿轮传动、锥齿轮传动还是蜗杆蜗轮传动，其传动比都是主、从动轮的角速度或转速之比，也等于两者齿数的反比。如图 5-103 所示，若主动轮为 1，从动轮为 2，则其传动比 i_{12} 为

$$i_{12} = \frac{n_1}{n_2} = \frac{\omega_1}{\omega_2} = \mp \frac{z_2}{z_1} \tag{5-74}$$

其中，正号表示主、从动轮转向相同；负号表示主、从动轮转向相反。

若轮系中运动输入齿轮为 1，运动输出齿轮为 k，则轮系传动比 i_{1k} 大小可表示为

$$i_{1k} = \frac{n_1}{n_k} = \frac{\omega_1}{\omega_k} = \frac{z_k}{z_1} \tag{5-75}$$

图 5-104 所示的定轴轮系中，设运动从齿轮 1 输入，通过几对齿轮传动后，从齿轮 4 输出，

则每对齿轮的传动比大小分别为

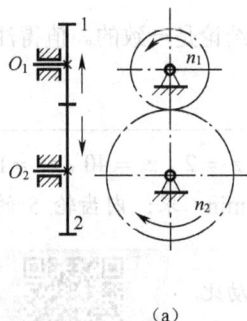

图 5-103 齿轮啮合传动比   图 5-104 定轴轮系传动比计算

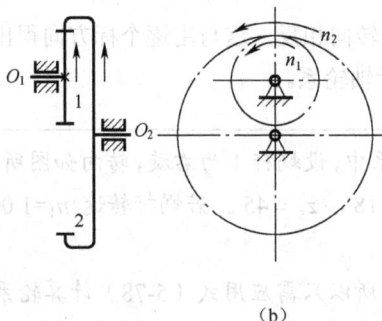

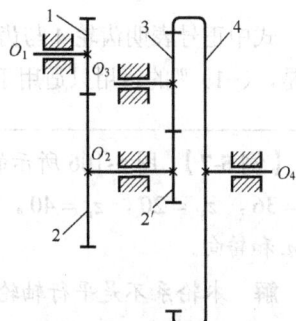

$$i_{12} = \frac{n_1}{n_2} = \frac{z_2}{z_1}, \quad i_{2'3} = \frac{n_{2'}}{n_3} = \frac{z_3}{z_{2'}}, \quad i_{34} = \frac{n_3}{n_4} = \frac{z_4}{z_3} \tag{5-76}$$

因为齿轮 2 和 2′ 同轴，故 $n_2 = n_{2'}$，所以

$$i_{14} = \frac{n_1}{n_4} = \frac{n_1}{n_2} \frac{n_{2'}}{n_3} \frac{n_3}{n_4} = i_{12} i_{2'3} i_{34} = \frac{z_2 z_3 z_4}{z_1 z_{2'} z_3} \tag{5-77}$$

式（5-77）表明：定轴轮系传动比大小等于该轮系中各对齿轮传动比的连乘积；也等于该轮系中各对啮合齿轮中所有从动轮齿数的连乘积与所有主动轮齿数的连乘积之比。

设 1、k 分别代表轮系首、末的输入轮和输出轮，则定轴轮系传动比的计算式为

$$i_{1k} = \frac{n_1}{n_k} = \frac{\text{所有从动齿轮齿数乘积}}{\text{所有主动齿轮齿数乘积}} \tag{5-78}$$

在图 5-104 中，齿轮 3 既是主动轮又是从动轮。从计算公式（5-77）和式（5-78）的简化结果可知，齿轮 3 齿数 z_3 不影响传动比大小，只改变轮系中从动轮转向，这种齿轮通常称为惰轮或过桥齿轮。

2. 轮系转向的确定

在工程实际中，除了知道轮系传动比的大小以外，在主动轮转向已知的情况下还需要确定从动轮的转向，下面介绍两种确定方法。

（1）在机构图上用箭头表示各轮转向

轮系是由一对对啮合齿轮组合而成的。根据齿轮传动的类型，可以逐对判定相对转向：一对圆柱齿轮外啮合时其转向箭头方向相反，内啮合时其转向箭头方向相同；一对锥齿轮转向箭头同时指向啮合节点，或同时背离啮合节点；一对蜗杆蜗轮转向箭头按左、右手法则确定。如图 5-105 所示，图中分别标出各齿轮转向，最后分别标出输入齿轮和输出齿轮转向。这种方法主要用于轴线不平行或首末两轮轴线平行、中间轴线不平行轮系的转向判别。

（2）通过计算确定各轮转向

如果轮系中所有齿轮轴线平行，则可以用 $(-1)^m$ 来判定，其中 m 为外啮合的次数，正号表示主、从动轮转向相同，负号表示转向相反。那么平行定轴轮系有

$$i_{1k} = \frac{n_1}{n_k} = (-1)^m \frac{\text{所有从动齿轮齿数乘积}}{\text{所有主动齿轮齿数乘积}}$$

对于图 5-104 所示轮系，$m = 2$，所以其传动比为

$$i_{14} = (-1)^2 \frac{z_2 z_3 z_4}{z_1 z_{2'} z_3} = \frac{z_2 z_3 z_4}{z_1 z_{2'} z_3}$$

式中正号表明齿轮 4 与齿轮 1 转向相反，这与用逐个标方向得出的结论是一致的。值得注意的是，$(-1)^m$ 的运用只适用于平行轴轮系。

【例 5-7】 图 5-106 所示的轮系中，设蜗杆 1 为右旋，转向如图所示，$z_1 = 2$，$z_2 = 40$，$z_{2'} = 18$，$z_3 = 36$，$z_{3'} = 20$，$z_4 = 40$，$z_{4'} = 18$，$z_5 = 45$。若蜗杆转速 $n_1 = 1\,000$r/min。求：内齿轮 5 的转速 n_5 和转向。

解 本轮系不是平行轴轮系，所以只需应用式（5-78）计算轮系传动比的大小为

$$i_{15} = \frac{n_1}{n_5} = \frac{z_2 z_3 z_4 z_5}{z_1 z_{2'} z_3' z_{4'}} = \frac{40 \times 36 \times 40 \times 45}{2 \times 18 \times 20 \times 18} = 200$$

所以

$$n_5 = \frac{n_1}{i_{15}} = \frac{1\,000}{200} \text{r/min} = 5\text{r/min}$$

蜗杆的转向已知，根据传动路线依次用箭头标出各级传动的转向，最后获得内齿轮 5 的转向，如图 5-106 所示。

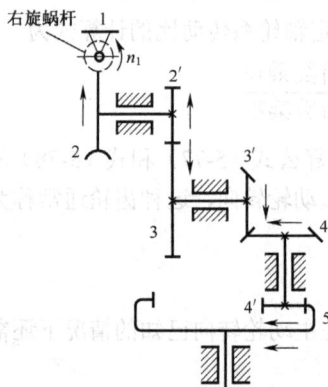

图 5-105　定轴轮系转向的判定　　　　图 5-106　例 5-7 图

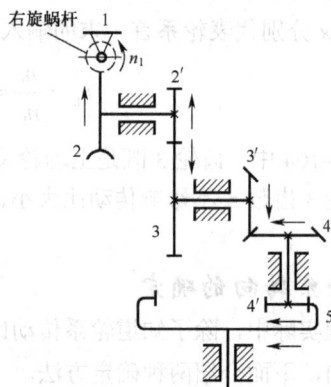

5.8.2　周转轮系的传动比计算

1．周转轮系的组成

图 5-107（a）所示的周转轮系中，齿轮 1 和齿轮 3 以及构件 H 各绕固定的、互相重合的几何轴线 O_1、O_3 以及 O_H 转动。而齿轮 2 则活套在构件 H 的小轴上，因此它一方面绕自身的几何轴线 O_2 自转，同时又随构件 H 绕几何轴线 O_H 公转。其运动和宇宙中行星的运动相似，因此称齿轮 2 为行星轮，支持行星轮的构件 H 称为行星架或系杆，而几何轴线固定的齿轮 1 和齿轮 3 称为太阳轮或中心轮。

2．周转轮系传动比的计算

在周转轮系中，由于既有公转又有自转的行星轮，故其传动比计算不能像定轴轮系那样

直接用齿数积反比的形式来计算。通常用"转化机构法"来求解,在不改变机构中各构件相对运动的情况下,假想给整个轮系机构加上一个绕中心轮轴线旋转的角速度"$-\omega_H$"的附加转动,这样就得到图 5-107(b)所示的转化轮系。在转化轮系中各构件的角速度变化见表 5-32。

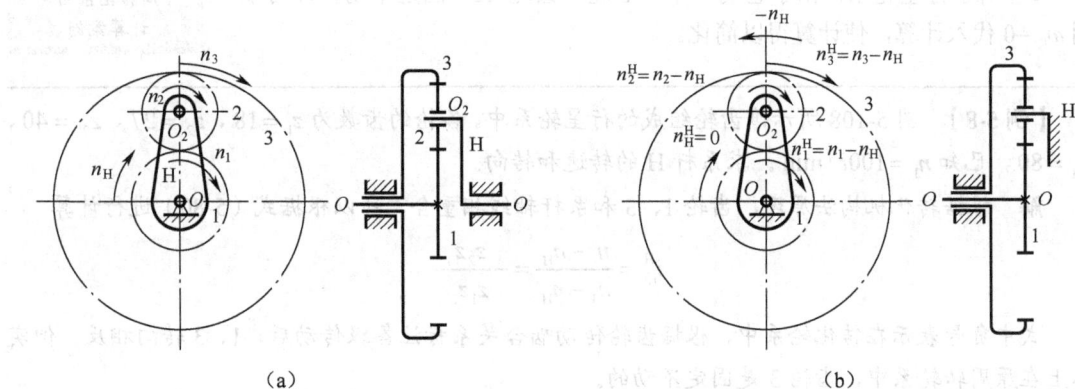

图 5-107 周转轮系

表 5-32 各构件的角速度变化

构件	原来的角速度	转化轮系中的角速度
1	ω_1	$\omega_1^H = \omega_1 - \omega_H$
2	ω_2	$\omega_2^H = \omega_2 - \omega_H$
3	ω_3	$\omega_3^H = \omega_3 - \omega_H$
H	ω_H	$\omega_H^H = \omega_H - \omega_H = 0$

由表 5-32 和图 5-107(b)可知,假想转化轮系为定轴轮系,则转化轮系传动比 i_{13}^H 可用定轴轮系传动比计算方法计算,即

$$i_{13}^H = \frac{\omega_1^H}{\omega_3^H} = \frac{\omega_1 - \omega_H}{\omega_3 - \omega_H} = -\frac{z_2}{z_1}\frac{z_3}{z_2} = -\frac{z_3}{z_1} \qquad (5\text{-}79)$$

其中,"−"表示在转化轮系中齿轮 1 和齿轮 3 转向相反。在计算轮系的传动比时,各齿轮的齿数一般已知。因此 ω_1、ω_3 以及 ω_H 三个运动参数中,若已知其中任意两个(包括大小和方向),便可计算确定第三个,从而求出周转轮系传动比。

根据上述原理,不难求出计算周转轮系传动比的一般计算公式。设周转轮系中任意两个齿轮 G 和 K 的转速分别为 ω_G 和 ω_K,H 为系杆,则其转化机构传动比 i_{GK}^H 可表示为

$$i_{GK}^H = \frac{\omega_G^H}{\omega_K^H} = \frac{\omega_G - \omega_H}{\omega_K - \omega_H} = \pm\frac{z_{G+1}}{z_G}\frac{z_{G+2}}{z_{G+1}}\cdots\frac{z_K}{z_{K-1}} \qquad (5\text{-}80)$$

式(5-80)表明转化轮系中传动比大小为转化轮系中所有从动轮齿数连乘与所有主动轮齿数连乘之比。其中正负号的确定与定轴轮系相同:"+"表示齿轮 G、K 转向相同;"−"则表示相反。

应用式(5-80)时,应注意以下几点。

● 式(5-80)只适用于转化机构的首、末轮与系杆回转轴线平行或重合的周转轮系。

- 将 ω_G、ω_K、ω_H 代入公式中计算时，应分别用带有正、负号的数值代入。
- 式（5-80）中转化轮系传动比正负号的判定，按定轴轮系中判定主、从动轮转向关系的方法确定。
- i_{GK}^H 只表示转化轮系的传动比。
- 对于行星轮系，由于它的一个中心轮（齿轮 K）固定不动，即可以用 $\omega_K = 0$ 代入计算，使计算得以简化。

周转轮系的
计算案例

【例 5-8】 图 5-108 所示锥齿轮组成的行星轮系中，各轮的齿数为 $z_1 = 18$、$z_2 = 27$、$z_{2'} = 40$、$z_3 = 80$，已知 $n_1 = 100 \text{r/min}$。求系杆 H 的转速和转向。

解 根据转化机构法原理，齿轮 1、3 和系杆轴线相重合，所以根据式（5-80）进行计算

$$i_{13}^H = \frac{n_1 - n_H}{n_3 - n_H} = -\frac{z_2 z_3}{z_1 z_{2'}}$$

式中负号表示在转化轮系中，根据齿轮传动啮合关系标注各级传动后，1、3 转向相反。但实际上在原周转轮系中，齿轮 3 是固定不动的。

设齿轮 1 的转向为正，则

$$\frac{100 - n_H}{0 - n_H} = -\frac{27 \times 80}{18 \times 40}$$

解得 $n_H = 25 \text{r/min}$（正号表示转向与齿轮 1 转向相同）。

【例 5-9】 图 5-109 所示的差动轮系中，已知 $z_1 = 20$、$z_2 = 30$、$z_3 = 80$，齿轮 1 和齿轮 3 的转速大小为 10r/min，方向相反。求系杆 H 的转速及传动比 i_{H1}。

汽车差速器原理

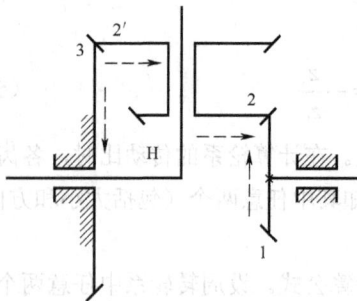

图 5-108 例 5-8 图　　　　图 5-109 例 5-9 图

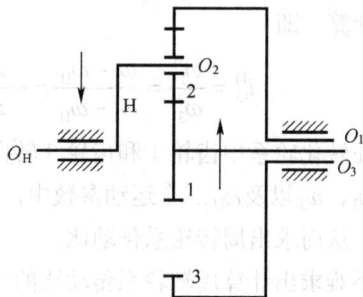

解 设齿轮 1 转向为正，则 $n_1 = 10 \text{r/min}$，$n_3 = -10 \text{r/min}$

由

$$i_{13}^H = \frac{n_1^H}{n_3^H} = \frac{n_1 - n_H}{n_3 - n_H} = -\frac{z_3}{z_1} = -\frac{80}{20}$$

即

$$\frac{n_1 - n_H}{n_3 - n_H} = -4$$

$$\frac{10 - n_H}{-10 - n_H} = -4$$

$$n_H = -6r / \min$$

式中，负号表示系杆 H 与齿轮 1 的转向相反。

因此，$i_{H1} = \dfrac{n_H}{n_1} = -\dfrac{6}{10} = -0.6$。

5.8.3　复合轮系传动比计算

在工程中，经常用到既有定轴轮系又有周转轮系的复合轮系。因此不能用同一个计算公式来计算齿轮系传动比，具体步骤如下。

① 把复合轮系中的定轴轮系和周转轮系划分开。

② 分别按不同的计算公式计算它们的传动比。

③ 联立方程求解。

具体解题时应注意以下几点。

① 划分轮系。首先必须找出行星轮系，关键在于找出行星轮，即找出几何轴线不固定的齿轮，再依次找出与行星轮相啮合的太阳轮和支持行星轮的系杆。找出周转轮系后，剩下的部分就是定轴轮系。注意在一个复杂的组合轮系中，周转轮系可能不止一个，每个系杆对应一个周转轮系，因此要找出每一个周转轮系。

② 注意符号。传动比计算公式中的正负号不能弄错或遗漏。

③ 联立求解。对每个定轴轮系和周转轮系分别列传动比计算方程，最后联立求解。

【例 5-10】　在图 5-110 所示的轮系中，已知各齿轮齿数分别为 $z_1 = 20$、$z_2 = 40$、$z_{2'} = 20$、$z_3 = 30$、$z_4 = 80$。求传动比 i_{1H}。

解　齿轮 3、2、4 及系杆组成周转轮系，齿轮 1 和齿轮 2 组成定轴轮系。因此，该轮系为复合轮系。

周转轮系的传动比为

$$i_{24}^H = \frac{n_2 - n_H}{n_4 - n_H} = -\frac{Z_4}{Z_{2'}}$$

$$\frac{n_{2'} - n_H}{0 - n_H} = -\frac{80}{20} = -4$$

定轴轮系的传动比为

$$i_{12} = \frac{n_1}{n_2} = -\frac{Z_2}{Z_1} = -\frac{40}{20} = -2$$

$$n_1 = -2n_2$$

$$i_{1H} = \frac{n_1}{n_2} = \frac{-2n_2}{\frac{1}{5}n_2} = -10$$

计算结果为负值，表明系杆 H 的转向与齿轮 1 转向相反。

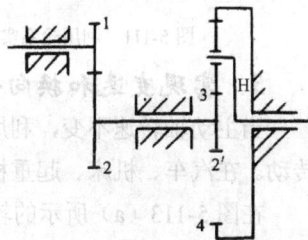

图 5-110　例 5-10 图

复合轮系的
计算案例

5.8.4　轮系的应用

1．实现远距离传动

齿轮传动中,当主、从动轴间的距离较远时,如图 5-111 所示,若只用一对齿轮 1、2 来传动,会使齿轮尺寸很大;但若采用由齿轮 3、4、5、6 组成的轮系来传动,其功能与前者完全相同,但齿轮尺寸减小了,这样既减小了机器的结构尺寸和质量,又节约了材料,同时给制造、安装带来了方便。

2．实现分路传动

利用齿轮系可以使一个主动轴带动多个从动轴同时运动,从不同的传动路线传给执行构件以实现分路传动。

使用轮系实现
分路传动

图 5-112 所示为滚齿机上实现轮坯与滚刀分路运动的传动简图。轴 I 为主动轴,分析图中传动路线可知,轴 I 的运动和动力经过锥齿轮 1、2 传给滚刀,同时轴 I 的运动又经过齿轮 3、4、5、6、7 和蜗杆传动 8、9 传给轮坯,这样使滚刀与齿坯的传动满足传动比要求。

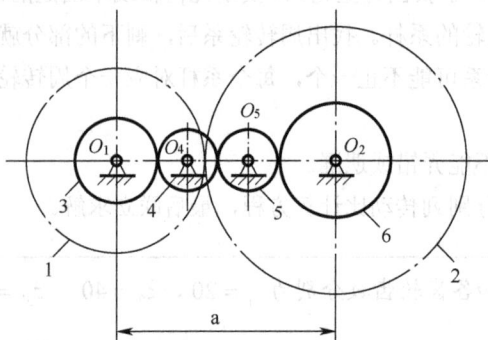

图 5-111　利用轮系实现远距离传动

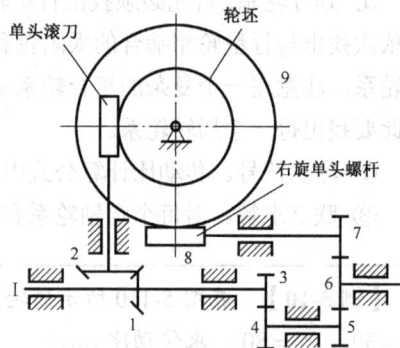

图 5-112　利用轮系实现分路传动

3．实现变速和换向传动

当主动轴转速不变,利用轮系可以使从动轴获得多种不同的转速或转向,这种传动称为变速传动。在汽车、机床、起重机等许多机械中都需要采用变速传动。

在图 5-113 (a) 所示的轮系中,用滑动键和轴 I 相连的三联齿轮块 1-2-3 处于三个不同位置,齿轮 1 与 1′、2 与 2′、3 与 3′ 分别相啮合,可获得三种不同的传动比,实现三级变速。图 5-113(b) 所示为三星轮换向机构,轮 1 为主动轮,旋转手柄 a 可以使一个中间齿轮 3 (见图中虚线位置)或两个中间齿轮 2 和齿轮 3 (见图中实线位置)分别参与啮合,从而使从动轮 4 实现正向或反向转动。

4．实现大传动比传动

一对齿轮的传动比不能很大,一般取 i_{max}=5～7,但是采用周转轮系即可获得较大的传动比。若采用定轴轮系,需要多级齿轮传动,致使传动装置的机构复杂而庞大,这给制造安装带来很大不便;若采用周转轮系,只需要很少的几个齿轮就可获得很大的传动比。

在图 5-114 所示的轮系中,套装在构件 H 转臂小轴上的齿轮块 2-2′ 分别与齿轮 1、3 相啮合,构件 H 又绕固定轴线 O-O 旋转。若各轮齿数分别为 $z_1 = 100$、$z_2 = 101$、$z_{2'} = 100$、$z_3 = 99$,当齿轮 3 固定不动时,经计算求得构件 H 和齿轮 1 的传动比 i_{H1} 高达 10 000。

(a) 变速轮系机构   (b) 换向轮系机构

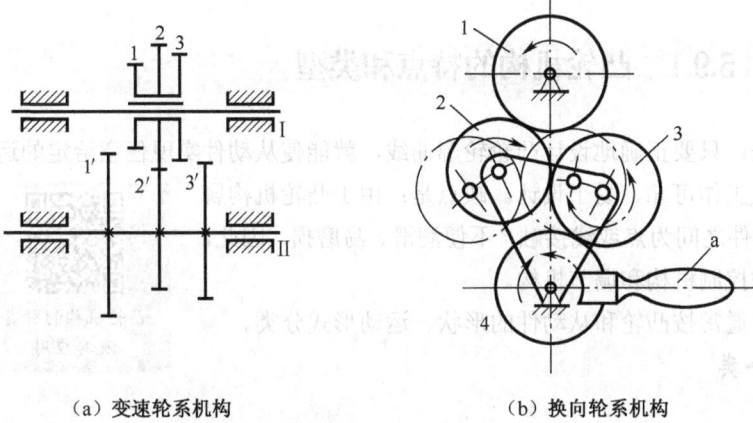

图 5-113 利用轮系实现变速和换向传动   图 5-114 利用轮系实现大传动比传动

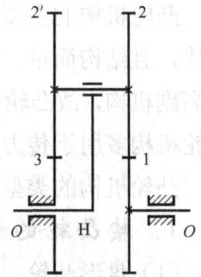

5．实现运动合成或分解

在图 5-115（a）所示的轮系中，齿轮 1 和齿轮 3 分别独立输入转速即可合成输出构件 H 的转速 $n_H = \dfrac{n_1 + n_3}{2}$。图 5-115（b）所示为汽车后桥差速器的轮系，当汽车拐弯时，它能将发动机传动齿轮 5 的运动分解为不同转速分别送给左、右两个车轮，以避免转弯时左、右两轮对地面产生相对滑动，从而减轻轮胎的磨损。

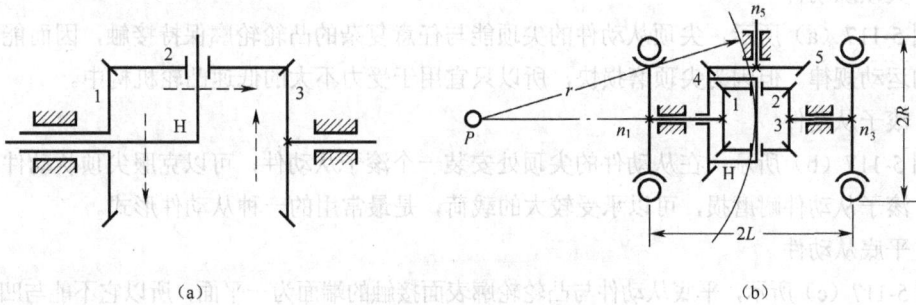

(a)   (b)

图 5-115 利用轮系实现运动合成或分解

| 5.9 凸轮机构 |

凸轮机构是一种由凸轮、从动件和机架组成的高副机构。在自动化和半自动化机械中应用非常广泛。凸轮具有曲线轮廓，它通常做连续等角速转动，也有做摆动或往复直线移动的；从动件则在凸轮轮廓驱动下按预定的运动规律作往复直线移动或摆动。

图 5-116 所示为内燃机配气凸轮机构。当具有一定曲线轮廓的凸轮 1 以等角速度回转时，它的轮廓迫使从动件 2（阀杆）按内燃机工作循环的要求启闭阀门。

凸轮一般做连续等速转动，从动件可做连续或间歇的往复运动或摆动。凸轮机构广泛用于自动化和半自动化机械中作为控制机构。但凸轮轮廓与从动件间为点、线接触而易磨损，所以不宜承受重载或冲击载荷。

图 5-116 内燃机配气凸轮机构

5.9.1　凸轮机构的特点和类型

凸轮机构的主要优点是：只要正确地设计凸轮轮廓曲线，就能使从动件实现任意给定的运动规律，且结构简单、紧凑、工作可靠、易于设计。缺点是：由于凸轮机构属于高副机构，故凸轮与从动件之间为点或线接触，不便润滑、易磨损。因此，凸轮机构多用于传力不大的控制机构和调节机构。

凸轮机构的种类及其应用

凸轮机构的类型很多，通常按凸轮和从动件的形状、运动形式分类。

1．按凸轮的形状分类

（1）盘形凸轮

它是凸轮的最基本形式。盘形凸轮是一个绕固定轴转动并且具有变化半径的盘形零件。

（2）移动凸轮

当盘形凸轮的回转中心趋于无穷远时，凸轮相对机架做直线运动，这种凸轮称为移动凸轮。

（3）圆柱凸轮

将移动凸轮卷成圆柱体即成为圆柱凸轮。

2．按从动件形状分类

（1）尖顶从动件

如图 5-117（a）所示，尖顶从动件的尖顶能与任意复杂的凸轮轮廓保持接触，因而能实现任意预期的运动规律。但因为尖顶磨损快，所以只宜用于受力不大的低速凸轮机构中。

（2）滚子从动件

如图 5-117（b）所示，在从动件的尖顶处安装一个滚子从动件，可以克服尖顶从动件易磨损的缺点。滚子从动件耐磨损，可以承受较大的载荷，是最常用的一种从动件形式。

（3）平底从动件

如图 5-117（c）所示，平底从动件与凸轮轮廓表面接触的端面为一平面，所以它不能与凹陷的凸轮轮廓相接触。这种从动件的优点是：当不考虑摩擦时，凸轮与从动件之间的作用力始终与从动件的平底相垂直，传动效率较高，且接触面易于形成油膜，利于润滑，故常用于高速凸轮机构。

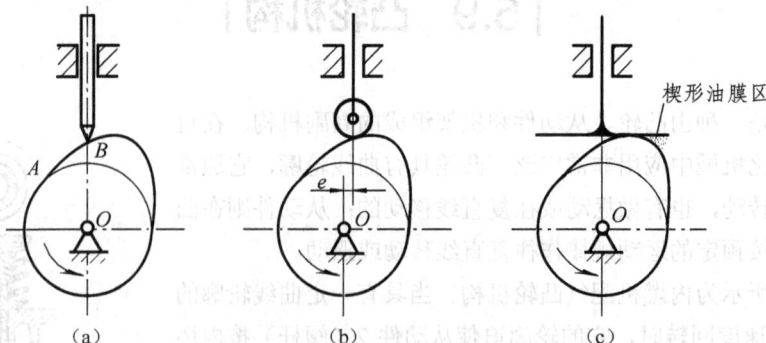

图 5-117　凸轮机构的从动件形状

3．按从动件运动形式

可分为直动从动件（对心直动从动件和偏置直动从动件）和摆动从动件两种。

凸轮机构中，采用重力、弹簧力使从动件端部与凸轮始终相接触的方式称为力锁合；采用特殊几何形状实现从动件端部与凸轮相接触的方式称为形锁合。

以上三种从动件都可以相对机架做往复直线移动或做往复摆动。为了使凸轮与从动件始终保持接触，可以利用重力、弹簧力或依靠凸轮上的凹槽来实现。

5.9.2 凸轮机构的结构参数

1. 压力角

作用在从动件上的驱动力与该力作用点绝对速度之间所夹的锐角称为压力角。在不计摩擦时，高副中构件间的力是沿法线方向作用的，因此，对于高副机构，压力角也是接触轮廓法线与从动件速度方向所夹的锐角。

在设计凸轮机构时，除了要求从动件能实现预期运动规律之外，还希望机构有较好的受力情况和较小的尺寸，为此，需要讨论压力角对机构的受力情况及尺寸的影响。

图 5-118 所示为尖顶直动从动件凸轮机构。当不计凸轮与从动件之间的摩擦时，凸轮作用于从动件的力 F 是沿法线方向的，从动件运动方向与力 F 之间的锐角 α 即压力角。力 F 可分解为沿从动件运动方向的有用分力 F' 和使从动件紧压导路的有害分力 F''，且

$$F''=F'\tan\alpha \tag{5-81}$$

式（5-81）表明，驱动从动件的有用分力 F' 一定时，压力角 α 越大，则有害分力 F'' 越大，机构的效率越低。当 α 增大到一定程度，以致 F'' 在导路中所引起的摩擦阻力大于有用分力 F' 时，无论凸轮加给从动件的作用力多大，从动件都不能运动，这种现象称为自锁。为了保证凸轮机构正常工作并具有一定的传动效率，必须对压力角加以限制。

2. 基圆

凸轮的基圆是指以凸轮最小理论向径所作的圆。由图 5-118 可以看出，在其他条件都不变的情况下，若把基圆半径增大，则凸轮的尺寸也将随之增大。

因此，欲使机构紧凑就应当采用较小的基圆半径。但是，必须指出，基圆半径减小会引起压力角增大。因此实际设计中，只能在保证凸轮轮廓的最大压力角不超过许用值的前提下，考虑缩小凸轮的尺寸。

图 5-118 凸轮机构的压力角

3. 滚子半径

必须指出，滚子半径的大小对凸轮实际轮廓有很大的影响。如图 5-119 所示，设理论轮廓外凸部分的最小曲率半径用 ρ_{min} 表示，滚子半径用 r_T 表示，则相应位置实际轮廓的曲率半径 $\rho'=\rho_{min}-r_T$。

当 $\rho_{min}>r_T$ 时，如图 5-119（a）所示，这时，$\rho'>0$，实际轮廓为一平滑曲线。当 $\rho_{min}=r_T$ 时，如图 5-119（b）所示，这时 $\rho'=0$，在凸轮实际轮廓上产生了尖点，这种尖点极易磨损，磨损后就会改变原定的运动规律。

当 $\rho_{min}<r_T$ 时，如图 5-119（c）所示，这时 $\rho'<0$，实际轮廓曲线发生自交，图中自交部分的轮廓曲线在实际加工时将被切去，使这一部分运动规律无法实现。为了使凸轮轮廓在任何位置既

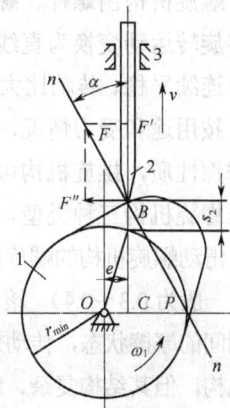

不变尖，也不自交，滚子半径必须小于理论轮廓外凸部分的最小曲率半径 ρ_{min}（理论轮廓的内凹部分对滚子半径的选择没有影响）。如果 ρ_{min} 过小，按上述条件选择的滚子半径太小而不能满足安装和强度要求，就应当把凸轮基圆半径加大，重新设计凸轮轮廓。

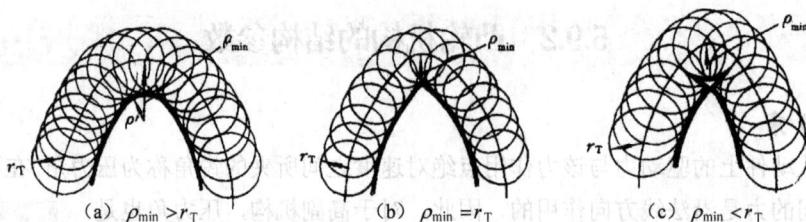

(a) $\rho_{min} > r_T$　　　　　(b) $\rho_{min} = r_T$　　　　　(c) $\rho_{min} < r_T$

图 5-119　滚子半径的大小影响

|5.10　螺旋机构|

螺旋传动是一种能将转动变为直线移动的常见传动形式。例如机床进给机构中采用螺旋传动实现刀具或工作台的直线进给，车用螺旋千斤顶（见图 5-120）的工作部分的直线运动都是利用螺旋传动来实现的。

螺旋机构由螺杆、螺母和机架组成（一般把螺杆和螺母之一作为机架），能将旋转运动变换为直线运动，并具有增力性能。螺旋机构具有结构简单、工作连续平稳、传动比大、承载能力强、传递运动准确，易实现自锁等优点。

认识螺旋机构

按用途和受力情况，螺旋机构可分为传递运动、传递动力和用于调整等三种类型；按螺旋副的摩擦性质，螺旋机构可分为滑动螺旋机构、滚动螺旋机构和静压螺旋机构三种类型，本节只讨论滑动螺旋机构。

滑动螺旋机构的螺旋副间存在着较大的滑动摩擦，传动效率低（一般为 0.3～0.4）。滚动螺旋机构和静压螺旋机构则改变了螺旋副间的摩擦状态，传动效率达到了 0.9 以上，是新型理想的传动机构，但其结构复杂、制造困难、成本较高。随着制造技术的不断发展，其应用正在得到不断推广。

图 5-120　车用螺旋千斤顶

图 5-121 是最简单的滑动螺旋传动（单螺旋传动）。其中螺母 3 相对支架 1 可做轴向移动。设螺杆的导程为 S，螺距为 p，螺纹线数为 n，因此螺母的位移 L 和螺杆的转角 φ（单位为 rad）有如下关系：

$$L = \frac{S}{2\pi}\varphi = \frac{np}{2\pi}\varphi \qquad (5-82)$$

图 5-122 是一种差动滑动螺旋传动（双螺旋传动），螺杆 2 分别与支架 1、螺母 3 组成螺旋副 A 和 B，导程分别为 S_A 和 S_B，螺母 3 只能移动不能转动。若左、右两段螺纹的螺旋方向相同，则螺母 3 的位移 L 与螺杆 2 的转角 φ（rad）有如下关系：

$$L = (S_A - S_B)\frac{\varphi}{2\pi} \qquad (5-83)$$

由式（5-83）可知，若 A、B 两螺旋副的导程 S_A 和 S_B 相差极小时，则位移 L 也很小，这种差动滑动螺旋传动广泛应用于各种微动装置中。

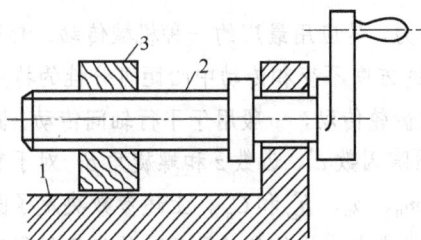

图 5-121　单螺旋传动

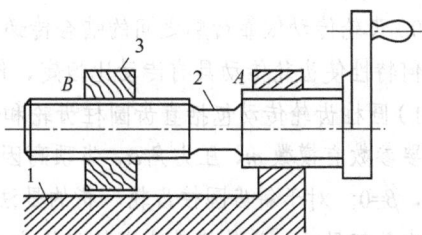

图 5-122　双螺旋传动

若图 5-122 两段螺纹的螺旋方向相反，则螺杆 2 的转角 φ 与螺母 3 的位移 L 之间的关系为

$$L = (S_A + S_B)\frac{\varphi}{2\pi} \tag{5-84}$$

这时，螺母 3 将获得较大的位移，它能使被连接的两构件快速接近或分开。这种差动滑动螺旋传动常用于要求快速夹紧的夹具或锁紧装置中，例如钢索的拉紧装置、某些螺旋式夹具等。

本 章 小 结

（1）机构由构件和运动副组成，组成机构的构件应具有确定的相对运动。两构件之间直接接触并能产生一定相对运动的连接称为运动副。平面运动副通常可分为低副和高副两类，它们对构件运动的约束作用不同。

（2）机构运动简图是用简单的线条和规定的符号按一定的比例绘制出机构的组成和各构件间相对运动关系的简明图形。绘制机构运动简图时，应分析机构的组成，分清机架、原动件和从动件，确定机构的构件数目、运动副数目和类型、运动副间的相对位置，然后选择适当的比例尺绘图。

（3）机构相对于其机架所具有的独立运动数目称为机构的自由度。平面机构自由度的计算公式为 $F = 3n - 2P_L - P_H$。应用该式计算时，应注意准确识别机构中的复合铰链、局部自由度和虚约束三种特殊情况。

（4）平面连杆机构有三种典型的基本形式，其特殊的急回运动特性得到了广泛应用。

（5）带传动具有打滑和弹性滑动两种滑动。其中打滑由过载引起是可以避免的，弹性滑动是不可避免的。

（6）摩擦带传动的工作能力与初拉力、摩擦系数、小带轮包角等因素有关。带所受的应力有拉应力、离心应力、弯曲应力；最大应力为三者之和，并产生在紧边绕如小带轮处。带的失效形式是打滑和疲劳破坏，因此带的设计准则是在不打滑的前提下具有一定的疲劳强度和寿命。

（7）链传动是依靠链与链轮之间的啮合来传递运动和动力的。由于链传动具有运动不均匀性，因此其瞬时传动比不恒定。在设计链传动时，为了减轻振动和动载荷，应尽量增加链轮齿数、减小节距，且链传动不宜放在高速级。

（8）滚子链的结构和尺寸均已标准化。其中链节距 P 为主要参数，它代表了滚子链的承载能力。链轮的端面齿形和轴面齿形由国家标准规定。

（9）链传动的主要失效形式是链板疲劳、铰链磨损、铰链胶合和链条静力拉断。链传动应限制其最高速度。对于 $v \geq 0.6\text{m/s}$ 的一般转速链传动，其主要失效形式是链条的疲劳破坏或冲击破坏。因此，其设计准则是链传动的计算功率小于许用功率值。

（10）齿轮传动依靠齿廓之间的啮合传递运动和动力，是应用最广的一种机械传动。渐开线齿廓的几何特性使齿轮传动具有传动比恒定、传递压力的方向不变和传动中心距可分性的特点。

（11）圆柱齿轮传动包括直齿圆柱齿轮和斜齿圆柱齿轮传动，一般用于平行轴间传动。圆柱齿轮的主要参数有模数 m、压力角 α、齿顶高因数 h_a^*、顶隙因数 c^*、齿数 z 和螺旋角 β。对于直齿圆柱齿轮，$\beta=0$；对于斜齿圆柱齿轮，指的是法向参数 m_n、α_n、h_{an}^* 和 C_n^*。上述参数决定了圆柱齿轮的基本几何尺寸；齿轮模数决定轮齿的大小及其承载能力。旋转角 β 是反映轮齿倾斜程度的重要参数，它影响轴向力的大小，同时也影响齿轮传动的平稳性。标准圆柱齿轮是指齿轮模数、齿轮压力角、齿顶压力角、齿顶高因数、顶隙因数均为标准值，而且分度圆上齿厚等于槽宽的齿轮。

（12）圆柱齿轮正确啮合的条件是两齿轮的模数和压力角分别相等；对于外啮合斜齿圆柱齿轮，还要求两齿轮螺旋角大小相等、旋向相反。圆柱齿轮连续传动的条件为重合度 $\varepsilon \geqslant 1$。

（13）齿轮在切齿加工和检验中，一般测量公法线长度 W 以确定齿轮是否合格。当被加工齿轮的尺数 $z < z_{min}$ 时，用展成法加工轮齿会发生根切。采用变位加工的方法可以避免根切。

（14）齿轮的主要失效形式有轮齿折断、齿面疲劳点蚀、齿面磨损和齿面胶合。齿轮传动的设计准则：对于闭式软齿面齿轮传动，齿面点蚀是其主要的失效形式。在设计计算时，通常按齿面接触疲劳强度设计，确定齿轮的主要参数和尺寸，然后再作齿根弯曲疲劳强度校核；对于闭式硬齿面齿轮传动，轮齿疲劳折断是其主要的失效形式。在设计计算时，通常先按齿根弯曲疲劳强度设计，确定齿轮的模数和其他尺寸，然后再作齿面接触疲劳强度校核；对于开式齿轮传动或铸铁齿轮，只按齿根弯曲疲劳强度设计模数并适当放大，不需要再校核齿面接触疲劳强度。

（15）齿轮常用的材料是优质碳素结构钢和合金结构钢，多为锻造；直径较大、形状复杂的重要齿轮用铸钢或球墨铸铁；不重要的齿轮用灰铸铁。

（16）圆柱齿轮传动轮齿间的作用力可分解为圆周力 F_t、径向力 F_r 和轴向力 F_a（直齿圆柱齿轮轴向力为零）。圆周力 F_t 的方向在主动轮上与啮合点运动方向相反，在从动轮上与啮合点运动方向相同；径向力 F_r 的方向分别由啮合点指向各自的轮心；轴向力的方向与轮齿的螺旋线方向和齿轮转向有关，可用左、右手定则来判定。

（17）圆柱齿轮的结构形式有齿轮轴、实心式、腹板式和轮辐式等。一般根据齿顶圆直径的大小选定，结构尺寸一般由经验公式确定。正确维护是齿轮传动正常工作的必要条件。

（18）直齿锥齿轮传动用于传递两相交轴之间的运动和动力；蜗杆传动用于传递两空间交错轴之间的运动和动力，常用轴交角为 $\Sigma = 90°$。蜗杆传动具有传动比大、结构紧凑、传动平稳、传动效率低和可反向自锁等特点。

（19）蜗杆传动中，轮齿间的作用力同样可分解为圆周力 F_t、径向力 F_r 和轴向力 F_a。两轮间三对作用力和反作用力分别为 $F_{t1} = -F_{a2}$，$F_{r1} = -F_{r2}$，$F_{a1} = -F_{t2}$。F_{a1} 方向可由"左、右手定则"来判定，同时还可判断蜗轮的转向。

（20）蜗杆传动以中间平面的参数为标准值，其正确啮合条件为 $m_{x1} = m_{t2} = m$；$\alpha_{x1} = \alpha_{t2} = \alpha$；$\gamma = \beta$。

（21）为减少蜗轮滚刀的数量，蜗杆的直径 d_1 为标准值。应特别注意：蜗杆直径 $d_1 \neq mz_1$，传动比 $i \neq d_2/d_1$，中心距 $a = \dfrac{d_1 + d_2}{2} \neq \dfrac{m(z_1 + z_2)}{2}$。

（22）蜗杆的分度圆柱导程角 γ 随蜗杆头数 z_1 的增多而增大。在 γ 角的取值范围内，γ 角越大，传动效率越高，而自锁性降低。

（23）将轮系按齿轮轴线是否固定可分为定轴轮系、周转轮系和复合轮系。

（24）定轴轮系传动比的计算。

① 传动比大小计算公式：$i_{1k} = \dfrac{n_1}{n_k} = \dfrac{\text{所有从动齿轮齿数乘积}}{\text{所有主动齿轮齿数乘积}}$

② 传动比符号确定。

方法一：按照齿轮传动关系，在机构图上用箭头表示，最后根据输入、输出轮转向是否相同确定正负号，转向相同为正，反之为负。

方法二：通过计算因子 $(-1)^m$ 确定传动比符号。此种方法有一定局限性，仅适用于各轮轴线平行的场合。

（25）周转轮系传动比的计算。

① 根据转化机构法原理，将周转轮系转化为定轴轮系。

② 在转化轮系中根据公式 $i_{GK}^{H} = \dfrac{\omega_G^H}{\omega_K^H} = \dfrac{\omega_G - \omega_H}{\omega_K - \omega_H} = \pm \dfrac{z_{G+1} z_{G+2} \cdots z_K}{z_G z_{G+1} \cdots z_{K-1}}$ 进行计算。

③ 根据题意将已知条件代入公式，求出未知量。注意转化轮系与实际轮系的区别。

（26）复合轮系传动比的计算。

① 划分轮系。

② 分别按不同的计算公式计算它们的传动比。

③ 联立方程求解。

（27）凸轮机构常用于控制场合，螺旋机构可以产生较大的力，但效率较低，螺旋机构可以实现微调与快速移动功能。

习　题

一、判断题

1. 随意拼接的构件组合体就是机构。（　　）

2. 构件每增加 1 个高副，将减少 2 个自由度。（　　）

3. 极位夹角是指曲柄与机架两次共线时曲柄之间形成的锐角。（　　）

4. 平面四杆机构的死点非常有害，应尽量避免。（　　）

5. 机构的压力角角越大，则效率越高。（　　）

6. 渐开线标准齿轮的齿根圆恒大于基圆。（　　）

7. 齿轮的模数类似于一个比例系数。（　　）

8. 斜齿轮具有两种模数，其中以端面模数作为标准模数。（　　）

9. 蜗杆传动的传动比可以表示成它们的直径之比或齿数之比。（　　）

10. 齿数小于 17 的标准直齿齿轮是不存在的。（　　）

11. 同等条件下，V 带传动的承载能力比平带传动大。（　　）

12. 大链轮的齿数应尽量少，小链轮的齿数应尽量多，且是偶数。（　　）

13. 链条的节距越大，其传动能力越大，但冲击也越大。（　　）

14. 凸轮机构属于高副机构，能承受较大载荷。（　　）

二、选择题

1. 由 m 个构件所组成的复合铰链所包含的转动副个数为（　　）。
   A. 1　　　　　B. $m-1$　　　　　C. m　　　　　D. $m+1$

2. 机构具有确定运动的条件是（　　）。
   A. 自由度等于1　　　　　B. 自由度大于1
   C. 自由度等于原动件数　　　　　D. 自由度大于原动件数

3. 平面四杆机构中，如存在急回运动特性，则其行程速比系数（　　）。
   A. $K>1$　　　B. $K=1$　　　C. $K<1$　　　D. $K=0$

4. 在曲柄摇杆机构中，当摇杆为主动件，且（　　）处于共线位置时，机构处于死点位置。
   A. 曲柄与机架　　B. 曲柄与连杆　　　C. 连杆与摇杆　　　D. 摇杆与机架

5. 双摇杆机构（　　）急回运动特性。
   A. 一定有　　　　　B. 可能有　　　　　C. 一定无

6. 对于齿数相同的齿轮，模数越大，齿轮的承载能力（　　）。
   A. 越大　　　　　B. 越小　　　　　C. 不变化

7. 正常标准直齿圆柱齿轮的齿根高（　　）。
   A. 与齿顶高相等　B. 比齿顶高大　　C. 比齿顶高小　　D. 都可能

8. 标准直齿锥齿轮规定其（　　）的几何参数为标值。
   A. 小端　　　　　B. 大端　　　　　C. 中端

9. 带传动中，v_1 为主动轮圆周速度、v_2 为从动轮圆周速度、v 为带速，这些速度之间存在的关系是（　　）。
   A. $v_1=v_2=v$　　　B. $v_1>v>v_2$　　　C. $v_1<v<v_2$　　　D. $v_1=v>v_2$

10. 在带传动中，若小带轮为主动轮，则带的最大拉应力发生在带开始（　　）。
    A. 进入从动轮处　　　　　B. 退出主动轮处
    C. 退出从动轮处　　　　　D. 进入主动轮处

11. 在一定转速下，要减轻滚子链传动的运动不均匀性和动载荷，应该（　　）。
    A. 增大节距和增加齿数　　　　　B. 增大节距和减少齿数
    C. 减小节距和减少齿数　　　　　D. 减小节距和增加齿数

12. 凸轮压力角的大小与基圆半径的关系是（　　）。
    A. 基圆半径越小，压力角越小　　B. 基圆半径越大，压力角越小
    C. 基圆半径越小，压力角越大　　D. 基圆半径越大，压力角越大

13. 螺旋传动具有（　　）的特点。
    A. 承载力大，效率高　　　　　B. 承载力小，效率低
    C. 承载力大，效率低　　　　　D. 承载力小，效率高

三、综合题

1. 绘制图 5-123 所示平面机构的机构运动简图。

2. 计算图 5-124 所示平面机构的自由度，并判断机构运动的确定性（机构中如有复合铰链、局部自由度、虚约束请指出）。

3. 图 5-125 所示的机构为一偏置式曲柄滑块机构。

（1）此机构有无急回运动？若有，试以作图法确定极位夹角 θ，并求行程速比系数 K。

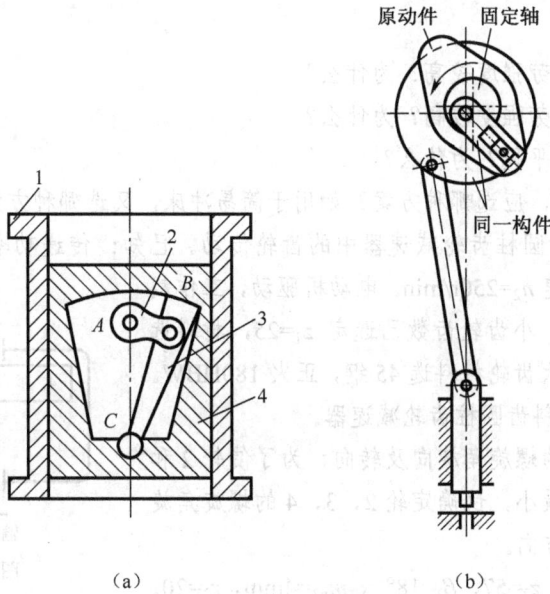

图 5-123　综合题 1 图

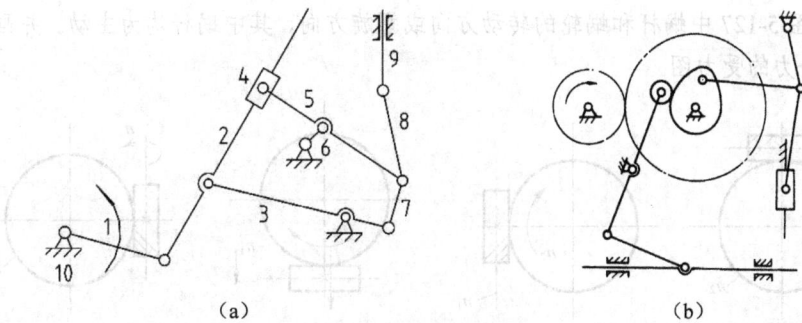

图 5-124　综合题 2 图

（2）当以曲柄为原动件时，标出此机构的最小传动角γ$_{min}$。

（3）作出当以滑块为主动件时机构的死点位置。

4. 一普通 V 带传动，已知带的型号为 A，两轮基准直径分别为 150mm 和 400mm，初定中心距 $a = 4\,500$mm，小带轮转速为 1\,460r/min。试求：（1）小带轮包角；（2）选定带的基准长度 L_d；（3）不考虑带传动的弹性滑动时，大带轮的转速；（4）滑动率为 0.015 时，大带轮的实际转速；（5）确定实际中心距。

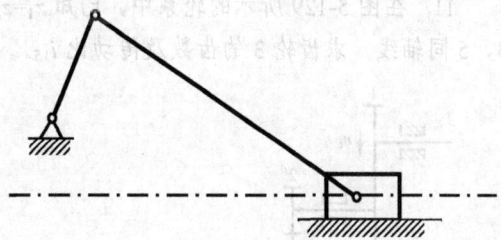

图 5-125　综合题 3 图

5. C61508 车床主轴箱内有一对标准直齿圆柱齿轮，其模数 m=3mm，齿数 z_1=21、z_2=66，压力角 α=20°，正常齿制。试计算两齿轮的主要几何尺寸。

6. 某闭式渐开线标准直齿圆柱齿轮传动，中心距 a=120mm。现有两种方案。

方案一：z_1=18，z_2=42，m=4mm，α=20°，b=60mm。

方案二：z_1=36，z_2=84，m=2mm，α=20°，b=60mm。

如小齿轮均为 40Cr 钢，表面淬火，齿面硬度 52HRC；大齿轮 45 钢表面淬火，表面硬度 45HRC。问：

① 哪种方案接触疲劳强度较高？为什么？

② 哪种方案弯曲疲劳强度较高？为什么？

③ 哪种方案运转较平稳？为什么？

④ 如用于简易磨床，应选哪种方案？如用于简易冲床，又选哪种方案？为什么？

7. 试设计单级直齿圆柱齿轮减速器中的齿轮传动。已知：传递功率 P=5kW，小齿轮转速 n_1=970r/min，大齿轮转速 n_2=250r/min。电动机驱动，工作载荷比较平稳，单向传动。小齿轮齿数已选定 z_1=25，材料选 45 钢，调质 210HBW；大齿轮材料选 45 钢，正火 180HBW。

8. 图 5-126 所示为斜齿圆柱齿轮减速器。

（1）已知主动轮 1 的螺旋角旋向及转向，为了使轮 2 和轮 3 的中间轴的轴向力最小，试确定轮 2、3、4 的螺旋角旋向和各轮产生的轴向力方向。

（2）已知 m_{n2}=3mm，z_2=57，β_2=18°，m_{n3}=4mm，z_3=20。试问 β_3 应为多少时，才能使中间轴上两齿轮产生的轴向力相互抵消？

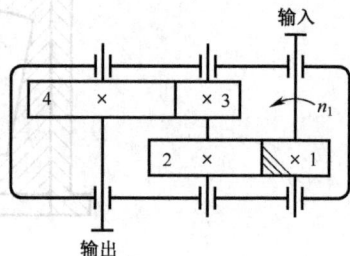

图 5-126 综合题 8 图

9. 试判定图 5-127 中蜗杆和蜗轮的转动方向或螺旋方向，其中蜗杆均为主动。并画出蜗杆和蜗轮所受三个分力的受力图。

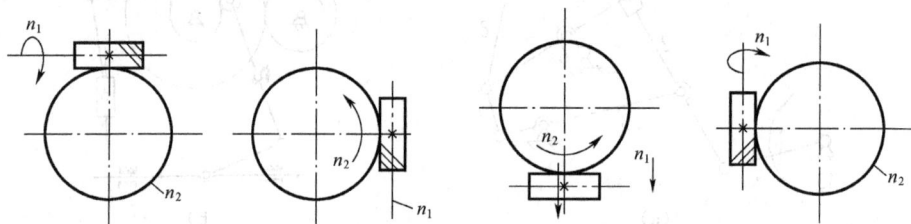

图 5-127 综合题 9 图

10. 在图 5-128 所示的轮系中，已知 z_1=15、z_2=23、$z_{2'}$=15、z_3=31、$z_{3'}$=15、z_4=33、$z_{4'}$=2（右旋）、z_5=60、$z_{5'}$=20、m=4mm。若 n_1=500r/min，试求齿条 6 线速度 u 的大小和方向。

11. 在图 5-129 所示的轮系中，已知 z_1=z_2=19、$z_{3'}$=26、z_4=30、$z_{4'}$=20、z_5=78，齿轮 1 与齿轮 3、5 同轴线。求齿轮 3 的齿数及传动比 i_{15}。

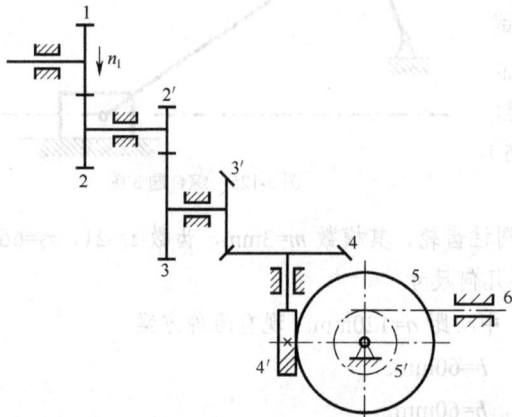

图 5-128 综合题 10 图

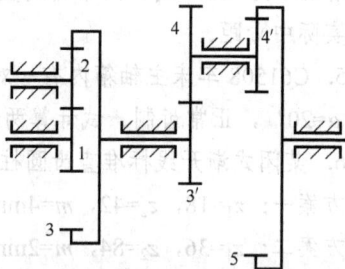

图 5-129 综合题 11 图

12. 图 5-130 所示两种凸轮机构均为偏心圆盘。圆心为 O，半径为 $R = 30\text{mm}$，偏心距 $l_{OA} = 10\text{mm}$，偏距 $e = 10\text{mm}$。试求：

（1）这两种凸轮机构推杆的动程和凸轮的基圆半径。

（2）标出这两种凸轮机构在图示位置的压力角。

13. 图 5-131 所示为微调的螺旋机构，构件 1 与机架 3 组成螺旋副 A，其导程为 2.8 mm，右旋。构件 2 与机架 3 组成移动副 C，2 与 1 还组成螺旋副 B。现要求当构件 1 转一圈时，构件 2 向右移动 0.2 mm，问螺旋副 B 的导程为多少？是右旋还是左旋？

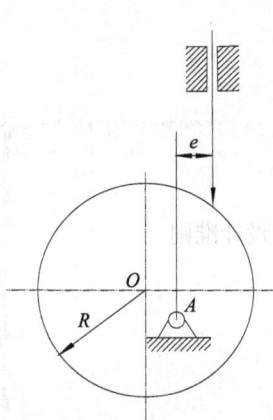

图 5-130　综合题 12 图　　　　　　图 5-131　综合题 13 图

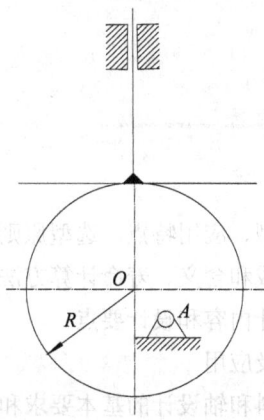

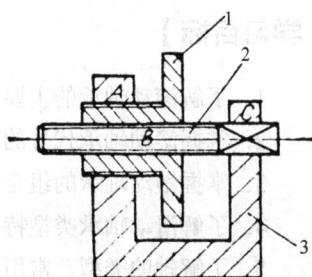

14. 分析图 5-132 中减速装置的传动方案中有何不合理之处，并写出正确的传动路线图。

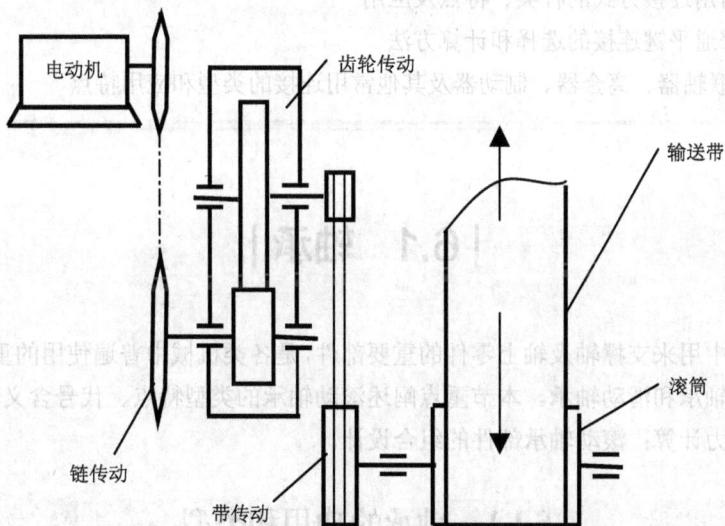

图 5-132　综合题 14 图

第6章
轴系零部件

12. 图 5-130 所示� 特拍 的机场 直 机
$t_w = 10$mm，高是 $e = 10$mm，求来…

机场运动相对机 地，对机械 和好并和好的
能的速运运运运运运。求行 1 机场...
建…距离…是，并 1 和好位的角度位 2，和高速与机动
向移动 0.2 mm，向摆动前 B 向单 数长 及 1 为 和 和动 之动。

【学习目标】

1. 了解滚动轴承的主要类型、应用特点、选型原则、失效形式及设计准则
2. 掌握滚动轴承代号的构成和含义、寿命计算方法
3. 掌握滚动轴承的组合设计内容和设计要点
4. 了解滑动轴承类型特点及应用
5. 了解轴的类型、常用材料和轴设计的基本要求和方法
6. 掌握轴结构设计的基本要求，能比较熟练地进行结构设计
7. 掌握转轴承载能力的校核方法
8. 了解常用连接方式的种类、特点及应用
9. 掌握普通平键连接的选择和计算方法
10. 了解联轴器、离合器、制动器及其他常用连接的类型和应用特点

|6.1 轴承|

　　轴承是机器中用来支撑轴及轴上零件的重要部件，是各类机械中普遍使用的重要支撑标准件。轴承可分为滚动轴承和滑动轴承。本节重点阐述滚动轴承的类型特点、代号含义和标记方法；滚动轴承的承载能力计算；滚动轴承部件的组合设计。

6.1.1 轴承的功用和类型

1. 轴承的功用

　　在众多机械设备中，轴承是用来支撑轴和轴上回转零件的主要部件。轴承主要起两个作用：一是减少摩擦或磨损，从而提高传动效率；二是用来保证工作轴所需的回转精度。

2. 轴承的类型

　　根据工作时轴承中的摩擦性质，可把轴承分为滑动摩擦轴承（简称滑动轴承）和滚动摩擦轴

承（简称滚动轴承）两大类。

滑动轴承按其摩擦状态可分为液体摩擦滑动轴承和非液体摩擦滑动轴承。在工作时，若轴颈和轴承工作表面之间完全被一层油膜分开而不直接接触，这种轴承称为液体摩擦滑动轴承；若轴颈和轴承工作表面间虽有润滑油而未能将接触表面完全分开，这种轴承称为非液体摩擦滑动轴承。非液体摩擦滑动轴承具有结构简单、易于制造、安装方便等优点，故一般的机械中使用的滑动轴承大多为此类轴承。但由于液体摩擦滑动轴承本身具有一些独特的优点，使得它在某些特殊场合仍占有重要地位。

滚动轴承具有摩擦阻力小、易启动、适用范围广、轴向尺寸小、润滑和维修方便等优点，故应用广泛。另外，滚动轴承已标准化和系列化，其设计、使用、润滑、维护都很方便，因此在一般机器中应用较广。但滚动轴承径向尺寸大，有震动和噪声，一般由专业工厂大批量生产。

由于滚动轴承的机械效率较高，其轴承的维护要求较低，因此在中、低转速以及精度要求较高的场合得到广泛应用。

3．滚动轴承的组成、类型及特点

（1）滚动轴承的组成

如图 6-1 所示，滚动轴承通常由外圈 1、内圈 2、滚动体 3 和保持架 4 组成。一般内、外圈均设有滚道，一方面可限制滚动体沿轴向移动，同时又能降低滚动体与内、外圈之间的接触应力。保持架把滚动体彼此隔开，避免滚动体相互接触，以减少摩擦和磨损。工作时，轴承内圈与轴颈配合，外圈与轴承座或机座配合。通常内圈与轴一起转动，外圈固定不动。但有时也可以外圈转动而内圈不动，或内、外圈同时转动。滚动轴承的构造中，有的无外圈或内圈，有的无保持架，但不能没有滚动体。

滚动体有多种形式，以适合不同类型滚动轴承的结构要求。常见的滚动体形状有球形、圆柱形、圆锥形、鼓形、滚针形等多种，如图 6-2 所示。

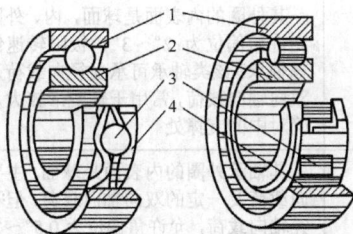

图 6-1 滚动轴承的构造
1—外圈 2—内圈 3—滚动体 4—保持架

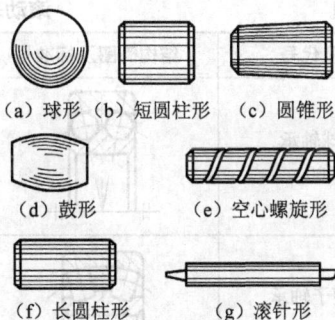

（a）球形 （b）短圆柱形 （c）圆锥形
（d）鼓形 （e）空心螺旋形
（f）长圆柱形 （g）滚针形

图 6-2 滚动体形状

滚动轴承的外圈、内圈、滚动体均采用强度高、耐磨性好的铬锰高碳钢制造。保持架多用低碳钢或铜合金制造，也可采用塑料及其他材料。

（2）滚动轴承的类型及特点

① 按滚动体的形状分类，滚动轴承可分为球轴承和滚子轴承。

● 球轴承。滚动体是球形，它与滚道之间为点接触，故其承载能力和耐冲击能力较低。但轴承的极限转速较高，球的制造工艺简单，价格便宜。

● 滚子轴承。除球轴承外，其他轴承均称为滚子轴承。滚动体与滚道之间为线接触，故其承载能力和耐冲击能力较高。但轴承的极限转速低，制造工艺较为复杂，价格较高。

② 按承受载荷的方向分类。滚动体与外圈滚道接触处的法线方向与轴承的径向平面（垂直于轴承轴心线的平面）之间的夹角 α 称为接触角，如图 6-3 所示。α 越大，轴承承受轴向载荷的能力越大。按轴承承载方向滚动轴承可分为向心轴承和推力轴承。

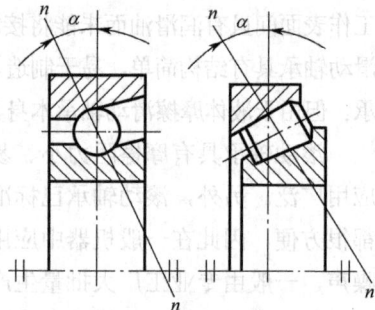

a. 向心轴承。向心轴承主要承受径向载荷，可分为以下两类。

● 径向接触轴承（$\alpha=0°$）。径向接触轴承主要承受径向载荷，也可承受较小的轴向载荷，如深沟球轴承、调心轴承等。

● 向心角接触轴承（$0°<\alpha\leqslant45°$）。向心角接触轴承能同时承受径向载荷和轴向载荷的联合作用，如角接触球轴承、圆锥滚子轴承等。接触角越大，承受轴向载荷的相对值也越高。圆锥滚子轴承能同时承受较大的径向和单向载荷，内、外圈沿轴向可以分离，装拆方便，间隙可调。也有的向心轴承不能承受轴向载荷，只能承受径向载荷，如圆柱滚子轴承、滚针轴承等。

b. 推力轴承。推力轴承只能或主要承受轴向载荷，可分为以下几类。

● 轴向接触轴承（$\alpha=90°$）。轴向接触轴承只能承受轴向载荷，如单、双向推力轴承，推力滚子轴承等。推力球轴承两个套圈的内孔直径不同。直径较小的套圈紧配在轴颈上，称为轴圈；直径较大的套圈安放在机座上，称为座圈。由于套圈上滚道深度浅，当转速较高时，滚动体的离心力大，轴承对滚动体的约束力不够，故允许的转速较低。

● 推力角接触轴承（$45°<\alpha<90°$）。推力角接触轴承主要承受轴向载荷，也可承受较小的径向载荷，如推力调心球面滚子轴承等。

有关滚动轴承的类型、特点及应用见表 6-1。

图 6-3 滚动轴承的接触角

滚动轴承的种类及其应用

表 6-1　　　　　　　　　　　　　　滚动轴承的类型、特性和应用

类型及代号	结构简图及标准号	载荷方向	主要性能及应用
调心球轴承 10000		↕	其外圈的内表面是球面，内、外圈轴线间允许角偏位为 2°～3°，极限转速低于深沟球轴承。该类轴承可承受径向载荷及较小的双向轴向载荷，常用于轴变形较大及不能精确对中的支撑处
调心滚子轴承 20000		↔	其轴承外圈的内表面是球面，主要承受径向载荷及一定的双向轴向载荷，但不能承受纯轴向载荷，允许角偏位为 0.5°～2°。该类轴承常用在长轴或受载荷作用后轴有较大的弯曲变形及多支点的轴上
圆锥滚子轴承 30000		↗	该类轴承可同时承受较大的径向及轴向载荷，承载能力大于"7"类轴承。其外圈可分离，装拆方便，一般成对使用
双列深沟球轴承 40000		↕	该类轴承主要承受径向载荷，也能承受一定的双向轴向载荷。其承载能力较深沟球轴承高

续表

类型及代号	结构简图及标准号	载荷方向	主要性能及应用
推力球轴承 51000			该类轴承只能承受轴向载荷,而且载荷作用线必须与轴线相重合,不允许有角偏差,极限转速低
双向推力球轴承 52000			该类轴承能承受双向轴向载荷,其余与推力轴承相同
深沟球轴承 60000			该类轴承可承受径向载荷及一定的双向轴向载荷,内、外圈轴线间有小量的角偏差
角接触球轴承 70000	7000C 型(α=15°) 7000AC 型(α=25°) 7000B 型(α=40°)		该类轴承可同时承受径向及轴向载荷,也可用来承受纯轴向载荷。其承受轴向载荷的能力由接触角的大小决定。接触角大,则其承受轴向载荷的能力高。由于存在接触角,角接触球轴承在承受纯径向载荷时,会产生内部轴向力,使内、外圈有分离的趋势。因此,该类轴承都是成对使用,可以分装于两个支点或同装于一个支点上。另外,该类轴承极限转速较高
推力滚子轴承 80000			该类轴承能承受较大的单向轴向载荷,极限转速低
圆柱滚子轴承 N0000			该类轴承能承受较大的径向载荷,不能承受轴向载荷,极限转速也较高,但允许的角偏位很小,约 $2' \sim 4'$。设计该类轴承时,要求轴的刚度大,对中性好
滚针轴承 NA0000			该类轴承不能承受轴向载荷,不允许有角度偏斜,极限转速较低。滚针轴承结构紧凑,在内径相同的条件下,与其他轴承相比,其外径最小。该类轴承适用于径向尺寸受限制的部件中

6.1.2　滚动轴承的代号

　　滚动轴承的类型很多,而各类轴承又有不同的结构、尺寸、精度和技术要求。为了便于组织生产和选用,应规定滚动轴承的代号。滚动轴承的代号表示方法如图6-4所示。

　　① 内径尺寸代号:右起第一、二位数字表示内径尺寸,表示方法见表6-2。

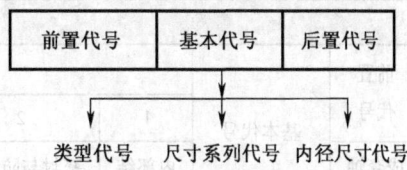

前置代号	基本代号	后置代号

　　　　　　类型代号　尺寸系列代号　内径尺寸代号
图 6-4　滚动轴承的代号

表 6-2   轴承内径尺寸代号

内径尺寸/mm	代号表示	举例	
		代号	内径/mm
10 12 15 17	00 01 02 03	6200	10
20～480（5 的倍数）	内径/5 的商	23208	40
22、28、32 及 500 以上	/内径	/500 /22	500 22

② 尺寸系列代号：右起第三、四位表示尺寸系列（第四位为 0 时可不写出）。为了适应不同承载能力的需要，同一内径尺寸的轴承，可使用不同大小的滚动体，因而轴承的外径和宽度也随着改变。这种内径相同而外径或宽度不同的变化称为尺寸系列，见表 6-3。

③ 类型代号：右起第五位表示轴承类型，其代号见表 6-1。代号为 0 时不写出。

④ 前置代号：成套轴承分部件，见表 6-4。

⑤ 后置代号：内部结构、尺寸、公差等，其顺序见表 6-4。常见的轴承内部结构代号和公差等级见表 6-5 和表 6-6。

表 6-3   向心轴承、推力轴承尺寸系列代号表示法

直径系列代号	向心轴承							推力轴承			
	宽度系列代号							高度系列代号			
	窄 0	正常 1	宽 2	特宽 3	特宽 4	特宽 5	特宽 6	特低 7	低 9	正常 1	正常 2
	尺寸系列代号										
超特轻 7	—	17	—	37	—	—	—				
超轻 8	08	18	28	38	48	58	68	—	—	—	—
超轻 9	09	19	29	39	49	59	69	—	—	—	—
特轻 0	00	10	20	30	40	50	60	70	90	10	—
特轻 1	01	11	21	31	41	51	61	71	91	11	—
轻 2	02	12	22	32	42	52	62	72	92	12	22
中 3	03	13	23	33	—	—	63	73	93	13	23
重 4	04	—	24	—	—	—	—	74	94	14	24

表 6-4   轴承代号排列

轴承代号									
前置代号	基本代号	后置代号							
		1	2	3	4	5	6	7	8
成套轴承部件		内部结构	密封与防尘套圈变型	保持架及其材料	轴承材料	公差等级	游隙	配置	其他

表 6-5　　　　　　　　　　　　　　　轴承内部结构代号

代号	含义	示例
C	角接触球轴承公称接触角 α=15° 调心滚子轴承 C 型	7005C 23122C
AC	角接触球轴承公称接触角 α=25°	7210AC
B	角接触球轴承公称接触角 α=40° 圆锥滚子轴承接触角加大	7210B 32310B
E	加强型	N207E

表 6-6　　　　　　　　　　　　　　　轴承公差等级代号

代号	含义	示例
/P0	公差等级符合标准规定的 0 级（可省略不标注）	6205
/P6	公差等级符合标准规定的 6 级	6205/P6
/P6X	公差等级符合标准规定的 6X 级	6205/P6X
/P5	公差等级符合标准规定的 5 级	6205/P5
/P4	公差等级符合标准规定的 4 级	6205/P4
/P2	公差等级符合标准规定的 2 级	6205/P2

注：1. /P2 级等级最高。

2. 6X 只适用于圆锥滚子轴承。

【例 6-1】　试说明轴承代号 6203/P4 和 7312C 的意义。

解

6	2	03	/P4
↓	↓	↓	↓
深沟球轴承	窄 0 轻 2	内径 17	4 级精度

7	3	12	C
↓	↓	↓	↓
角接触球轴承	窄 0 中 3	内径 60	公称接触角 α=15°

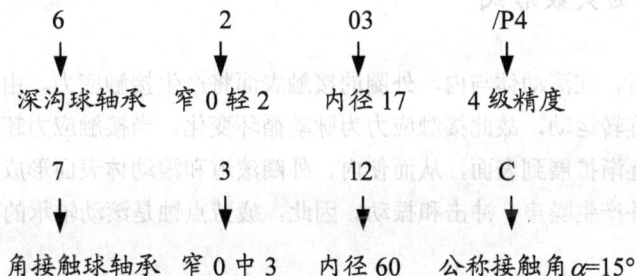

6.1.3　滚动轴承的选择和计算

1. 滚动轴承的类型选择

由于各类滚动轴承有不同的特性，因此选择滚动轴承类型时，必须根据轴承的实际工作情况合理选择，一般应考虑如下因素。

（1）载荷的大小、方向和性质

当载荷小而稳定时，宜选用球轴承；载荷大且有冲击时，宜选用滚子轴承。受纯径向载荷时，宜选用径向接触轴承；受纯轴向载荷时，宜选用推力轴承；同时承受径向载荷和轴向载荷时，应根据两者的比值来考虑。当与径向载荷相比轴向载荷较小时，宜取深沟球轴承（60000 型）或接触角不大的角接触球轴承（70000 型）及圆锥滚子轴承（30000 型）；当与径向载荷相比轴向载荷较大时，可选接触角较大的角接触球轴承（70000AC）及圆锥滚子轴承（30000B 型）；当轴向载荷比径向载荷大很多时，也可选用径向接触轴承和推力轴承的组合结构来配合使用。

（2）轴承转速

轴承转速高时，一般选用球轴承；轴承转速低时，可选用滚子轴承。推力轴承不宜用于高速。若轴向载荷不大时，也可采用径向接触球轴承。在轴承手册中列入了各类轴承的极限转速 n_{lim}（r/min）值，这个转速是指载荷不大（$P \leqslant 0.1C$，P 为当量动载荷，C 为基本额定动载荷）、冷却条件正常、公差等级为普通级时轴承的最大允许转速。在选择轴承时，必须使轴承在低于极限转速下工作。

（3）自动调心性能要求

对支点跨距较大、刚度差的轴以及多支点轴或弯曲变形较大的轴，为适应该类轴的变形，应选用能适应内、外圈轴线有较大相对偏斜的调心轴承。

（4）轴承安装尺寸要求

轴承尺寸系列除根据载荷选择外，还要根据轴承安装部位的空间来进行选择。若径向空间受限制，宜用径向尺寸小的轴承，如滚针轴承；若轴向空间受限制，宜用轴向尺寸小的轴承，如宽度系列为 0、1 的球轴承等。

（5）经济性

轴承的选择应考虑到经济性。公差等级越高的轴承，价格越高。当公差等级相同时，球轴承的价格比滚子轴承便宜。

（6）特殊要求

轴承的选择还要考虑如允许空间、装拆位置、润滑、密封、噪声及其他特殊性能的要求。

2. 滚动轴承的失效形式

（1）疲劳点蚀

滚动轴承受载时，在滚动体与内、外圈的接触表面将产生接触应力。由于内、外圈和滚动体在工作时有相对的旋转运动，故此接触应力为脉动循环变化。当接触应力超过极限值时，表层下产生疲劳裂纹，并逐渐扩展到表面，从而使内、外圈滚道和滚动体表面形成疲劳点蚀，使滚动轴承丧失旋转精度，并产生噪声、冲击和振动。因此，疲劳点蚀是滚动轴承的失效形式之一。

（2）塑性变形

当滚动轴承转速很低或仅做摆动时，过大的静载荷或冲击载荷会使轴承滚道和滚动体接触处产生较大的局部应力。该应力超过材料的屈服强度时，轴承将产生较大的塑性变形。若变形量超过一定范围，轴承将不能正常工作。因此，塑性变形是滚动轴承的另一种失效形式。

此外，由于使用、维护和保养不当，或润滑密封不良等原因，也能引起轴承早期磨损、胶合、套圈断裂、滚动体破碎、保持架破损等非正常失效。

3. 滚动轴承的寿命计算

（1）滚动轴承的设计准则

① 对于一般运转的轴承，为了防止疲劳点蚀发生，一般以疲劳强度计算为依据，称为轴承的寿命计算。

② 对于不回转、转速很低或间歇摆动的轴承，为防止塑性变形，一般以静强度计算为依据，称为轴承的静强度计算。

（2）寿命计算中的基本概念

① 寿命。滚动轴承的寿命是指轴承中任何一个滚动体或内、外圈滚道上出现疲劳点蚀前轴承转过的总转数，或在一定转速下总的工作小时数。

② 基本额定寿命。一批类型、尺寸相同的轴承，由于材料、加工精度、热处理与装配质量不可能完全相同，即使在同样条件下工作，各个轴承的寿命也是不相同的。国标规定以基本额定寿命作为计算依据。基本额定寿命是指一批相同的轴承，在同样条件下工作，其中 10%的轴承产生疲劳点蚀时转过的总转数，或在一定转速下总的工作小时数。

③ 额定动载荷。基本额定寿命为 10^6r 时轴承所能承受的载荷，称为额定动载荷，以"C_r"表示。轴承在额定动载荷作用下，不发生疲劳点蚀的可靠度是 90%。各种类型和不同尺寸轴承的 C_r 值可查设计手册。

④ 额定静载荷。轴承工作时，受载最大的滚动体和内、外圈滚道接触处的接触应力达到一定值（向心和推力球轴承为 4 200MPa，滚子轴承为 4 000MPa）时的静载荷，称为额定静载荷，用"C_{Or}"表示。其值可查设计手册。

⑤ 当量动载荷。额定动、静载荷是在向心轴承只承受径向载荷、推力轴承只承受轴向载荷的条件下，根据试验确定的。实际上，轴承承受的载荷往往与上述条件不同。因此，必须将实际载荷等效为一个假想载荷。这个假想载荷称为当量动载荷，以"P"表示。

（3）寿命计算

在实际应用中，额定寿命常用给定转速下运转的小时数表示。考虑到机器振动和冲击的影响，引入了载荷因数 f_p（见表 6-7）；考虑到工作温度的影响，引入了温度因数 f_t（见表 6-8）。实用的寿命计算公式为

$$L_h = \frac{10^6}{60n}\left(\frac{f_t C_r}{f_p P}\right)^{\varepsilon} \qquad (6\text{-}1)$$

若当量动载荷 P 与转速 n 均已知，预期寿命 L_h' 已选定，则可根据下式选择轴承型号。

$$C_r' = \frac{f_p P}{f_t}\sqrt[\varepsilon]{\frac{60n L_h'}{10^6}} \leqslant C_r \qquad (6\text{-}2)$$

式中　C_r' ——计算额定动载荷，单位为 kN；

　　　C_r ——额定动载荷，单位为 kN，可查附表；

　　　ε ——寿命指数。球轴承ε=3，滚子轴承ε=10/3。

表 6-7　　　　　　　　　　　　　　　　载荷因数 f_p

载荷性质	无冲击或轻微冲击	中等冲击	强烈冲击
f_p	1.0～1.2	1.2～1.8	1.8～3.0

表 6-8　　　　　　　　　　　　　　　　温度因数 f_t

轴承工作温度/℃	100	125	150	200	250	300
f_t	1	0.95	0.90	0.80	0.70	0.60

（4）当量动载荷的计算

当量动载荷是一个假想载荷，在该载荷作用下，轴承的寿命与实际载荷作用下的寿命相同。当量动载荷 P 的计算公式为

$$P = XF_r + YF_a \qquad (6\text{-}3)$$

式中　P——当量动载荷，单位为 N；

　　　X——径向载荷因数（见表6-9）；

　　　Y——轴向载荷因数（见表6-9）；

　　　F_r——轴承承受的径向载荷，单位为 N；

　　　F_a——轴承承受的轴向载荷，单位为 N。

对于只承受径向载荷的轴承，当量动载荷为轴承的径向载荷，即 $P=F_r$；对于只承受轴向载荷的轴承，当量动载荷为轴承的轴向载荷 F_a，即 $P=F_a$。

表6-9　　　　　　　　　　　　　向心轴承当量动载荷的 X、Y 值

轴承类型		F_a/C_{Or}	e	$F_a/F_r > e$		$F_a/F_r \leqslant e$	
				X	Y	X	Y
深沟球轴承	60000	0.014	0.19		2.30		
		0.028	0.22		1.99		
		0.056	0.26		1.71		
		0.084	0.28		1.55		
		0.11	0.30	0.56	1.45		
		0.17	0.34		1.31		
		0.28	0.38		1.15	1	0
		0.42	0.42		1.04		
		0.56	0.44		1.00		
角接触球轴承	70000C ($\alpha=15°$)	0.015	0.38		1.47		
		0.029	0.40		1.40		
		0.058	0.43		1.30		
		0.087	0.46		1.23		
		0.12	0.47	0.44	1.19		
		0.17	0.50		1.12		
		0.29	0.55		1.02	1	0
		0.44	0.56		1.00		
		0.58	0.56		1.00		
	70000AC ($\alpha=25°$)	—	0.68	0.41	0.87	1	0
角接触球轴承	70000B ($\alpha=40°$)	—	1.14	0.35	0.57	1	0
圆锥滚子轴承 30000		—	$1.5\tan\alpha$	0.4	$0.4\cot\alpha$	1	0
调心球轴承 10000		—	$1.5\tan\alpha$	0.65	$0.65\cot\alpha$	1	0

（5）向心角接触轴承实际轴向载荷的计算

① 向心角接触轴承的内部轴向力。由于向心角接触轴承有接触角，故轴承在受到径向载荷作用时，承载区内滚动体的法向力分解后，会产生一个轴向分力 F_S（见图 6-5）。F_S 是在径向载荷作用下产生的轴向力，通常称为内部轴向力，其大小按表 6-10 所列公式求得，方向（相对于轴而言）沿轴向由轴承外圈的宽边指向窄边。

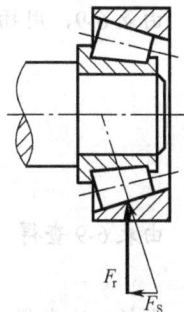

图 6-5　内部轴向力

② 向心角接触轴承的实际轴向载荷。向心角接触轴承在使用时实际所受的轴向载荷 F_a，除与外加轴向载荷 F_x（见图 6-6）有关外，还应考虑内部轴向力 F_S 的影响。计算两支点实际轴向载荷的步骤如下。

a. 先计算出两支点内部轴向力 F_{S1}、F_{S2} 的大小，并标出其方向。

b. 将外加轴向载荷 F_x 及与之同向的内部轴向力之和与另一内部轴向力进行比较，进行轴的移动趋势方向的判别，进而判定一对轴承的"压紧"端与"放松"端。

c. "放松"端轴承的轴向载荷等于它本身的内部轴向力。

d. "压紧"端轴承的轴向载荷等于除了它本身的内部轴向力以外的所有轴上轴向力的代数和。

说明：一对轴承若采用正装，如图 6-6（a）所示，则两个附加轴线力方向为"面对面"，轴移动趋势方向的轴承被"压紧"；若采用反装，如图 6-6（b）所示，则两个附加轴线力方向为"背靠背"，轴移动趋势方向的轴承被"放松"。

表 6-10　　　　　　　　　向心角接触轴承的内部轴向力 F_S

角接触球轴承			圆锥滚子轴承
$\alpha=15°$（70000C 型）	$\alpha=25°$（70000AC 型）	$\alpha=40°$（70000B 型）	
$F_S=eF_r$	$F_S=0.68F_r$	$F_S=1.14F_r$	$F_S=F_r/2Y$（Y 是 $F_a/F_r>e$ 时的轴向因数）

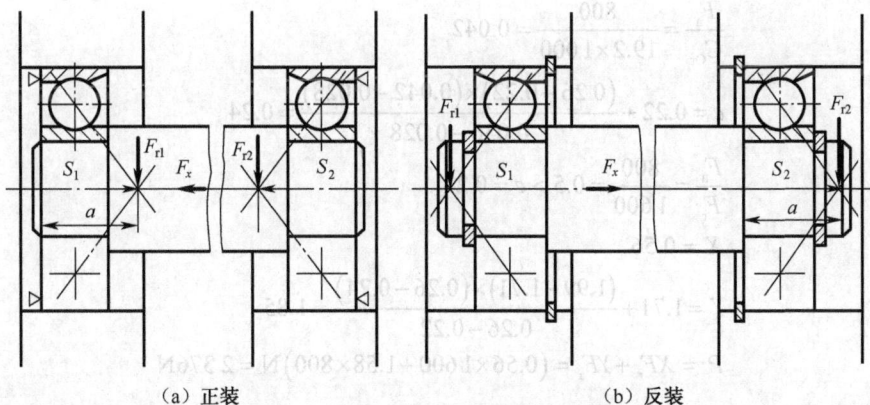

（a）正装　　　　　　　　　　　（b）反装

图 6-6　角接触轴承的实际轴向载荷 F_a 的计算

【例 6-2】　深沟球轴承 6207，承受径向载荷 $F_r=1\,600$N，轴向载荷 $F_a=800$N。试计算其当量动载荷 P。

解　由附表查得 $C_{0r}=15.2$kN

$$\frac{F_a}{C_{Or}} = \frac{800}{15.2 \times 1\,000} = 0.052$$

由表6-9，用插入法求 e

$$e = 0.22 + \frac{(0.26 - 0.22) \times (0.052 - 0.028)}{0.056 - 0.028} = 0.254$$

$$\frac{F_a}{F_r} = \frac{800}{1\,600} = 0.5 > e = 0.254$$

由表6-9查得

$$X = 0.56$$

由插入法求得

$$Y = 1.71 + \frac{(1.99 - 1.71) \times (0.26 - 0.254)}{0.26 - 0.22} = 1.75$$

则

$$P = XF_r + YF_a = (0.56 \times 1\,600 + 1.75 \times 800)\,\mathrm{N} = 2\,296\,\mathrm{N}$$

【例 6-3】 选择一水泵用深沟球轴承，已知轴颈 $d=35\mathrm{mm}$，轴的转速 $n=2\,860\mathrm{r/min}$，径向载荷 $F_r=1\,600\mathrm{N}$，轴向载荷 $F_a=800\mathrm{N}$，$L'_h = 5\,000\mathrm{h}$。

解 本例是径向接触轴承受径向载荷和轴向载荷的复合作用，根据预期寿命选择轴承型号，应先计算当量动载荷。由于轴承型号未定，$\frac{F_a}{C_{Or}}$、e 值均未知，X、Y 值无法确定。解决本类问题的基本方法是先选定某一型号的轴承进行计算，把计算结果与选定轴承的参数比较，如不合适，重选一个轴承再进行计算，直至选定轴承的参数与计算结果相符。

初选取 6307 轴承，由附表查得 $C_r = 33.2\mathrm{kN}$，$C_{Or} = 19.2\mathrm{kN}$。

$$\frac{F_a}{C_{Or}} = \frac{800}{19.2 \times 1\,000} = 0.042$$

$$e = 0.22 + \frac{(0.26 - 0.22) \times (0.042 - 0.028)}{0.056 - 0.028} = 0.24$$

$$\frac{F_a}{F_r} = \frac{800}{1\,600} = 0.5 > e = 0.24$$

$$X = 0.56$$

$$Y = 1.71 + \frac{(1.99 - 1.71) \times (0.26 - 0.24)}{0.26 - 0.22} = 1.85$$

$$P = XF_r + YF_a = (0.56 \times 1\,600 + 1.58 \times 800)\,\mathrm{N} = 2\,376\,\mathrm{N}$$

由表6-7查得 $f_p = 1.1$，由表6-8查得 $f_t = 1$、$\varepsilon = 3$，则

$$C'_r = \frac{f_p P}{f_t} \sqrt[\varepsilon]{\frac{60nL'_h}{10^6}} = \frac{1.1 \times 2\,376}{1} \times \sqrt[3]{\frac{60 \times 2\,860 \times 5\,000}{10^6}} \times 10^{-3}\,\mathrm{kN} = 24.8\,\mathrm{kN}$$

由于选定的轴承 6307 的 $C_r = 33.2\mathrm{kN}$，$C_r \gg C'_r$，说明初选的轴承裕度太大，不合适。

重选轴承 6207，由附表查得 $C_r = 25.5\text{kN}$、$C_{Or} = 15.2\text{kN}$

$$\frac{F_a}{C_{Or}} = \frac{800}{15.2 \times 1\,000} = 0.052$$

$$e = 0.22 + \frac{(0.26 - 0.22) \times (0.052 - 0.028)}{0.056 - 0.028} = 0.254$$

$$\frac{F_a}{F_r} = \frac{800}{1\,600} = 0.5 > e = 0.254$$

$$X = 0.56$$

$$Y = 1.71 + \frac{(1.99 - 1.71) \times (0.26 - 0.254)}{0.26 - 0.22} = 1.75$$

$$P = XF_r + YF_a = (0.56 \times 1\,600 + 1.75 \times 800)\text{N} = 2\,296\text{N}$$

由表 6-7 查得 $f_p = 1.1$，由表 6-8 查得 $f_t = 1$、$\varepsilon = 3$，则

$$C_r' = \frac{f_p P}{f_t} \sqrt[3]{\frac{60nL_h'}{10^6}} = \frac{1.1 \times 2\,296}{1} \times \sqrt[3]{\frac{60 \times 2\,860 \times 5\,000}{10^6}} \times 10^{-3}\text{kN} = 24\text{kN}$$

由计算可知，选定轴承 6207 的 C_r（26.5kN）稍大于 C_r'（24kN），且较接近，因此重选的轴承 6207 合适。

【例 6-4】 图 6-7 所示为一工程机械中的传动装置。根据工作条件决定采用一对角接触球轴承，并暂选定型号为 7208AC，已知作用径向载荷为 $F_{r1} = 1\,000\text{N}$、$F_{r2} = 2\,060\text{N}$，外加作用在轴心线上的轴向载荷 $F_A = 880\text{N}$，转速 $n = 5\,000\text{r/min}$，运转中受中等冲击，预期使用寿命 $L_h' = 2\,500\text{h}$。试校核该轴承寿命。

解 本例为角接触球轴承的校核计算。此类轴承由于有内部轴向力，因此应首先计算内部轴向力。

（1）计算内部轴向力

由表 6-10 查得 7208AC 型轴承内部轴向力

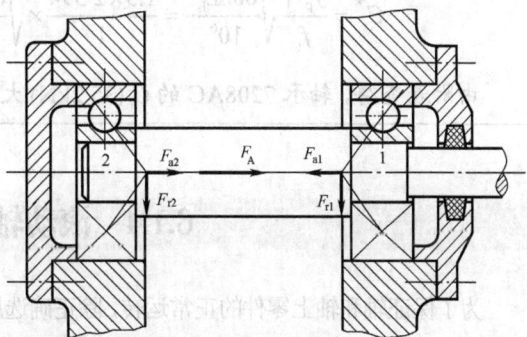

图 6-7 例 6-4 图

$$F_{S1} = 0.68F_{r1} = 0.68 \times 1\,000\text{N} = 680\text{N}$$

$$F_{S2} = 0.68F_{r2} = 0.68 \times 2\,060\text{N} = 1401\text{N}$$

轴向力的方向如图 6-6 所示。

（2）计算轴承的轴向载荷

$$F_A + F_{S2} = (880 + 1\,401)\text{N} = 2\,281\text{N} > F_{S1}$$

因此，整个轴有向右移动的趋势，右端轴承"1"压紧，左端轴承"2"放松，故

$$F_{a1} = F_A + F_{S2} = (880 + 1401)\text{N} = 2\,281\text{N}$$

$$F_{a2} = F_{S2} = 1\,401\text{N}$$

（3）计算当量动载荷

① 轴承 1 的当量动载荷 P_1。由表 6-9 查得 70000AC 型轴承的 $e=0.68$。

$$\frac{F_{a1}}{F_{r1}} = \frac{2\,281}{1\,000} = 2.28 > e$$

由表 6-9 查得 $X=0.41$、$Y=0.87$，则

$$P_1 = XF_{r1} + YF_{a1} = (0.41 \times 1\,000 + 0.87 \times 2\,281)\text{N} = 2\,394\text{N}$$

② 轴承 2 的当量动载荷 P_2。

$$\frac{F_{a2}}{F_{r2}} = \frac{1\,401}{2\,060} = 0.68 = e$$

由表 6-9 查得 $X=1$、$Y=0$，则

$$P_2 = XF_{r2} + YF_{a2} = (1 \times 2\,062 + 0 \times 1\,401)\text{N} = 2\,062\text{N}$$

两轴承型号相同，而 $P_1 > P_2$，故应按 P_1 计算。

（4）校核轴承基本额定动载荷

由表 6-7 查得 $f_p = 1.5$，由表 6-8 查得 $f_t = 1$、$\varepsilon = 3$，则

$$C_r' = \frac{f_p P_1}{f_t} \sqrt[\varepsilon]{\frac{60 n L_h'}{10^6}} = \frac{1.5 \times 2\,394}{1} \times \sqrt[3]{\frac{60 \times 5\,000 \times 2\,500}{10^6}} \times 10^{-3}\text{kN} = 32.626\text{kN}$$

由附表查得，轴承 7208AC 的 C_r（35.2kN）大于 C_r'（32.626kN），且数值接近，故所选轴承合适。

6.1.4 滚动轴承的组合设计

为了保证轴和轴上零件的正常运转，除正确选用轴承类型、型号外，还应解决轴承的组合结构问题，其中包括轴承组合的轴向固定、支撑结构形式、滚动轴承的配合及滚动轴承的装拆等一系列问题。

1．单个滚动轴承内、外圈的轴向固定

与轴上其他零件一样，滚动轴承也必须进行轴向固定，尤其是受轴向力的滚动轴承，轴向固定更应可靠。其固定方式见表 6-11 和表 6-12。

表 6-11　　　　　　　　　　　常用滚动轴承内圈的轴向固定方法

序号	1	2	3	4
简图				

续表

序号	1	2	3	4
固定方式	内圈靠轴肩定位，结合过盈配合固定	用弹性挡圈紧固	内圈用螺母与止动垫圈紧固	在轴端用压板和螺钉紧固，用弹簧垫片和铁丝防松
特点	结构简单，装拆方便，占用空间小，可用于两端固定的支撑中	结构简单，装拆方便，占用空间小，多用于深沟球轴承的固定	结构简单，装拆方便，紧固可靠	不能调整轴承游隙，多用于轴颈 $d>70$mm 的场合，允许转速较高

表 6-12 　　　　　　　　　　　常用滚动轴承外圈的轴向固定方法

序号	1	2	3
简图	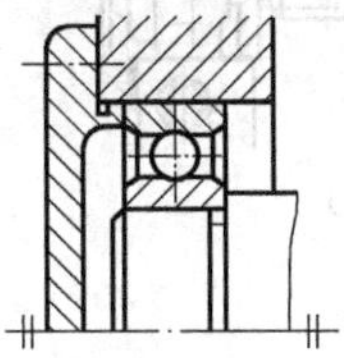	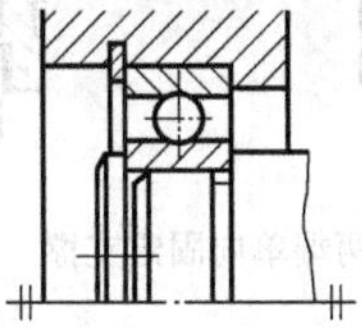	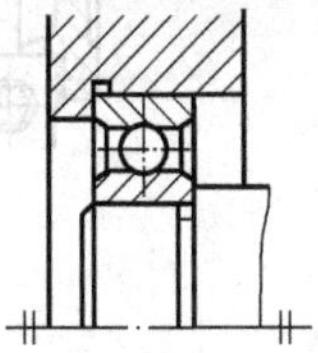
固定方式	外圈用端盖紧固	外圈用弹性挡圈紧固	外圈由挡肩定位，轴系另一端支撑靠螺母或端盖紧固
特点	结构简单，紧固可靠，调整方便	结构简单，装拆方便，占用空间小，多用于向心类轴承	结构简单，工作可靠

序号	4	5
简图	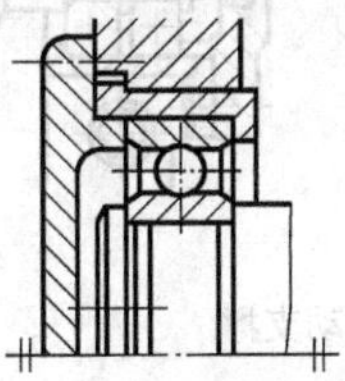	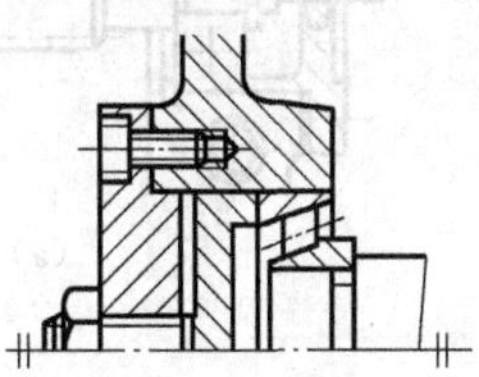
固定方式	外圈由套筒上的挡肩定位再用端盖紧固	外圈用螺钉和调节杯紧固
特点	结构简单，外壳孔可为通孔，利用垫片可调整轴系的轴向位置，装配工艺性好	便于调整轴承游隙，用于角接触轴承的紧固

2．轴系的固定

轴系固定的目的是防止轴工作时发生轴向窜动，保证轴上零件有确定的工作位置。常用的固定方式有以下两种。

（1）两端单向固定

如图 6-8 所示，两端的轴承都靠轴肩和轴承盖作单向固定，两个轴承的联合作用就能限制轴的双向移动。为了补偿轴的受热伸长，对于深沟球轴承，可在轴承外圈与轴承端盖之间留有补偿间隙 C，一般 $C=0.25\sim0.4$mm；对于向心角接触轴承，应在安装时将间隙留在轴承内部。间隙的大小可通过调整垫片组的厚度实现。这种固定方式结构简单，便于安装，调整容易，适用于工作温度变化不大的短轴。

（2）一端固定、一端游动支撑

如图 6-9（a）所示，一端轴承的内、外圈均做双向固定，限制了轴的双向移动；另一端轴承外圈两侧都不固定。当轴伸长或缩短时，外圈可在座孔内作轴向游动。一般将载荷小的一端做成游动，游动支撑与轴承盖之间应留用足够大的间隙，$C=3\sim8mm$。对于角接触球轴承和圆锥滚子轴承，不可能留有很大的内部间隙，有时会将两个同类轴承装在一端做双向固定，另一端采用深沟球轴承或圆柱滚子轴承做游动支撑，如图6-9（b）所示。这种结构比较复杂，但工作稳定性好，适用于工作温度变化较大的长轴。

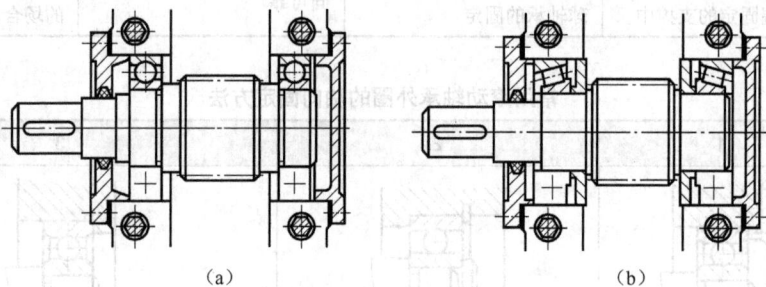

（a） （b）

图6-8 两端单向固定支撑

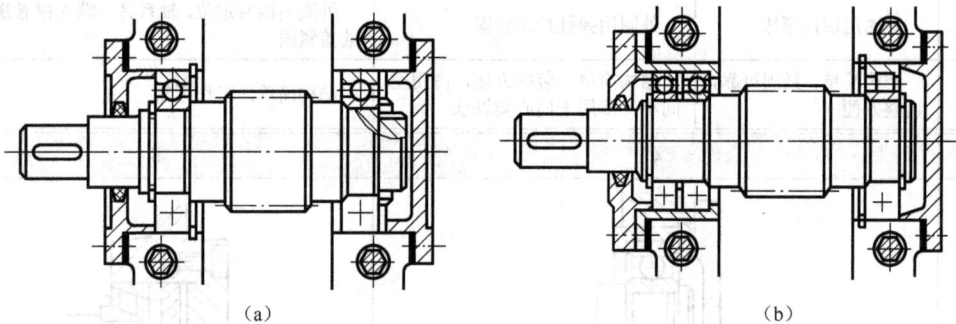

（a） （b）

图6-9 一端固定、一端游动支撑

3．滚动轴承组合结构的调整

滚动轴承组合结构的调整包括轴承间隙的调整和轴系轴向位置的调整。

（1）轴承间隙的调整

轴承间隙的大小将影响轴承的旋转精度、轴承寿命和传动零件工作的平稳性。轴承间隙调整的方法有以下几种。

① 如图6-10（a）所示，靠加、减轴承端盖与箱体间垫片的厚度进行调整。

② 如图6-10（b）所示，利用调整环进行调整。调整环的厚度在装配时确定。

③ 如图6-10（c）所示，利用调整螺钉推动压盖移动滚动轴承外圈进行调整，调整后用螺母锁紧。

（2）轴系轴向位置的调整

轴系轴向位置调整的目的是使轴上零件有准确的工作位置。例如，蜗杆传动，要求蜗轮的中间平面必须通过蜗杆轴线；直齿锥齿轮传动，要求两锥齿轮的锥顶必须重合。图6-11所示为锥齿轮轴的轴承组合结构，轴承装在套杯内，通过加、减第1组垫片的厚度来调整轴承套杯的轴向位置，即可调整锥齿轮的轴向位置；通过加、减第2组垫片的厚度，可以实现轴承间隙的调整。

（a）　　　　　　（b）　　　　　　（c）

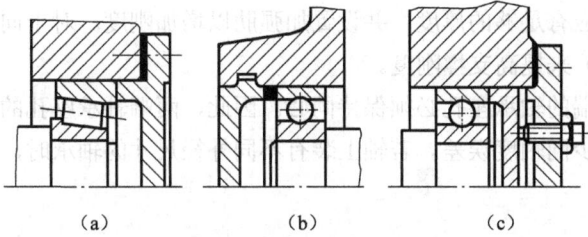

图 6-10　轴承间隙调整

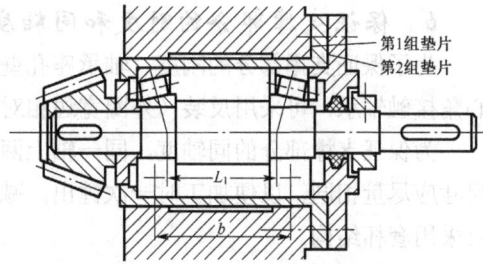

图 6-11　锥齿轮轴的调整结构

第1组垫片
第2组垫片

4．滚动轴承的配合

滚动轴承的配合是指轴承内圈与轴颈、轴承外圈与轴承座孔的配合。由于滚动轴承是标准件，故内圈与轴颈的配合采用基孔制，外圈与轴承座孔的配合采用基轴制。配合的松紧程度根据轴承工作载荷的大小、性质、转速高低等确定。例如，转速高、载荷大、冲击振动比较严重时，应选用较紧的配合，要求旋转精度高的轴承配合也要紧一些；游动支撑和需经常拆卸的轴承的配合则应松一些。

对于一般机械，轴与内圈的配合常选用 m6、k6、js6 等；外圈与轴承座孔的配合常选用 J7、H7、G7 等。由于滚动轴承内径的公差带在零线以下，因此内圈与轴的配合比圆柱公差标准中规定的基孔制同类配合要紧些。例如，圆柱公差标准中 H7/k6、H7/m6 均为过渡配合，而在轴承内圈与轴的配合中就成了过盈配合。

5．滚动轴承的装拆

安装和拆卸轴承的力应直接加在紧配合的套圈端面上，不能通过滚动体传递。由于内圈与轴的配合较紧，在安装轴承时要注意以下两点。

① 对中、小型轴承，常用专用压套压装轴承的内、外圈，如图 6-12 所示。

② 对尺寸较大的轴承，可在压力机上压入或把轴承放在油里加热至 80℃～100℃，然后取出套装在轴颈上。

轴承的拆卸可根据实际情况按图 6-13 所示实施。为使拆卸工具的钩头钩住内圈，应限制轴肩高度。轴肩高度可查机械设计手册。

图 6-12　轴承的安装

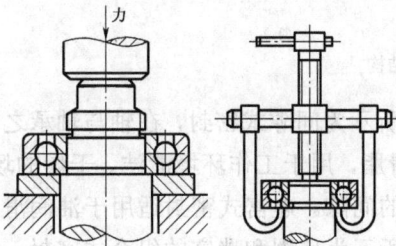

内、外圈可分离的轴承，其外圈的拆卸可用压力机、套筒或螺钉顶出，也可以用专用设备拉出。为了便于拆卸，座孔的结构一般采用如图 6-14 所示的形式。

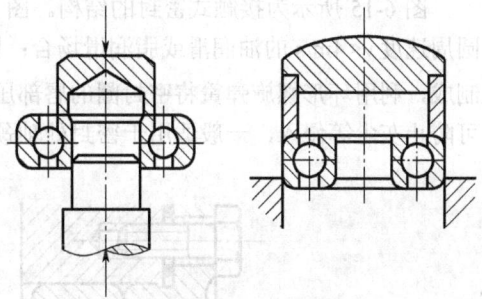

图 6-13　轴承的拆卸

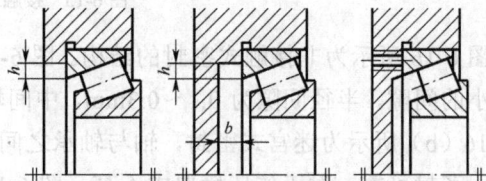

图 6-14　便于外圈拆卸的座孔结构

6．保证支撑部分的刚度和同轴度

为了保证支撑部分的刚度，轴承座孔壁应有足够的厚度，并设置加强肋以增加刚度。对于向心角接触轴承，可采用反装（外圈宽边相对）来提高支撑刚度。

为保证支撑部分的同轴度，同一轴上两端的轴承座孔必须保持同心。因此，两端轴承座孔的尺寸应尽量相同，以便加工时一次镗出，减少同轴度误差。若轴上装有不同外径尺寸的轴承时，可采用套杯结构。

6.1.5　滚动轴承的润滑与密封

1．滚动轴承的润滑

轴承润滑的主要目的是减小摩擦与磨损、缓蚀、吸振和散热，一般采用润滑脂或者润滑油进行润滑。润滑脂黏性大，不易流失，便于密封和维护，且不需经常添加，但转速较高时，功率损失较大。润滑脂的填充量不能超过轴承空间的 1/3～1/2。润滑油的摩擦阻力小，润滑可靠，但需要供油设备和较复杂的密封装置。当采用润滑油润滑时，油面高度不能超出轴承中最低滚动体的中心。高速轴承宜采用喷油或油雾润滑。轴承内径 d（单位为 mm）与轴承转速 n（单位为 r/min）的乘积 dn 值可作为选择润滑方式的依据。具体的润滑剂及润滑方式选择详见机械设计手册。

2．滚动轴承的密封

滚动轴承密封的目的是为了防止外部的灰尘、水分及其他杂物进入轴承，并阻止轴承内润滑剂的流失。密封装置可直接设置在轴承上（称为密封轴承），大多数设置在轴承支撑部位。轴承密封分为接触式密封和非接触式密封。

图 6-15 所示为接触式密封的结构。图 6-15（a）所示为毡圈密封，一般适用于密封处轴颈的圆周速度 $v<4m/s$ 的油润滑或脂润滑场合；图 6-15（b）所示为密封圈密封。密封圈由皮革或橡胶制成，利用环形螺旋弹簧将密封圈的唇部压在轴上，如唇部向内，可防止油外泄；如唇部向外，可防止灰尘等侵入，一般适用于密封处轴颈的圆周速度 $v<10m/s$ 的油润滑或脂润滑场合。

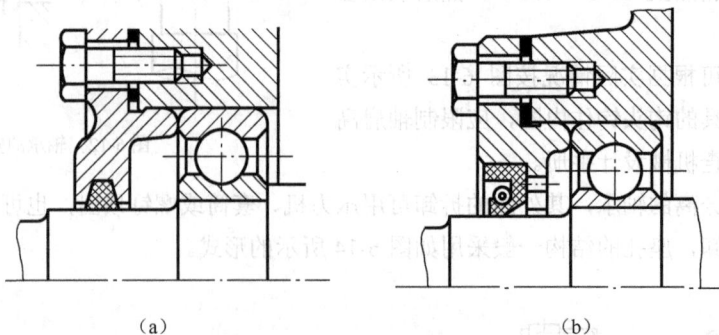

（a）　　　　　　　　　　（b）

图 6-15　接触式密封的结构

图 6-16 所示为非接触式密封的结构。图 6-16（a）所示为间隙式密封，在轴与轴承之间留有细小的间隙，半径间隙为 0.1～0.3mm，中间填以润滑脂，用于工作环境清洁、干燥的场合；图 6-16（b）所示为迷宫式密封，轴与轴承之间有曲折的间隙。迷宫式密封适用于油润滑和脂润滑，密封可靠，对工作环境要求不高。图 6-16（c）所示为毡圈和迷宫的组合式密封，密封效果更好。

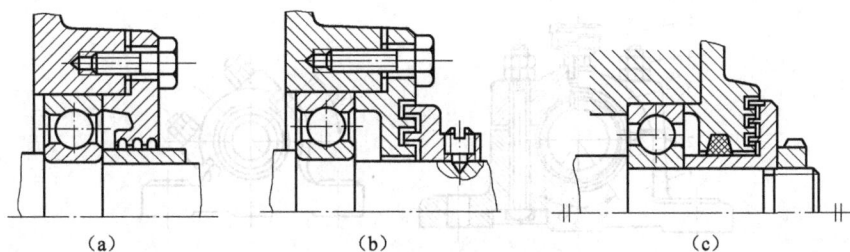

（a）　　　　　　　　（b）　　　　　　　　（c）

图 6-16　非接触式密封的结构

6.1.6　滑动轴承简介

根据轴承所能承受的载荷方向，非液体摩擦滑动轴承可分为向心滑动轴承和推力滑动轴承。向心滑动轴承用于承受径向载荷；推力滑动轴承用于承受轴向载荷。

认识滑动轴承

1. 向心滑动轴承

（1）结构形式

向心滑动轴承的结构形式有整体式、剖分式、调心式和间隙可调式 4 种。

① 整体式滑动轴承。图 6-17（a）所示为无轴承座的整体式滑动轴承，它是在机架或箱体上直接加工出轴承孔，有时在孔内再安装轴套。图 6-17（b）所示为有轴承座的整体式滑动轴承，它由轴承座和轴瓦组成。使用时，将轴承座用螺栓固定在机架上。这种轴承已标准化，具体结构和尺寸可查阅 JB/T 2560—2007。

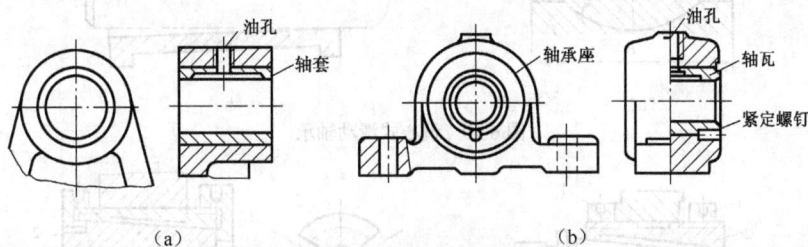

（a）　　　　　　　　　　　　（b）

图 6-17　整体式滑动轴承

整体式滑动轴承结构简单，造价低廉，刚度大。但是整体式滑动轴承摩擦表面磨损后，轴颈与轴瓦之间的间隙无法调整，只能更换轴瓦，且装拆时轴或轴承需做轴向移动，使装拆不便，故适用于低速、轻载、间歇工作且不重要的场合。

② 剖分式滑动轴承。图 6-18 所示为剖分式滑动轴承的常见形式，它由轴承座 1、剖分轴瓦 2、轴承盖 3、连接螺栓 4、润滑油杯 5 等组成。为防止轴承盖和轴承座横向错动和便于装配时对中，轴承座和轴承盖的剖分面均设有阶梯形止口，并可放置少量垫片。通过增减轴瓦剖分面间的调整垫片，可调节轴颈和轴承之间的间隙。

考虑到径向载荷的不同，剖分式滑动轴承可分为水平式和斜开式两种。剖分面可制成水平或倾斜 45°的，选用轴承时应保证径向载荷作用线不超出剖分面垂直中心线左、右各 35°的范围，如图 6-19 所示。这类轴承的间隙可调整，装拆方便，故应用较广。

其结构已标准化，可查阅 JB/T 2561—2007 和 JB/T 2563—2007。

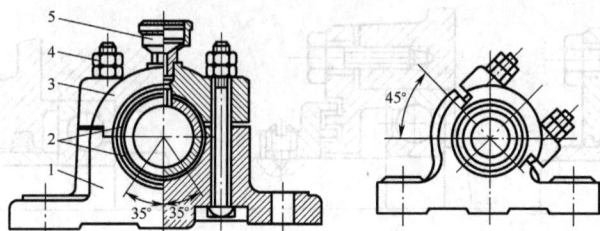

图 6-18　剖分式滑动轴承

1—轴承座　2—剖分轴瓦　3—轴承盖　4—连接螺栓　5—润滑油杯

③ 调心式滑动轴承。图 6-19（a）所示为调心式滑动轴承。它的特点是把轴瓦的支撑面做成球面，利用轴瓦与轴承座间的球面配合使轴瓦可在一定的角度范围内摆动，以适应轴受力后产生的弯曲变形，避免图 6-19（b）所出现的轴与轴承两端局部接触而产生的磨损。但球面不易加工，只用于轴承宽度 B 与直径 d 之比大于 1.5 的场合。

④ 间隙可调式滑动轴承。调节轴承间隙是保持轴承回转精度的重要手段。使用该轴承时，常采用锥形轴套进行间隙调整。如图 6-20 所示，带锥形轴套的滑动轴承由螺母 1、轴套 2、销 3 和轴 4 组成。转动轴套上两端的圆螺母使轴套做轴向移动，即可调节轴承间隙。

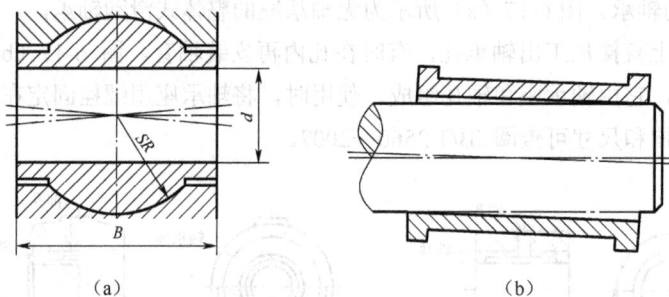

（a）　　　　　　　　　　　（b）

图 6-19　调心式滑动轴承

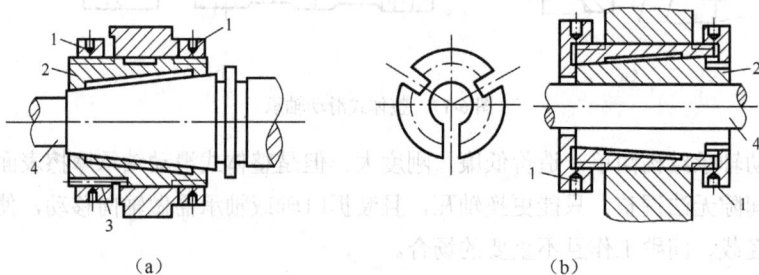

（a）　　　　　　　　　　　（b）

图 6-20　带锥形轴套的滑动轴承

1—螺母　2—轴套　3—销　4—轴

（2）轴瓦

轴瓦是轴承与轴颈直接接触的零件，有整体式、剖分式和分块式三种（见图 6-21）。整体式轴瓦用于整体式轴承；剖分式轴瓦用于剖分式轴承；大型滑动轴承为了便于运输、装配，一般采用分块式轴瓦。为了把润滑油导入摩擦表面，在轴瓦的非承载区内制出油孔与油沟。为了使润滑油能均匀地分布在整个轴颈上，油沟的长度应适宜。若油沟过长，会使润滑油从轴瓦端部大量流失；而油沟过短，会使润滑油流不到整个接触表面。通常取油沟的长度为轴瓦长度的 80% 左右。剖分式轴瓦的油沟形式如图 6-22 所示。

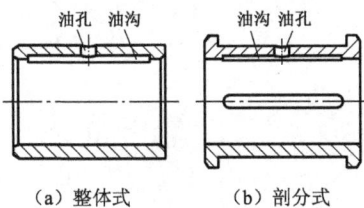

图 6-21　轴瓦结构

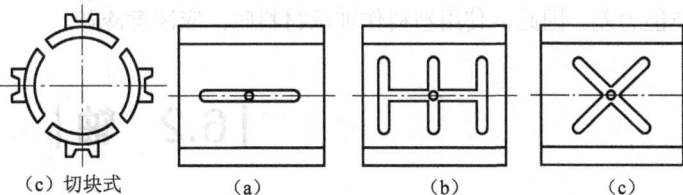

（a）整体式　　（b）剖分式　　（c）切块式

图 6-22　剖分式轴瓦的油沟形式

（a）　　（b）　　（c）

（3）轴承衬

为了改善轴表面的摩擦性能，提高承载能力，对于重要轴承，常在轴瓦内表面上浇注一层减摩材料，称为轴承衬（简称轴衬）。轴承衬的厚度从 0.5～6mm 不等。为了保证轴承衬与轴瓦结合牢固，在轴瓦的内表面应制出沟槽，如图 6-23 所示。

2．推力滑动轴承

推力滑动轴承又称止推轴承，承受轴向载荷。

图 6-23　轴承衬

推力滑动轴承的结构如图 6-24 所示，由轴承座 1、轴套 2、径向轴瓦 3、推力轴瓦 4 和销钉 5 组成。轴的端面和推力轴瓦是轴承的主要工作部分，轴瓦的底部为球面，可以自动进行位置调整，以保证轴承摩擦表面的良好接触。销钉是用来防止推力轴瓦随轴转动的。工作时润滑油由下部注入，从上部油管导出。

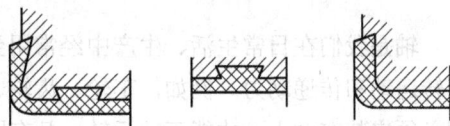

图 6-25 所示为推力滑动轴承轴颈的几种常见形式。载荷较小时可采用空心端面轴颈和环形轴颈，如图 6-25（a）、（b）所示；载荷较大时采用多环轴颈，如图 6-25（c）所示。

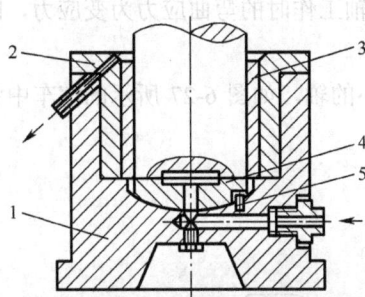

图 6-24　推力滑动轴承

1—轴承座　2—轴套　3—径向轴瓦
4—推力轴瓦　5—销钉

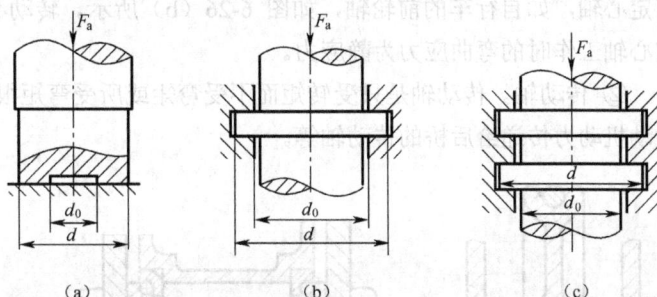

图 6-25　推力轴颈

（a）　　（b）　　（c）

3．轴承材料

轴承材料是指与轴颈直接接触的轴瓦或轴衬的材料。轴承材料应具有以下性能。

① 足够的强度，包括抗压、抗冲击、抗疲劳等强度，以保证较大的承载能力。

② 良好的减摩性、耐磨性和磨合性，以提高轴承的效率及延长使用寿命。

③ 良好的导热性、耐蚀性、工艺性以及价格低廉等。

但是，任何一种材料不可能同时具备上述性能，因而设计时应根据具体工作条件，按主要性能来选择轴承材料。常用的轴承材料有铸造轴承合金、铸造铜合金、铸铁等金属材料，其性能和应用可查阅相关设计手册。

除了上述几种材料外，还可采用非金属材料（如石墨、塑料、尼龙、橡胶、粉末冶金和硬木等）作为轴瓦材料。其中塑料应用最广。塑料具有摩擦小、抗压强度高、耐磨性好等优点，但耐

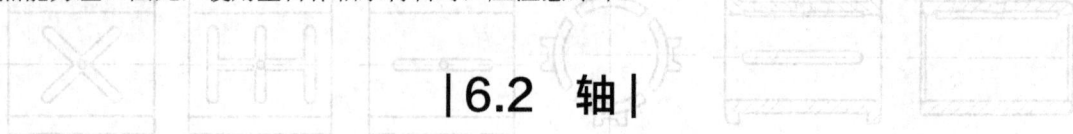

热能力差。因此，使用塑料作轴承材料时，应注意冷却。

|6.2 轴|

　　轴是机械中重要的支撑和传递运动、动力的零件。本节主要介绍轴的设计要求和一般方法，着重介绍转轴的结构设计要求、方法和承载能力校核。

6.2.1 概述

　　轴是我们在日常生活、生产中经常用到的零件。它的主要功用是用来支撑回转零件，并实现回转运动和传递动力。例如，车轮、齿轮、带轮、链轮、铣刀、砂轮等各种做回转运动的零件，都必须安装在轴上，才能正常运转。凡有回转件的机器，必定有轴。因此，轴是各类机械装置中广泛应用的重要支撑件。

认识传动轴

1. 轴的分类

　　根据轴的受载情况和轴线的形状，轴可进行如下分类。

　　（1）按受载情况分类

　　① 心轴。心轴工作时只承受弯矩，而不承受转矩。心轴又可分为转动心轴和固定心轴。随转动零件一起转动的心轴为转动心轴，如图 6-26（a）所示的滑轮轴；不随转动零件转动的心轴为固定心轴，如自行车的前轮轴，如图 6-26（b）所示。转动心轴工作时的弯曲应力为变应力，固定心轴工作时的弯曲应力为静应力。

　　② 传动轴。传动轴是只受转矩而不受弯矩或所受弯矩很小的轴，如图 6-27 所示的汽车中将发动机动力传递给后桥的传动轴等。

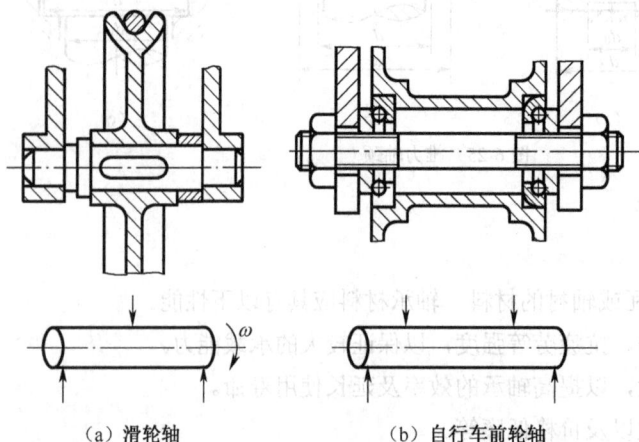

（a）滑轮轴　　　　　　（b）自行车前轮轴

图 6-26　心轴

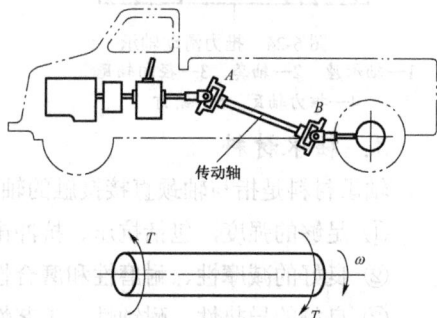

传动轴

图 6-27　传动轴

　　③ 转轴。同时承受弯矩和转矩的轴称为转轴，如图 6-28 所示。转轴在各种机器中最为常见，如齿轮减速器中的轴。本节主要介绍转轴的设计。

　　（2）按轴线的形状分类

　　① 直轴。轴的截面多为圆形，一般大多制成实心的。直轴常制成近似等强度的由两端向中间

逐渐增大的阶梯形，如图 6-28 所示，以便于零件拆装。有些机械，如纺织机械、农业机械等，常采用直径不变的光轴，如图 6-29（a）所示。在某些机器中也有采用空心轴的，如图 6-29（b）所示，以减轻轴的重量或利用空心轴孔输送润滑油、切削液或安装其他零件和穿过待加工的棒料等，如车床的主轴等。

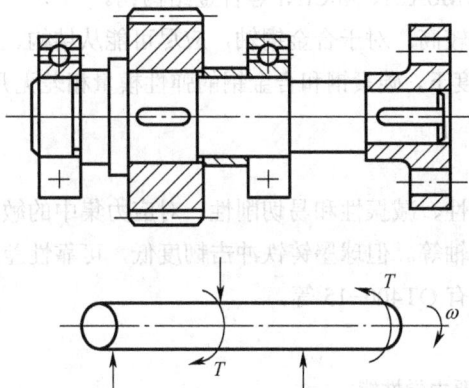

图 6-28　转轴

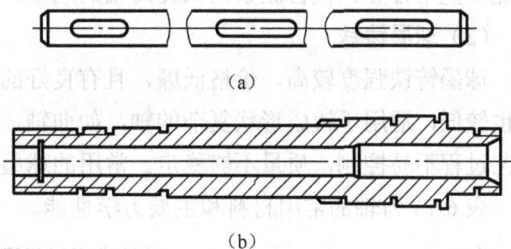

（a）

（b）

图 6-29　直轴

② 曲轴。曲轴是往复式机械中的专用零件，图 6-30 所示为四缸内燃机中的曲轴。

③ 挠性软轴。图 6-31 所示的钢丝软轴，是由几层紧贴在一起的钢丝层构成的（见图 6-32）。挠性软轴可以把旋转运动和转矩灵活地传到所需的任何位置，适用于连续振动的场合，且具有缓和冲击的作用。挠性软轴常用于诊疗器、手提砂轮机等移动设备中。

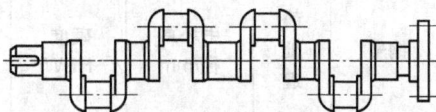

图 6-30　曲轴

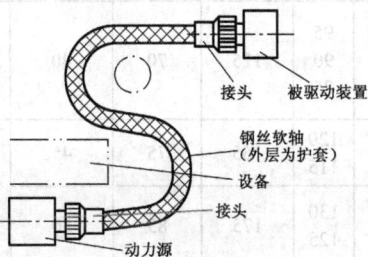

接头　被驱动装置
钢丝软轴
（外层为护套）
设备
接头
动力源

图 6-31　钢丝软轴

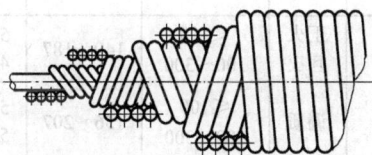

图 6-32　钢丝软轴的结构

2．轴的常用材料

轴工作时的应力都为周期性的交变应力，轴的失效形式多是疲劳破坏，因此轴的材料要求具有较高的强度、刚度和韧性，且对应力集中的敏感性低。另外，轴与滑动轴承发生相对运动的表面应具有足够的耐磨性。轴的常用材料是碳素钢、合金钢和球墨铸铁。钢轴毛坯多为轧制圆钢或锻件。

（1）碳素钢

碳素钢比合金钢对应力敏感性小，并且价廉，应用广泛。常用的碳素钢大多为 35、45、50 等优质碳素结构钢，最常用的是 45 钢。为了保证其力学性能，可以进行调质或正火处理。受力较小、不重要的轴可以使用 Q235、Q275 等普通碳素结构钢。

（2）合金钢

合金钢具有良好的综合力学性能和热处理性能，常用于重载、高速以及结构要求紧凑、质量较轻、耐磨性较好和有较强耐蚀性的轴。常用的合金钢有 40Cr、35SiMn、40MnB 等。对于耐磨性要求较高的轴，可选用 20Cr、20CrMnTi 等低碳合金结构钢，轴颈部分进行渗碳淬火处理。对于在高温、高速和重载条件下工作的轴，可选用 38CrMoAlA、40CrNi 等合金结构钢。

但应注意，合金钢对应力集中敏感性强，且价格较高。对于合金钢轴，应尽可能从结构、外形和尺寸上减少应力集中。另外，由于在一般工作温度下，碳素钢和合金钢的弹性模量相差无几，因此不能用合金钢代替碳素钢来提高轴的刚度。

（3）球墨铸铁

球墨铸铁强度较高，价格低廉，且有良好的耐磨性、减振性和易切削性，对应力集中的敏感性也较低，适用于铸成形状复杂的轴，如曲轴、凸轮轴等。但球墨铸铁冲击韧度低，可靠性差，工艺过程不易控制，质量不够稳定。常用的球墨铸铁有 QT400-15 等。

表 6-13 为轴的常用材料和主要力学性能。

表 6-13　　　　　　　　　　轴的常用材料及其主要力学性能

钢号	热处理	毛坯直径/mm	硬度 HBW	力学性能				许用弯曲应力			应用
				抗拉强度 σ_b	屈服强度 σ_s	弯曲疲劳极限 σ_{-1}	扭转疲劳极限 τ_{-1}	静应力 $[\sigma_{+1}]$	脉动循环应力 $[\sigma_0]$	对称循环应力 $[\sigma_{-1}]$	
				MPa≥				MPa			
20	正火 回火	≤100 100~300 300~500	103~156	390 375 365	215 195 190	170	95 90 85	125	70	40	用于载荷不大，要求韧性较高的轴
35	正火 回火	≤100 100~300	149~187	510 490	265 255	240	120 115	165	75	45	用于要求有一定强度和加工塑性的轴
	调质	≤100 100~300	156~207	550 530	295 275	230	130 125	175	85	50	
45	正火 回火	≤100 100~300 300~500	170~217 162~217 156~217	590 570 540	295 285 275	255 245 230	140 135 130	195	95	55	应用最广泛
	调质	≤200	217~255	640	355	275	155	215	100	60	
40Cr	调质	≤100 100~300 300~500	241~286 229~269	735 685 630	540 490 430	355 335 310	200 185 165	245	120	70	用于载荷较大，而无很大冲击的重要的轴
40MnB	调质	≤200	241~286	735	490	345	195	245	120	70	性能接近40Cr，用于重要的轴
40CrNi	调质	≤100 100~300	270~300 240~270	900 785	735 570	430 370	260 210	285	130	75	用于很重要的轴

续表

钢号	热处理	毛坯直径/mm	硬度HBW	力 学 性 能				许用弯曲应力			应用
				抗拉强度 σ_b	屈服强度 σ_s	弯曲疲劳极限 σ_{-1}	扭转疲劳极限 τ_{-1}	静应力$[\sigma_{+1}]$	脉动循环应力$[\sigma_0]$	对称循环应力$[\sigma_{-1}]$	
				MPa≥				MPa			
38SiMnMo	调质	≤100 100～300 300～500	229～286 217～269 196～241	735 685 630	590 540 480	365 345 320	210 195 175	275	120	70	性能接近35CrMo
20Cr	渗碳、淬火、回火	≤100	表面56～62 HRC	640	390	305	160	215	100	60	用于要求强度和韧性均较高的轴
38CrMoAIA	调质	≤60 60～100 100～160	293～321 277～302 241～277	930 835 785	785 685 590	440 410 375	280 270 220	275	125	75	用于要求高耐磨性、高强度且热处理（氮化）变形小的轴
3Cr13	调质	≤100	≥241	835	635	395	230	275	130	75	用于在腐蚀条件下工作的轴
QT400-15	—	—	156～197	400	300	145	125	100	—	—	用于制造形状复杂的轴
QT600-3	—	—	197～269	600	420	215	185	150	—	—	

3．轴的设计要求和一般设计步骤

不同机械对轴的设计有不同要求。对于一般机器中的轴，主要应满足强度和结构的要求，具体要求如下。

① 具有足够的承载能力。轴必须具有足够的疲劳强度，以保证轴能正常工作。对于某些用途的轴，如机床主轴，工作时不允许有过大的变形，还需具有足够的刚度。

② 具有合理的结构形状。轴应具有合理的结构、形状和尺寸，使轴上零件能正确定位、固定且易于装拆，并具有良好的加工工艺性，以降低加工成本。

轴的一般设计步骤如下。

① 按工作要求选择材料和热处理方法。

② 初步估算轴的基本直径。

③ 进行轴的结构设计，确定轴的各段直径和长度等结构尺寸。

④ 进行必要的承载能力验算。

⑤ 绘制轴的零件工作图。

6.2.2 轴的结构设计

1．轴结构设计的基本要求

图 6-33 所示为轴各部分的名称，其中轴颈是安装轴承的轴段；轴头是安装传动件的轴段，如

装齿轮和联轴器的部分；轴身是连接轴颈和轴头的轴段；截面尺寸变化的台阶处为轴肩；直径较大用于定位的短轴段称为轴环。

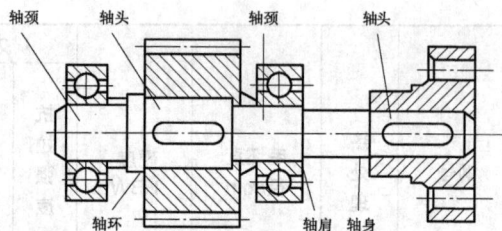

图 6-33　轴各部分名称

　　轴的结构设计就是合理地确定轴各部分的形状和尺寸。为了保证轴基本的承载能力，可先按转矩计算轴上承受转矩部分的基本直径，然后再根据结构设计要求进行结构设计。

　　影响轴的结构的因素很多，如轴在机器中的安装位置、轴上零件的布置和固定形式、轴的受力情况、所采用的轴承类型和尺寸、轴的加工和装配工艺要求等。因此，在设计轴的结构时，必须根据轴工作的具体情况来综合考虑。

　　通常轴结构设计的基本要求有以下几点。

　　① 轴和轴上零件必须定位准确，固定可靠。

　　② 轴上的零件应便于装拆和调整。

　　③ 轴应具有良好的制造和装配工艺性。

　　④ 轴的受力合理，轴的结构尽可能减少应力集中、有利于节约材料和减轻重量等。

2．轴结构设计的基本方法

（1）轴上零件的装拆和调整

　　为了便于轴上零件的装拆，一般将轴做成阶梯轴。轴上零件的装配方向、顺序和相互关系不同，轴的结构形式也不同。图 6-34 所示的装配方案是齿轮、套筒、左端轴承、左端轴承盖、带轮和轴承挡圈依次由轴的左端向右安装，而右端轴承和右端轴承盖则由右向左安装。装配方案确定后，阶梯轴的大体结构基本确定。

轴的结构设计案例

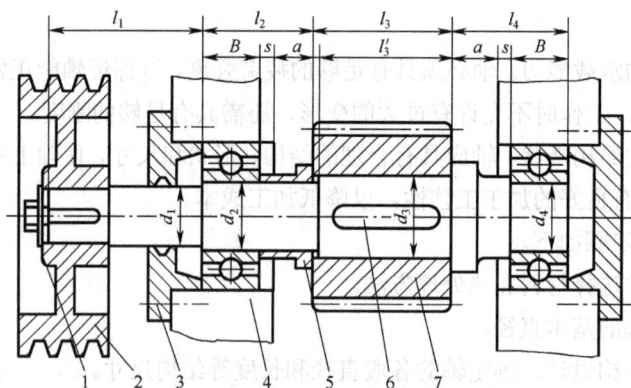

图 6-34　轴的结构分析

1—轴端挡圈　2—V带轮　3—轴承盖　4—滚动轴承　5—套筒　6—平键　7—齿轮

（2）轴和轴上零件的定位及固定

　　为了保证轴的正常工作，轴在机器中的位置应固定，零件在轴上也应该定位准确、固定可靠。轴在机器中的位置是靠固定轴承的位置得到的。零件在轴上的固定方法包括轴向固定和周向固定。

　　① 零件在轴上的轴向固定。零件在轴上的轴向固定方法是利用轴肩、套筒、挡圈、圆螺母等，使零件受载时不会发生轴向移动。图 6-34 所示减速器中的主动轴，就应用了轴肩、套筒、轴承端

盖等轴向固定方式。

　　轴向固定方法很多，选择时要考虑零件在轴上的位置、轴向力的大小、具体的安装条件等。

　　a. 轴肩和轴环。阶梯轴上常采用轴肩或轴环定位，如图 6-35 所示。轴肩或轴环是阶梯轴上截面变化的部分，由定位面和过渡圆角组成。轴肩结构简单，能承受较大的轴向力，故应用较多。为了保证零件紧靠定位面，轴肩或轴环的圆角半径 r 必须小于相配零件轮毂孔的倒角高度 c_1 或圆角半径 R，轴肩高 h 必须大于 c_1 或 R。图 6-34 中齿轮的右端轴向定位和右端轴承左侧的轴向定位，$h \approx 0.07d \sim 0.1d$，$b \approx 1.4h$。

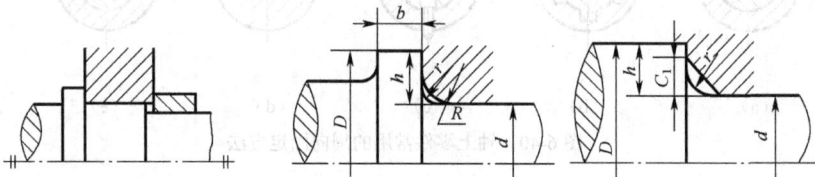

图 6-35　轴肩和轴环

　　b. 套筒。在轴的中部，当两个零件间距离较小时，常采用套筒做相对固定。图 6-34 中左端轴承与齿轮之间就采用了套筒，因为齿轮与套筒要求的定位直径不同，所以套筒做成阶梯状。使用套筒可简化轴的结构，避免在轴上制出螺纹、环形槽等，能有效地提高轴的疲劳强度，但增加了重量，故套筒不应太长，且因套筒与轴的配合较松，也不宜用于高速轴。

　　c. 圆螺母。如图 6-36 所示，圆螺母可承受较大的轴向力，但在螺纹处有应力集中，会降低轴的疲劳强度，一般采用细牙螺纹。为防止圆螺母松脱，可采用加止动垫圈或双圆螺母来紧固。

　　d. 挡圈。挡圈通常与轴肩联合使用定位，常用的有弹性挡圈和轴端挡圈。图 6-37（a）所示为弹性挡圈，此种方法简单，但承受轴向力小，且轴上需设沟槽，也会因应力集中而削弱轴的强度。弹性挡圈常用作滚动轴承的轴向固定。图 6-37（b）所示为轴端挡圈，又称为压板，常用于轴端零件的固定，其工作可靠，应用颇广。图 6-34 中的带轮就是采用了轴端挡圈将带轮压紧在轴上的固定方法。

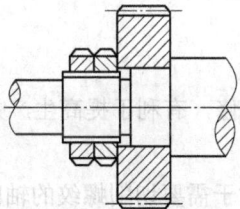

图 6-36　圆螺母

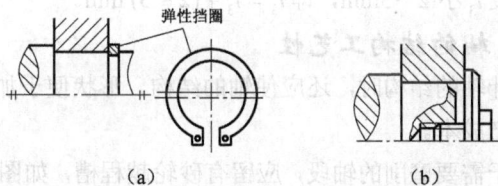

弹性挡圈

（a）　　　　　（b）

图 6-37　挡圈

　　e. 锥形轴头。如图 6-38 所示，轴和毂孔利用锥面配合，对中性好，轴上零件装拆方便，且可兼作周向固定，常用于转速较高时的固定。当用于轴端零件的固定时，可与轴端挡圈配合使用，使零件得到双向定位和固定。

　　在用套筒、圆螺母、轴端挡圈作轴向固定时，为了确保轴上零件定位可靠，轴头的长度应比零件轮毂的宽度小 2～3mm，如图 6-39 所示。

　　② 零件在轴上的周向固定。为了传递运动和转矩，防止轴上零件与轴做相对转动，必须有可靠的周向固定。传动零件与轴的周向固定所形成的连接，称为轴毂连接。轴毂连接的形式很多，常用的周向固定方法有键、花键、销连接和成形、过盈等连接，如图 6-40 所示。连接形式可根据所传递的转矩大小进行选取。

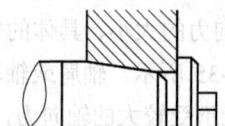

图 6-38　锥形轴头　　　　　　　图 6-39　轴段长度

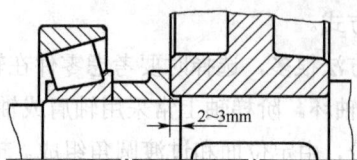

(a)　　　　　(b)　　　　　(c)　　　　　(d)　　　　　(e)

图 6-40　轴上零件常用的周向固定方法

3．各轴段直径和长度的确定

（1）各轴段直径的确定

以图 6-34 所示为例，按照齿轮从左向右的装配顺序，阶梯轴各轴段的直径从最小直径开始确定，同时应注意如下几点。

① 轴颈处的直径必须按滚动轴承标准规定的内孔直径选取。

② 滚动轴承的定位轴肩直径需按滚动轴承标准规定选取。

③ 安装标准件（如密封装置、联轴器等）的轴段直径应按标准件的标准内径选取。

④ 安装带轮、齿轮的轴径应取标准值。

（2）各轴段长度的确定

轴的各段长度一般由轴上零件的轴向尺寸、相邻零件之间的距离、轴上零件的拆装要求和轴向固定等因素来确定。例如，图 6-34 所示中的 l_1 段是根据带轮轮毂宽度、轴承端盖和装拆要求确定的；l_2 和 l_4 是根据轴承宽度 B 及尺寸 s、a 确定的；为使齿轮轴向定位可靠，轴长 l_3' 应比齿轮轮毂的宽度 l_3 小 2～3mm，即 $l_3 = l_3' + (2 \sim 3)$ mm。

4．轴的结构工艺性

设计轴的结构时，还应使轴的结构、形状便于加工、装配和维修，有利于提高生产效率，并降低生产成本。

对于需要磨削的轴段，应留有砂轮越程槽，如图 6-41 所示；对于需要切削螺纹的轴段，应留有退刀槽，如图 6-42 所示。砂轮越程槽通常宽 2～4mm、深 0.5～1mm；螺纹退刀槽与螺纹牙型高度有关。槽的具体尺寸可参看有关设计手册。

为了便于加工，在同一轴上直径相差不大的轴段上的键槽，应尽可能采用同一规格的键槽截面尺寸，并应布置在同一加工直线上。

为了便于零件在轴上的装配，轴端与各阶梯端面应加工成 45°（或 30°、60°）倒角。过盈配合部分的零件装入端常加工出半锥角为 10°（或 30°）的导向锥面，如图 6-43 所示。

同一轴上的圆角半径和退刀槽宽度尽量统一，以减少加工时使用刀具的规格和换刀次数。

5．提高轴强度的结构措施

在结构设计时可采用一些措施以提高轴的强度和刚度。

（1）改进轴的结构，减小应力集中

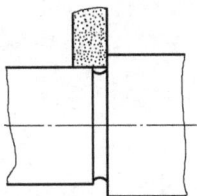

图 6-41 砂轮越程槽　　　　　图 6-42 螺纹退刀槽　　　　　$e>0.01d+2\text{mm}$　　　图 6-43 引导锥

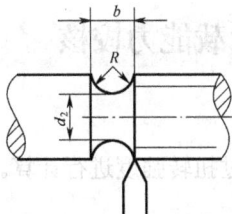

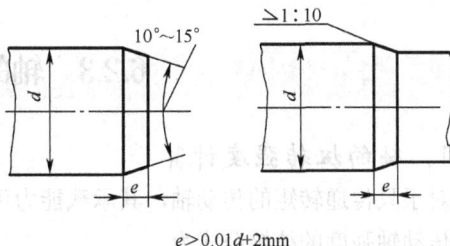

　　为了减少应力集中，阶梯轴相邻轴段的直径不宜相差太大，过渡部分的圆角应尽可能取大些，必要时可将过渡部分结构增设阶梯轴段。如图 6-44（a）所示，卸荷槽 B 用以缓和轴的截面变化。如图 6-44（b）、（c）所示，若轴肩处的过渡圆角半径受结构限制难以增大，则可改用凹切圆槽或过渡肩环结构等形式，以减轻圆角应力集中。如图 6-44（d）所示，轴与轴上零件的过盈配合处，在零件轮毂上开卸荷槽 B。

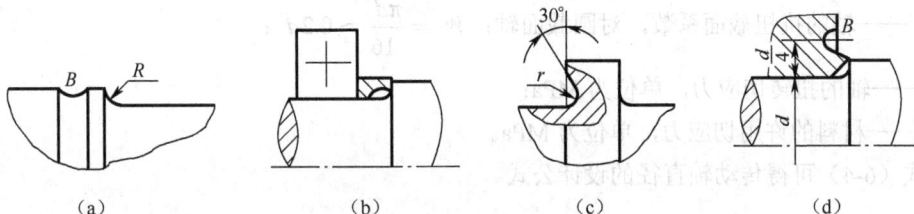

（a）　　　　　　　（b）　　　　　　　（c）　　　　　　　（d）

图 6-44 减小应力集中的结构

　　（2）改善轴的受力情况，提高轴的疲劳强度

　　例如，在图 6-45 所示起重机卷筒的两种不同方案中，方案 1 是齿轮和卷筒固联在一起，转矩经大齿轮直接传给卷筒，使得卷筒轴只受弯矩而不传递转矩；在起重相同载荷时，轴的直径小于方案 2 轴的结构尺寸。

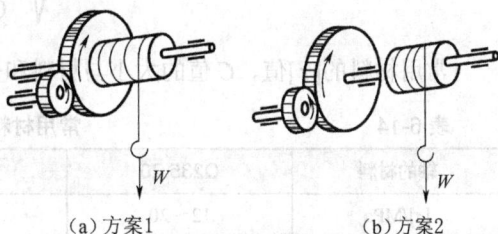

（a）方案1　　　　　　（b）方案2

图 6-45 起重机卷筒轴方案比较

　　（3）合理布置轴上的传动零件

　　轴上传动零件的合理布置也有助于提高轴的强度和刚度。例如，当动力需用两个或两个以上的轮输出时，将输入轮布置在输出轮的中间，就可减少轴的转矩。由图 6-46 可知，当输入转矩为 (T_1+T_2) 时，按图 6-46（b）布置，将输入轮布置在输出轮中间，轴所受的最大转矩为 T_1；若按图 6-46（a）布置，将输入轮布置在输出轮外侧，则轴所受最大转矩为 (T_1+T_2)。

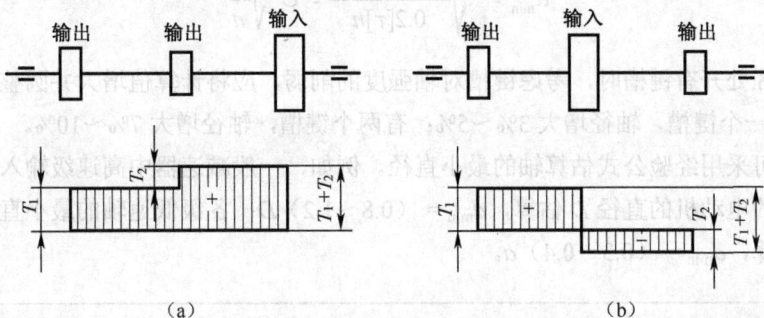

（a）　　　　　　　　　　　　　　　（b）

图 6-46 零件的合理布置

6.2.3 轴的承载能力校核

1．轴的扭转强度计算

对于只传递转矩的传动轴，其承载能力可通过扭转强度进行计算。

传动轴强度的校核公式为

$$\tau = \frac{T}{W_T} = \frac{9.55 \times 10^6 P}{0.2 d^3 n} \leqslant [\tau] \tag{6-4}$$

式中　P——轴传递的功率，单位为 kW；

　　　n——轴的转速，单位为 r/min；

　　　T——扭矩，单位为 N·mm；

　　　d——轴的直径，单位为 mm；

　　　W_T——轴的抗扭截面系数，对圆截面轴：$W_T = \dfrac{\pi d^3}{16} \approx 0.2 d^3$；

　　　τ——轴的扭转切应力，单位为 MPa；

　　　$[\tau]$——材料的许用切应力，单位为 MPa。

由式（6-4）可得传动轴直径的设计公式

$$d \geqslant \sqrt[3]{\frac{9.55 \times 10^6 P}{0.2[\tau]n}} = C \sqrt[3]{\frac{P}{n}} \tag{6-5}$$

常用材料的$[\tau]$值、C值的大小与材料和受载情况有关，见表 6-14。

表 6-14　　　　　　　　　　　常用材料的$[\tau]$值和 C 值

轴的材料	Q235.20	35	45	40Cr，35SiMn
$[\tau]$/MPa	12～20	20～30	30～40	40～52
C	160～135	135～118	118～107	107～98

注：作用在轴上的弯矩比转矩小或轴只受转矩时，$[\tau]$取较大值，C取较小值，否则相反。

2．转轴的最小直径估算

对于既受弯矩又传递转矩的转轴，式（6-5）可用来估算轴的最小直径。即

$$d_{\min} = \sqrt[3]{\frac{9.55 \times 10^6 P}{0.2[\tau]n}} = C \sqrt[3]{\frac{P}{n}} \tag{6-6}$$

当最小直径处开有键槽时，考虑键槽对轴强度的削弱，应将计算值增大并圆整。当轴径 $d <$ 100mm 时，有一个键槽，轴径增大 3%～5%；有两个键槽，轴径增大 7%～10%。

此外，也可采用经验公式估算轴的最小直径。例如，一般减速器中高速级输入轴的最小直径可按与其相连的电动机的直径 D 估算，$d_{\min} = （0.8～1.2）D$；各级低速轴的最小直径可按同级齿轮中心距 a 估算，$d_{\min} = （0.3～0.4）a$。

【例 6-5】　某单级直齿圆柱齿轮减速装置中的从动轴，传递功率 $P=6$kW，转速 $n=200$r/min。

试选择此轴材料和估算该轴的最小直径。

解　由于此轴传递功率不大，转速不高，且无特殊要求，故可选用 45 钢，调质处理。由表 6-14 查得 $C = 107 \sim 118$，取 $C = 110$，得

$$d_{\min} = C\sqrt[3]{\dfrac{P}{n}} = 110\sqrt[3]{\dfrac{6}{200}}\,\text{mm} = 34.18\text{mm}，\text{圆整后得 } d_{\min} = 35\text{mm}。$$

3．转轴的强度校核

估算出转轴的最小直径，即可进行轴的结构设计。轴的结构设计完成后，轴上零件和轴承位置、轴所受载荷的大小、方向及其作用位置等就已确定，即可按弯扭合成的强度条件校核转轴的强度。一般步骤如下。

① 作出轴的空间受力图，将外载荷分解为水平面和垂直面的分力，并求出水平面支撑反力 R_H 和垂直面的支撑反力 R_V。

② 作出水平面弯矩 M_H 图和垂直面弯矩 M_V 图。

③ 计算合成弯矩：$M = \sqrt{M_H^2 + M_V^2}$，并绘制合成弯矩图。

④ 作出转矩 T 图。

⑤ 计算当量弯矩 $M_e = \sqrt{M^2 + (\alpha T)^2}$。式中，$\alpha$ 为由转矩性质而定的折合系数，对于不变的转矩 $\alpha = \dfrac{[\sigma_{-1}]}{[\sigma_{+1}]} \approx 0.3$；对于脉动循环变化的转矩 $\alpha = \dfrac{[\sigma_{-1}]}{[\sigma_0]} \approx 0.6$；对于对称循环变化的转矩 $\alpha = \dfrac{[\sigma_{-1}]}{[\sigma_{-1}]} = 1$。一般情况下或转矩变化规律不清楚时，可按脉动循环处理。$[\sigma_{-1}]$、$[\sigma_0]$、$[\sigma_{+1}]$ 分别为对称循环、脉动循环和静应力状态下的许用弯曲应力，见表 6-13。

⑥ 计算危险截面的轴径。当量弯矩 M_e 已知后，可针对某些剖面作强度校核或计算危险剖面的轴径进行校核，即

$$\sigma_e = \frac{M_e}{W} \approx \frac{\sqrt{M^2 + (\alpha T)^2}}{0.1 d^3} \leqslant [\sigma_{-1}] \tag{6-7}$$

或

$$d \geqslant \sqrt[3]{\frac{M_e}{0.1[\sigma_{-1}]}} \tag{6-8}$$

式中　σ_e——当量弯曲应力，单位为 MPa；

　　　　M_e——当量弯矩，单位为 N·mm；

　　　　D——轴的直径，单位为 mm；

　　　　W——轴的抗弯截面系数，单位为 mm³。对圆形截面的实心轴，

$W = \dfrac{\pi d^3}{32} \approx 0.1 d^3$。

校核时，若轴的计算剖面处有键槽，考虑到键槽对轴强度的削弱，应将式（6-7）计算出的轴径加大 4%左右，并与结构设计中初步确定的轴径相比较。若计算出的轴径小于结构设计中初定的轴径，表明原设计恰当，则以结构设计中的直径为准，否则应按校核计算所得轴径作适当修改。

轴的强度计算原理

【例 6-6】 设计图 6-47 所示斜齿圆柱齿轮减速器的从动轴（Ⅱ轴）。已知传递功率 $P=8\text{kW}$，从动轴的转速 $n=280\text{r/min}$，分度圆直径 $D=265\text{mm}$，圆周力 $F_t=2\,059\text{N}$，径向力 $F_r=763.8\text{N}$，轴向力 $F_a=406.7\text{N}$。齿轮轮毂宽度为 60mm，工作时单向运转，轴承采用深沟球轴承。

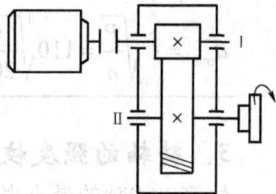

解 （1）选择轴的材料，确定许用应力

由已知条件知减速器传递的功率属中小功率，对材料无特殊要求，故选用 45 钢，并经调质处理。查得强度极限 $\sigma_b=650\text{MPa}$，许用弯曲应力 $[\sigma_{-1b}]=60\text{MPa}$。

图 6-47 例 6-6 图

（2）按扭转强度估算轴径

得 $C=118\sim107$

$$d \geqslant C\sqrt[3]{\frac{P}{n}} = (107\sim118)\sqrt[3]{\frac{8}{280}}\text{mm} = 32.7\sim36.1\text{mm}$$

考虑到轴的最小直径处要安装联轴器，会有键槽存在，故将估算直径加大 3%～5%，取为 33.68～37.91mm。由设计手册取标准直径 $d_1=35\text{mm}$。

（3）设计轴的结构并绘制结构草图

由于设计的是单级减速器，可将齿轮布置在箱体内部中央，并将轴承对称安装在齿轮两侧，轴的外伸端安装半联轴器。

① 确定轴上零件的位置和固定方式。要确定轴的结构形状，必须先确定轴上零件的装配顺序和固定方式。确定齿轮从轴的右端装入，齿轮的左端用轴肩（或轴环）定位，右端用套筒固定。这样齿轮在轴上的轴向位置被完全确定。齿轮的周向固定采用平键连接。轴承对称安装于齿轮的两侧，其轴向用轴肩固定，周向采用过盈配合固定。

② 确定各轴段的直径。如图 6-48 所示，轴段①（外伸端）直径最小，$d_1=35\text{mm}$；考虑到要对称安装，在轴段①上的联轴器进行定位，轴段②上应有轴肩，同时为能很顺利地在轴段②上安装轴承，轴段②必须满足轴承内径的标准，故取轴段②的直径 d_2 为 40mm；用相同的方法确定轴段③、④的直径 $d_3=45\text{mm}$、$d_4=55\text{mm}$；为了便于拆卸左轴承，可查出 6208 型滚动轴承的安装高度为 3.5mm，取 $d_5=47\text{mm}$。

③ 确定各轴段的长度齿轮。轮毂宽度为 60mm，为了保证齿轮固定可靠，如图 6-48 所示轴段③的长度应略短于齿轮轮毂宽度，取为 58mm；为了保证齿轮端面与箱体内壁不相碰，齿轮端面与箱体内壁间应留有一定的间距，取该间距为 15mm；为保证轴承安装在箱体轴承座孔中（轴承宽度为 18mm），并考虑轴承的润滑，取轴承端面距箱体内壁的距离为 5mm，所以轴段④的长度取为 20mm，轴承支点距离 $l=118\text{mm}$；根据箱体结构及联轴器距轴承盖要有一定距离的要求，取 $l'=75\text{mm}$；查阅有关的联轴器手册取 l'' 为 70mm；在轴段①、轴段③上分别加工出键槽，使两键槽处于轴的同一圆柱母线上，键槽的长度比相应的轮毂宽度小 5～10mm，键槽的宽度按轴段直径查手册得到。

④ 选定轴的结构细节，如圆角、倒角、退刀槽等的尺寸。

按设计结果画出轴的结构草图如图 6-48（a）所示。

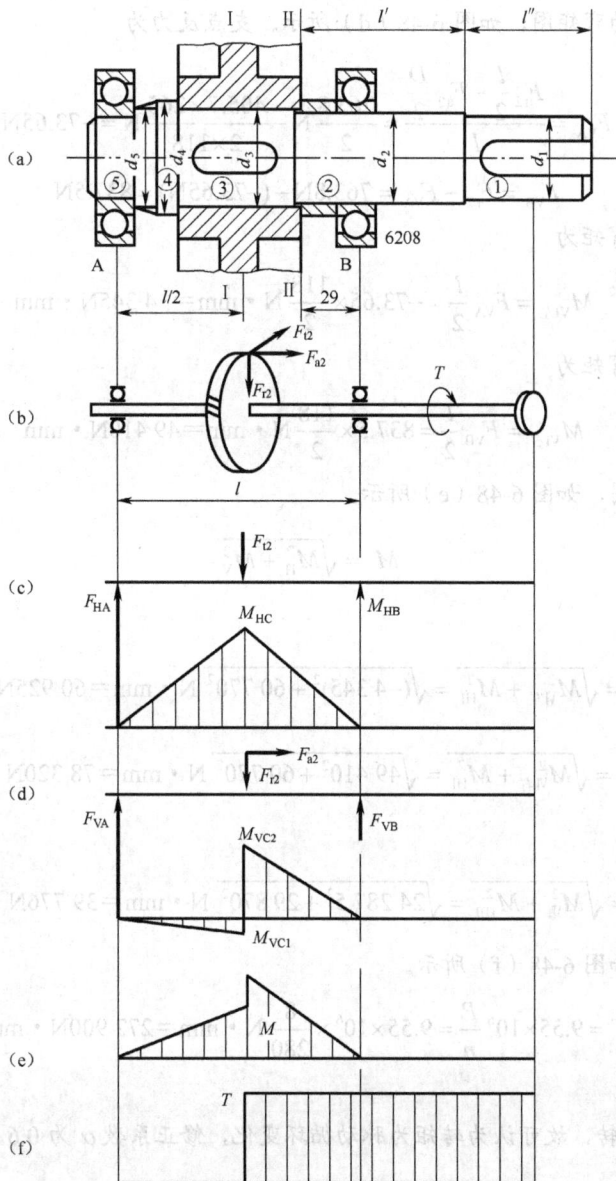

图6-48 减速器从动轴设计

（4）按弯扭合成强度校核轴径

① 画出轴的受力图，如图6-48（b）所示。

② 作水平面内的弯矩图，如图6-48（c）所示。支点反力为

$$F_{HA} = F_{HB} = \frac{F_{t2}}{2} = \frac{2\,059}{2}\,N = 1\,030N$$

I－I截面处的弯矩为

$$M_{HI} = 1\,030 \times \frac{118}{2}\,N \cdot mm = 60\,770N \cdot mm$$

II－II截面处的弯矩为

$$M_{HII} = 1\,030 \times 29N \cdot mm = 29\,870N \cdot mm$$

③ 作垂直面内的弯矩图，如图 6-48（d）所示。支点反力为

$$F_{VA} = \frac{F_{t2}\dfrac{l}{2} - F_{a2}\dfrac{D}{2}}{l} = \frac{763.8}{2}\text{N} - \frac{405.7 \times 265}{2 \times 118}\text{N} = -73.65\text{N}$$

$$F_{VB} = F_{r2} - F_{VA} = 763.8\text{N} - (-73.65\text{N}) = 837.5\text{N}$$

Ⅰ-Ⅰ 截面左侧弯矩为

$$M_{VI左} = F_{VA}\frac{l}{2} = -73.65 \times \frac{118}{2}\text{N}\cdot\text{mm} = -4\,345\text{N}\cdot\text{mm}$$

Ⅰ-Ⅰ 截面右侧弯矩为

$$M_{VI右} = F_{VB}\frac{l}{2} = 837.5 \times \frac{118}{2}\text{N}\cdot\text{mm} = 49\,410\text{N}\cdot\text{mm}$$

④ 作合成弯矩图，如图 6-48（e）所示。

$$M = \sqrt{M_H^2 + M_V^2}$$

Ⅰ-Ⅰ 截面：

$$M_{I左} = \sqrt{M_{VI左}^2 + M_{HI}^2} = \sqrt{(-4\,345)^2 + 60\,770^2}\text{N}\cdot\text{mm} = 60\,925\text{N}\cdot\text{mm}$$

$$M_{I右} = \sqrt{M_{VI右}^2 + M_{HI}^2} = \sqrt{49\,410^2 + 60\,770^2}\text{N}\cdot\text{mm} = 78\,320\text{N}\cdot\text{mm}$$

Ⅱ-Ⅱ 截面：

$$M_{II} = \sqrt{M_{VII}^2 + M_{HII}^2} = \sqrt{24\,287.5^2 + 29\,870^2}\text{N}\cdot\text{mm} = 39\,776\text{N}\cdot\text{mm}$$

⑤ 作转矩图，如图 6-48（f）所示。

$$T = 9.55 \times 10^6\frac{P}{n} = 9.55 \times 10^6 \times \frac{8}{280}\text{N}\cdot\text{mm} = 272\,900\text{N}\cdot\text{mm}$$

⑥ 求当量弯矩。

因减速器单向运转，故可认为转矩为脉动循环变化，修正系数 α 为 0.6。

Ⅰ-Ⅰ 截面：

$$M_{eI} = \sqrt{M_{I右}^2 + (\alpha T)^2} = \sqrt{78\,320^2 + (0.6 \times 272\,900)^2}\text{N}\cdot\text{mm} \approx 181\,500\text{N}\cdot\text{mm}$$

Ⅱ-Ⅱ 截面：

$$M_{eII} = \sqrt{M_{II}^2 + (\alpha T)^2} = \sqrt{39\,776^2 + (0.6 \times 272\,900)^2}\text{N}\cdot\text{mm} \approx 168\,502\text{N}\cdot\text{mm}$$

⑦ 确定危险截面及校核强度。

由图 6-48 可以看出，截面Ⅰ-Ⅰ、Ⅱ-Ⅱ所受转矩相同，但弯矩 $M_{eI} > M_{eII}$，且轴上还有键槽，故截面Ⅰ-Ⅰ可能为危险截面。但由于轴径 $d_3 > d_2$，故也应对截面Ⅱ-Ⅱ进行校核。

Ⅰ-Ⅰ 截面：

$$\sigma_{eI} = \frac{M_{eI}}{W} = \frac{181\,500}{0.1d_3^3}\text{MPa} = \frac{181\,500}{0.1 \times 45^3}\text{MPa} = 19.9\text{MPa}$$

Ⅱ-Ⅱ截面：

$$\sigma_{eⅡ} = \frac{M_{eⅡ}}{W} = \frac{168\,502}{0.1 d_2^3}\text{MPa} = \frac{168\,502}{0.1 \times 40^3}\text{MPa} = 26.3\text{MPa}$$

查表得$[\sigma_{-1}] = 60\,\text{MPa}$，满足$\sigma_e \leqslant [\sigma_{-1}]$的条件，故设计的轴有足够强度，并有一定裕量。

（5）修改轴的结构

因所设计轴的强度裕量不大，此轴不必再作修改。

（6）绘制轴的零件图（略）

4．轴的刚度计算

轴受力后会产生弯曲变形和扭转变形，变形过大会影响轴的工作性能。例如，机床主轴变形过大时，会影响所加工零件的精度；电动机主轴变形过大时，会使转子与定子之间的间隙不均匀而影响电动机的工作性能；内燃机气轮轴变形过大时，会使气阀不能准确地启闭等。这些刚度要求较高的轴，要进行弯曲刚度和扭转刚度的计算。即轴的变形量挠度y、转角θ、扭转角φ（见图6-49）要满足下列刚度条件。

$$\begin{cases} y \leqslant [y] \\ \theta \leqslant [\theta] \\ \varphi \leqslant [\varphi] \end{cases} \tag{6-9}$$

式中　y、$[y]$——分别为挠度、许用挠度，单位为mm；

θ、$[\theta]$——分别为转角、许用转角，单位为rad；

φ、$[\varphi]$——分别为扭转角、许用扭转角，单位为（°）/m。

y、θ、φ按材料力学中的公式及方法计算，$[y]$、$[\theta]$、$[\varphi]$可以从有关机械设计手册中查得。

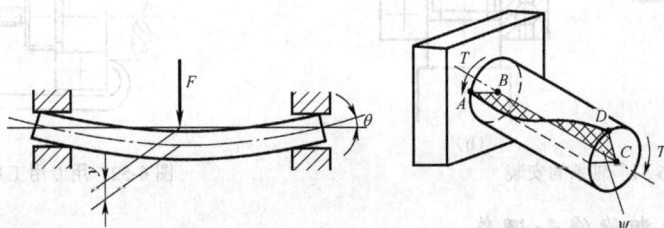

图6-49　轴的变形量

6.2.4　轴系的维护

轴系的维护工作主要包括四方面内容：恰当方式的装配与拆卸；机器的定期维修和调整；润滑条件的维持；轴及轴承的修整。

1．恰当方式的装配与拆卸

如图6-50所示，轴上零件应按一定的顺序进行装配或拆卸。由于各零件孔与轴的配合性质及精度要求不同，因此要用恰当的手段装拆，以保证安装精度。例如，齿轮7在轴上的安装，必须将键6先行装入轴槽内，然后对准毂孔键槽推入；套筒5与轴为间隙配合，装拆方便；但轴承4、8与轴却是过盈配合，安装时应采用专用工具。大尺寸的轴承可用压力机在内圈上加压装配，如

图 6-51（a）所示；对中小尺寸的轴承，可借助套筒用手锤加力进行装配，如图 6-51（b）所示。对于批量安装或大尺寸的轴承，还可采用热套的方法，即先将轴承在油中加热，油温不超过 80℃，然后迅速套在轴颈上。轴承一般应用专用工具拆卸，如图 6-52 所示。轴承盖 3 中的密封圈应先行装入毂孔内，然后再装在轴上。轴系的位置经调整后，将轴承盖用螺钉与箱体连接，使轴系在箱体中有准确可靠的工作位置。最后安装半联轴器 2，用键做周向固定，用轴端挡圈 1 做轴向定位。

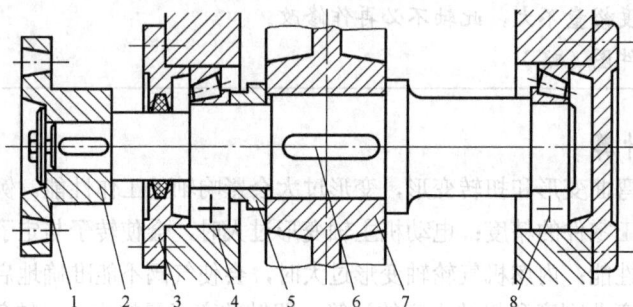

图 6-50　轴系零件的装配

1—轴端挡圈　2—半联轴器　3—轴承盖　4、8—轴承　5—套筒　6—键　7—齿轮

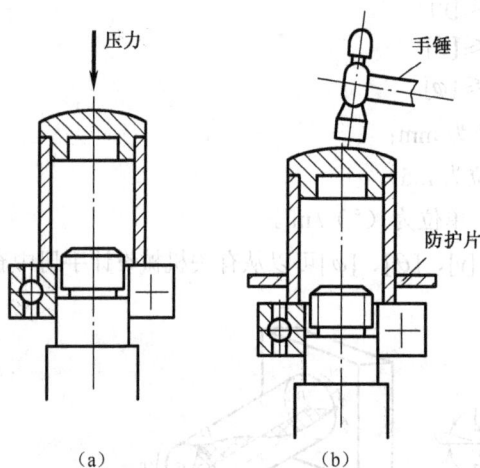

（a）　　　　　　　　（b）

图 6-51　轴承的安装

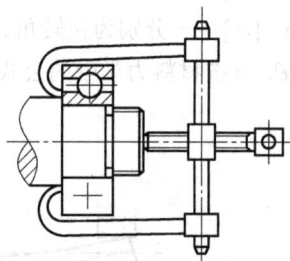

图 6-52　用专用工具拆卸轴承

2．机器的定期维修和调整

应定期检查轴承的完好程度，并及时维修与更换。安装基本完成后，轴上各零件不一定处于最佳工作位置，需要调整轴系的位置及轴承的游隙。

3．润滑条件的维持

轴系上应重点保证润滑的零件是传动零件（如齿轮、链轮）和轴承。必须根据季节和地点按规定选用润滑剂，并定期加注。要对润滑油系统的润滑油数量和质量进行及时检查、补充和更换。

4．轴和轴承的修整

轴颈和轴头是轴的重要工作部位，磨损的积累将影响其配合精度。对精度要求较高的轴，在磨损量较小时，可采用电镀法在其配合表面镀上一层硬质合金层，并磨削至规定尺寸精度。对尺寸较大的轴颈和轴头，还可采用热喷涂法进行修复。

如图 6-53 所示，对尺寸较大的轴头，还可以用过盈配合加配轴套的办法进行修复。为可靠地传递转矩，在配合处可对称地增设若干卸载销。

　　轴上花键、键槽的损伤，可以用气焊或堆焊修复，然后再铣出花键或键槽。也可采用图 6-54 所示的方法，焊补后铣制新键槽。

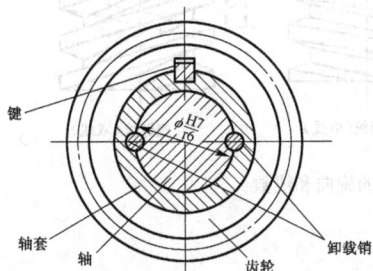

图 6-53　加配轴套修复轴头

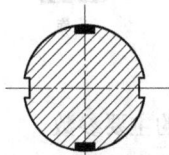

图 6-54　键槽的修复

|6.3　连接|

　　所谓连接，就是指被连接件与连接件的组合结构，其中起连接作用的零件称为连接件，如螺栓、螺母、键、销等。本节主要介绍螺纹连接、键连接、销连接和联轴器、离合器等机械中常用连接形式的类型、结构和应用特点。

6.3.1　螺纹连接

（1）螺纹的形成及分类

　　在圆柱表面上，利用特定的刀具沿螺旋线切制出特定形状的沟槽即可形成螺纹。根据牙型，螺纹可分为普通（三角形）螺纹、管螺纹、矩形螺纹、梯形螺纹、锯齿形螺纹等，如图 6-55 所示。位于圆柱体外表面上的螺纹称为外螺纹；在圆柱体孔壁上形成的螺纹称为内螺纹。

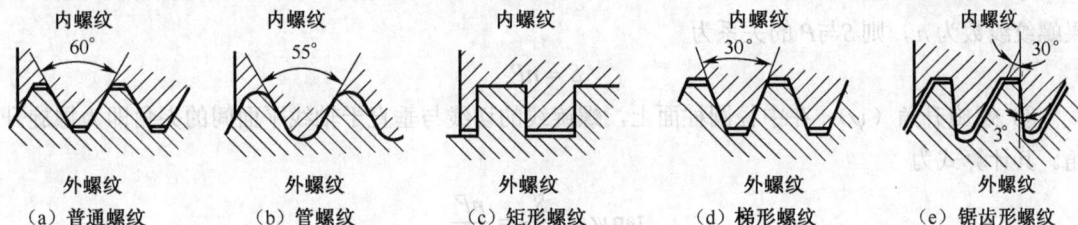

螺纹的种类和用途

（a）普通螺纹　　（b）管螺纹　　（c）矩形螺纹　　（d）梯形螺纹　　（e）锯齿形螺纹

图 6-55　螺纹的牙型

　　主要起连接作用的螺纹称为连接螺纹；主要起传动作用的螺纹称为传动螺纹。三角形螺纹主要用于连接；矩形、梯形和锯齿形螺纹主要用于传动。根据螺纹旋向，螺纹又分左旋和右旋，如图 6-56 所示，机械中常用右旋，有特殊要求时才用左旋，如汽车左车轮轮毂的固定螺栓。左旋螺纹的标准紧固件应制有左旋标记。此外，螺纹还分单线、双线、三线等，如图 6-56 所示。

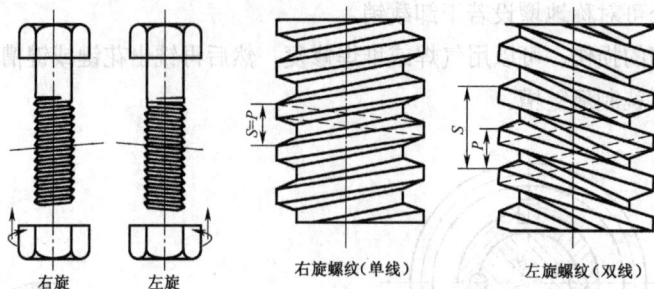

右旋　　左旋　　右旋螺纹（单线）　　左旋螺纹（双线）

图 6-56　螺纹的旋向和线数

（2）螺纹的主要参数

螺纹的主要参数如图 6-57 所示，主要有大径（d）、小径（d_1）、中径（d_2）、螺距（P）、导程（S）和牙型角（α）。

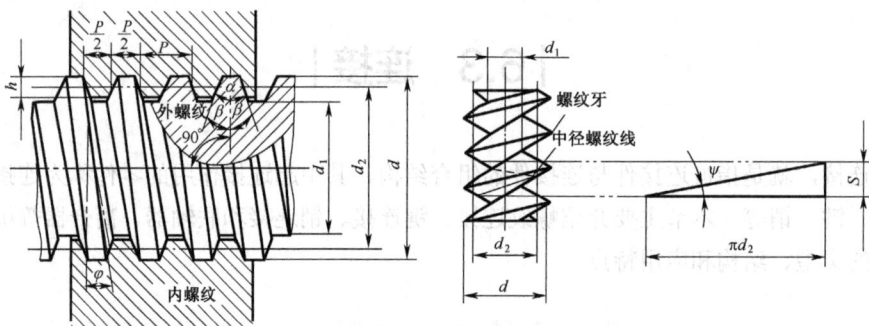

图 6-57　螺纹的主要参数

① 大径（d）。螺纹的最大直径，标准中规定为公称直径。

② 小径（d_1）。螺纹的最小直径。

③ 中径（d_2）。螺纹轴向截面内，牙型上沟槽和凸起宽度相等处假想圆柱的直径即为中径。中径是确定螺纹几何参数和配合性质的直径。

④ 螺距（P）。螺距是螺纹相邻两牙在中径线上对应两点间的轴向距离。

⑤ 导程（S）。在同一条螺旋线上，相邻两牙在中径线上对应两点间的轴向距离即为导程。如果螺纹线数为 n，则 S 与 P 的关系为

$$S = nP$$

⑥ 螺旋升角（ψ）。在中径圆柱面上，螺旋线的切线与垂直于轴线平面间的夹角即为螺旋升角。其计算式为

$$\tan\psi = \frac{S}{\pi d_2} = \frac{nP}{\pi d_2}$$

⑦ 牙型角（α）。在轴向剖面内螺纹牙型两侧边的夹角为牙型角。螺纹一侧边与轴线垂直线间的夹角 β，称为牙侧角。

（3）螺纹标注与公差

螺纹的完整标注是由螺纹代号、螺纹公差带代号和螺纹旋合长度代号三部分组成的，如图 6-58 所示。螺纹代号由牙型符号、公称直径、螺距和旋向组成。牙型符号代表螺纹的特征，如 M 代表普通螺纹、T_r 代表梯形螺纹、B 代表锯齿形螺纹。普通粗牙螺纹不必标注螺距，右旋螺纹不注旋

向，左旋标注"LH"。螺纹公差带代号由中径公差带代号和顶径公差带代号组成；螺纹旋合长度代号分为 S（短旋合）、N（中等旋合）、L（长旋合），中等旋合长度不注 N；螺纹公差按短（S）、中（N）、长（L）三组旋合长度给出了精密、中等、粗糙三种精度。

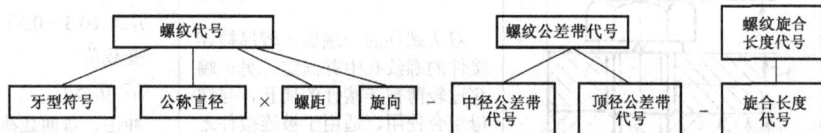

图 6-58　螺纹的标注

例如，标记 M26-5g6g-S，表示公称直径为 24mm 的右旋粗牙普通外螺纹，中径公差带代号为 5g，顶径公差带代号为 6g，短旋合长度。又如，标记 M24×6-6H，表示公称直径为 24mm、螺距为 2mm 的右旋细牙普通内螺纹，中径、顶径公差带代号为 6H，中等旋合长度。

螺纹的参数已标准化，具体可查机械设计手册。

（4）螺纹连接的主要类型及应用

螺纹连接的主要类型有螺栓连接、双头螺柱连接、螺钉连接、紧定螺钉连接。它们的结构、特点、应用和主要尺寸关系见表 6-15。

认识螺纹连接

表 6-15　　　　　　　　　　　　　　　　螺纹连接的主要类型

类 型	构 造	特点及应用	主要尺寸关系
螺栓连接	 普通螺栓连接	螺栓穿过被连接件的通孔，与螺母组合使用，装拆方便，成本低，不受被连接件材料限制。广泛用于传递轴向载荷且被连接件厚度不大，能从两边进行安装的场合	（1）螺纹预留长度 静载荷 $l_1 \geqslant (0.3 \sim 0.5) d$ 变载荷 $l_1 \geqslant 0.75 d$ 冲击、弯曲载荷 $l_1 \geqslant d$ 铰制孔时 $l_1 \approx d$ （2）螺纹伸出长度 $l_2 \approx (0.2 \sim 0.3) d$ （3）旋入被连接件中的长度被连接件的材料为 钢或青铜 $l_3 \approx d$ 铸铁 $l_3 = (1.25 \sim 1.5) d$ 铝合金 $l_3 = (1.5 \sim 2.5) d$ （4）螺纹孔的深度 $l_4 = l_3 + (2 \sim 0.5) P$ （5）钻孔深度 $l_5 = l_3 + (3 \sim 3.5) P$ （6）螺栓轴线到被连接件边缘的距离 $e = d + (3 \sim 6)$ mm （7）通孔直径 $d_0 \approx 1.1 d$ （8）紧定螺钉直径 $d = (0.2 \sim 0.3) d_{轴}$
	 铰制孔用螺栓连接	螺栓穿过被连接件的铰制孔且与之过渡配合，与螺母组合使用，适用于传递横向载荷或需要精确固定被连接件的相互位置的场合	

续表

类　型	构　造	特点及应用	主要尺寸关系
双头螺柱连接	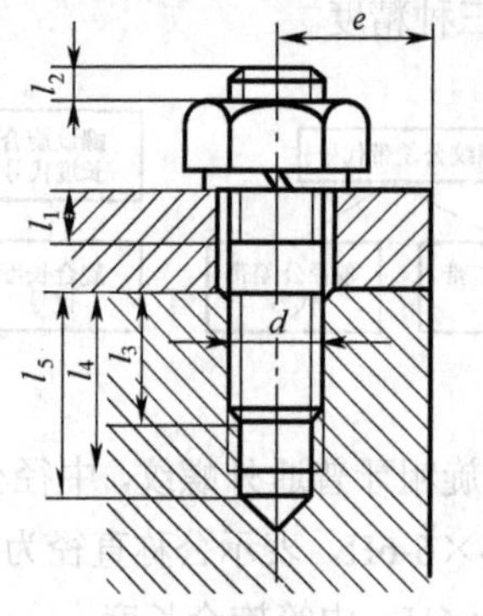	双头螺柱的一端旋入较厚被连接件的螺纹孔中并固定，另一端穿过较薄被连接件的通孔，与螺母组合使用，适用于被连接件之一较厚、材料较软且经常拆卸，连接紧固或紧密程度要求较高的场合	（1）螺纹预留长度 静载荷 $l_1 \geqslant (0.3\sim0.5)d$ 变载荷 $l_1 \geqslant 0.75d$ 冲击、弯曲载荷 $l_1 \geqslant d$ 铰制孔时 $l_1 \approx d$ （2）螺纹伸出长度 $l_2 \approx (0.2\sim0.3)d$ （3）旋入被连接件中的长度被连接件的材料为 钢或青铜 $l_3 \approx d$ 铸铁 $l_3 = (1.25\sim1.5)d$ 铝合金 $l_3 = (1.5\sim2.5)d$ （4）螺纹孔的深度 $l_4 = l_3 + (2\sim0.5)P$ （5）钻孔深度 $l_5 = l_3 + (3\sim3.5)P$ （6）螺栓轴线到被连接件边缘的距离 $e = d + (3\sim6)$ mm （7）通孔直径 $d_0 \approx 1.1d$ （8）紧定螺钉直径 $d = (0.2\sim0.3)d_{轴}$
螺钉连接	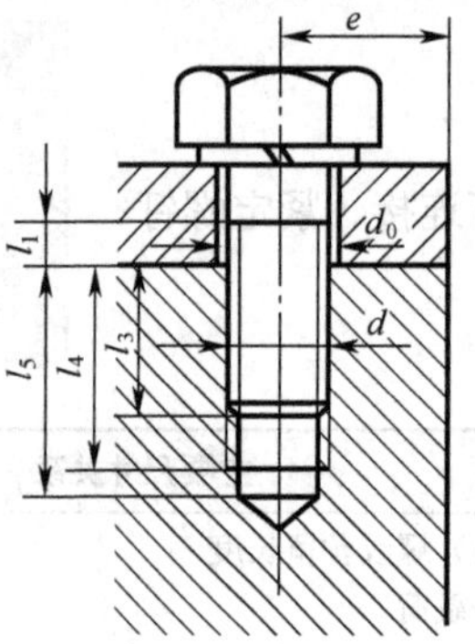	螺钉穿过较薄被连接件的通孔，直接旋入较厚被连接件的螺纹孔中，不用螺母，结构紧凑，适用于被连接件之一较厚、受力不大，且不经常装拆，连接紧固或紧密程度要求不太高的场合	
紧定螺钉连接	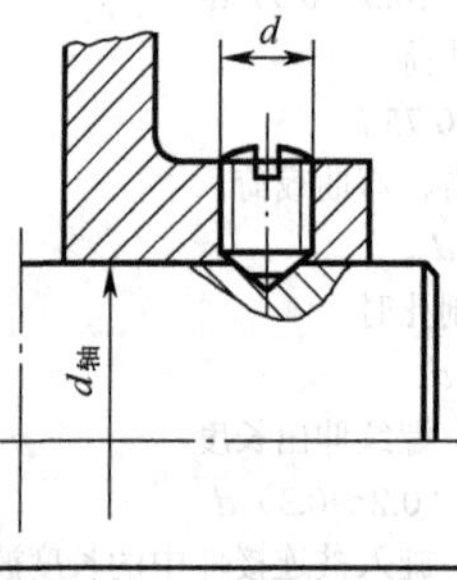	紧定螺钉旋入一被连接件的螺纹孔中，并用尾部顶住另一被连接件的表面相应的凹坑中，固定它们的相对位置，还可传递不大的力或转矩	

　　螺纹连接件的品种、类型很多，在机械制造中常用的螺纹连接件有螺栓、螺钉、螺母、垫圈和防松零件等。其结构形式、尺寸都已标准化，设计时可根据有关标准选用。

　　① 螺栓。螺栓有普通螺栓和铰制孔螺栓等，如图 6-59 所示。螺栓头部多为六角形，杆部有部分螺纹和全螺纹两种。

　　② 双头螺柱。双头螺柱的两头螺纹长度，有相等的和不相等的两类。形式有 A 型、B 型两种，如图 6-60 所示。

　　③ 螺母。螺母与螺栓或螺柱的螺纹部分组成具有自锁性能的螺旋副，可保持静载时连接不松动。六角螺母最常用，此外还有方形螺母、圆螺母等。按螺母厚度的不同，可分为普通螺母、薄螺母和厚螺母，如图 6-61 所示。

　　④ 连接螺钉和紧定螺钉。连接螺钉的螺杆部分与螺栓相同，其头部有多种形状，以适应不同的装配要求，如图 6-62 所示。紧定螺钉用末端顶住被连接件，其头部、末端有多种形状，如图6-63 所示。

(a) 六角头螺栓　　(b) 六角头铰制孔用螺栓

图 6-59　螺栓

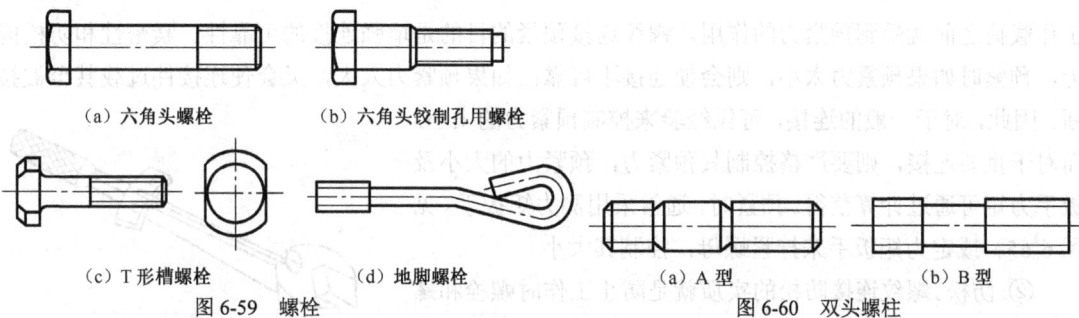

(c) T 形槽螺栓　　(d) 地脚螺栓

(a) A 型　　(b) B 型

图 6-60　双头螺柱

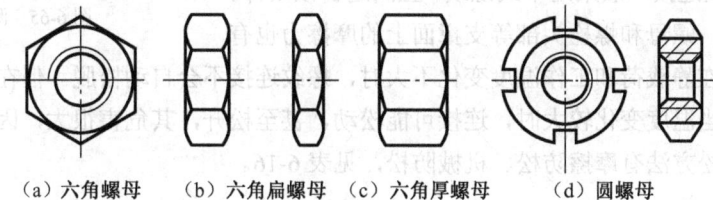

(a) 六角螺母　(b) 六角扁螺母　(c) 六角厚螺母　(d) 圆螺母

图 6-61　螺母

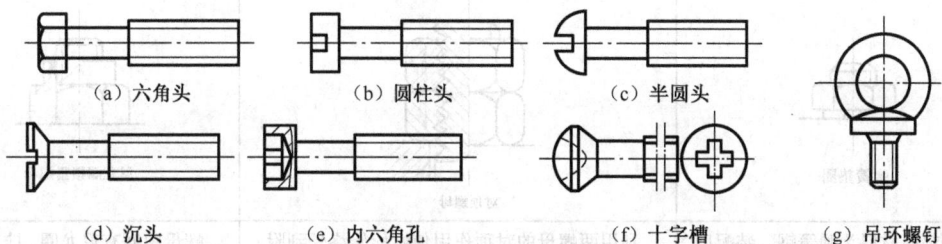

(a) 六角头　　(b) 圆柱头　　(c) 半圆头

(d) 沉头　　(e) 内六角孔　　(f) 十字槽　　(g) 吊环螺钉

图 6-62　连接螺钉

⑤ 垫圈。其作用是增大被连接件的支撑面，降低支撑面的压力，防止拧紧螺母时擦伤被连接件的表面。常用的垫圈有平垫圈和弹簧垫圈等，如图 6-64 所示。

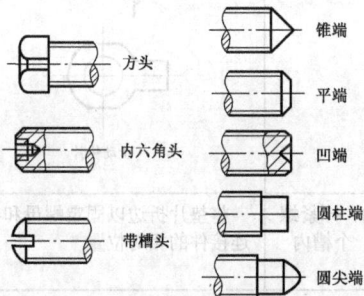

图 6-63　紧定螺钉

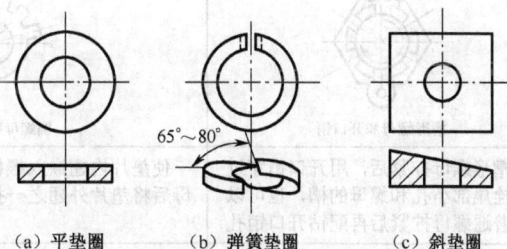

(a) 平垫圈　　(b) 弹簧垫圈　　(c) 斜垫圈

图 6-64　垫圈

螺纹连接件分 A、B、C 三个精度等级，A 级精度最高，C 级最低。螺栓、螺柱与相同等级的螺母相配，机械上常用 A 级和 B 级。其常用材料有 Q215A、Q235A、10、35 和 45 钢，对重要螺纹连接件可采用 15Cr、40Cr 等合金钢。

（5）螺纹连接的预紧和防松

① 预紧。按螺纹连接装配时是否拧紧，螺纹连接可分为松连接和紧连接。松连接在装配时不拧紧，这种连接只在承受外载荷时才受到力的作用，连接时可用普通扳手、风动或电动扳手拧紧螺母，其应用较少。在实际应用中，绝大多数螺纹连接在装配时都需要拧紧，使螺纹连接在承受

工作载荷之前就受到预紧力的作用。螺纹连接预紧的目的是增强连接的可靠性、紧密性和防松能力。预紧时如果预紧力太小，则会使连接不可靠；如果预紧力太大，又会使连接件过载甚至被拉断。因此，对于一般的连接，可凭经验来控制预紧力的大小。

而对于重要连接，则要严格控制其预紧力，预紧力的大小及扳手力矩可通过计算获得。预紧时，通常采用测力矩扳手（见图 6-65）或定力矩扳手来拧紧螺母，控制其大小。

② 防松。螺纹连接防松的实质就是防止工作时螺栓和螺母相对转动。螺纹连接一般采用单线螺纹，且满足自锁条件。此外，拧紧以后，螺母和螺栓头部等支撑面上的摩擦力也有防松作用，所以在静载荷和工作温度变化不大时，螺纹连接不会自动松脱。但在冲击、振动或变载荷作用下，或当温度变化较大时，连接可能松动，甚至松开，其危害很大，因此必须采取防松措施。常见的防松方法有摩擦防松、机械防松，见表 6-16。

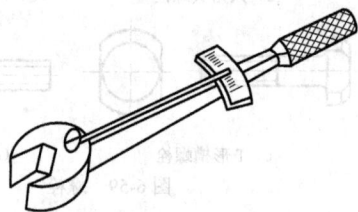

图 6-65　测力矩扳手

表 6-16　　　　　　　　　　　　螺纹连接常用的防松方法

弹簧垫圈	对顶螺母	尼龙圈锁紧螺母
弹簧垫圈材料为弹簧钢，装配后垫圈被压平，其反弹力能使螺纹间保持压紧力和摩擦力	利用两螺母的对顶作用使螺栓始终受到附加拉力和附加摩擦力的作用。结构简单，可用于低速、重载场合	螺母中嵌有尼龙圈，拧上后尼龙圈内孔被胀大而箍紧螺栓
槽形螺母和开口销	圆螺母用带翅垫片	止动垫片
槽形螺母拧紧后，用开口销穿过螺栓尾部小孔和螺母的槽，也可以用普通螺母拧紧后再配钻开口销孔	使垫片内翅嵌入螺栓（轴）的槽内，拧紧螺母后将垫片外翅之一折嵌于螺母的一个槽内	将垫片折边以固定螺母和被连接件的相对位置
冲点法防松：用冲头冲 2~3 点	黏合法防松	用黏结剂涂于螺纹旋合表面，拧紧螺母后黏结剂能自行固化，防松效果良好
永久防松　焊接	串联钢丝	用于螺栓组、螺钉组连接的防松

（6）螺纹连接的结构设计

螺纹连接的设计应包括尺寸的设计计算和结构设计两部分内容。由于螺纹连接是机械设备中广泛使用的连接方式，在工程实际中对一般的连接，其尺寸的选择大多采用类比法或凭经验确定。因此对螺纹连接的受力分析和强度计算不作介绍，读者需要时可参考相关资料。

结构设计是螺纹连接的重要设计内容。它的主要目的就在于合理地确定连接接合面的几何形状、螺栓的数目及其布置形式，力求各螺栓和接合面间受力均匀、合理，便于加工和装配。为此，设计时应综合考虑以下几方面的问题。

① 连接结合面设计。连接接合面的几何形状应对称、简单，通常都设计成轴对称的简单几何形状，如图 6-66 所示。螺栓组布置时使其对称中心和连接接合面的形心重合。这样不但便于加工制造，而且保证连接接合面受力均匀。

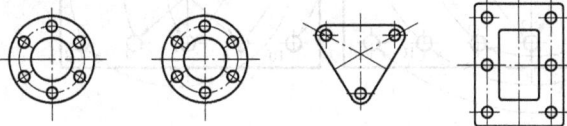

图 6-66　螺栓组连接结合面常用的形状

② 螺栓的数目及布置。

a. 螺栓的数目及布置应便于螺栓孔的加工。分布在同一圆周上的螺纹连接数目应尽量是 4、6、8、12、16 等偶数，以便于在圆周上钻孔时分度和划线。

b. 螺栓的布置应使各螺栓的受力合理。对于铰制孔螺栓连接，在平行于工作载荷方向上成排布置的螺栓数目不应超过 8 个，以免载荷分布不均。对于承受弯矩或转矩的螺栓连接，应使螺栓尽量布置在靠近连接接合面的边缘处，以减少螺栓的受力，如图 6-67 所示。

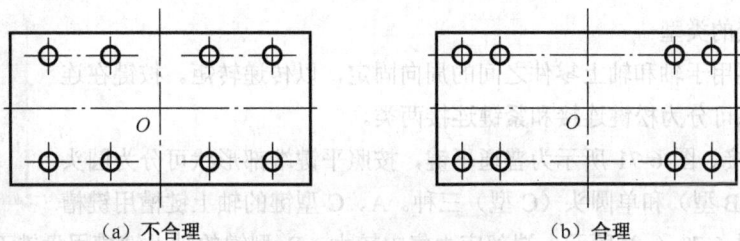

（a）不合理　　　　　　　　　　（b）合理

图 6-67　螺栓的合理布置

c. 螺栓的布置应有合理的间距和边距，以保证连接的紧密性和装配时扳手所需的活动空间，如图 6-68 所示。扳手活动空间的尺寸可查有关标准。

d. 同一螺纹连接的连接件材料、规格应相同。同一产品上采用的连接件类型、规格越少越好。

③ 避免螺栓承受偏心载荷。为避免螺栓承受由于偏心载荷引起的附加弯曲应力，应保证被连接件、螺母和螺栓头部的支撑面平整，并与螺栓轴线垂直。对于在铸、锻件等的粗糙表面上安装螺栓时，应制成凸台或沉头座，如图 6-69 所示。当支撑面为倾斜表面时，应采用斜面垫圈等。

（7）螺纹连接的安装和维护

① 螺纹连接的装拆顺序。当螺纹连接的数目较多时，用同样的拧紧力矩依次拧紧每个连接，并不能保证每个螺栓受力均匀，可按图 6-70 所示箭头方向或数字依次拧紧，并且一般分 2～4 次拧紧比较适宜。螺纹连接在拆卸时，应按上述拧紧顺序反向进行。

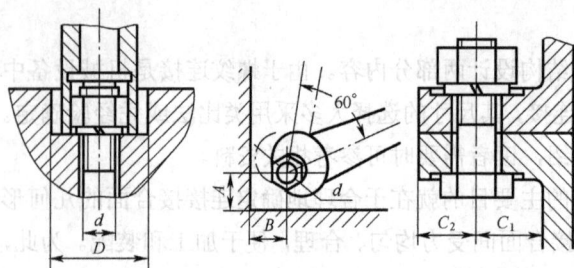

图 6-68　扳手空间

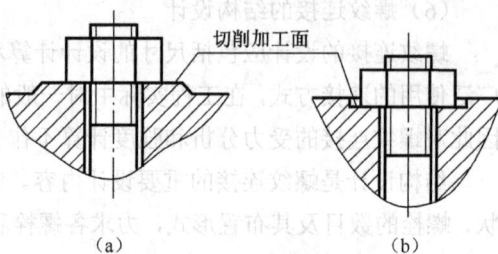

图 6-69　避免螺栓承受偏心载荷

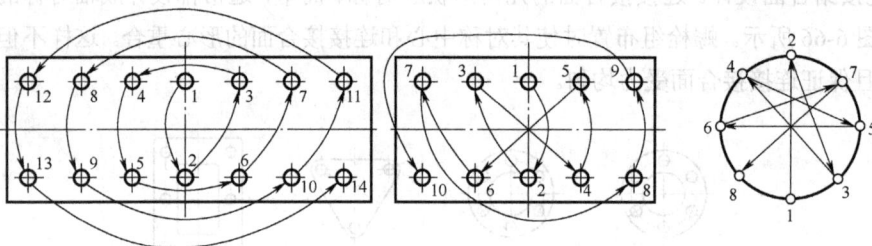

图 6-70　螺纹连接的拧紧顺序示例

②　螺纹连接的检查和维护。在机械设备使用前或使用过程中，应仔细检查各部位连接件的可靠性，如开口销等防松元件；更换螺纹连接件时，应尽量选择与被更换连接件相同类型、规格、同一厂家的产品；机器重新装配时，必须更换全部垫片，以保证密封可靠。

6.3.2　键连接和销连接

1．键连接

（1）键连接的类型

键连接主要用于轴和轴上零件之间的周向固定，以传递转矩。按键在连接中的松紧状态可分为松键连接和紧键连接两类。

①　松键连接。图 6-71 所示为普通平键，按照平键端部形状可分为圆头（A 型）、平头（B 型）和单圆头（C 型）三种。A、C 型键的轴上键槽用键槽铣刀切制，如图 6-72（a）所示，端部应力集中较大；B 型键的轴上键槽用盘铣刀铣出如图 6-72（b）所示，轴上应力集中较小，但对于尺寸较大的键，要用紧定螺钉压紧，以防松动。轮毂的键槽一般采用插刀或拉刀加工。

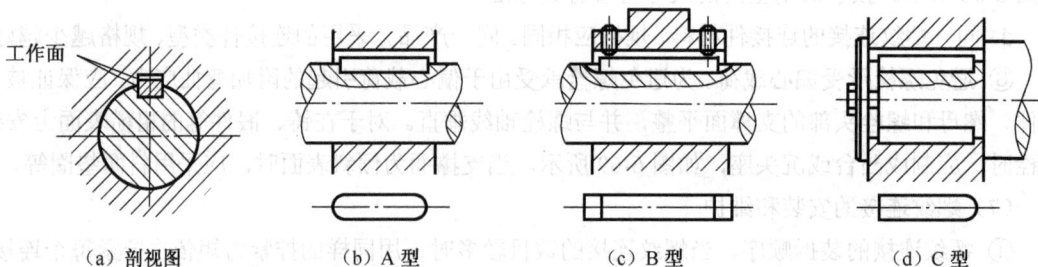

认识键连接

(a) 剖视图　　(b) A 型　　(c) B 型　　(d) C 型

图 6-71　普通平键

图 6-73 所示为半圆键。半圆键呈半圆形，轴槽也是相应的半圆形，轮毂槽开通。半圆键能在

轴的键槽内摆动，键槽窄而深，对轴的强度削弱较大，主要用于轻载连接，尤其适用于锥形轴头与轮毂的连接。

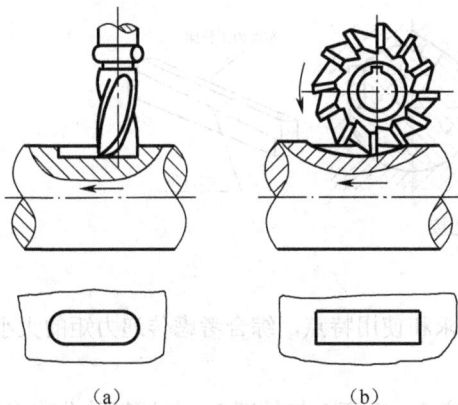

（a）　　　　　　　（b）

图 6-72　轴上键槽的加工

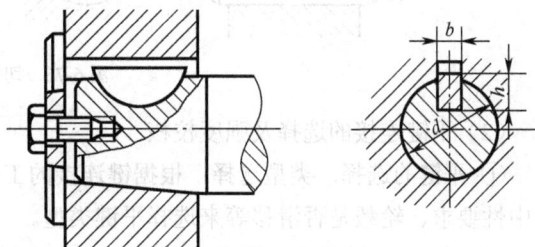

图 6-73　半圆键连接

图 6-74 所示为导向平键和滑键，用于轮毂需做轴向移动的动连接，一般用螺钉固定在轴槽中。如图 6-74（a）所示，导向平键与轮毂的键槽采用间隙配合，一般用于轮毂可沿导向平键轴向移动的场合。为了装拆方便，键中间设有起键螺孔，导向平键适用于轮毂移动距离不大的场合。当轴上零件移动距离较长时，宜采用滑键，如图 6-74（b）所示。

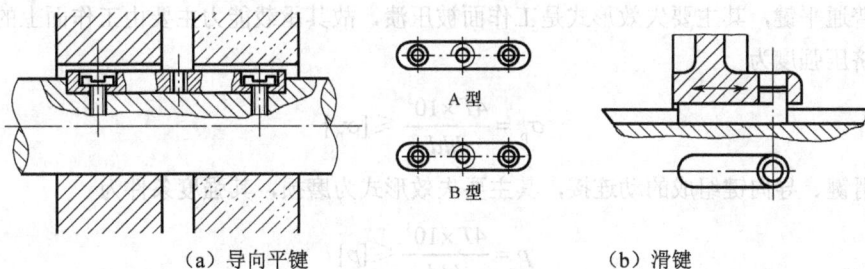

（a）导向平键　　　　　　　　　（b）滑键

图 6-74　导向平键和滑键

② 紧键连接。用于紧键连接的键具有斜面，由于斜面的楔紧作用，使轮毂与轴产生偏心，定心精度不高。紧键连接有楔键连接和切向键连接等。

● 楔键连接。如图 6-75 所示，楔键的上表面和轮毂槽底面均有 1:100 斜度，键的上、下两面为工作面。楔键分普通楔键和钩头楔键两种。键楔入键槽后，工作表面产生很大的预紧力，工作时靠表面摩擦力传递转矩，并能承受单向的轴向力和起轴向固定作用。在键楔紧后，轴和毂产生偏心，因此主要用于毂类零件定心精度要求不高和低转速的场合。

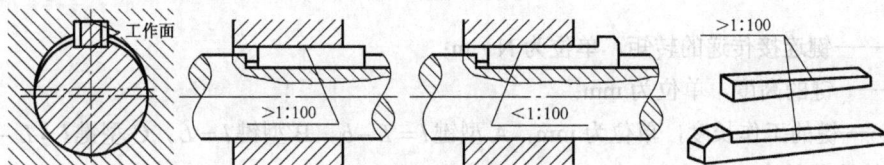

图 6-75　楔键连接

● 切向键连接。如图 6-76 所示，切向键连接由两个普通楔键组成，工作面是上、下相互平行的窄面。工作时主要依靠工作面直接传递转矩；装配时两个键分别自轮毂两端楔入。采用一组切向键只能传递单方向的转矩；要传递双向转矩，必须采用两组切向键，两键应相隔 $120°\sim135°$。切向键能传递很大的转矩，常用于重型机械。

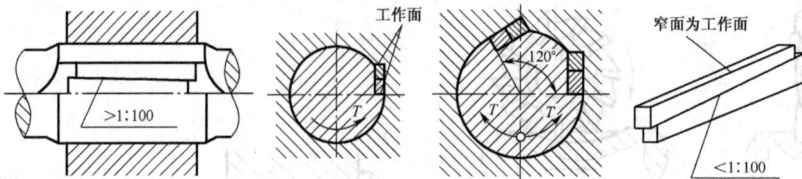

图 6-76　切向键连接

（2）平键连接的选择及强度校核

① 平键的选择。类型选择：根据键连接的工作要求和使用特点，综合考虑传递力矩的大小、对中性要求、轮毂是否滑移等来选择平键类型。

尺寸选择：如图 6-77 所示，平键的主要尺寸为键宽 b、键高 h 与长度 L。按照轴的公称直径 d，从国家标准中选择键的剖面尺寸 $b \times h$。表 6-17 摘录了部分平键的尺寸。普通平键的长度 L 按轮毂的长度而定，一般短于轮毂的长度 $5\sim10$mm；而导向键则按轮毂的长度及其滑动距离而定。所选长度 L 还应符合键的标准长度系列值。

② 承载能力校核。根据图 6-77 所示平键连接的受力情况分析，键连接的失效形式有压溃、磨损和剪切。由于键为标准件，若按照标准选取键的尺寸，其剪切强度一般是足够的。因此对于静连接的普通平键，其主要失效形式是工作面被压溃，故其承载能力主要由工作面上的挤压强度决定，其挤压强度为

$$\sigma_p = \frac{4T \times 10^3}{hld} \leqslant [\sigma_p] \tag{6-10}$$

对于滑键、导向键组成的动连接，其主要失效形式为磨损，其强度条件为

$$p = \frac{4T \times 10^3}{hld} \leqslant [p] \tag{6-11}$$

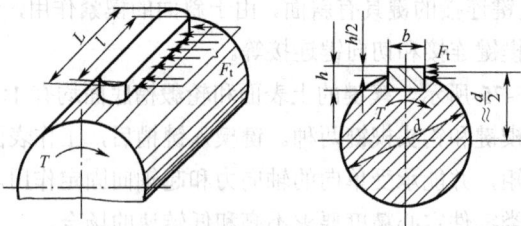

图 6-77　平键的主要尺寸及受力分析

式中　T——键连接传递的转矩，单位为 N·m；

　　　h——键的高度，单位为 mm；

　　　l——键的工作长度，单位为 mm，A 型键 $l = L - b$，B 型键 $l = L$，C 型键 $l = L - b/2$，其中 L 为键的公称长度；

　　　$[\sigma_p]$、$[p]$——分别为键、轴、毂中最弱材料的许用挤压应力和许用压力，与材料、载荷情况有关，单位为 MPa，见表 6-18。

表 6-17　平键连接尺寸及公差（摘自 GB 1095—2003、GB 1096—2003、GB 1097—2003）

(单位：mm)

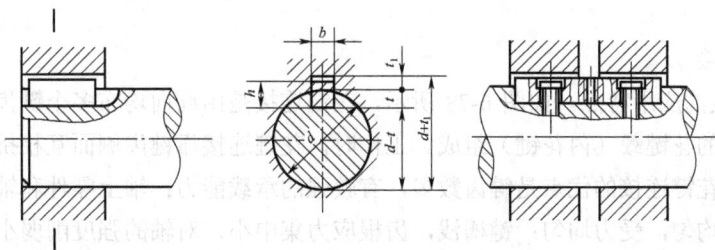

轴	键			键槽										
				宽度 b				深度				半径 r		
				极限偏差										
公称直径 d	b (h9)	h (h11)	L (h14)	较松键连接		一般键连接		较紧键连接	轴 t		毂 t₁			
				轴 H9	毂 D10	轴 N9	毂 Js9	轴和毂 P9	公称尺寸	极限偏差	公称尺寸	极限偏差	最小	最大
10～12	4	4	8～45	+0.030 0	+0.078 +0.030	0 -0.030	±0.015	-0.012 -0.042	2.5	+0.1 0	1.8	+0.1 0	0.08	0.16
12～17	5	5	10～56						3.0		2.3			
17～22	6	6	14～70						3.5		2.8		0.16	0.25
22～30	8	7	18～90	+0.036 0	+0.098 +0.040	0 -0.036	±0.018	-0.015 -0.051	4.0		3.3			
30～38	10	8	22～110						6.0		3.3			
38～44	12	8	28～140						6.0		3.3			
44～50	14	9	36～160	+0.043 0	+0.120 +0.050	0 -0.043	±o0.0215	-0.018 -0.061	6.5	+0.2 0	3.8	+0.2 0	0.25	0.40
50～58	16	10	45～180						6.0		4.3			
58～65	18	11	50～200						7.0		4.4			
65～75	20	12	56～220						7.5		4.9			
75～85	22	14	63～250	+0.052 0	+0.149 +0.065	0 -0.052	±0.026	-0.022 -0.074	9.0		6.4		0.40	0.60
85～95	25	14	70～280						9.0		6.4			
95～100	28	16	80～320						10.0		6.4			

L 系列　6、8、10、12、14、16、18、20、22、25、28、32、36、40、45、50、56、63、70、80、90、100、110、125、140、160、180、200、220、250、280、320、360、400、450、500

注：1. 在工作图中，轴槽深用 t 或（d−t）标注，但（d−t）的偏差应取负号；毂槽深用 t₁ 或（d+t₁）标注；轴槽的长度公差用 H14。

2. 较松键连接用于导向平键；一般键连接用于载荷不大的场合；较紧键连接用于载荷较大、有冲击和双向转矩的场合。

表 6-18　键连接材料的许用应力和许用压力

许用值	轮毂材料	载荷性质		
		静载荷	轻微冲击	冲击
[σ_P]	钢	125～150	100～120	60～90
	铸铁	70～80	50～60	30～45
[p]	钢	50	40	30

如果键连接的强度不足，在结构允许时可适当增加轮毂的长度和键长，或间隔 180°布置两个键。考虑到制造误差及载荷在各键上的分布不均匀，双键连接按一个键接触面积的 1.5 倍计算。

（3）花键连接

① 花键连接的应用特点。如图 6-78 所示，花键连接是由周向均布多个键齿的花键轴（外花键）和多个键槽的花键毂（内花键）组成。工作时，花键连接靠键齿侧面互相挤压传递转矩。与平键连接相比，花键连接的优点是键齿数多，有较强的承载能力；轴上零件和轴的对中性和导向性好；键齿分布均匀，受力均匀；键槽浅，齿根应力集中小，对轴的强度削弱小。花键连接的缺点是一般需用专门的设备加工，成本较高。

因此，花键连接适用于载荷较大、定心精度要求较高的场合。

② 花键连接的类型。花键已标准化，按齿形的不同，花键可分为矩形花键和渐开线花键两种。

矩形花键连接：如图 6-79（a）所示，矩形花键的齿廓是直线，加工方便。矩形花键按齿数和齿高的不同分为轻、中两个系列。轻系列用于载荷较轻的静连接；中系列用于中等载荷的静连接或动连接。国家标准规定，矩形花键采用热处理后磨削过的小径定心，轴和孔在热处理后都可以磨削，因而制造精度和定心精度高，导向性能好，故应用广泛。

渐开线花键：如图 6-79（b）所示，渐开线花键的齿廓为渐开线，标准压力角有 30°及 45°两种。与矩形花键相比，渐开线齿廓齿根较厚，应力集中较小，连接强度较高，寿命长，受载时齿的侧面既起驱动作用，又能自动定心，可利用加工渐开线齿轮的方法制造，工艺性好。但加工花键孔的拉刀制造成本较高，故渐开线花键常用于载荷较大、定心精度要求较高及尺寸较大的连接。

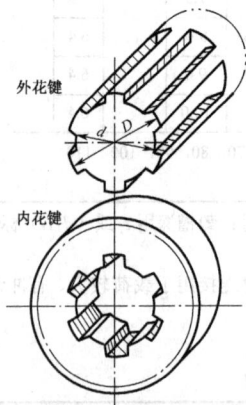

图 6-78 花键连接

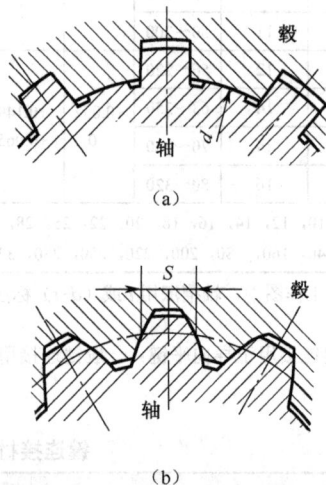

图 6-79 矩形花键和渐开线花键

【例 6-7】 已知一减速器中某直齿圆柱齿轮安装在轴的两个支撑点间，齿轮和轴的材料都是铸钢，用普通平键连接。装齿轮处的轴径 d=45mm，齿轮轮毂宽度为 80mm，需传递转矩 T=200N·m，载荷有轻微冲击。试设计此键连接。

解 （1）选择键连接类型

为了保证齿轮传动啮合良好，要求轴毂对中性好，故选用 A 型普通平键连接。

（2）选择平键尺寸

根据 $d=45$mm，查得键的截面尺寸宽度 $b=14$mm，高度 $h=9$mm；由轮毂宽度得键长 $L=[80-(5\sim10)]$mm，参考键的长度系列，取键长 $L=70$mm。

（3）校核键连接承载能力

A 型普通平键，$l=L-b=56$mm；查得$[\sigma_p]=50\sim60$MPa。由普通平键静连接强度校核公式得

$$\sigma_p = \frac{4T \times 10^3}{hld} = \frac{4 \times 200 \times 10^3}{9 \times 56 \times 45} \text{MPa} = 35.27\text{MPa} < [\sigma_p]$$

可见连接挤压强度足够。

键的标记：键 14 × 70 GB 1096—2003。

（4）标注键连接的轴毂键槽尺寸及公差

由于该连接属于承受载荷不大的静连接，故选择一般配合松紧的连接。其轴毂键槽尺寸及公差如图 6-80 所示。

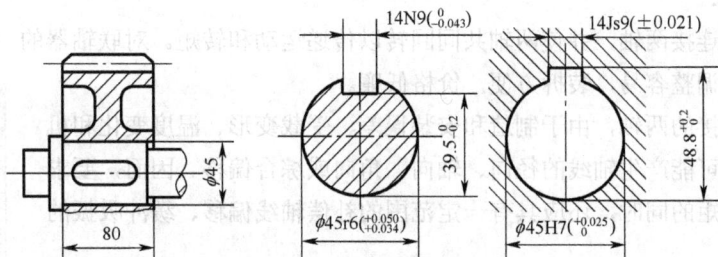

图 6-80 例 6-7 图

2．销连接

如图 6-81 所示，销连接主要用于固定零件之间的相对位置，如定位销，如图 6-81（a）所示；也可用于轴与毂的连接，如连接销，如图 6-81（b）所示；还可充当安全装置中的过载剪断元件，如安全销，如图 6-81（c）所示。

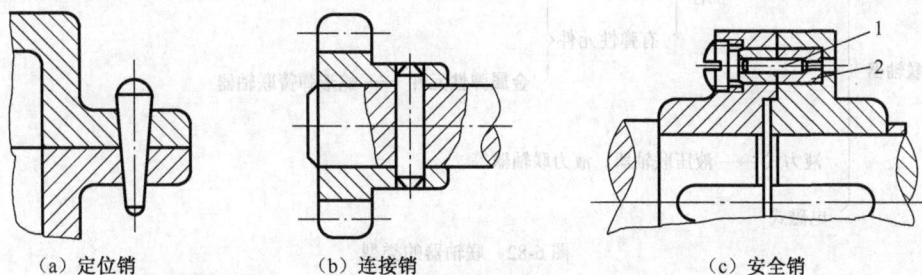

（a）定位销　　　　（b）连接销　　　　（c）安全销

图 6-81 销连接
1—安全销 2—销套

销按形状可分为圆柱销、圆锥销和异形销三类。圆柱销与销孔采用过盈配合，为保证定位精度和连接的紧固性，不宜经常拆装，主要用于定位，也可用作连接销和安全销。圆锥销具有 1:50

的锥度，小端直径为公称直径，自锁性能好，定位精度高，主要用于定位，也可作为连接销，应用较广。圆柱销和圆锥销的销孔均需铰制。异形销种类很多，其中开口销工作可靠、装拆方便，常与槽形螺母配合使用，用于螺纹连接的防松。销还有许多特殊形式，如对不通孔和拆卸困难的连接和可采用螺尾圆锥销或内螺纹圆锥销等。

实际中可根据工作要求选择销连接的类型。定位销一般不受载荷，其直径按结构确定，数目不少于 2 个；连接销能传递较小的载荷，其直径也按结构或经验确定，必要时可校核其剪切和挤压强度；安全销的直径应按照销的剪切强度极限计算，过载 20%～30%时应被剪断。

6.3.3　联轴器、离合器和制动器

联轴器、离合器和制动器是机械传动中的重要部件。联轴器、离合器可用来连接两轴，使之一起回转并传递转矩。用联轴器连接的两轴只有在机器停止运行时，经过拆卸后才能把它们分离。用离合器连接的两轴，在机器工作中就能方便地使它们分离或接合。制动器则主要用于降低机械的运转速度或迫使机械停止运转。

1．联轴器

联轴器用来连接两轴，并使两轴共同回转以传递运动和转矩。对联轴器的一般要求是工作可靠，结构紧凑，调整容易，装拆方便，价格低廉。

联轴器所连接的两轴，由于制造和安装误差、受载变形、温度变化和机座下沉等原因，可能产生轴线的径向、轴向、角向或综合偏移。因而，要求联轴器在传递转矩的同时，还应具有一定范围的补偿轴线偏移、缓冲吸振的能力。

认识联轴器

（1）联轴器的类型

联轴器的类型十分繁多，根据其轴连接的性质及有、无补偿轴线偏移和缓冲吸振的能力，大致可以分为以下几类，如图 6-82 所示。

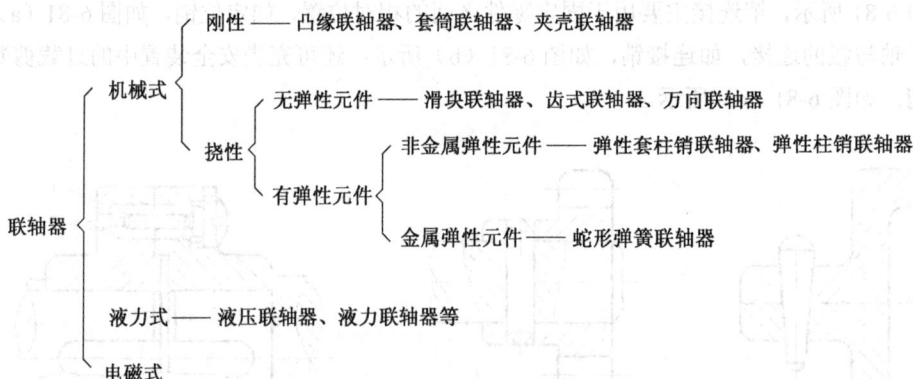

图 6-82　联轴器的类型

机械式联轴器是应用最广的联轴器，它借助于机械构件相互间的机械作用力来传递扭矩；液力式和电磁式联轴器是借助于液压力和电磁力来传递扭矩的。

联轴器的结构形式很多，本节只介绍一些常用类型。表 6-19 为常见的刚性固定式联轴器；表6-20 为常见无弹性元件的挠性联轴器；表 6-21 为常见的非金属弹性元件联轴器。

表 6-19 常见的刚性固定式联轴器

名称	结构图	特点及应用
套筒联轴器	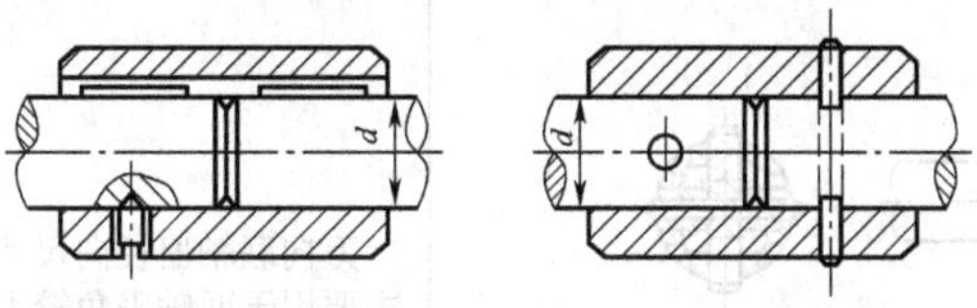 （GT 型）	套筒联轴器结构简单，制造容易，径向尺寸最小，但要求两轴安装精度高，装拆时需做轴向移动。该联轴器适用于低速、轻载和经常正反转的传动，且要求两轴对中性好，工作平稳无冲击载荷
夹壳联轴器	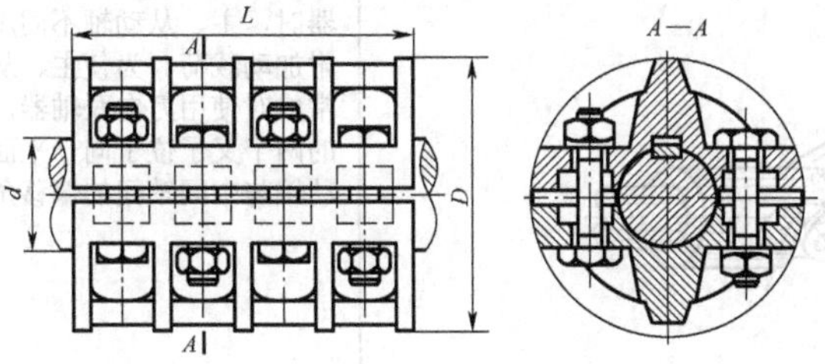 （GJ 型）	夹壳联轴器装拆方便，无补偿性能，适用于低速传动的水平轴或垂直轴连接
凸缘联轴器	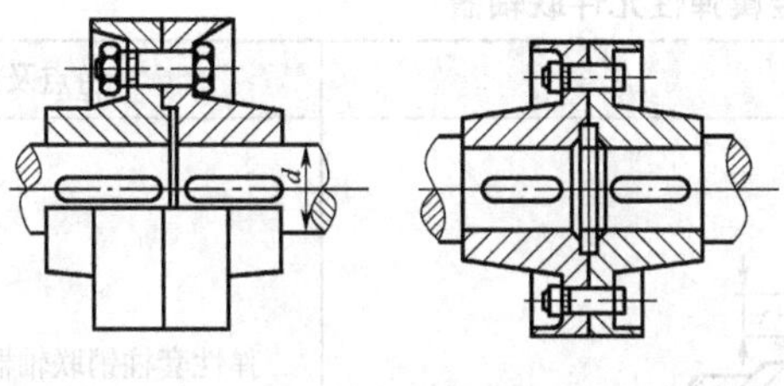 （GY、GYD 型）	凸缘联轴器结构简单，成本低，无补偿性能，不能缓冲减震，对两轴安装精度要求较高。该联轴器适用于震动很小的工况条件，连接中、高速和刚度不大且要求对中性较高的两轴

表 6-20 无弹性元件的挠性联轴器

名称	简图	特点及应用
滑块联轴器	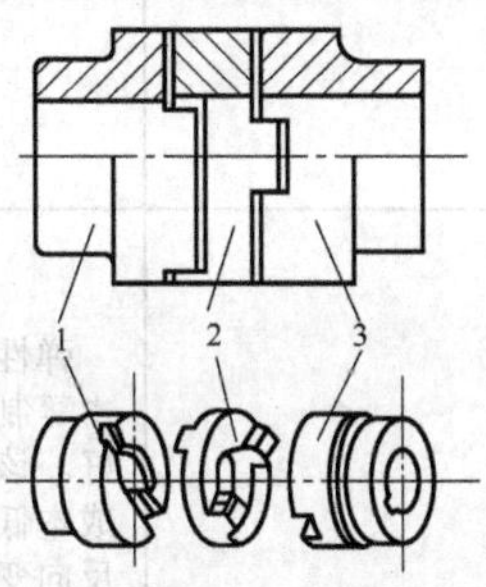 1、3—两个端面开有凹槽的半联轴器 2—两端有榫的中间圆盘 （WH 型）	滑块联轴器结构简单，径向尺寸小，可补偿较大的径向位移，但中间圆盘工作时，有离心力作用和磨损。该联轴器主要用于轴间径向位移较大的低速传动
齿式联轴器	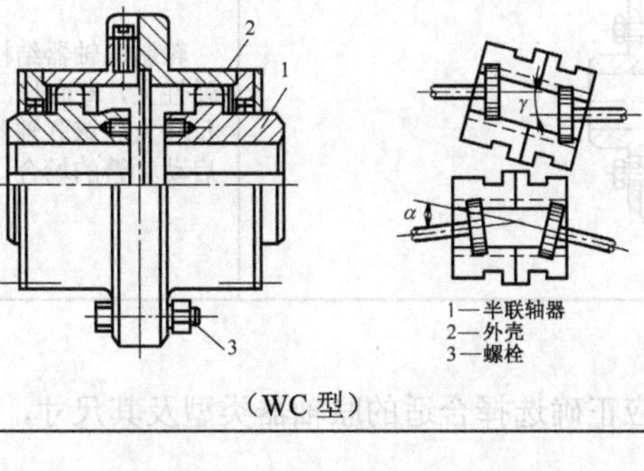 1—半联轴器 2—外壳 3—螺栓 （WC 型）	齿式联轴器承载能力大，工作可靠，补偿综合位移的能力强，安装精度要求低，但质量大，成本高。该联轴器适用于中高速、重载、正反转频繁的传动

续表

名称	简图	特点及应用
万向联轴器	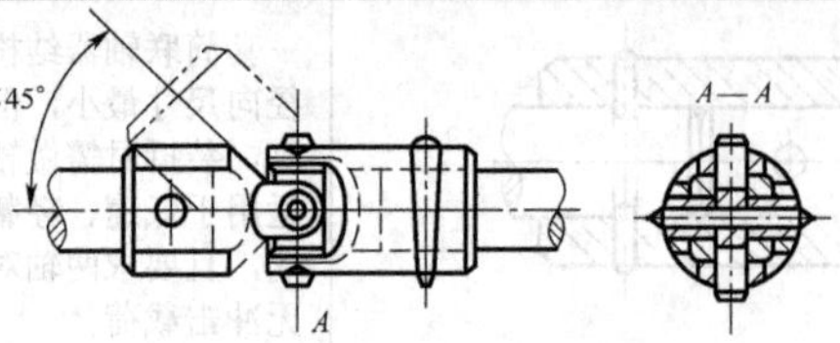 (a) 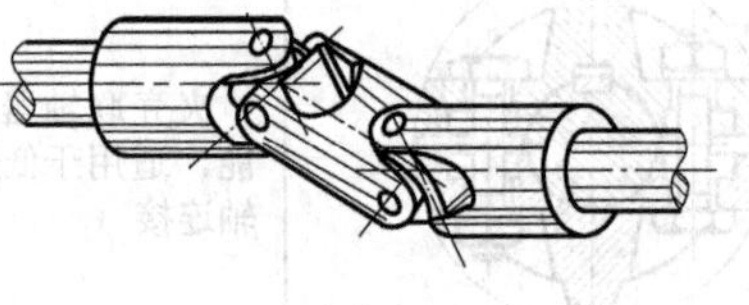 (b) （WS 型）	万向联轴器径向尺寸小，结构紧凑，主要用于两轴夹角较大或工作中角位移较大的传动。但若用单个万向联轴器时，主、从动轴不同步，从而引起附加动载荷。为使主、从动轴同步，常成对使用万向联轴器，并使中间轴的两个叉子位于同一平面，且主、从动轴与中间轴间的偏移角相等

表 6-21   非金属弹性元件联轴器

名称	结构图	特点及应用
弹性套柱销联轴器	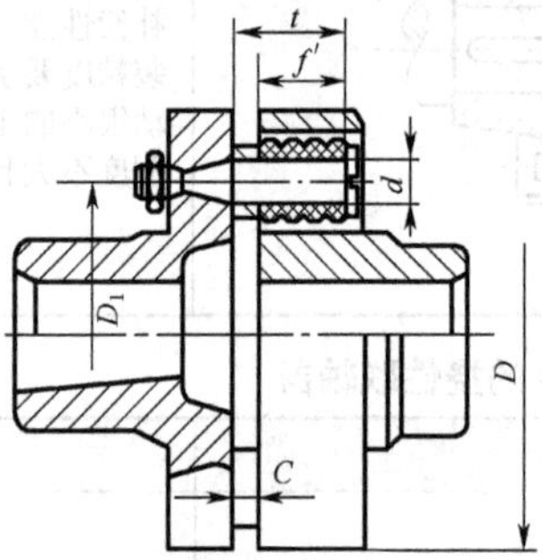 （LT 型）	弹性套柱销联轴器结构简单，制造容易，拆装方便，成本较低。该联轴器适用于转矩小、转速高、频繁正反转，需要缓和冲击振动的场合，广泛应用于高速轴
弹性柱销联轴器	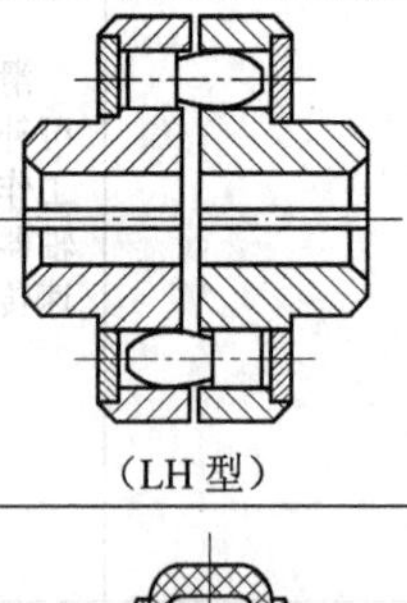 （LH 型）	弹性柱销联轴器使用尼龙、夹布胶木等制造，有一定的弹性且耐磨性好。该联轴器结构简单，制造方便，成本低，适用于转矩小、转速高、正反向变化多、启动频繁的高速轴
轮胎联轴器	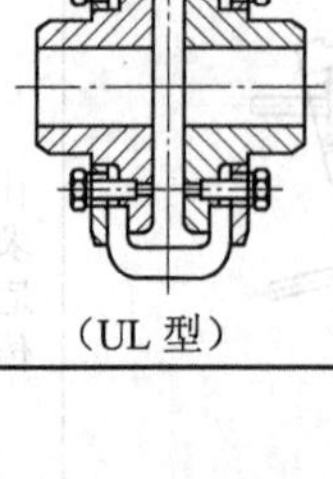 （UL 型）	轮胎联轴器结构简单，使用可靠，弹性大，寿命长，不需润滑，但径向尺寸大。该联轴器可用于潮湿多尘、启动频繁的场合

（2）联轴器的选用

联轴器已标准化，在应用联轴器时应正确选择合适的联轴器类型及其尺寸，选用过程如下。

① 选择联轴器类型。根据被连接两轴的对中性、载荷的大小和特性（平稳、变动或冲击等）、工作速度、安装尺寸及安装精度、工作环境温度等，参考各类联轴器的特性及适用条件，选择一种适用的联轴器的类型。

② 计算联轴器的扭矩。由于原动机、工作机的不平稳性及工作阻力的变化，联轴器工作时的扭矩是一个波动值，因此扭矩为

$$T_{ca} = K_A T \tag{6-12}$$

式中　K_A——工作情况因数，从表 6-22 中查取；

　　　T——传动轴上的名义转矩，单位为 N·m。

表 6-22　　　　　　　　　　　　　工作情况因数 K_A

工作机		K_A			
		原动机			
分类	工作情况及举例	电动机、汽轮机	四缸和四缸以上内燃机	双缸内燃机	单缸内燃机
1	扭矩变化很小，如发动机、小型通风机、小型离心泵	1.3	1.5	1.8	2.2
2	扭矩变化很小，如透平压缩机、木工机床、运输机	1.5	1.7	2.0	2.4
3	扭矩变化中等，如搅拌机、增压泵、有飞轮的压缩机、冲床	1.7	1.9	2.2	2.6
4	扭矩变化和冲击载荷中等，如织布机、水泥搅拌机、拖拉机	1.9	2.1	2.4	2.8
5	扭矩变化和冲击载荷大，如造纸机、挖掘机、起重机、碎石机	2.3	2.5	2.8	3.2
6	扭矩变化大并有极强烈的冲击载荷，如压延机、无飞轮的活塞泵、重型初轧机	3.1	3.3	3.6	4.0

③ 确定联轴器型号。根据 $T_{ca} \leqslant [T]$ 条件，在联轴器的标准中选用。$[T]$ 为联轴器的许用扭矩，可查手册确定。

④ 校核最大转速。联轴器的转速 n 不应超过所选联轴器允许的最高转速 n_{max}，即 $n \leqslant n_{max}$。

⑤ 协调轴孔尺寸和结构形式。多数情况下，每一型号联轴器适用轴的直径均有一个范围。标准中给出轴直径的最大和最小值，或者给出适用直径的尺寸系列，被连接两轴的直径应当在此范围内。

联轴器与轴一般采用键连接。国家标准对联轴器的轴孔和键槽规定了多种形式，并用相应代号表示，具体可查阅设计手册。选用联轴器时，也应与被连接轴相协调，选择相配的结构形式。

⑥ 联轴器的标记。联轴器标记格式如图 6-83 所示。

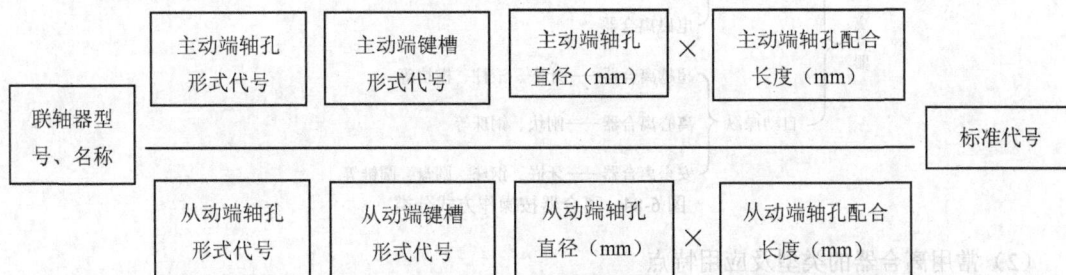

图 6-83　联轴器的标记格式

Y 型轴孔、A 型键槽代号在标记中可省略。当联轴器两端轴孔和键槽形式、尺寸相同时，只标记一端，另一端省略。

【例 6-8】 在电动机与卷扬机的减速器间用联轴器相连接。已知电动机功率 P=7.5kW，轴转速 n=960r/mm，电动机轴直径 d_1=38mm，减速器轴直径 d_2=42mm。试确定联轴器的型号。

解 （1）类型选择

由于轴的转速较高，启动频繁，且载荷有变化，因此宜选用缓冲性较好，同时具有可移性的弹性套柱销联轴器。

（2）联轴器的名义扭矩

$$T = 9\,550\frac{P}{n} = 9\,550 \times \frac{7.5}{960}\text{N} \cdot \text{m}=74.6\text{N} \cdot \text{m}$$

（3）计算扭矩

取 K_A=1.7，则

$$T_{ca} = K_A T = 1.7 \times 74.6\,\text{N} \cdot \text{m}=126.8\text{N} \cdot \text{m}$$

（4）确定联轴器型号

查弹性套柱销联轴器国家标准，选择 LT6 联轴器，其允许最大扭矩 $[T]$=250N·m，允许最高转速 3 800r/min。

根据两轴的尺寸和结构形式，主动端选用 Y 型孔、A 型键槽；从动端选用 J_1 型孔、A 型键槽。标记如下

LT6 联轴器 $\dfrac{38 \times 60}{J_1\,42 \times 84}$ GB 5843 — 2003　GB 4323—2002。

2．离合器

（1）离合器的功用和分类

离合器可根据工作需要将两轴接合或分离，以满足机器变速、换向、空载启动、过载保护等方面的要求。对离合器的一般要求是接合迅速、分离彻底、动作准确以及调整、操纵和维护方便、使用寿命长等。

离合器的种类很多，按操纵方式可分为以下几类，如图 6-84 所示。

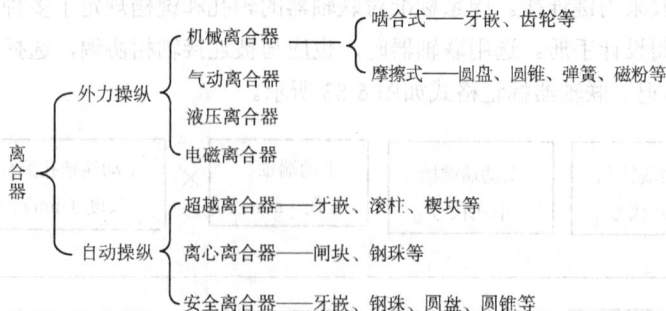

认识离合器

图 6-84　离合器按操作方式分类

（2）常用离合器的类型及应用特点

常用离合器的类型及应用特点见表 6-23。

表 6-23　　　　　　　　　　　常用离合器的类型、特点及应用

名称	结构简图	特点及应用
牙嵌离合器	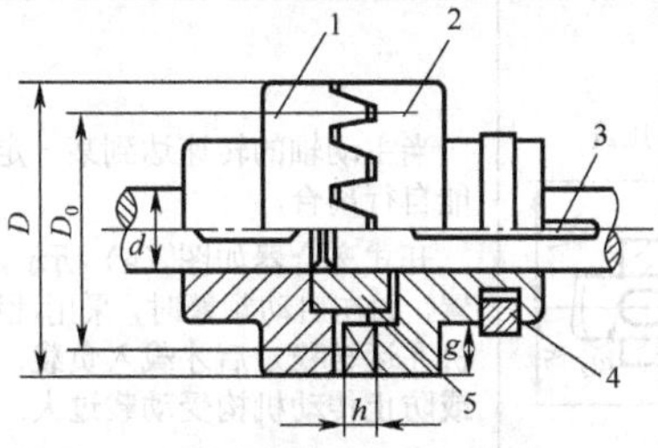 牙嵌离合器 1—半离合器　2—可动半离合器 3—平键　4—滑块　5—对中环	牙嵌离合器主要由端面带齿的两个半离合器组成，通过齿面接触来传递转矩。半离合器 1 固定在主动轴上，可动半离合器 2 固定在从动轴上，操纵滑块 4 可使它沿着导向平键 3 移动，以实现离合器的接合与分离，5 为对中环 牙嵌离合器的结构简单、尺寸小、工作时无滑动，应用广泛。但该离合器只宜在两轴不回转或转速差很小时进行离合，否则会因撞击而断齿
摩擦离合器	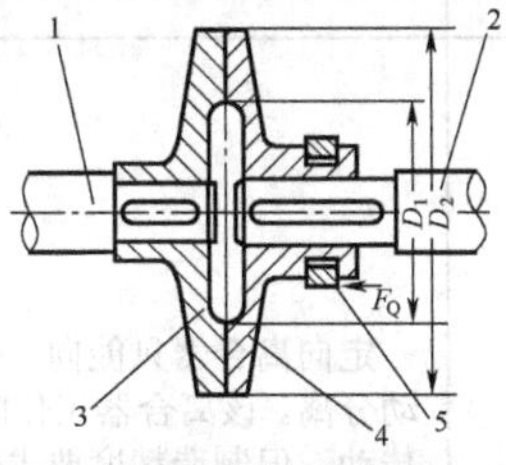 单盘式摩擦离合器 1—主动轴　2—从动轴　3、4—圆盘　5—移动滑环 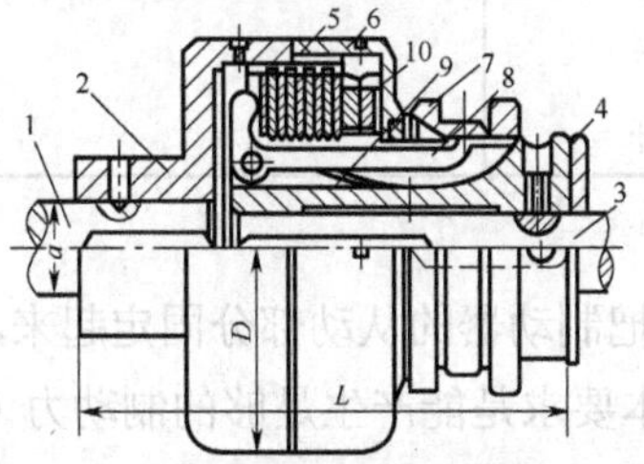 多盘式摩擦离合器 1—主动轴　2—半离合器　3—从动轴　4—套筒 5—外摩擦片　6—摩擦片　7—滑环 8—杠杆　9—弹簧　10—螺母	摩擦离合器可以在不停车或主、从动轴转速差较大的情况下进行离合，且较为平稳。但在接合过程中，两摩擦盘间必然存在相对滑动，会引来摩擦片的发热和磨损。摩擦离合器种类很多，有单盘式、多盘式和圆锥式 单盘式摩擦离合器散热性能好，易于离合，结构简单，但传递转矩较小，且径向尺寸较大，适用于轻载且传动比要求不严的场合 多盘式摩擦离合器承载能力大，径向尺寸较小，易于离合，适用于高速传动
安全离合器	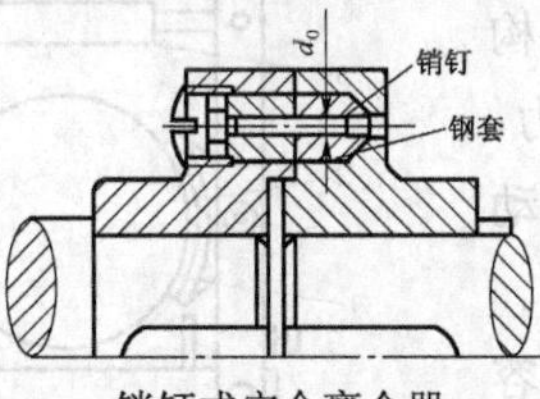 销钉式安全离合器	销钉式安全离合器结构类似于刚性凸缘联轴器，但不用螺栓，而用钢制销钉连接。过载时，销钉被剪断，因更换销钉时效率较低，因此不宜用于经常发生过载的场合
	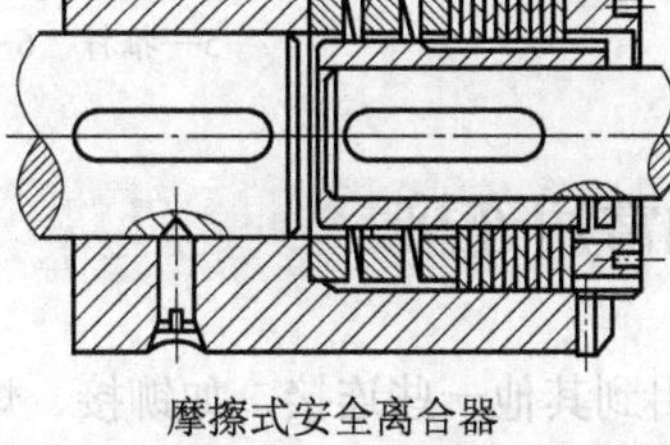 摩擦式安全离合器 1—弹簧　2—螺母	摩擦式安全离合器的结构类似于多盘摩擦离合器，但不用操纵机构，而是用适当的弹簧 1 将摩擦盘压紧，弹簧施加的轴向压力的大小可由螺母 2 进行调节。调节完毕并将螺母固定后，弹簧的压力就保持不变。当工作转矩超过容限制的最大转矩时，摩擦盘间即发生打滑而起到安全作用。当转矩降低到某一值时，离合器又自动恢复接合状态

续表

名称	结构简图	特点及应用
离心离合器	 （a）开式离合器　（b）闭式离合器	当主动轴的转速达到某一定值时，离心离合器能自行离合。 　开式离合器如图（a）所示，主要用于启动装置，如在启动频繁时，采用此种离合器可使电动机在运转稳定后才载入负载，从而避免电机过热或防止传动机构受动载过大。 　闭式离合器如图（b）所示，主要用于安全装置，当其转速过高时起到安全保护作用
定向离合器	 定向离合器 1—星轮　2—外圈　3—滚柱　4—弹簧顶杆	定向离合器只能向一个方向传递转矩，反向自动分离。该离合器工作时没有噪声，适用于高速传动，但制造精度要求较高

3．制动器

制动器是利用摩擦力矩来实现制动的。如果把制动器的从动部分固定起来，就构成了一个制动器，接合时就起制动作用。制动器应满足的基本要求是能产生足够的制动力（矩）、制动平稳可靠、操纵灵活、散热好、体积小、寿命长、高耐磨性、结构简单、维修方便等。

常用的制动器有锥形制动器、带状制动器、块式制动器、电磁制动器、盘式制动器等。

图 6-85 所示为一个块式制动器的结构，其特点是构造简单、使用可靠、制造和安装方便、双瓦块无轴向力、维护方便、价格便宜，但制动时有冲击和振动。该制动器适用于各种起重运输机械、工程机械、建筑机械等。制动器的选择与联轴器的选择所考虑的条件和选择内容大致相同，但在选择制动器型号时制动力矩计算较为复杂。由于受篇幅的限制，不便在此一一列出，可参考《机械设计手册》等进行制动器的设计选择。

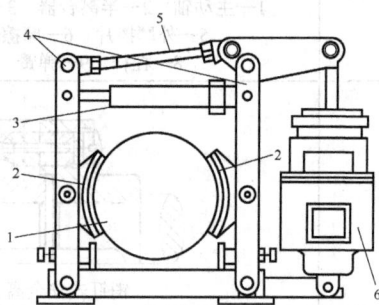

图 6-85　块式制动器结构
1—制动轮　2—制动块　3—弹簧　4—制动臂
5—推杆　6—松闸器

6.3.4　其他常用连接

除了以上介绍的几种连接外，机械中还经常用到其他一些连接，如铆接、焊接、胶接、过盈配合、成形连接以及自攻螺钉和膨胀螺栓连接等。

1．铆接

如图 6-86 所示，铆接是一种使用时间较长的简单的机械连接。铆接是将铆钉穿入被连接件的铆钉孔中，用锤击或压力机压缩铆合而成的一种不可拆连接。

铆接具有工艺设备简单、抗振、耐冲击和牢固可靠等优点，但结构笨重。被连接件由于制有钉孔，使强度受到较大的削弱，且铆接时有剧烈的噪声。目前除桥梁、飞机制造等工业部门采用外，其应用已逐渐减少，并逐渐为焊接、粘接所代替。

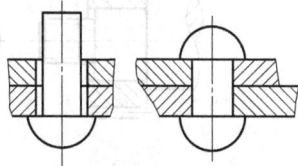

图 6-86　铆接

2．焊接

如图 6-87 所示，焊接是利用局部加热的方法将被连接件连接成一体的不可拆连接。在焊接时，被连接件接缝处的金属和焊条熔化、混合并填充接缝处空隙而形成焊缝。最常见的焊缝形式有角焊缝、搭接焊缝和对接焊缝等，如图 6-87 所示。

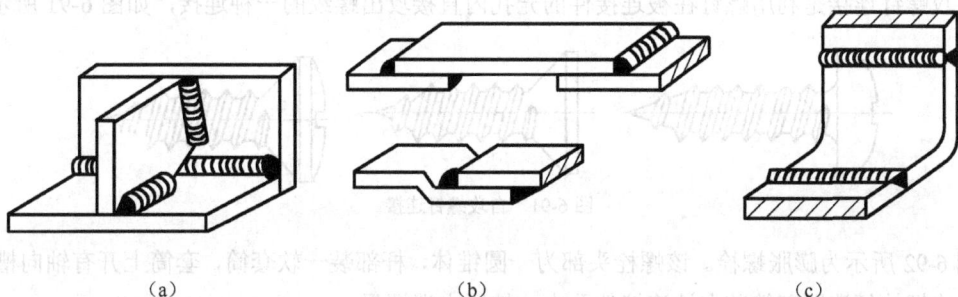

（a）　　　　　　　　　　　　（b）　　　　　　　　　　　　（c）

图 6-87　焊缝形式

3．胶接

胶接是利用胶黏剂在一定条件下把预制的元件连接在一起，并具有一定的连接强度。胶接也是使用时间较长的一种不可拆连接，如图 6-88 所示。

4．过盈配合连接

过盈配合连接是利用两个被连接件间的过盈配合来实现的连接，如图 6-89 所示。装配后，由于结合处的弹性变形和过盈量，会在配合表面产生很大的正压力；工作时，靠配合表面产生的摩擦力来传递载荷。这种连接结构简单，对中性好，对轴的削弱小，耐冲击性能强；但配合表面的加工精度要求较高，装配不方便。

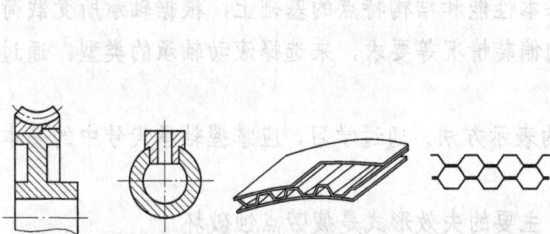

图 6-88　胶接应用实例

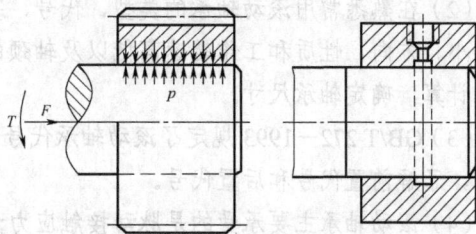

图 6-89　过盈连接

5．成形连接

成形连接是利用非圆的轴与相应的毂孔构成的可拆连接，如图 6-90 所示。轴和毂孔做成柱形只能传递转矩，如图 6-90（a）所示；轴和毂孔做成锥形既能传递转矩，也能传递轴向力，如图

6-90（b）所示。

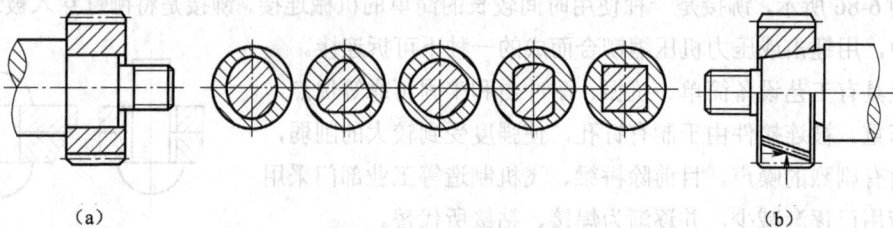

（a）　　　　　　　　　　　　　　　　（b）

图 6-90　成形连接

这种连接没有应力集中源，定心性好，承载能力强，装拆方便；但加工比较复杂，因此目前应用并不多。

6．自攻螺钉连接和膨胀螺栓连接等

自攻螺钉连接是利用螺钉在被连接件的光孔内直接攻出螺纹的一种连接，如图 6-91 所示。

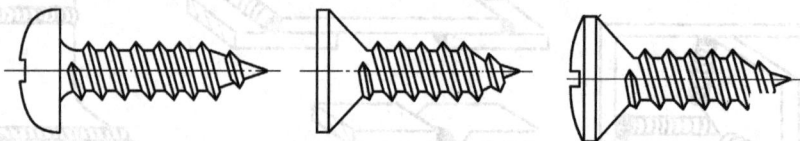

图 6-91　自攻螺钉连接

图 6-92 所示为膨胀螺栓。该螺栓头部为一圆锥体，杆部装一软套筒，套筒上开有轴向槽。安装时先将螺栓杆连同套筒装在被连接件孔中，拧紧末端螺母时，锥体压入套筒，靠套筒变形将螺栓固定在被连接件中，末端有平端形和钩形等。这种连接结构简单，安装方便，应用广泛。

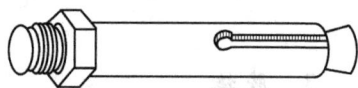

图 6-92　膨胀螺栓

本 章 小 结

（1）滚动轴承是标准件，在类型和尺寸方面都已制订了国家标准，并由专业厂家生产。因此，作为设计者的任务是熟悉滚动轴承的有关国家标准，选择轴承的型号，以及滚动轴承装置的结构设计。

（2）在熟悉常用滚动轴承的类型、代号、基本性能和结构特点的基础上，根据轴承所受载荷的大小、方向、性质和工作转速高低以及轴颈的偏转情况等要求，来选择滚动轴承的类型。通过寿命计算，确定轴承尺寸。

（3）GB/T 272－1993 规定了滚动轴承代号的表示方法。通过学习，应掌握轴承代号中的基本代号，了解前置代号和后置代号。

（4）滚动轴承主要承受的是脉动接触应力；主要的失效形式是疲劳点蚀破坏。

（5）在滚动轴承寿命计算中，基本额定寿命和基本额定动载荷是两个重要定义。对于同时受径向力和轴向力的轴承，载荷由当量动载荷公式进行计算。当轴承寿命要求不等于基本额定寿命时，或轴承的受力不等于基本额定动载荷时，可通过轴承的寿命计算公式进行计算。计算时，还应加入温度影响系数、载荷系数和可靠度的额定寿命修正系数。

（6）当量动载荷的计算不同于一般的合力计算。当轴向力较小时，$F_a=0$，即轴向力忽略不计；

当轴向力较大时，轴向力才按比例折算入载荷计算式。轴向力大小的判断是由不同类型的轴承按径向力与轴向力的比值确定的。

（7）滚动轴承的尺寸一般是先根据轴的结构来初步确定，然后再进行承载能力的验算。

（8）为保证轴和轴上零件的正常运转，除正确选用轴承类型、型号外，还应解决轴承的组合结构问题，其中包括轴承组合的轴向固定、支撑结构形式、滚动轴承的配合及滚动轴承的装拆等一系列问题。

（9）滑动轴承根据摩擦状态的不同可分为非液体润滑轴承和完全液体润滑轴承。完全液体润滑轴承又分为动压润滑轴承与静压润滑轴承。工程上大多用非液体润滑轴承。滑动轴承有多种结构形式：整体式、剖分式、自动调心式等。由于滑动轴承本身有一些独特的优势，可适用于一些特殊的场合，如高速、重载、高精度等。

（10）轴是机械中重要的支撑传动零件，用以传递运动和动力。轴的设计主要是解决两方面的问题：一是轴的结构形状、尺寸；二是轴的强度。

（11）轴的设计步骤：①根据工作条件选择合适的材料；②轴的最小直径估算；③轴的结构设计；④承载能力校核；⑤绘制轴的零件图。

（12）轴的结构设计除应保证轴的强度、刚度外，还应便于轴上零件的安装和定位，利于减小应力集中，并具有良好的加工工艺性。

（13）轴的承载能力计算可分为对传动轴的扭转强度和对转轴的弯扭组合强度计算。传动轴的扭转强度计算方法可用来估算轴的最小直径。转轴的强度校核步骤：①画出轴的空间受力图，计算出水平面和铅垂面的支反力；②画出水平面和铅垂面的弯矩图；③作合成弯矩图；④画出轴的扭矩图；⑤计算危险截面的当量弯矩；⑥进行危险截面的强度核算，当校核轴的强度不够时，应重新进行设计。

（14）螺纹连接包括螺栓连接、双头螺柱连接、螺钉连接及紧定螺钉连接。对螺纹连接的结构和尺寸之间的关系有明确的规定。例如，预紧可提高连接的紧密性、紧固性和可靠性；在冲击、振动和变载荷作用下的螺纹连接必须采取一定的防松等措施；螺纹连接的结构设计很重要，它的主要目的就在于合理地确定连接结合面的几何形状、螺栓的数目及其布置形式，力求各螺栓和接合面间受力均匀、合理，便于加工和装配。对螺纹连接结构设计要点应加以掌握。

（15）键连接是用于轴、毂间的连接，主要包括键连接、花键连接和销连接。根据工作条件，选择适当的键连接的类型；按照轴的直径 d，从标准中选择平键的剖面尺寸 $b \times h$，根据轮毂长度选择键长 L，并应符合标准长度系列；键连接的主要失效形式是压溃或过度磨损，应分别按照挤压强度或许用压力进行承载能力校核。

（16）联轴器、离合器和制动器是机械传动中的重要部件。联轴器、离合器可用来连接两轴，使之一起回转并传递转矩。用联轴器连接的两轴只有在机器停止运行时才能把它们分离。用离合器连接的两轴，在机器工作中就能方便地分离或接合。制动器则主要用于降低机械的运转速度或迫使机械停止运转。

习　题

一、判断题

1. 深沟球轴承只能承受径向载荷。（　　）

2. 球轴承比滚子轴承承载力大。（　　　　）

3. 滚动轴承的主要失效形式是塑性变形。（　　　）

4. 如果将滚动轴承的当量动载荷提高2倍，则寿命变为原来的1/2。（　　　　）

5. 滚动轴承一般需要密封件。（　　　）

6. 只承受扭矩的轴称为转轴。（　　　）

7. 轴的结构设计时，应使轴头长度比轮毂宽度值大。（　　　　）

8. 为了让轴承在轴上定位可靠，一般使轴肩的高度大于轴承内圈高度。（　　　　）

9. 平键的失效形式主要是压溃和剪切破坏。（　　　）

10. 花键的导向性、对中性及承载力都很好。（　　　）

二、选择题

1. 滚动轴承的额定寿命是指一批同规格的轴承在规定的试验条件下运转，其中（　　　　）轴承发生破坏时所达到的寿命。

    A. 1%　　　　B. 5%　　　　C. 10%　　　　D. 90%

2. 若一对滚动轴承的基本额定寿命为599 000转，则该轴承所受的当量动载荷（　　　　）基本额定动载荷。

    A. 大于　　　　B. 等于　　　　C. 小于　　　　D. 无法确定

3. 在下列四种型号的滚动轴承中，只能承受径向载荷的是（　　　）。

    A. 6208　　　　B. 7208　　　　C. 30208　　　　D. 51208

4. 滚动轴承承受轴向力的能力与（　　　）有关。

    A. 滚动体的数目　　　　B. 轴承内径大小

    C. 接触角的大小　　　　D. 轴承的宽度

5. 一根转轴采用一对滚动轴承支撑，其承受载荷为径向力和较大的轴向力，并且有冲击、振动较大。因此宜选择（　　　）。

    A. 深沟球轴承　　B. 角接触球轴承　　C. 圆锥滚子轴承

6. 传动轴主要承受（　　　）载荷。

    A. 扭矩　　　　B. 弯矩　　　　C. 扭矩和弯矩

7. 轴颈处的直径通常由（　　　）决定。

    A. 扭矩　　　　B. 功率　　　　C. 轴承　　　　D. 键

8. 与滚动轴承相比，滑动轴承的优点有（　　　）。

    A. 摩擦阻力小　　B. 易启动　　C. 轴向尺寸小　　D. 承载力大

9. 平键的工作面是（　　　）。

    A. 顶面　　　　B. 侧面　　　　C. 底面　　　　D. 都不是

10. 齿轮轮毂与 $d=60mm$ 的轴采用平键连接，则键的截面尺寸 $b \times h$ 是（　　　）。

    A. 16mm×10mm　　　　　　　　B. 18mm×11mm

    C. 20mm×12mm　　　　　　　　D. 22mm×14mm

三、综合题

1. 试说明下列滚动轴承代号的含义。

30308、LN203、6210/C3、7210C、51208、N208E/P4、7208AC/P5

2. 滚动轴承的额定寿命、额定动载荷和当量动载荷的含义是什么？

3. 一代号为 6304 的深沟球轴承，承受径向载荷 F_r=2kN，载荷平稳，转速 n=960r/min，一般工作温度，试计算该轴承的寿命；若载荷改为 F_r=4kN，其他条件不变，此时轴承的寿命是多少？

4. 根据工作条件，某机器传动装置中的轴两端各采用一个深沟球轴承，轴颈 d=35mm，转速 n=200r/min，每个轴承承受径向载荷 F_r=2 000N，一般工作温度，载荷平稳，预期使用寿命 $L_h' = 8\,000$h。试选择轴承型号。

5. 一矿山机械的转轴，两端用 6313 深沟球轴承，每个轴承的径向载荷 F_r=5 400N，轴上的轴向外载荷 F_A=2 650N，轴的转速 n=1 250r/min，一般温度下工作，有轻微冲击，预期使用寿命 $L_h' = 5\,000$h。试确定该轴承是否适用？

6. 根据工作条件，决定在某传动轴上安装一对角接触球轴承，如图 6-93 所示。已知两轴承载荷分别为 F_{r1}=1 470N、F_{r2}=2 650N，轴向外载荷 F_A=1 000N，轴颈 d=40mm，转速 n=5 000r/min，一般温度下工作，有中等冲击，预期使用寿命 $L_h' = 2\,000$h。试选择轴承型号。

7. 设某斜齿轮轴根据工作条件在轴的两端反装两个圆锥滚子轴承，如图 6-94 所示。已知轴上齿轮受力圆周力 F_t=2 200N，径向力 F_r=900N，轴向力 F_a=400N，齿轮分度圆直径 d=314mm，轴转速 n=520r/min，运转中有中等冲击载荷，轴承预期计算寿命 L_h'=15 000h，设初选两个轴承型号均为 30205。试验算该对轴承能否达到预期寿命要求。

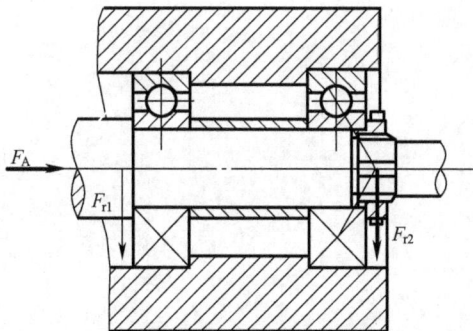

图 6-93　综合题 6 图

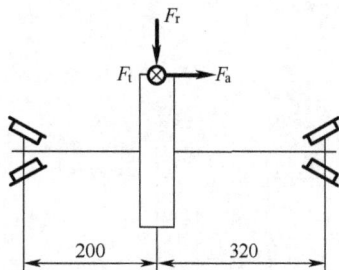

图 6-94　综合题 7 图

8. 试述按弯扭合成强度校核转轴承载能力的步骤。

9. 直齿圆柱齿轮减速器如图 6-95 所示，z_2=22，z_3=77，由轴 I 输入的功率 P=20kW，轴 I 的转速 $n = 600$r/min，两轴材料均为 45 钢。试按转矩初步确定两轴直径的最小直径。

10. 指出图 6-96 所示的轴系中 1~6 处错误，并画出正确的轴结构图。

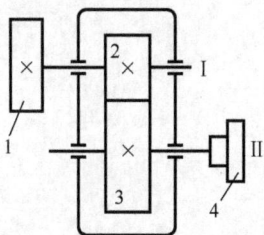

图 6-95　综合题 9 图

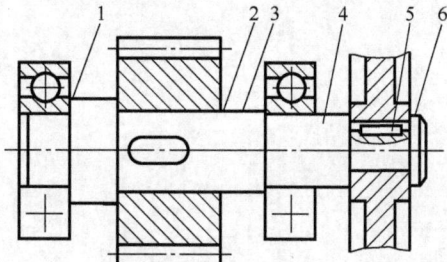

图 6-96　综合题 10 图

11. 试设计直齿圆柱齿轮减速器的低速轴，如图 6-97 所示。已知轴的转速 n=100r/min，传递功率 P=3kW，轴上齿轮参数 z=60、m=3mm，齿宽为 70mm。

12. 常用的螺纹连接零件有哪些？螺纹连接有哪几种基本类型？各适用于什么场合？

13. 分析图6-98中螺纹连接有哪些不合理之处？画出正确的结构图。

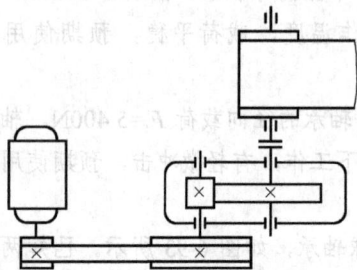

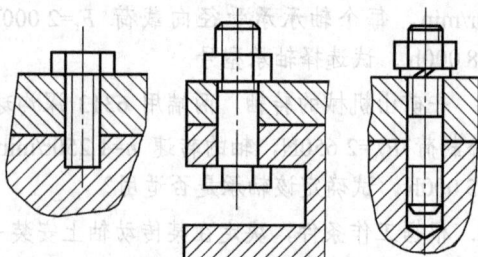

图6-97　综合题11图　　　　　　　　　　　　　　　图6-98　综合题13图

14. 键连接有哪些类型？各适用于什么场合？

15. 平键连接的主要失效形式是什么？应如何选择设计？

16. 简述联轴器、离合器的功用及几种常用类型。

17. 在直径为60mm的轴端安装一圆柱齿轮，轮毂长为90mm，工作时载荷平稳。试设计平键连接的结构、尺寸，并计算其能传递的最大转矩。

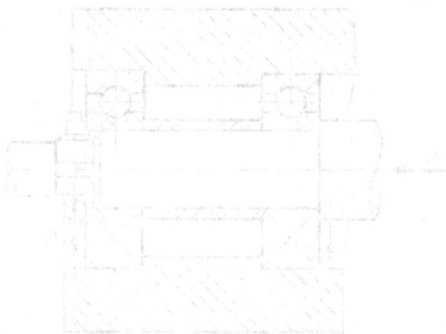

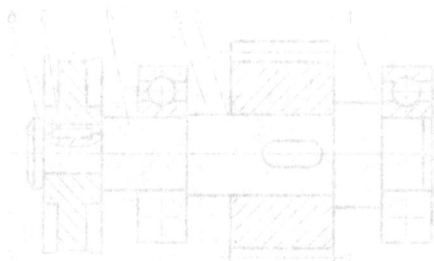

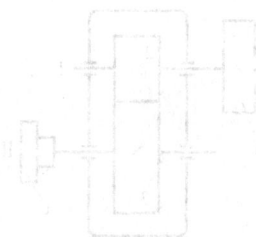

第 7 章
液压传动基础

【学习目标】

1. 了解液压传动的特点及应用
2. 掌握液压传动系统的组成及工作原理
3. 了解液压工作介质的类型及物理特性，掌握液压工作介质的选择方法
4. 理解液压泵、液压马达及液压缸的工作原理
5. 掌握常用液压泵，液压马达及液压缸的基本设计方法。

一部完整的机器由原动机、传动机构、工作机及控制部分组成。传动机构通常分为机械传动、电气传动和流体传动机构。流体传动是以流体为工作介质进行能量转换、传递和控制的传动。它分为液压传动、液力传动和气压传动。

液压传动和液力传动均是以液体作为工作介质进行能量传递的传动方式。液压传动主要是利用液体的压力能来传递能量；而液力传动则主要是利用液体的动能来传递能量。

当前液压技术正向迅速、高压、大功率、高效、低噪声、经久耐用、高度集成化的方向发展。同时，新型液压元件和液压系统的计算机辅助设计（CAD）、计算机辅助测试（CAT）、计算机直接控制（CDC）、机电一体化技术、可靠性技术等方面也是当前液压传动及控制技术发展和研究的方向。

我国的液压技术最初应用于机床和锻压设备上，后来又用于拖拉机和工程机械。现在，我国的液压元件随着从国外引进一些液压元件、生产技术以及进行自行设计，已形成了系列，并在各种机械设备上得到了广泛使用。

| 7.1　液压传动的工作原理及系统组成 |

7.1.1　液压传动系统的工作原理

图 7-1 所示为机床工作平台的液压系统。它由油箱、过滤器、液压泵、溢流阀、开停阀、节流阀、换向阀、液压缸以及连接这些元件的油管、接头组成。其工作原理如下：液压泵由电动机驱动后，从油箱中吸油。油液经过滤器进入液压泵，油液在泵腔中从入口低压到泵出口高压，在

图 7-1（a）所示状态下，通过开停阀、节流阀、换向阀进入液压缸左腔，推动活塞使工作台向右移动。这时，液压缸右腔的油经换向阀和回油管 6 排回油箱。

如果将换向阀手柄转换成图 7-1（b）所示的状态，则压力管中的油将经过开停阀、节流阀和换向阀进入液压缸右腔、推动活塞使工作台向左移动，并使液压缸左腔的油经换向阀和回油管 6 排回油箱。

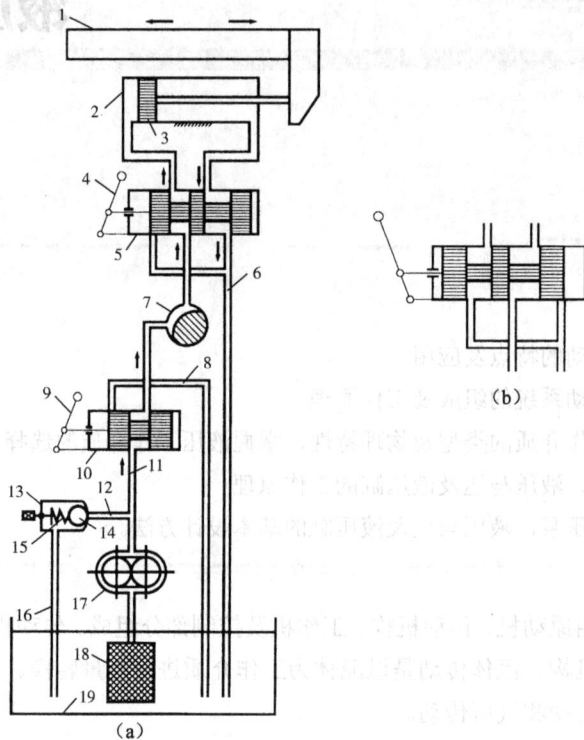

图 7-1　机床工作台液压系统工作原理图

1—工作台　2—液压缸　3—活塞　4—换向手柄　5—换向阀　6、8、16—回油管　7—节流阀　9—开停手柄
10—开停阀　11—压力管　7—压力支管　13—溢流阀　14—钢球　15—弹簧　17—液压泵　18—过滤器　19—油箱

工作台的移动速度是通过节流阀来调节的。当节流阀开大时，进入液压缸的油量增多，工作台的移动速度增大；当节流阀关小时，进入液压缸的油量减小，工作台的移动速度减小。为了克服移动工作台时所受到的各种阻力，液压缸必须产生一个足够大的推力，这个推力是由液压缸中的油液压力所产生的。要克服的阻力越大，缸中的油液压力越高；反之压力就越低。这种现象正说明了液压传动的一个基本原理：压力决定于负载。

7.1.2　液压传动系统的组成

从机床工作台液压系统的工作过程可以看出，一个完整的、能够正常工作的液压系统，应该由以下五个主要部分组成。

（1）动力元件。动力元件即液压泵，它将原动机输入的机械能转换为流体介质的压力能。其作用是为液压系统提供压力油，是系统的动力源。

（2）执行元件。执行元件是指液压缸或液压马达，它是将液压能转换为机械能的装置。其作用是在压力油的推动下输出力和速度（或力矩和转速），以驱动工作部件。

（3）控制元件。包括各种阀类，如溢流阀、节流阀、换向阀等。这类元件的作用是用以控制液压系统中油液的压力、流量和流动方向，以保证执行元件完成预定的动作。

（4）辅助元件。包括油箱、油管、过滤器以及各种指示器和控制仪表等。它们的作用是提供必要的条件使系统得以正常工作和便于监测控制。

（5）工作介质。工作介质是指传递能量的流体，即液压油等。

7.1.3　液压传动系统的图形符号

图 7-1 所示的液压系统是一种半结构式的工作原理图，它有直观性强、容易理解的优点，当液压系统发生故障时，根据原理图检查十分方便，但图形比较复杂，绘制比较麻烦。我国已经制订了一种用规定的图形符号来表示液压原理图中的各元件和连接管路的国家标准，即"液压气动图形符号（GB/T 786.1—1993）"。图 7-2 所示为图 7-1（a）系统用国标 GB/T 786.1—1993《液压气动图形符号》绘制的工作原理图。使用这些图形符号可使液压系统图简单明了，且便于绘制。

我国制订的 GB/T 786.1—1993《液压气动图形符号》有以下几条基本规定。

（1）元件符号只表示元件的职能，连接系统的通路，不表示元件的具体结构和参数，也不表示元件在机器中的实际安装位置。

（2）元件符号内的油液流动方向用箭头表示，线段两端都有箭头的，表示流动方向可逆。

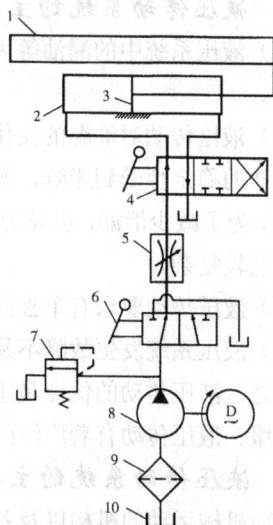

图 7-2　机床工作台液压系统的图形符号图
1—工作台　2—液压缸　3—油塞　4—换向阀
5—节流阀　6—开停阀　7—溢流阀　8—液压泵
9—过滤器　10—油箱

（3）元件符号均以元件的静止位置或中间零位置表示，当系统的动作另有说明时，可作例外。

7.1.4　液压传动的特点及应用

1．液压传动系统的主要优点

液压传动之所以能得到广泛的应用，是由于它与机械传动、电气传动相比具有以下的主要优点。

（1）由于液压传动是油管连接，所以借助油管的连接可以方便灵活地布置传动机构，这是比机械传动优越的地方。例如，在井下抽取石油的泵可采用液压传动来驱动，以克服长驱动轴效率低的缺点。由于液压缸的推力很大，又加之极易布置，在挖掘机等重型工程机械上，已基本取代了老式的机械传动，不仅操作方便，而且外形美观大方。

（2）液压传动装置的重量轻、结构紧凑、惯性小。例如，相同功率液压马达的体积为电动机的 12%～13%。液压泵和液压马达单位功率的重量指标，目前约为发电机和电动机的 1/10，液压泵和液压马达可小至 0.0 025N/W，发电机和电动机则约为 0.03N/W。

（3）可在大范围内实现无级调速。借助阀或变量泵、变量马达，可以实现无级调速，调速范围可达 1：2 000，并可在液压装置运行的过程中进行调速。

（4）传递运动均匀平稳，负载变化时速度较稳定。正因为此特点，金属切削机床中的磨床传动现在几乎都采用液压传动。

（5）液压装置易于实现过载保护。借助于设置溢流阀等，同时液压元件能自行润滑，因此使用寿命长。

（6）液压传动容易实现自动化。借助于各种控制阀，特别是采用液压控制和电气控制结合使用时，能很容易地实现复杂的自动工作循环，而且可以实现遥控。

（7）液压元件已实现了标准化、系列化和通用化，便于设计、制造和推广使用。

2．液压传动系统的主要缺点

（1）液压系统中的漏油等因素，影响运动的平稳性和正确性，使得液压传动不能保证严格的传动比。

（2）液压传动对油温的变化比较敏感，温度变化时，液体黏性变化，引起运动特性的变化，使得工作的稳定性受到影响，所以它不宜在温度变化很大的环境条件下工作。

（3）为了减少泄漏，以及为了满足某些性能上的要求，液压元件的配合件制造精度要求较高，加工工艺较复杂。

（4）液压传动要求有单独的能源，不像电源那样使用方便。

（5）液压系统发生故障不易检查和排除。

总之，液压传动的优点是主要的，随着设计制造和使用水平的不断提高，有些缺点正在逐步加以克服。液压传动有着广泛的发展前景。

3．液压传动系统的主要应用

驱动机械运动的机构以及各种传动和操纵装置有多种形式。根据所用的部件和零件，可分为机械、电气、气动、液压等传动装置。经常还将不同的形式组合起来运用。由于液压传动具有很多优点，使这种新技术发展得很快。液压传动应用于金属切削机床也不过 40～50 年，航空工业在 1930 年以后才开始采用，特别是最近 20～30 年以来液压技术在各种工业中的应用越来越广泛。

在汽车上，利用液压系统工作的系统主要有：离合器系统、转向系统、制动系统、自卸车的自卸系统、吊车臂液压系统以及大车本身的固定系统等。

液压传动在其他机械工业部门的应用情况见表 7-1。

表 7-1　　　　　　　　**液压传动在各类机械行业中的应用**

行业名称	应用场所举例
工程机械	挖掘机、装载机、推土机、压路机、铲运机等
起重运输机械	汽车吊、港口龙门吊、叉车、装卸机械、皮带运输机等
矿山机械	凿岩机、开掘机、开采机、破碎机、提升机、液压支架等
建筑机械	打桩机、液压千斤顶、平地机等
农业机械	联合收割机、拖拉机、农具悬挂系统等
冶金机械	电炉炉顶及电极升降机、轧钢机、压力机等
轻工机械	打包机、注塑机、矫直机、橡胶硫化机、造纸机等
汽车工业	自卸式汽车、平板车、高空作业车、汽车中的转向器、减振器等
智能机械	折臂式小汽车装卸器、数字式体育锻炼机、模拟驾驶舱、机器人等

7.2 液压传动的工作介质

液压油是液压传动系统中的传动介质，而且还对液压装置的机构、零件起到润滑、冷却和防锈作用。液压介质的性能对液压系统的工作状态有很大影响，液压传动系统的压力、温度和流速在很大的范围内变化，因此液压油的质量优劣直接影响液压系统的工作性能，液压油黏度是选择液压油时的重要物理指标。

7.2.1 液压油的黏度

流体黏性的大小可用黏度来衡量，黏度是选择液压用流体的主要指标，是影响流动流体的重要物理性质。

当液体流动时，由于液体与固体壁面的附着力及流体本身的黏性使流体内各处的速度大小不等，以流体沿图 7-3 所示的平行平板间的流动情况为例，设上平板以速度 u_0 向右运动，下平板固定不动。紧贴于上平板上的流体粘附于上平板上，其速度与上平板相同。紧贴于下平板上的流体粘附于下平板上，其速度为零。中间流体的速度按线性分布。这种流动可以看成是许多无限薄的流体层在运动，当运动较快的流体层在运动较慢的流体层上滑过时，两层间由于黏性就产生内摩擦力的作用。

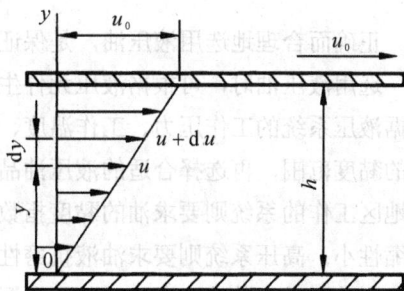

图 7-3 液体的黏性示意图

根据实际测定的数据所知，流体层间的内摩擦力 F 与流体层的接触面积 A 及流体层的相对流速 du 成正比，而与流体层间的距离 dy 成反比，即

$$F = \mu A du/dy$$

以 $\tau = F/A$ 表示切应力，则有

$$\tau = \mu du/dy \tag{7-1}$$

式中　μ——衡量流体黏性的比例系数，称为绝对黏度或动力黏度；

du/dz——流体层间速度差异的程度，称为速度梯度。

流体的黏度通常有三种不同的测试单位。

（1）绝对黏度 μ。绝对黏度又称为动力黏度，它直接表示流体的黏性即内摩擦力的大小。动力黏度 μ 在物理意义上讲，是当速度梯度 $du/dz = 1$ 时，单位面积上的内摩擦力的大小。

动力黏度的国际单位（SI）为 Pa·s。

（2）运动黏度 ν。运动黏度是绝对黏度 μ 与密度 ρ 的比值，即

$$\nu = \mu/\rho \tag{7-2}$$

式中　ν——液体的运动黏度，单位为 m^2/s；

ρ——液体的密度，单位为 kg/m^3。

运动黏度还可用 CGS 制单位厘斯来表示，符号为 cSt，$1cSt = 10^{-6}m^2/s$。

运动黏度 ν 没有什么明确的物理意义，它不能像 μ 一样直接表示流体的黏性大小，但对 ρ 值

相近的流体，例如各种矿物油系液压油之间，还是可用来大致比较它们的黏性。由于在理论分析和计算中常常碰到绝对黏度与密度的比值，为了方便起见才采用运动黏度这个单位来代替 μ/ρ。它之所以被称为运动黏度，是因为在它的量纲中只有运动学的要素长度和时间因次的缘故。机械油的牌号是以厘斯为单位在温度 50℃ 时运动黏度 ν 的平均值。例如 10 号机械油表示该油在 50℃ 时其运动黏度 ν 的平均值是 10cSt。蒸馏水在 20.2℃ 时的运动黏度 ν 恰好等于 1cSt，所以从机械油的牌号即可知道该油的运动黏度。例如 20 号机械油说明该油的运动黏度约为水的运动黏度的 20 倍，30 号油的运动黏度约为水的运动黏度的 30 倍，依此类推。动力黏度和运动黏度是理论分析和推导中经常使用的黏度单位，它们都难以直接测量，因此，工程上采用另一种可用仪器直接测量的黏度单位，即相对黏度。

（3）相对黏度。相对黏度是以相对于蒸馏水的黏性的大小来表示该液体的黏性的。相对黏度又称为条件黏度。各国采用的相对黏度单位有所不同，我国采用恩氏黏度。恩氏黏度用符号"°E"表示。

7.2.2　液压油的选用

正确而合理地选用液压油，是保证液压设备高效率正常运转的前提。

选用液压油时，可根据液压元件生产厂样本和说明书所推荐的品种号数来选用液压油，或者根据液压系统的工作压力、工作温度、液压元件种类及经济性等因素全面考虑，一般是先确定适用的黏度范围，再选择合适的液压油品种。同时还要考虑液压系统工作条件的特殊要求，如在寒冷地区工作的系统则要求油的黏度指数高、低温流动性好、凝固点低；伺服系统则要求油质纯、压缩性小；高压系统则要求油液抗磨性好。在选用液压油时，黏度是一个重要的参数。黏度的高低将影响运动部件的润滑、缝隙的泄漏以及流动时的压力损失、系统的发热温升等。所以，在环境温度较高、工作压力高或运动速度较低时，为了减少泄漏，应选用黏度较高的液压油，否则相反。

但是总的来说，应尽量选用较高质量的液压油。由于优质油使用寿命长，对元件损害小，所以从整个使用周期看，其经济性要比选用劣质油好些。表 7-2 为部分常见液压油系列品种。

液体压力的产生

表 7-2　　　　　　　　　　　　　　常见液压油系列品种

种类	牌号		原名	用途
	油名	代号		
普通液压油	N32 液压油 N68G 液压油	YA-N32 YA-N68	20 机床液压油 40 导轨油	用于环境温度 0～45℃ 工作的各类液压泵的中、低压液压系统
抗磨液压油	N32 抗磨液压油 N150 抗磨液压油 N168K 抗磨液压油	YA-N32 YA-N150 YA-N168 K	20 抗磨液压油 80 抗磨液压油 40 抗磨液压油	用于环境温度-10℃～40℃工作的高压柱塞泵或其他泵的中、高压系统
低温液压油	N15 号低温液压油 N46D 低温液压油	YA-N15 YA-N46 D	低凝液压油 工程液压油	用于环境温度-20℃～40℃工作的各类高压油泵系统
高黏度指数液压油	N32H 高黏度指数液压油	YD-N32 D	—	用于温度变化不大且对黏温性能要求更高的液压系统

|7.3 液压泵和液压马达|

液压泵是一种能量转换装置，它把驱动它的原动机（一般为电动机）的机械能转换成输送到系统中去的油液的压力能，而液压马达则把输入油液的压力能转换成机械能，使其驱动的工作部件做旋转运动。液压泵（液压马达）按其在每转一转所能输出（所需输入）油液体积可否调节而分成定量泵（定量马达）和变量泵（变量马达）两类；按结构形式可以分为齿轮式、叶片式和柱塞式三大类。液压泵和液压马达都是容积式的。

7.3.1 液压泵和液压马达的工作特点

1. 液压泵的工作原理

液压泵主要有柱塞泵、齿轮泵、叶片泵等类型。图 7-4 所示的是一柱塞液压泵实物及其工作原理图，图中柱塞 2 装在缸体 3 中形成一个密封容积 a，柱塞在弹簧 4 的作用下始终压紧在偏心轮 1 上。原动机驱动偏心轮 1 旋转使柱塞 2 作往复运动，使密封容积 a 的大小发生周期性的交替变化。当 a 由小变大时就形成部分真空，使油箱中油液在大气压作用下，经吸油管顶开单向阀 6 进入油箱 a 而实现吸油；反之，当 a 由大变小时，a 腔中吸满的油液将顶开单向阀 5 流入系统而实现压油。这样液压泵就将原动机输入的机械能转换成液体的压力能，原动机驱动偏心轮不断旋转，液压泵就不断地吸油和压油。

由此可见，液压泵是靠密封工作腔的容积变化进行工作的，而输出流量的大小是由密封工作腔的容积变化大小来决定的。

齿轮泵

单柱塞液压泵的工作原理

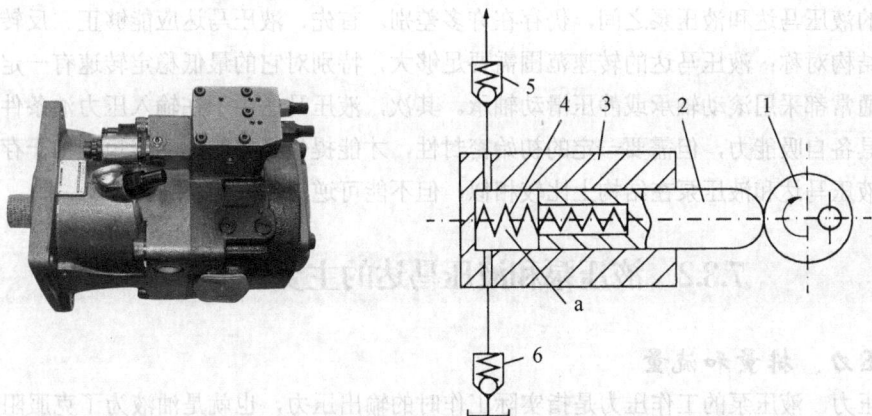

图 7-4 柱塞液压泵及工作原理
1—偏心轮 2—柱塞 3—缸体 4—复位弹簧 5、6—单向阀

2. 液压马达的工作原理

常用的液压马达的结构与同类型的液压泵很相似，图 7-5 所示为叶片式液压马达实物及其工作原理图。

　　当压力为 p 的油液从进油口进入叶片 1 和叶片 3 之间时，叶片 2 因两面均受液压油的作用所以不产生转矩。叶片 1、3 上，一面作用有高压油，另一面为低压油。由于叶片 3 伸出的面积大于叶片 1 伸出的面积，因此作用于叶片 3 上的总液压力大于作用于叶片 1 上的总液压力，于是压力差使转子产生顺时针转矩。同样道理，压力油进入叶片 5 和叶片 7 之间时，叶片 7 伸出的面积大于叶片 5 伸出的面积，也产生顺时针转矩。这样，就把油液的压力能转变成了机械能，这就是叶片马达的工作原理。当输油方向改变时，液压马达就反转。

（二维码）叶片式液压马达

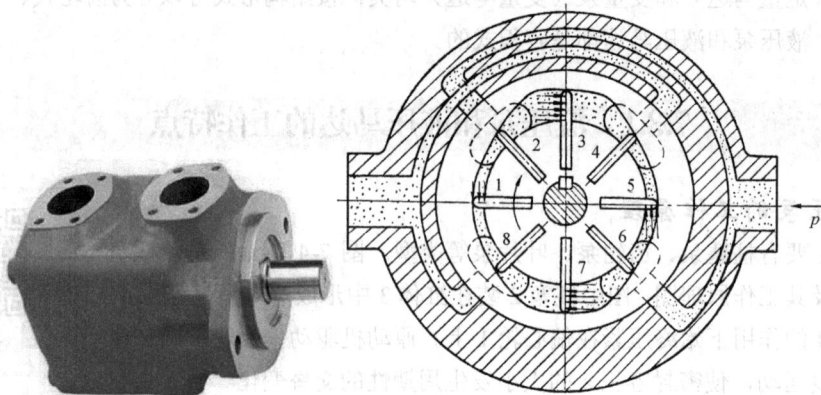

图 7-5　叶片式液压马达及工作原理

　　当定子的长短径差值越大，转子的直径越大，以及输入的压力越高时，叶片马达输出的转矩也越大。

　　从能量转换的观点来看，液压泵与液压马达是可逆工作的液压元件，向任何一种液压泵输入工作液体，都可使其变成液压马达工况；反之，当液压马达的主轴由外力矩驱动旋转时，也可变为液压泵工况。但是，由于液压马达和液压泵的工作条件不同，对它们的性能要求也不一样，所以同类型的液压马达和液压泵之间，仍存在许多差别。首先，液压马达应能够正、反转，因而要求其内部结构对称；液压马达的转速范围需要足够大，特别对它的最低稳定转速有一定的要求，因此，它通常都采用滚动轴承或静压滑动轴承。其次，液压马达由于在输入压力油条件下工作，因而不必具备自吸能力，但需要一定的初始密封性，才能提供必要的起动转矩。由于存在这些差别，使得液压马达和液压泵在结构上比较相似，但不能可逆工作。

7.3.2　液压泵和液压马达的主要性能参数

1．压力、排量和流量

　　工作压力　液压泵的工作压力是指实际工作时的输出压力，也就是油液为了克服阻力所必须建立起来的压力；而液压马达的工作压力则是指它的输入压力。

　　额定压力　液压泵（液压马达）的额定压力是指泵（马达）在使用中按标准条件连续运转允许达到的最大工作压力，超过此值就是过载。

　　除此之外还有最高允许压力，它是指泵短时间内所允许超载使用的极限压力，它受泵本身密封性能和零件强度等因素的限制；吸入压力则是指泵吸入口处的压力。

　　由于液压传动的用途不同，液压系统所需的压力也不同，为了便于液压元件的设计、生产和使用，一般将压力分为几个等级，列于表 7-3，压力用 p 表示。

表 7-3　　　　　　　　　　　　　　　　压力分级

压力分级	低压	中压	中高压	高压	超高压
压力/MPa	≤ 2.5	>2.5～8	>8～16	>16～32	>32

排量 V　液压泵（液压马达）的排量是指在不考虑泄漏的情况下，轴转过一整转时所能输出（或所需输入）的油液体积。

理论流量 q_t　液压泵（液压马达）理论流量（用 q_t 表示）是指在不考虑泄漏的情况下，单位时间内所能输出（或所需输入）的油液体积。如泵轴的转速为 n，则泵的理论流量为

$$q_t = Vn \tag{7-3}$$

实际流量 q 是液压泵（液压马达）工作时的输出流量，这时的流量必须考虑到泄漏，所以实际流量 q 小于（大于）理论流量 q_t。

2．功率和效率

液压泵由电机驱动，输入量是转矩和转速（角速度），输出量是液体的压力和流量；液压马达则刚好相反，输入量是液体的压力和流量，输出量是转矩和转速（角速度）。

如果不考虑液压泵（液压马达）在能量转换过程中的损失，则输出功率等于输入功率，也就是它们的理论功率是：

$$P_t = pq_t = pVn = T_t\omega = 2\pi T_t n \tag{7-4}$$

式中　T_t——液压泵（液压马达）的理论转矩；

ω——液压泵（液压马达）的角速度。

上式中，p、q、T、ω、n 的单位分别为 N/m²、m³/s、N·m、rad/s、r/min，则 P_t 的单位为 W。

实际上，液压泵和液压马达在能量转换过程中是有损失的，因此输出功率小于输入功率。两者之间的差值即为功率损失，功率损失可以分为容积损失和机械损失两部分。

容积损失是因内泄漏而造成的流量上的损失。液压泵输出压力增大时内泄漏加大，实际输出的流量 q 减小。设内泄漏为 q_1，则容积损失可用容积效率 η_v 来表示。

$$\eta_v = \frac{q}{q_t} = \frac{q_t - q_1}{q_t} = 1 - \frac{q_1}{q_t} \tag{7-5}$$

由于泵的泄漏油液流态可以看作为层流，所以泄漏量和泵的输出压力 p 成正比，即

$$q_1 = k_1 p \tag{7-6}$$

式中　k_1——泄漏系数。

因此有

$$\eta_v = 1 - \frac{k_1 p}{Vn} \tag{7-7}$$

上式表明：泵的输出压力越高，泄漏系数越大，或泵的排量越小，转速越低，则泵的容积效率也越低。

对液压马达来说，由于泄漏损失，输入液压马达的实际流量 q 必然大于它的理论流量 q_t，即 $q=q_t+q_l$，它的容积效率为

$$\eta_v = \frac{q_t}{q} = 1 - \frac{q_l}{q} \qquad (7\text{-}8)$$

机械损失是指因摩擦而造成的转矩上的损失。

液压泵转矩总是大于其理论上需要的转矩的，设转矩损失为 T_l，则泵实际输入转矩为 $T=T_t+T_l$，用机械效率 η_m 来表征泵的机械损失时，有

$$\eta_m = \frac{T_t}{T} = \frac{1}{1+\dfrac{T_l}{T_t}} \qquad (7\text{-}9)$$

对于液压马达来说，由于摩擦损失，使液压马达的实际输出转矩 T 小于其理论转矩，它的机械效率 η_m 为

$$\eta_m = \frac{T}{T_t} = \frac{T_t - T_l}{T_t} = 1 - \frac{T_l}{T_t} \qquad (7\text{-}10)$$

液压泵（液压马达）的总效率 η 都是其输出功率与输入功率之比，且有

$$\eta = \eta_v \eta_m \qquad (7\text{-}11)$$

【**例 7-1**】 已知某液压泵的转速为 950r/min，排量为 168mL/r，在额定压力 29.5MPa 和同样转速下，测得的实际流量为 150L/min，额定工况下的总效率为 0.87，求：

（1）液压泵的理论流量 q_t；

（2）液压泵的容积效率 η_v；

（3）液压泵的机械效率 η_m；

（4）在额定工况下，驱动液压泵的电动机功率 P_i；

（5）驱动泵的转矩 T。

解 （1）液压泵的理论流量 $q_t=Vn=168 \div 1\,000 \times 950 = 159.6$（L/min）；

（2）液压泵的容积效率 $\eta_v=q/q_t=150 \div 159.6 = 0.94$；

（3）液压泵的机械效率 $\eta_m=0.87 \div 0.94 = 0.925$；

（4）电动机功率 $P_i=pq/(60 \times 0.87) = 84.77$（kW）；

（5）驱动泵的转矩 $T=9\,549P_i/n=9\,549 \times 84.77 \div 950 = 852$（N·m）。

| 7.4 液压缸 |

液压马达和液压缸都是液压系统的执行元件，液压马达能将液压泵提供的液压能转换成连续旋转式的机械运动，液压缸则能将液压能转换成往复直线式的机械运动。

如图 7-6 所示，液压缸的结构简单、工作可靠。用它来实现往复运动时，可免去减速装置，并且没有传动间隙，运动平稳，因此液压缸在各种机械的液压系统中均得到广泛应用。

液压缸的种类很多，常见的是活塞式液压缸，活塞式液压缸根据其使用要求不同可分为双杆

式和单杆式两种。

1．双杆式活塞缸

活塞两端都有一根直径相等的活塞杆伸出的液压缸称为双杆式活塞缸，它一般由缸体、缸盖、活塞、活塞杆和密封件等零件构成。根据安装方式不同可分为缸筒固定式和活塞杆固定式两种。

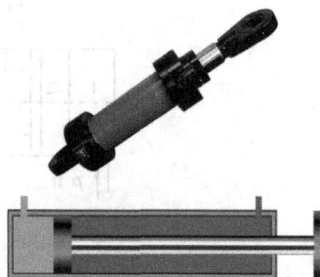
图7-6 液压缸

图7-7（a）所示为缸筒固定式的双杆活塞缸。它的进、出口布置在缸筒两端，活塞通过活塞杆带动工作台移动，当活塞的有效行程为 l 时，整个工作台的运动范围为 $3l$，当工作台行程要求较长时，可采用图7-7（b）所示的活塞杆固定的形式，这时，缸体与工作台相连，活塞杆通过支架固定，动力由缸体传出。这种安装形式中，工作台的移动范围只等于液压缸有效行程的两倍，因此占地面积小。进出油口可以设置在固定不动的空心的活塞杆的两端，但必须使用软管连接。

由于双杆活塞缸两端的活塞杆直径通常是相等的，因此它左、右两腔的有效面积也相等，当分别向左、右腔输入相同压力和相同流量的油液时，液压缸左、右两个方向的推力和速度相等。当活塞的直径为 D，活塞杆的直径为 d，液压缸进、出油腔的压力为 p_1 和 p_2，输入流量为 q 时，双杆活塞缸的推力 F 和速度 v 为：

$$F = A(p_1 - p_2) = \frac{\pi}{4}(D^2 - d^2)(p_1 - p_2) \tag{7-12}$$

$$V = \frac{4q}{\pi(D^2 - d^2)} \tag{7-13}$$

式中　A——活塞的有效工作面积。

双杆活塞缸在工作时，设计成一个活塞杆是受拉的，而另一个活塞杆不受力，因此这种液压缸的活塞杆可以做得细些。

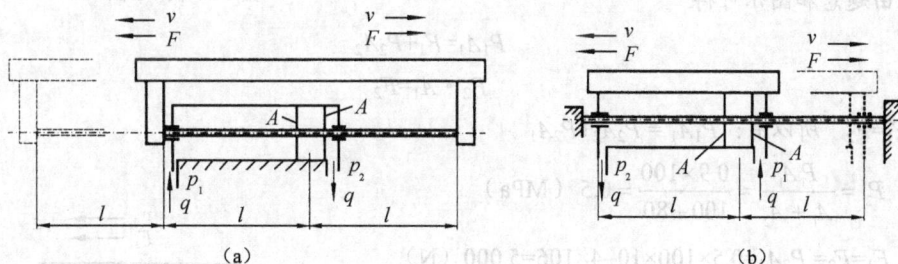
（a）　　　　　　　　　　　　　（b）
图7-7 双杆活塞缸

2．单杆式活塞缸

如图7-8所示，活塞只有一端带活塞杆，若改变进回油位置，输出推力及速度的大小和方向都随之改变。

单作用油缸

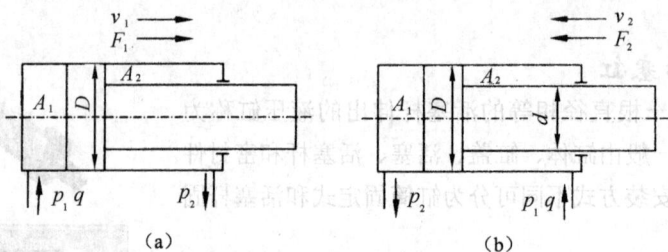

图 7-8 单杆式活塞缸

（1）无杆腔进油，有杆腔回油，如图 7-8（a）所示。

$$F_1 = p_1 A_1 - p_2 A_2 = \frac{\pi}{4} D^2 \cdot p_1 - \frac{\pi}{4}\left(D^2 - d^2\right) \cdot p_2 \tag{7-14}$$

$$v_1 = \frac{4q}{\pi D^2} \tag{7-15}$$

（2）有杆腔进油，无杆腔回油，如图 7-8（b）所示。

$$F_2 = p_1 A_2 - p_2 A_1 = \frac{\pi}{4}\left(D^2 - d^2\right) p_1 - \frac{\pi}{4} D^2 p_2 \tag{7-16}$$

$$v_2 = \frac{4q}{\pi \left(D^2 - d^2\right)} \tag{7-17}$$

可知，由于 $A_1 > A_2$，所以 $F_1 > F_2$，$v_1 < v_2$。

【例 7-2】 如图 7-9 所示，两个结构和尺寸均相同的液压缸相互串联，无杆腔面积 $A_1 = 100\text{cm}^2$，有杆腔面积 $A_2 = 80\text{cm}^2$，液压缸 1 输入压力 $P_1 = 0.9\text{MPa}$，输入流量 $q_1 = 12\text{L/min}$，不计力损失和泄漏，试计算两缸负载相同时，负载和运动速度各为多少？

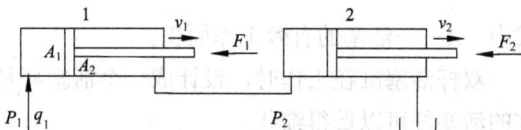

图 7-9 例 7-2 图

解 由题意和图示可得

$$P_1 A_1 = F_1 + P_2 A_2$$

$$P_2 \cdot A_1 = F_2$$

因 $F_1 = F_2$ 所以有：$P_1 A_1 = P_2 A_2 + P_2 A_1$

故 $P_2 = \dfrac{P_1 A_1}{A_1 + A_2} = \dfrac{0.9 \times 100}{100 + 80} = 0.5$ （MPa）

$F_1 = F_2 = P_2 A_1 = 0.5 \times 100 \times 10^{-4} \times 10^6 = 5\,000$ （N）

$V_1 = q_1 / A_1 = (10 \times 10^{-3}) \div (100 \times 10^{-4}) = 1.2$ （m/min）

$q_2 = V_1 A_2$

$V_2 = q_2 / A_1 = V_1 A_2 / A_1 = 0.96$ （m/min）

因此，负载为 5 000N，缸 1 的运动速度为 1.2m/min，缸 2 的运动速度为 0.96m/min。

单杆活塞缸在其左右两腔都接通高压油时称为差动连接缸，如图 7-10 所示。差动缸左右两腔的油液压力相同，但是

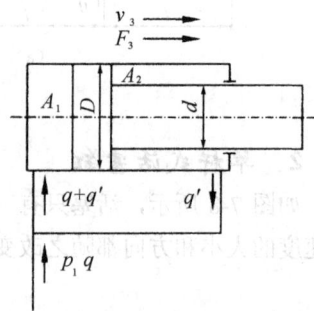

图 7-10 差动缸

由于左腔（无杆腔）的有效面积大于右腔（有杆腔）的有效面积，故活塞向右运动，同时使右腔中排出的油液（流量为 q'）也进入左腔，加大了流入左腔的流量（$q+q'$），从而也加快了活塞移动的速度。实际上活塞在运动时，由于差动连接时两腔间的管路中有压力损失，所以右腔中油液的压力稍大于左腔油液压力，而这个差值一般都较小，可以忽略不计。

差动连接时活塞推力为：

$$F_3 = p_1(A_1 - A_2) = \frac{\pi d^2 p_1}{4} \tag{7-18}$$

进入无杆腔的流量为 $q_1 = v_3 A_1 = q + q' = q + v_3 A_2$，则活塞移动速度为

$$v_3 = \frac{q}{A_1 - A_2} = \frac{4q}{\pi d^2} \tag{7-19}$$

一般而言，差动连接时液压缸的推力比非差动连接时小，速度比非差动连接时大，利用这一点，可在不加大油源流量的情况下获得较快的运动速度，这种连接方式被广泛应用于机械设备的快速移动功能中。若要使 $v_2 = v_3$，即快进速度与快退速度相等，则可要求 $D = \sqrt{2}d$。

7.5　液压辅助元件

液压系统中的液压辅件，是指动力元件、执行元件和控制阀以外的其他配件，如管件、油箱、过滤器、密封件、压力表、蓄能器等。

1．管路

在液压传动系统中，吸油管路和回油管路一般用低压的有缝钢管，也可以使用橡胶和塑料软管；控制油路中流量小，多用小直径铜管，如图 7-11 所示。在中、低压油路中常使用铜管，高压油路一般使用冷拔无缝钢管。高压软管是由橡胶管中间加一层或几层钢丝网编制而成。

2．管接头

管接头是连接油管与液压元件或阀板的可拆卸的连接件，如图 7-11 所示。液压系统中油液的泄漏多发生在管接头处，所以管接头的重要性不容忽视。常用的管接头有焊接管接头、卡套管接头、扩口管接头、胶管管接头及快速接头。

3．油箱

油箱主要用来储存油液，此外还起着散发油液中的热量、逸出混在油液中的气体，沉淀在油中的油污等作用，油箱的结构如图 7-12 所示。液压系统中的油箱有总体式和分离式。油箱通常由钢板焊接而成。

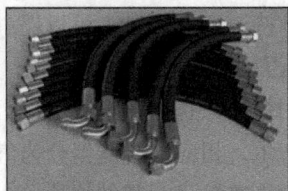

图 7-11　管路和管接头

图 7-12　油箱

4. 过滤器

液压系统中 75%以上的故障是和液压油的污染有关，油液的污染能加速液压元件的磨损，卡死阀芯，堵塞工作间隙和小孔，使元件失效，导致液压系统不能正常工作，因而必须使用过滤器对油也进行过滤。

过滤器的功用是过滤混在油液中的杂质，把杂质颗粒控制在能保证液压系统正常工作的范围内，过滤器的结构如图 7-13 所示。

图 7-13　过滤器

过滤器可以安装在液压系统的各个位置上。过滤器安装在液压泵的吸油管路上，能避免较大杂质颗粒进入液压泵，保护液压泵；安装在液压泵的压油管路上，保护液压泵以外的液压元件；安装在回油管路上，过滤回油箱的油液；安装在辅助泵输油管路上，不断净化系统中的油液。

5. 密封装置

在液压系统中，密封装置用来防止工作介质的泄漏及外界灰尘和异物的侵入。其中起密封作用的元件，即密封件。

外漏会造成工作介质的浪费，污染机器和环境，甚至引起机械操作失灵及设备人身事故。内漏会引起液压系统容积效率急剧下降，达不到所需要的工作压力，甚至不能进行工作。同时，侵入系统中的微小灰尘颗粒，会引起或加剧液压元件摩擦副的磨损，进一步导致泄漏。

因此，密封件和密封装置是液压设备的一个重要组成部分。它的工作的可靠性和使用寿命是衡量液压系统性能的一个重要指标。密封按其工作原理分为非接触式密封和接触式密封。密封圈一般采用 O 形密封圈和唇形密封圈，如图 7-14 所示。

图 7-14　密封圈

6. 蓄能器

蓄能器是液压系统中的一种能量储蓄装置，如图 7-15 所示。它适时地将系统中的能量转变为压缩能或位能储存起来，当系统需要时，又将压缩能或位能转变为液压能而释放出来，重新供给系统。当系统瞬间压力增大时，蓄能器可以吸收这部分能量。保证整个系统压力正常。

蓄能器有两种用途。当低速运动时载荷需要的流量小于液压泵流量，液压泵多余的流量存入蓄能器；当载荷要求流量大于液压泵流量时，液体从蓄能器释放出来，以补充液压泵流量的不足。当停机但仍需维持一定压力时，可以停止液压泵而由蓄能器补偿系统的泄漏，以保持系统的压力。

图 7-15　蓄能器

蓄能器也可用来吸收液压泵的压力脉动或吸收系统中产生的液压冲击压力。蓄能器中的压力可以用压缩气体、重锤或弹簧来产生，相应地蓄能器分为气体式、重锤式和弹簧式。气体式蓄能器中的气体与液体直接接触者，称为接触式，其结构简单，容量大，但液体中容易混入气体，常用于水压机上。气体与液体不接触的称为隔离式，常用皮囊和隔膜来隔离，皮囊体积变化量大，隔膜体积变化量小，常用于吸收压力脉动。重锤式蓄能器容量较大，常用于轧机等系统中。

本 章 小 结

（1）一个完整的、能够正常工作的液压系统，由以下五个主要部分组成。

① 动力元件。动力元件即液压泵，它将原动机输入的机械能转换为流体介质的压力能。其作用是为液压系统提供压力油，是系统的动力源。

② 执行元件。执行元件是指液压缸或液压马达，它是将液压能转换为机械能的装置。其作用是在压力油的推动下输出力和速度（或力矩和转速），以驱动工作部件。

③ 控制元件。包括各种阀类，如溢流阀、节流阀、换向阀等。这类元件是用于控制液压系统中油液的压力、流量和流动方向，以保证执行元件完成预定的动作。

④ 辅助元件。包括油箱、油管、过滤器以及各种指示器和控制仪表等。它们的作用是提供必要的条件使系统得以正常工作和便于监测控制。

⑤ 工作介质。传递能量的流体，即液压油等。

（2）液压油是液压传动系统中的传动介质，而且还对液压装置的机构、零件起着润滑、冷却和防锈的作用。液压介质的性能对液压系统的工作状态有很大影响。由于液压传动系统的压力、温度和流速在很大的范围内变化，因此液压油的质量优劣直接影响液压系统的工作性能，故合理地选用液压油是很重要的。

（3）液压泵是系统不可缺少的核心元件，起着向系统提供动力源的作用。液压泵将原动机（电动机或内燃机）输出的机械能转换为工作液体的压力能，是一种能量转换装置。液压泵都是依靠密封容积变化的原理来进行工作的，故一般称为容积式液压泵。常用的液压泵按结构不同可为齿轮泵、叶片泵和柱塞泵。

（4）液压马达和液压缸都是液压系统的执行元件，是一种将液压泵提供的液压能转变为机械能的能量转换装置。液压马达按其结构类型可以分为齿轮式、叶片式、柱塞式、活塞式。液压缸根据其使用要求不同可分为双杆式和单杆式两种。

习 题

一、判断题

1. 液压传动装置本质上是一种能量转换装置。（　　　）
2. 液压传动承载能力大，能实现大范围内无级变速和恒定的传动比。（　　　）
3. 液压泵输出的压力由液压泵本身决定。（　　　）
4. 吸油管路和回油管路一般用高压的无缝钢管。（　　　）
5. 液压缸的差动连接可提高执行元件的运动速度。（　　　）
6. 蓄能器是液压系统中的一种用于收集多余能量的储藏装置。（　　　）

二、选择题

1. 属于液压系统的执行元件是（　　）。
   A. 电动机　　　B. 液压泵　　　C. 液压马达　　　D. 液压阀

2. 液压系统中液压泵属（　　）。
   A. 动力部分　　B. 执行部分　　C. 控制部分　　　D. 辅助部分

3. 液压传动的特点有（　　）。
   A. 可与其他传动方式联用，但不易实现远距离操纵和自动控制
   B. 可以在较大的速度范围内实现无级变速
   C. 能迅速转向、变速、传动准确
   D. 体积小、质量小，零部件能自润滑，且维护、保养方便

4. 某油液的动力黏度为 $4.9×10^9 N·s/m^2$，密度为 $850kg/m^3$，则该油液的运动黏度为（　　）m^2/s
   A. $5.765×10^{-5}$　　B. $5.981×10^{-5}$　　C. $8.765×10^{-5}$　　D. $14.55×10^{-5}$

5. 液压泵能实现吸油和压油，主要依靠泵的（　　）变化。
   A. 动能　　　　B. 压力能　　　C. 密封容积　　　D. 油的流向

6. 单杆活塞缸的活塞杆在收回时（　　）。
   A. 受压力　　　B. 受拉力　　　C. 不受力

7. 已知单活塞杠液压缸的活塞直径 D 为活塞直径 d 的 2 倍，差动连接的快进速度等于非差动连接前进速度的（　　），差动连接的快进速度等于快退速度的（　　）。
   A. 1倍　　　　B. 2倍　　　　C. 3倍　　　　D. 4倍

三、综合题

1. 液压传动在应用中有哪些优缺点？

2. 液压传动系统主要由哪几部分组成？各部分起何作用？

3. 什么是液体的黏性？常用的黏度表示方法有哪几种？如何定义？

4. 什么叫做差动液压缸？差动液压缸在实际应用中有什么优点？

5. 已知某液压泵的输出压力为 5MPa，排量为 10mL/r，机械效率为 0.95，容积效率为 0.9，转速为 1 200r/min，求：
   （1）液压泵的总效率；
   （2）液压泵输出功率；
   （3）电动机驱动功率。

6. 要求设计输出转矩为 52.5N·m，转速为 30r/min 的液压马达。设马达的排量为 $105cm^3/r$，马达的机械效率及容积效率各为 0.9，求所需的流量和压力。

7. 一双杆活塞式液压缸，其液压缸内径为 0.1m，活塞杆直径为 0.5m，进入液压缸的流量为 25L/min，求活塞运动的速度是多少？

8. 已知单出杆活塞缸的输入流量为 25L/min，压力 $p=4MPa$，试分别求出下述两种情况下的液压缸内径 D 和活塞杆直径 d。
   （1）往返快速运动速度相等，即 $v_2=v_3=6m/min$。
   （2）液压油进入无杆腔时，其推力 F 为 2 500N。

第 8 章
机构运动仿真及有限元分析

| 8.1 运动仿真及有限元分析的意义 |

随着汽车零部件行业的迅速发展和市场竞争的日益激烈，如何提高产品品质、增强产品的市场竞争能力、缩短产品开发周期、降低成本已成为企业十分重视的问题。现代化的开发手段是提高企业竞争力的重要保证。

在汽车零部件产品的设计过程中，运动机构的空间干涉、复杂零件的应力分布、变形状态等问题是非常复杂的。按传统设计模式，设计人员为了提高设计效率，对一些细节问题经常不得不进行简化处理，而这些处理又往往带来设计结果的不可靠甚至致命错误，给生产造成不应有的损失。因此，利用计算机三维设计工具合理地解决这些问题无疑具有一定的现实意义。Pro/Engineer（简称 Pro/E）是美国参数技术公司（PTC）推出的基于参数化的新一代的计算机辅助设计软件，无论从零件设计中的整体结构设计，还是工程图三视图的生成，以及 3D 装配图的形成方式和运动仿真模拟功能，Pro/E 软件都有操作容易、使用方便、修改方便的特点。对于不特别复杂的零件，其有限元分析功能也很完善与可靠，机构运动仿真和有限元分析功能属于 CAE 范畴。计算机辅助工程（Computer Aided Engineering，CAE）指用计算机辅助求解分析复杂工程和产品的结构力学性能，以及优化结构性能等。而 CAE 软件可作静态结构分析、动态分析；研究线性、非线性问题；分析结构、流体、电磁等。CAE 软件在机械三维实体造型设计及分析中得到了广泛的应用，也是机构运动仿真及有限元分析初学者的优秀平台。

本章将通过实例介绍利用软件进行机构运动仿真和有限元分析的过程。为了便于交流学习，CAE 分析软件采用当前较为典型的 Pro/E 5.0 版本，分析对象为典型的曲柄滑块机构。

|8.2 Pro/E 机构运动仿真分析|

8.2.1 运动仿真模块功能

在建立机械设计模型后设计者往往需要通过虚拟的手段，利用软件模拟所设计的机构，达到在虚拟的环境中模拟现实机构运动的目的，这就是机构运动仿真的含义。机构运动仿真对于提高设计效率降低成本有很大的作用。

Pro/E 的运动仿真与动态分析功能集成在"机构"模块中，包括几何仿真和实体仿真两个方面的分析功能。

使用几何仿真分析功能相当于进行无阻尼运动仿真。使用几何仿真分析功能来创建某种机构，定义特定运动副，创建能使其运动起来的伺服电动机，来实现机构的运动模拟。仿真过程中可以观察并记录分析运动轨迹，采集运动动画文件，测量诸如位置、速度、加速度等运动特征，并通过图形直观地显示这些测量指标；也可以创建轨迹曲线和运动包络，用物理方法描述运动。

实体仿真分析功能相当于有阻尼仿真，可在机构上定义重力、力和力矩、弹簧、阻尼等特征，也可以设置构件的材料，密度等特征，使其更加接近现实中的结构，达到真实地模拟现实的目的。

因此，如果只是单纯地研究机构的运动，而不涉及质量、重力等参数，只需使用几何仿真分析，可在不考虑作用于系统上的力的情况下分析机构运动，并测量主体位置、速度和加速度。如果还需要更进一步分析机构受重力、外界输入的力和力矩、阻尼等的影响，则必须使用实体仿真来进行静态分析、动态分析等。

实体仿真分析可根据电动机所施加的力及其位置、速度或加速度来定义电动机。除重复组件和运动分析外，还可运行动态、静态和力平衡分析，也可创建测量，以监测连接上的力以及点、顶点或连接轴的速度或加速度。可确定在分析期间是否出现碰撞，并可使用脉冲测量定量分析由于碰撞而引起的动量变化。运动仿真分析流程见表 8-1。

表 8-1 运动仿真分析流程

类型	几何仿真流程	实体仿真流程
创建模型	定义主体 生成连接 定义连接轴设置 生成特殊连接	定义主体 指定质量属性 生成连接 定义连接轴设置 生成特殊连接
添加建模图元	应用伺服电动机	应用伺服电动机 应用弹簧 应用阻尼器 应用执行电动机 定义力/力矩负荷 定义重力

续表

类型	几何仿真流程	实体仿真流程
创建分析模型	运行运动学分析 运行重复组件分析	运行运动学分析 运行动态分析 运行静态分析 运行力平衡分析 运行重复组件分析
获得结果	回放结果 检查干涉 查看测量 创建轨迹曲线 创建运动包络	回放结果 检查干涉 查看定义的测量和动态测量 创建轨迹曲线和运动包络 创建要转移到 Mechanica 结构的负荷集

8.2.2　运动仿真模块工具栏

在装配环境下定义机构的连接方式后，单击菜单栏中【应用程序】→【机构】命令，如图 8-1
所示。系统进入机构模块环境，呈现图 8-2 所示的机构
模块主界面：模型树增加了图 8-3 所示"机构"一项内
容，窗口右边出现图 8-4 所示的工具栏图标。工具栏的
每一个图标与下拉菜单的每一个选项相对应。用户既可
以直接单击快捷工具栏图标进行相关操作，也可以通过
菜单选择进行操作。

图 8-4 所示的部分工具栏图标功能的含义如下。

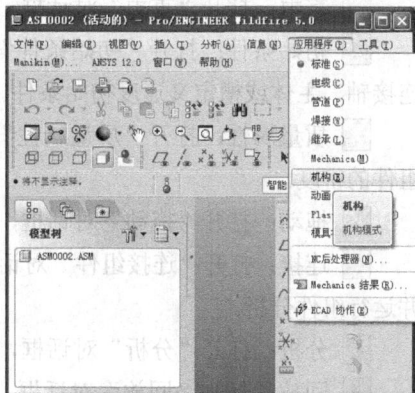

图 8-1　进入机构模块环境

连接轴设置：打开"连接轴设置"对话框，使用
此对话框可定义零参照、再生值以及连接轴的限制设置。

凸轮：打开"凸轮从动机构连接"对话框，使
用此对话框可创建新的凸轮从动机构，也可编辑或删除
现有的凸轮从动机构。

槽：打开"槽从动机构连接"对话框，使用此对话框可创建新的槽从动机构，也可编辑
或删除现有的槽从动机构。

齿轮：打开"齿轮副"对话框，使用此对话框可创建新的齿轮副，也可编辑、移除复制
现有的齿轮副。

伺服电动机：打开"伺服电动机"对话框，使用此对话框可定义伺服电动机，也可编辑、
移除或复制现有的伺服电动机。

执行电动机：打开"执行电动机"对话框，使用此对话框可定义执行电动机，也可编辑、
移除或复制现有的执行电动机。

弹簧：打开"弹簧"对话框，使用此对话框可定义弹簧，也可编辑、移除或复制现有的
弹簧。

阻尼器：打开"阻尼器"对话框，使用此对话框可定义阻尼器，也可编辑、移除或复制
现有的阻尼器。

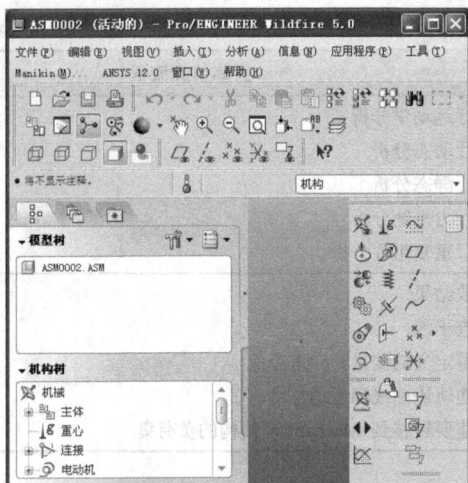

图 8-2　机构模块下的主界面　　　　图 8-3　模型树菜单　　图 8-4　工具栏图标

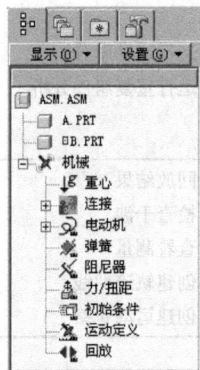

力/扭矩：打开"力/扭矩"对话框，使用此对话框可定义力或扭矩，也可编辑、移除或复制现有的力/扭矩负荷。

重力：打开"重力"对话框，可在其中定义重力。

初始条件：打开"初始条件"对话框，使用此对话框可指定初始位置快照，并可为点、连接轴、主体或槽定义速度初始条件。

质量属性：打开"质量属性"对话框，使用此对话框可指定零件的质量属性，也可指定组件的密度。

拖动：打开"拖动"对话框，使用此对话框可将机构拖动至所需的配置并拍取快照。

连接：打开"连接组件"对话框，使用此对话框可根据需要锁定或解锁任意主体或连接，并运行组件分析。

分析：打开"分析"对话框，使用此对话框可添加、编辑、移除、复制或运行分析。

回放：打开"回放"对话框，使用此对话框可回放分析运行的结果，也可将结果保存到一个文件中、恢复先前保存的结果或输出结果。

测量：打开"测量结果"对话框，使用此对话框可创建测量，并可选取要显示的测量和结果集，也可以对结果出图或将其保存到一个表中。

轨迹曲线：打开"轨迹曲线"对话框，使用此对话框生成轨迹曲线或凸轮合成曲线。

8.2.3　机构的运动仿真

本次设计用 Pro/E 5.0 三维造型软件进行建模，各零件建好后，进行装配，进而实现模拟仿真运动分析。

1．建立机构模型

进入组件设计模式，依次调入各三维零件，设置连接性质。经装配后，得到曲柄滑块机构的装配体模型，如图 8-5 所示。

2．进入机构运动仿真环境

单击菜单栏中的【应用程序】→【机构】命令，进入机构运动仿真环境，如图 8-6 所示。

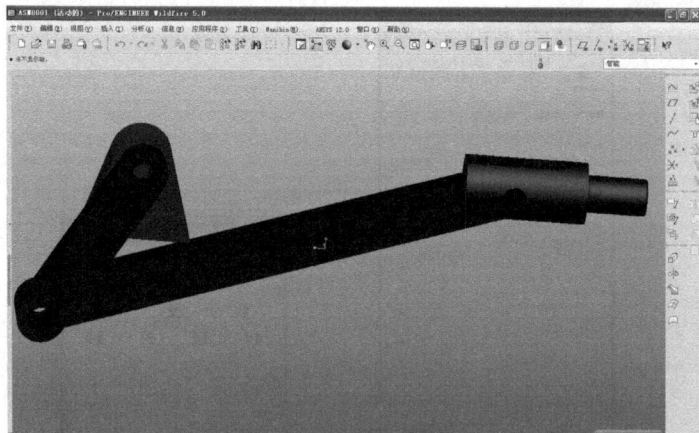

图 8-5 机构装配体

图 8-6 机构运动仿真环境

单击菜单栏中的【编辑】→【连接】命令，弹出【连接组件】对话框。单击该对话框的【运行】按钮，检查装配的连接情况。若连接成功，系统弹出【确认】对话框。单击该对话框中的【是】按钮，确认检查情况。

3. 创建伺服电动机

单击【机构】工具栏中的 🔍 【伺服电动机】按钮，弹出【伺服电动机定义】对话框，如图 8-7 所示。可以修改电动机的默认名称为 diandj，在绘图区选择曲柄轴连接轴作为伺服电动机的驱动对象，可通过单击【反向】按钮改变曲柄转向。

在图 8-8 所示的对话框中单击【轮廓】面板，在【规范】选项组下拉列表中选择【速度】选项。其余均接受对话框中当前项的选择，默认当前轴的位置为零位置。在【模】选项组下拉列表中选择【常数】选项，表示驱动器以常数形式运行。在【A】文本框中输入 60，即给定电动机的转速是匀速 60°/s，单击该对话框中的【确定】按钮，完成伺服电动机的建立。此时，在机构中将显示驱动器的紫色标志。

图 8-7 电动机轴的确定

4. 运动分析

单击【机构】工具栏中的 ❌ 【机构分析】按钮，弹出【分析定义】对话框，接受默认名称，在【类型】选项组下拉列表中选择【运动学】选项，可以观察曲柄滑块机构的运动情况。在【图形显示】选项组中的【终止时间】文本框中输入 10，【最小间隔】中输入 0.1，表示每隔 0.1s 输出一个求解值。如果要输出更多求解值，则可减少间隔值，但程序运行时间会增加，如图 8-9 所示。单击【运行】按钮，可以查看曲柄滑块机构的运行情况。单击【确定】按钮，退出该对话框。

5. 结果分析

（1）回放并保存分析结果

单击菜单栏中的【分析】→【回访】命令，弹出【回放】对话框。在【结果集】列表中将显示上一步建立的运动分析 AnalysisDefinition1。单击 ◀▶ 【播放当前结果集】按钮，弹出【动画】对话框，使用各按钮可控制回放结果的方向和速度，如图 8-10 所示单击【捕获】按钮，弹出【捕获】对话框，可设置输出 mpg 格式的动画文件。

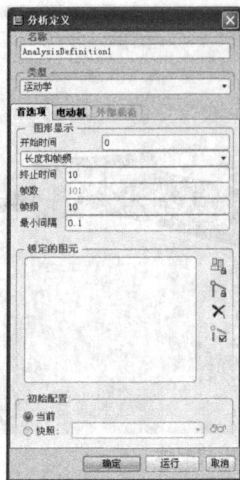
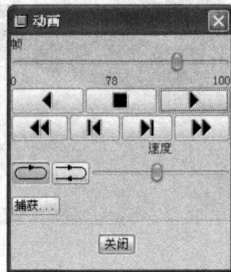

图 8-8 电动机运动参数的确定　　　　图 8-9 确定运行时间和间隔　　　　图 8-10 仿真动画的播放与创建

（2）分析滑块上一点的位移、速度、加速度

首先在滑块上创建任一个点，然后单击【运动】工具栏中的 ⊠【测量】按钮，弹出【测量结果】对话框。在【图形类型】选项组下拉列表中选择【测量与时间】选项，再单击该对话框中的 □【创建新测量】按钮，弹出【测量定义】对话框。如图 8-11 所示，在【名称】文本框中输入"s"，在【类型】选项组下拉列表中选择【位置】选项，在滑块上选择刚创建的点；在【评估方法】选项组下拉列表中选择【每个时间步长】选项。单击该对话框中的【确定】按钮，完成测量定义，返回【测量结果】对话框。

再次单击对话框中的 □【创建新测量】按钮，弹出【测量定义】对话框。在名称文本框中输入"v"，在【类型】选项组下拉列表中选择【速度】选项，在该滑块上选择相同的点；在【评估方法】选项组下拉列表中选择【每个时间步长】选项，单击该对话框中的【确定】按钮，完成测量定义，如图 8-12（a）所示，返回【测量定义】对话框。

使用同样的方法创建该点的加速度"a"，在【类型】选项组下拉列表中选择【加速度】选项，如图 8-12（b）所示。

　　　　　　　　　　　　　　　　　　　　　（a）　　　　　　　　　　　（b）

图 8-11　位移测量设置　　　　　　　　图 8-12　速度、加速度测量设置

可以看到在【结果集】列表中多增加了 s、v、a 三项测量目标，分别用于求解滑块上指定点

的位移、速度、加速度值随时间变化的规律。双击【结果集】列表框中的"AnalysisDefinition1"，系统将自动计算结果，并把机构处在当前位置时，测量目标的结果值显示在【测量】列表框中的【值】列中。最终【测量结果】对话框如图 8-13 所示。需要注意的是，如果重新设置仿真模型的相对位置，则相应的测量目标值也会改变，但运动规律不会改变。

在该对话框中可选择是否【分别绘制测量图形】，可确定是否在同一坐标系中的测量目标曲线。再按<Crtl>键选择【测量】列表框中的"s""v"和"a"。单击 ⊠【绘制选定结果集】所选测量的图形】按钮，显示测量结果，如图 8-14 所示。如果用鼠标单击曲线某点位置，将实时显示该点的坐标值。图 8-14 表示在 3.6s 时刻，位移为 93.6 621mm。

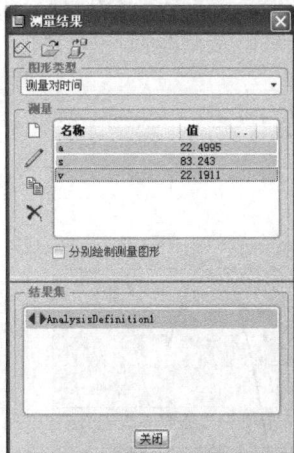

图 8-13　当前位置的测量目标值

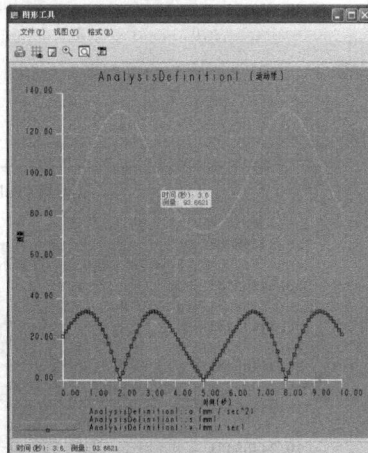

图 8-14　在同一坐标系中的测量目标曲线

为了便于详尽分析，可以将测量结果中的图形和每一步长的数据以 Excel 的形式输出，或直接导出文本保存，导出方法与结果如图 8-15 所示。

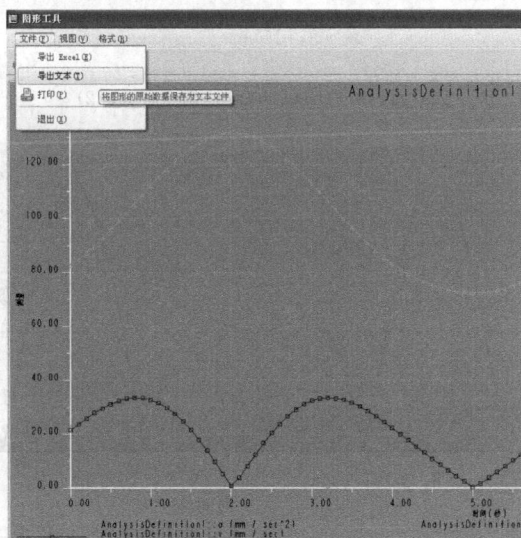

（a）

图 8-15　测量结果曲线图的导出

的位置、速度、加速度随时间变化。在系统树中的"AnalysisDefinition1"，单击鼠标右键，并在机构运动的结果表中的图形结果表中选择【测量】，测量窗口中的【值】中会列举出刚才定义的测量结果。选中其中的某个，在窗口的右上方将出现该测量的曲线图，该曲线图等价于图8-15所示。

按住〈Ctrl〉键，单击选中3个测量结果，单击右上方的曲线图，便可以同时显示3个测量结果的曲线图，如图8-15所示。

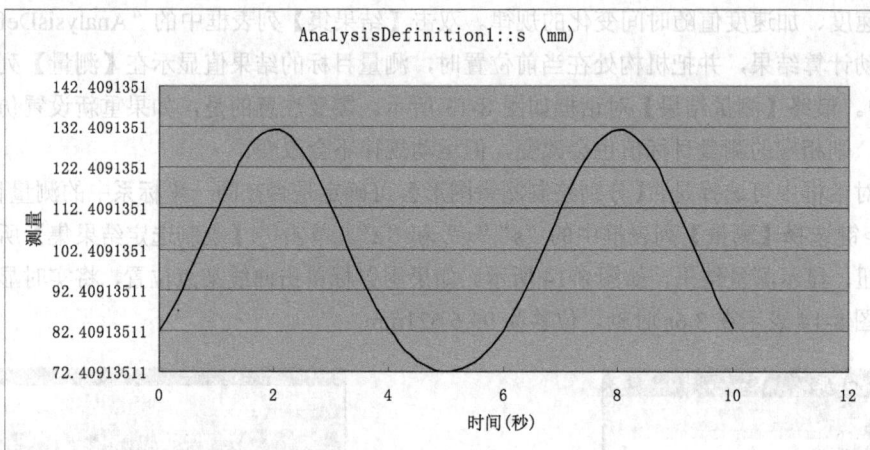

（b）

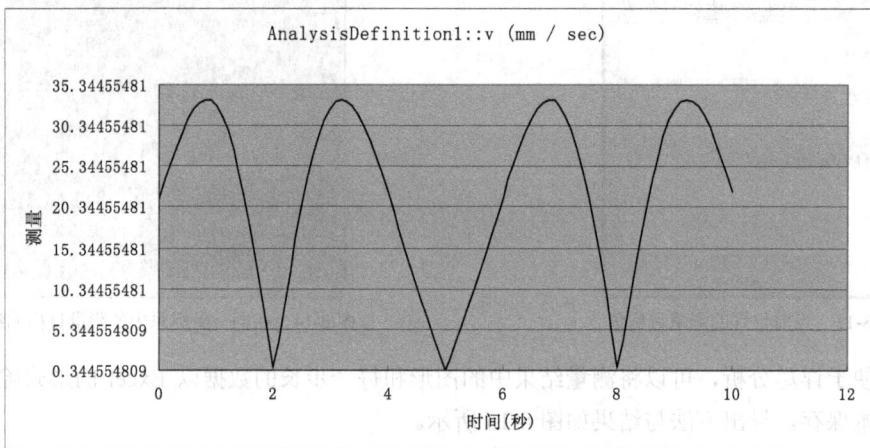

（c）

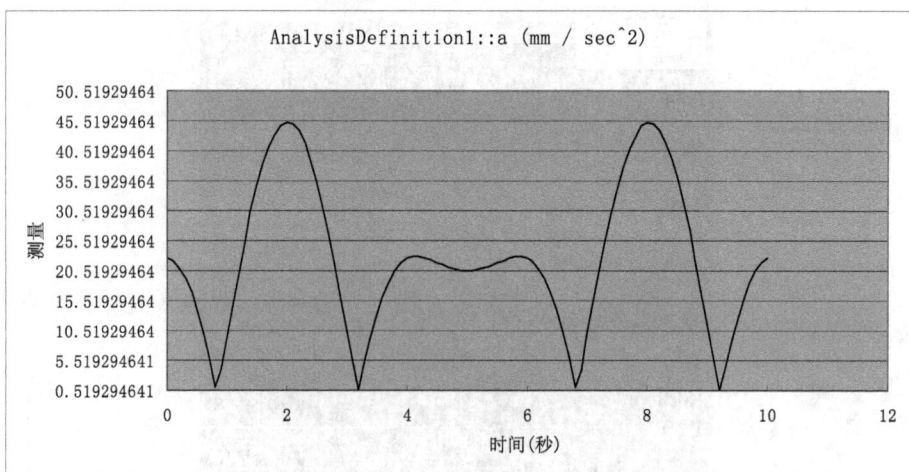

（d）

图 8-15　测量结果曲线图的导出（续）

表 8-2 为同步导出的位移、速度及加速度的值。Excel 文本数据，时间步长为 0.1s。可以看出，这些数据与之前电动机运行总时间和间隔的设置是相呼应的，很有分析价值。

表 8-2　　　　　　　　　　　同步导出的 Excel 文本数据

时间 t/s	测量位置 s/mm	测量速度 v/（mm/s）	测量加速度 a/（mm/s^2）
0	82.52319	21.43419	22.6627
0.1	84.74472	23.67255	22.03037
0.2	87.18471	25.82393	20.90809
0.3	89.83249	27.83499	19.21112
0.4	92.67158	29.64489	16.87716
0.5	95.67911	31.18814	8.8762
0.6	98.82558	32.39816	10.2177
0.7	102.0749	33.21145	5.953494
0.8	105.3849	33.57171	1.175703
0.9	108.7083	33.43363	3.989984
1	111.9937	32.76575	9.394257
1.1	115.1876	31.55222	14.8755
1.2	118.2354	29.79353	20.27061
1.3	121.0833	27.50617	25.42399
1.4	123.68	24.72154	30.19403
1.5	125.9781	21.48429	34.45709
1.6	127.9348	17.8505	38.10934
1.7	129.5139	8.8856	41.0671
1.8	130.6857	9.662396	43.26621
1.9	131.4283	5.259186	44.6611
2	131.7278	0.757933	45.22383
2.1	131.5785	3.757453	44.9433
2.2	130.9832	8.202783	43.82502
2.3	129.9532	8.49525	41.89124
2.4	128.5077	16.55515	39.18153
2.5	126.6738	20.3076	35.75369
2.6	124.4857	23.68449	31.68477
2.7	121.9839	26.62639	27.07182
2.8	119.2146	29.0846	22.03197
2.9	116.2279	31.02307	16.70112
3	18.077	32.42016	11.23078
3.1	109.8162	33.26995	5.782421
3.2	106.4997	33.58282	0.519295
3.3	103.1797	33.38516	4.403894
3.4	99.90505	32.7179	8.85232
3.5	96.71977	31.63404	8.72167
3.6	93.66207	30.19511	15.94614
3.7	90.76367	28.46714	18.50214

续表

时间 t/s	测量位置 s/mm	测量速度 v/（mm/s）	测量加速度 a/（mm/s²）
3.8	88.04964	26.51642	20.40706
3.9	85.53855	24.40571	21.71339
4	83.243	22.1911	22.49951
4.1	81.17044	19.92002	22.85924
4.2	79.32406	17.63016	22.89166
4.3	77.70385	15.34938	22.69293
4.4	76.30749	8.09635	22.35035
4.5	75.1313	10.88158	21.93906
4.6	74.17093	8.708751	21.5207
4.7	73.42202	6.57605	21.14351
4.8	72.88064	4.477466	20.84338
4.9	72.5437	2.403968	20.64506
5	72.40914	0.344555	20.56341
5.1	72.47612	1.712805	20.60423
5.2	72.74506	3.780287	20.76464
5.3	73.21762	5.869339	21.0329
5.4	73.89658	7.989764	21.38768
5.5	74.7856	10.14871	21.79698
5.6	75.88897	8.34953	22.21683
5.7	77.21108	14.59054	22.59015
5.8	78.75593	16.86367	22.84626
5.9	80.52637	19.15312	22.90167
6	82.52331	21.4342	22.66268
6.1	84.74472	23.67255	22.03037
6.2	87.18471	25.82393	20.90809
6.3	89.83249	27.83499	19.21112
6.4	92.67158	29.64489	16.87716
6.5	95.67911	31.18814	8.8762
6.6	98.82558	32.39816	10.2177
6.7	102.0749	33.21145	5.953494
6.8	105.3849	33.57171	1.175703
6.9	108.7083	33.43363	3.989984
7	111.9937	32.76575	9.394257
7.1	115.1876	31.55222	14.8755
7.2	118.2354	29.79353	20.27061
7.3	121.0833	27.50617	25.42399
7.4	123.68	24.72154	30.19403
7.5	125.9781	21.48429	34.45709
7.6	127.9348	17.8505	38.10934
7.7	129.5139	8.8856	41.0671
7.8	130.6857	9.662396	43.26621

续表

时间 t/s	测量位置 s/mm	测量速度 v/（mm/s）	测量加速度 a/（mm/s^2）
7.9	131.4283	5.259186	44.6611
8	131.7278	0.757933	45.22383
8.1	131.5785	3.757453	44.9433
8.2	130.9832	8.202783	43.82502
8.3	129.9532	8.49525	41.89124
8.4	128.5077	16.55515	39.18153
8.5	126.6738	20.3076	35.75369
8.6	124.4857	23.68449	31.68477
8.7	121.9839	26.62639	27.07182
8.8	119.2146	29.0846	22.03197
8.9	116.2279	31.02307	16.70112
9	18.077	32.42016	11.23078
9.1	109.8162	33.26995	5.782421
9.2	106.4997	33.58282	0.519295
9.3	103.1797	33.38516	4.403894
9.4	99.90505	32.7179	8.85232
9.5	96.71977	31.63404	8.72167
9.6	93.66207	30.19511	15.94614
9.7	90.76367	28.46714	18.50214
9.8	88.04964	26.51642	20.40706
9.9	85.53855	24.40571	21.71339
10	83.243	21.85817	22.49951

8.3　Pro/E 有限元分析

8.3.1　Pro/Mechanica 模块功能

Pro/E 的有限元分析功能是通过其 Mechanica 模块实现的。

在 Pro/Mechanica 中，将每一项能够完成的工作称为设计研究。Pro/Mechanica 的设计研究种类可以分为以下 3 种类型。

（1）标准分析（Standard）：最基本、最简单的设计研究类型，至少包含一个分析任务。在此种设计研究中，用户需要指定几何模型、划分有限元网格、定义材料、定义载荷和约束、定义分析类型和计算收敛方法、计算并显示结果。

（2）灵敏度分析（Sensitivity）：可以根据不同的目标设计参数或者特性参数的改变计算出一系列的结果。除了进行标准分析的各种定义外，用户需要定义设计参数、指定参数的变化范围。用户可以用灵敏度分析来研究哪些设计参数对模型的应力或质量影响较大。

（3）优化设计分析（Optimization）：在基本标准分析的基础上，用户指定研究目标、约束条件（包括几何约束和物性约束）、设计参数，然后在参数的给定范围内求解出满足研究目标和约束条件的最佳方案。

因此，概括地说，Pro/Mechanica 能够完成的任务可以分为两大类。

第一类可以称为设计验证，或者称为设计校核，例如进行设计模型的应力应变检验，这也是大部分有限元分析软件能完成的工作。在 Pro/Mechanica 中，完成这种工作需要依次进行以下步骤：

（1）创建几何模型。

（2）简化模型（对于较为复杂的模型适用）。

（3）设定材料属性。

（4）定义约束。

（5）定义载荷。

（6）定义分析任务。

（7）运行分析。

（8）显示、评价计算结果。

第二类可以称为模型的设计优化，这是 Pro/Mechanica 区别于其他有限元软件最显著的特征。在 Pro/Mechanica 中进行模型的设计优化需要完成以下工作：

（1）创建几何模型。

（2）简化模型。

（3）设定单位和材料属性。

（4）定义约束。

（5）定义载荷。

（6）定义设计参数。

（7）运行灵敏度分析。

（8）运行优化分析。

（9）根据优化结果改变模型。

下面通过对曲柄滑块机构中的冲头零件的静力分析介绍 Pro/Mechanica 的第一类有限元分析过程。

8.3.2 零件的有限元静力分析

1．调入零件模型

调入待分析的零件模型 huakuai.prt，如图 8-16 所示。假设曲柄滑块机构处于平衡状态，且将滑块作为本次有限元静力分析的对象。

2．进入有限元分析模块

单击菜单栏中的【应用程序】→【Mechanica】命令，接受对话框默认值，按【确定】按钮，进入有限元分析模块，右侧将变为有限元分析工具栏图标，如图 8-17 所示。

3．设定材料属性

选择材料"STEEL"，按【确定】按钮后可在模型中看到材料标记，如图 8-18 所示。

4．定义约束

定义约束就是限制自由度，其算法与力学中的计算方法一样，一般常取未知约束反力处的约束限制，这里取滑块与轨道之间的约束最为合适，故采取限制与轨道接触的两条槽边进行。定义约束结果如图 8-19 所示。

图 8-16 有限元分析零件的调入

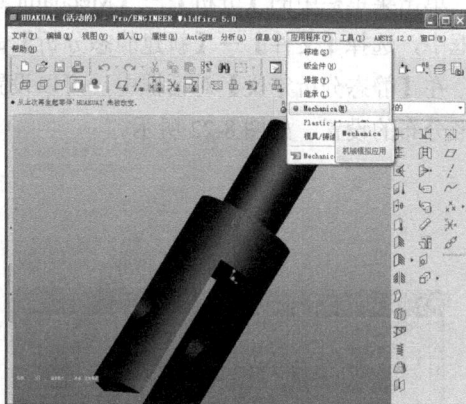

图 8-17 有限元分析环境

图 8-18 零件材料的确定

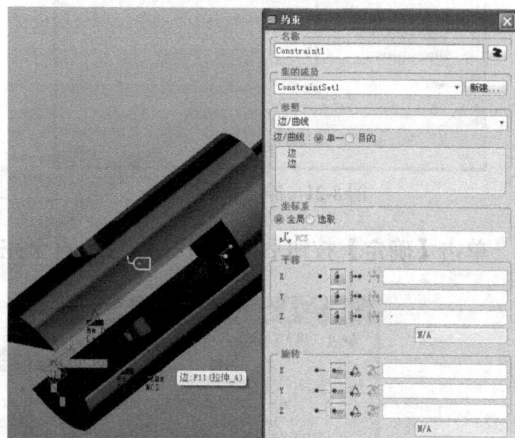

图 8-19 定义约束结果

5. 施加载荷

由受力分析可知，滑块在工作中受三个力的作用，分别来自连杆、被冲压件及轨道。轨道的反力已经在约束里受到限制，因此，只需添加两个力即可。单击【力/力矩载荷】工具，进入载荷设置对话框，载荷施加过程及结果如图 8-20 所示。

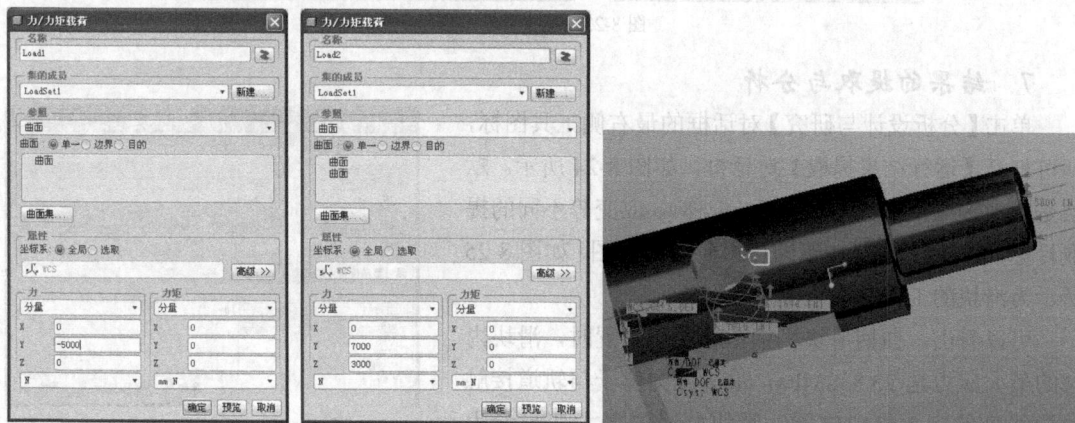

图 8-20 载荷施加过程及结果

6．分析计算

单击菜单栏中的【分析】→【Mechanica 分析/研究】命令，在弹出的【分析和设计研究】对话框中，选择【文件】→【新建静态分析】命令，即可进行零件的静力分析，如图 8-21 所示。

在【静态分析定义】对话框中，可以设置分析目标类型，选择默认即完成了求解滑块应力及变形分布的设置，如图 8-22 所示。

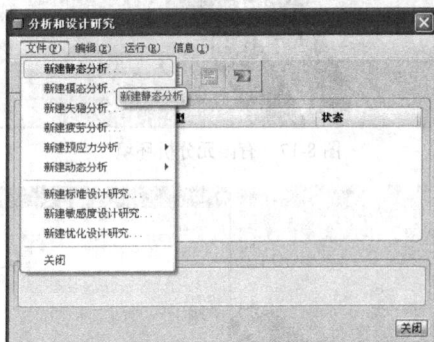

图 8-21　静力分析窗口

图 8-22　分析目标的设置

单击【确定】按钮后即可开始运行，直至完成，如图 8-23 所示。

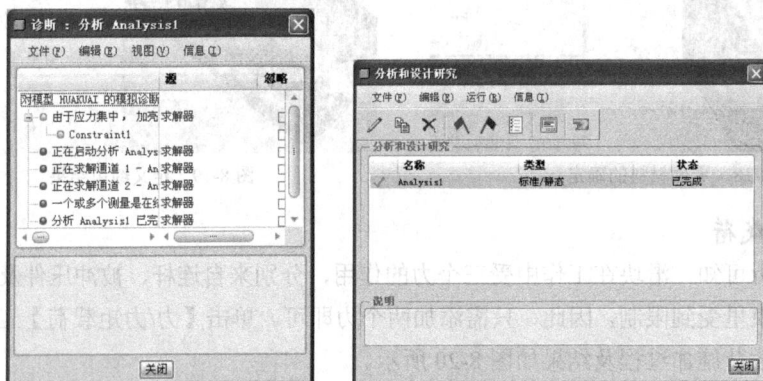

图 8-23　运行分析过程

7．结果的提取与分析

单击【分析设计与研究】对话框的最右侧工具图标，即可打开【运行结果提取】对话框，如图 8-24 所示。默认是应力提取，可以选择变形（位移）、应变等不同的提取目标，单击【确定】按钮即可得到应力云图，如图 8-25所示为滑块的工作应力及变形云图。

可以看出，曲柄滑块机构在此工作位置时，滑块内部的最大应力是 23 830MPa，最大应力位于与轨道接触的边线处的应力集中位置。滑块此时的最大变形量为

图 8-24　分析结果的提取

0.054 2mm，位于滑块外伸最远尖角处，这些数据对设计人员提供了较为科学有效的参考依据。

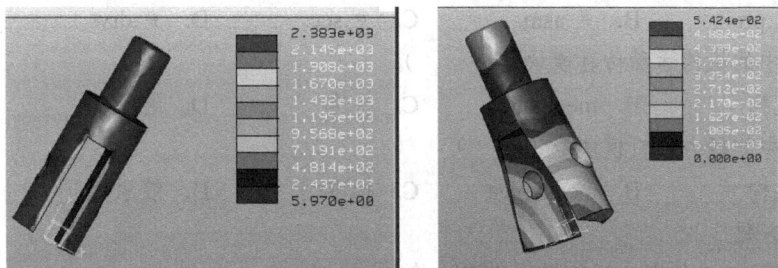

图 8-25　应力及变形云图

本 章 小 结

（1）在汽车零部件产品的设计过程中，运动机构的空间干涉、复杂零件的应力分布、变形状态等问题必须依靠 CAE 软件才能得到较科学的解决。

（2）无论从零件设计中的整体结构设计，还是工程图三视图的生成，以及 3D 装配图的形成方式和运动仿真模拟功能，Pro/E 软件都有操作容易、使用方便、修改方便的特点。

（3）Pro/E 的运动仿真与动态分析功能集成在"机构"模块中，包括几何仿真和实体仿真两个方面的分析功能。使用几何仿真分析功能相当于进行无阻尼运动仿真，使用实体仿真分析功能相当于进行有阻尼运动仿真，实体仿真更具现实性。

（4）机构运动仿真可输出机构任意时刻的位移、速度、加速度等物理参数，并能生成动画文件及运动轨迹。

（5）对零件进行有限元静力分析可得到的分析结果主要有应力、变形及应变能分布云图。

习　　题

一、判断题

1. 几何运动仿真比实体运动仿真更符合工程实际。（　　）

2. "Ctrl+鼠标左键"的作用是旋转图元。（　　）

3. 机构运动仿真与有限元静力分析可在同一模块中完成。（　　）

4. 机构运动仿真可以模拟出运动轨迹曲线。（　　）

5. 有限元分析时，施加约束的部位不需要再添加载荷。（　　）

二、选择题

1. Pro/E 是美国参数技术公司（PTC）推出的新一代 CAD/CAE/CAM 软件，它有（　　）的基本特点。

　　A. 基于特征　　　B. 参数化　　　　C. 3D 实体造型　D. 单一数据库

2. Pro/E 中的零件图是以（　　）格式进行保存的。

　　A. #.prt　　　　B. #.asm　　　　C. #.sec　　　　D. #.drw

3. Pro/E 中的装配图是以（　　　）格式进行保存的。

    A. #.prt　　　　　B. #.asm　　　　　C. #.sec　　　　　D. #.drw

4. Pro/E 中的机构运动仿真模块是（　　　）。

    A. 机构　　　　　B. mechanica　　　　C. 标准　　　　　D. 继承

5. Pro/E 中的静力分析模块是（　　　）。

    A. 机构　　　　　B. mechanica　　　　C. 标准　　　　　D. 继承

三、综合题

1. 简述机构运动仿真分析的操作步骤，并上机体验。

2. 简述构件有限元静力分析的操作步骤，并上机体验。

3. 自行设计一对齿轮传动机构，并进行运动仿真及静力分析。

附录 A
常用型钢规格表

普通工字钢

符号：h—高度；
　　　b—宽度；
　　　t_w—腹板厚度；
　　　t—翼缘平均厚度；
　　　I—惯性矩；
　　　W—截面模量；

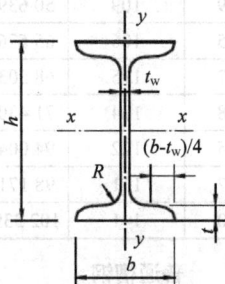

i—回转半径；
S_x—半截面的面积矩；
长度：
　　型号 10～18，长 5～19m；
　　型号 20～63，长 6～19m。

型号	尺寸/mm					截面面积/cm²	理论重量/(kg/m)	x-x 轴				y-y 轴		
	h	b	t_w	t	R			I_x/cm⁴	W_x/cm³	i_x/cm	I_x/S_x/cm	I_y/cm⁴	W_y/cm³	i_y/cm
10	100	68	4.5	7.6	6.5	14.3	11.2	245	49	4.14	8.69	33	9.6	1.51
12.6	126	74	5	8.4	7	18.1	14.2	488	77	5.19	11	47	12.7	1.61
14	140	80	5.5	9.1	7.5	21.5	16.9	712	102	5.75	12.2	64	16.1	1.73
16	160	88	6	9.9	8	26.1	20.5	1 127	141	6.57	13.9	93	21.1	1.89
18	180	94	6.5	10.7	8.5	30.7	24.1	1 699	185	7.37	15.4	123	26.2	2.00
20a	200	100	7	11.4	9	35.5	27.9	2 369	237	8.16	17.4	158	31.6	2.11
20b		102	9			39.5	31.1	2 502	250	7.95	17.1	169	33.1	2.07
22a	220	110	7.5	12.3	9.5	42.1	33	3 406	310	8.99	19.2	226	41.1	2.32
22b		112	9.5			46.5	36.5	3 583	326	8.78	18.9	240	42.9	2.27
25a	250	116	8	13	10	48.5	38.1	5 017	401	10.2	21.7	280	48.4	2.4
25b		118	10			53.5	42	5 278	422	9.93	21.4	297	50.4	2.36
28a	280	122	8.5	13.7	10.5	55.4	43.5	7 115	508	11.3	24.3	344	56.4	2.49
28b		124	10.5			61	47.9	7 481	534	11.1	24	364	58.7	2.44
32a	320	130	9.5	15	11.5	67.1	52.7	11 080	692	12.8	27.7	459	70.6	2.62
32b		132	11.5			73.5	57.7	11 626	727	12.6	27.3	484	73.3	2.57
32c		134	13.5			79.9	62.7	12 173	761	12.3	26.9	510	76.1	2.53
36a	360	136	10	15.8	12	76.4	60	15 796	878	14.4	31	555	81.6	2.69
36b		138	12			83.6	65.6	16 574	921	14.1	30.6	584	84.6	2.64
36c		140	14			90.8	71.3	17 351	964	13.8	30.2	614	87.7	2.6

型号	尺寸/mm					截面面积/cm²	理论重量/(kg/m)	x-x 轴				y-y 轴		
	h	b	t_w	t	R			I_x /cm⁴	W_x /cm³	i_x /cm	I_x/S_x /cm	I_y /cm⁴	W_y /cm³	i_y /cm
40a		142	10.5			86.1	67.6	21 714	1 086	15.9	34.4	660	92.9	2.77
40b	400	144	12.5	16.5	12.5	94.1	73.8	22 781	1 139	15.6	33.9	693	96.2	2.71
40c		146	14.5			102	80.1	23 847	1 192	15.3	33.5	727	99.7	2.67
45a		150	11.5			102	80.4	32 241	1 433	17.7	38.5	855	114	2.89
45b	450	152	13.5	18	13.5	111	87.4	33 759	1 500	17.4	38.1	895	118	2.84
45c		154	15.5			120	94.5	35 278	1 568	17.1	37.6	938	122	2.79
50a		158	12			119	93.6	46 472	1 859	19.7	42.9	1 122	142	3.07
50b	500	160	14	20	14	129	101	48 556	1 942	19.4	42.3	1 171	146	3.01
50c		162	16			139	109	50 639	2 026	19.1	41.9	1 224	151	2.96
56a		166	12.5			135	106	65 576	2 342	22	47.9	1 366	165	3.18
56b	560	168	14.5	21	14.5	147	115	68 503	2 447	21.6	47.3	1 424	170	3.12
56c		170	16.5			158	124	71 430	2 551	21.3	46.8	1 485	175	3.07
63a		176	13			155	122	94 004	2 984	24.7	53.8	1 702	194	3.32
63b	630	178	15	22	15	167	131	98 171	3 117	24.2	53.2	1 771	199	3.25
63c		780	17			180	141	102 339	3 249	23.9	52.6	1 842	205	3.2

普通槽钢

符号：h—高度；
b—宽度；
t_w—腹板厚度；
t—翼缘平均厚度；
I—惯性矩；
W—截面模量；

i—回转半径；
S_x—半截面的面积矩；
长度：
型号 5~8，长 5~12m；
型号 10~18，长 5~19m；
型号 20~40，长 6~19m。

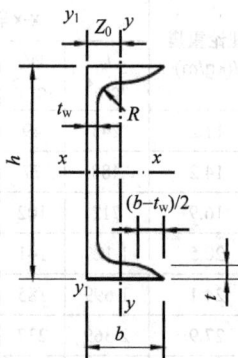

型号	尺寸/mm					截面面积/cm²	理论重量/(kg/m)	x-x 轴			y-y 轴			y-y1 轴	Z_0 /cm
	h	b	t_w	t	R			I_x /cm⁴	W_x /cm³	i_x /cm	I_y /cm⁴	W_y /cm³	i_y /cm	I_{y1} /cm⁴	
5	50	37	4.5	7	7	6.92	5.44	26	10.4	1.94	8.3	3.5	1.1	20.9	1.35
6.3	63	40	4.8	7.5	7.5	8.45	6.63	51	16.3	2.46	11.9	4.6	1.19	28.3	1.39
8	80	43	5	8	8	10.24	8.04	101	25.3	3.14	16.6	5.8	1.27	37.4	1.42
10	100	48	5.3	8.5	8.5	12.74	10	198	39.7	3.94	25.6	7.8	1.42	54.9	1.52
12.6	126	53	5.5	9	9	15.69	12.31	389	61.7	4.98	38	10.3	1.56	77.8	1.59
14a	140	58	6	9.5	9.5	18.51	14.53	564	80.5	5.52	53.2	13	1.7	107.2	1.71
14b		60	8	9.5	9.5	21.31	16.73	609	87.1	5.35	61.2	14.1	1.69	120.6	1.67
16a	160	63	6.5	10	10	21.95	17.23	866	108.3	6.28	73.4	16.3	1.83	144.1	1.79
16b		65	8.5	10	10	25.15	19.75	935	116.8	6.1	83.4	17.6	1.82	160.8	1.75
18a	180	68	7	10.5	10.5	25.69	20.17	1273	141.4	7.04	98.6	20	1.96	189.7	1.88
18b		70	9	10.5	10.5	29.29	22.99	1370	152.2	6.84	111	21.5	1.95	210.1	1.84

续表

型号	尺寸/mm					截面面积 /cm²	理论重量 /(kg/m)	x-x 轴			y-y 轴			y-y1 轴	Z₀
	h	b	t_w	t	R			I_x /cm⁴	W_x /cm³	i_x /cm	I_y /cm⁴	W_y /cm³	i_y /cm	I_{y1} /cm⁴	/cm
20a	200	73	7	11	11	28.83	22.63	1 780	178	7.86	128	24.2	2.11	244	2.01
20b		75	9	11	11	32.83	25.77	1 914	191.4	7.64	143.6	25.9	2.09	268.4	1.95
22a	220	77	7	11.5	11.5	31.84	24.99	2 394	217.6	8.67	157.8	28.2	2.23	298.2	2.1
22b		79	9	11.5	11.5	36.24	28.45	2 571	233.8	8.42	176.5	30.1	2.21	326.3	2.03
25a	250	78	7	12	12	34.91	27.4	3 359	268.7	9.81	175.9	30.7	2.24	324.8	2.07
25b		80	9	12	12	39.91	31.33	3 619	289.6	9.52	196.4	32.7	2.22	355.1	1.99
25c		82	11	12	12	44.91	35.25	3 880	310.4	9.3	215.9	34.6	2.19	388.6	1.96
28a	280	82	7.5	12.5	12.5	40.02	31.42	4 753	339.5	10.9	217.9	35.7	2.33	393.3	2.09
28b		84	9.5	12.5	12.5	45.62	35.81	5 118	365.6	10.59	241.5	37.9	2.3	428.5	2.02
28c		86	11.5	12.5	12.5	51.22	40.21	5 484	391.7	10.35	264.1	40	2.27	467.3	1.99
32a	320	88	8	14	14	48.5	38.07	7 511	469.4	12.44	304.7	46.4	2.51	547.5	2.24
32b		90	10	14	14	54.9	43.1	8 057	503.5	12.11	335.6	49.1	2.47	592.9	2.16
32c		92	12	14	14	61.3	48.12	8 603	537.7	11.85	365	51.6	2.44	642.7	2.13
36a	360	96	9	16	16	60.89	47.8	11 874	659.7	13.96	455	63.6	2.73	818.5	2.44
36b		98	11	16	16	68.09	53.45	12 652	702.9	13.63	496.7	66.9	2.7	880.5	2.37
36c		100	13	16	16	75.29	59.1	13 429	746.1	13.36	536.6	70	2.67	948	2.34
40a	400	100	10.5	18	18	75.04	58.91	17 578	878.9	15.3	592	78.8	2.81	1 057.9	2.49
40b		102	12.5	18	18	83.04	65.19	18 644	932.2	14.98	640.6	82.6	2.78	1 135.8	2.44
40c		104	14.5	18	18	91.04	71.47	19 711	985.6	14.71	687.8	86.2	2.75	1 220.3	2.42

常用滚动轴承的外形尺寸标注

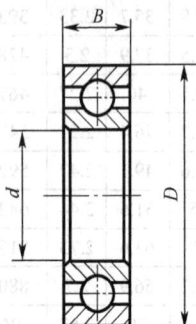

6000 型外形尺寸

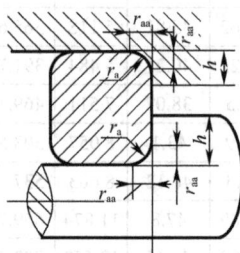

安装尺寸

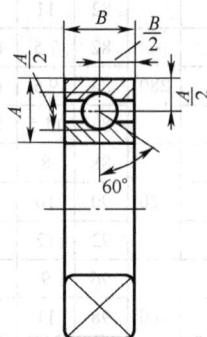

简化画法

符号：

d—内径；D—外径；B—宽度；h—安装高度；r_a、r_{aa}—安装倒角；A—轴承厚度。

标记示例：

滚动轴承 210（GB/T 276—2013）

轴承型号	尺寸/mm			安装尺寸/mm		C_r / kN	C_{0r} / kN	极限转速 n / (r/min)	
	d	D	B	$r_{aa\,max}$	h_{min}			脂润滑	油润滑
6204	20	47	14	1.00	3.0	12.8	6.65	14 000	18 000
6205	25	52	15	1.00	3.0	14.0	7.88	12 000	16 000
6206	30	62	16	1.00	3.0	19.5	11.5	9 500	13 000
6207	35	72	17	1.00	3.5	25.5	15.2	8 500	11 000
6208	40	80	18	1.00	3.5	29.5	18.0	8 000	10 000
6209	45	85	19	1.00	3.5	31.5	20.5	7 000	9 000
6210	50	90	20	1.00	3.5	35.0	23.2	6 700	8 500
6211	55	100	21	1.50	4.5	43.2	29.2	6 000	7 500
6212	60	110	22	1.50	4.5	47.8	32.8	5 600	7 000
6213	65	120	23	1.50	4.5	57.2	40.0	5 000	6 300
6214	70	125	24	1.50	4.5	60.8	45.0	4 800	6 000
6304	20	52	15	1.00	3.50	15.8	7.88	13 000	17 000
6305	25	62	17	1.00	3.50	22.2	11.5	10 000	14 000
6306	30	72	19	1.00	3.50	27.0	15.2	9 000	12 000
6307	35	80	21	1.50	4.50	33.2	19.2	8 000	10 000
6308	40	90	23	1.50	4.5	40.8	24.0	7 000	9 000
6309	45	100	25	1.50	4.5	52.8	31.8	6 300	8 000
6310	50	110	27	2.0	5	61.8	38.0	6 000	7 500
6311	55	120	29	2.0	5	71.5	44.8	5 300	6 700
6312	60	130	31	2.1	6	81.8	51.8	5 000	6 300
6313	65	140	33	2.1	6	93.8	60.5	4 500	5 600
6314	70	150	35	2.1	6	105	68.0	4 300	5 300

续表

轴承型号	尺寸/mm			安装尺寸/mm		C_r / kN	C_{0r} / kN	极限转速 n / (r/min)	
	d	D	B	$r_{aa\,max}$	h_{min}			脂润滑	油润滑
6404	20	72	19	1.00	3.5	31.0	15.2	9 500	13 000
6405	25	80	21	1.50	4.5	38.2	19.2	8 500	11 000
6406	30	90	23	1.50	4.5	47.5	24.5	8 000	10 000
6407	35	100	25	1.50	4.5	56.8	29.5	6 700	8 500
6408	40	110	27	2.0	5	65.5	37.5	6 300	8 000
6409	45	120	29	2.0	5	77.5	45.5	5 600	7 000
6410	50	130	31	2.1	6	92.2	55.2	5 300	6 700
6411	55	140	33	2.1	6	100	62.5	4 800	6 000
6412	60	150	35	2.1	6	108	70.0	4 500	5 600
6413	65	160	37	2.1	6	118	78.5	4 300	5 300
6414	70	180	42	2.5	7	140	99.5	3 800	4 800

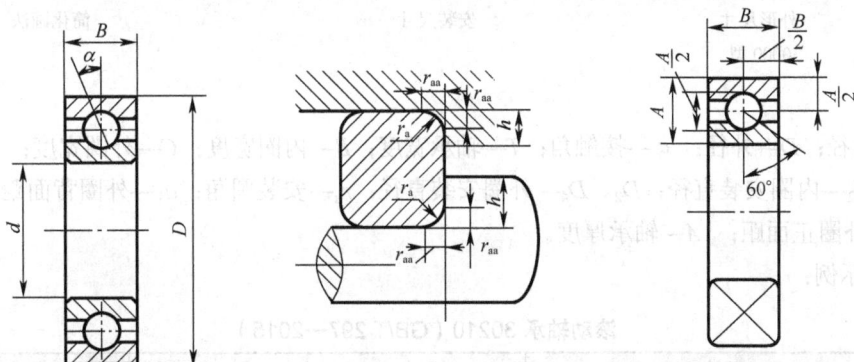

外形尺寸　　　　　安装尺寸　　　　　简化画法

7000C 型 ($\alpha=15°$)
7000AC 型 ($\alpha=25°$)

符号：

d—内径；D—外径；B—宽度；α—接触角；h—安装高度；r_a、r_{aa}—安装倒角；A—轴承厚度。

标记示例：

滚动轴承 7214C（GB/T 292—2007）

轴承型号		尺寸/mm			安装尺寸/mm		C_r/kN		C_{0r}/kN		极限转速 n/(r/min)			
											脂润滑		油润滑	
		d	D	B	$r_{aa\,max}$	h_{min}	7000C	7000AC	7000C	7000AC	7000C	7000AC	7000C	7000AC
7204C	7204AC	20	47	14	1.00	3.0	14.5	14.0	8.22	7.82	13 000	13 000	18 000	18 000
7205C	7205AC	25	52	15	1.00	3.0	16.5	15.8	10.5	9.88	11 000	11 000	10 000	10 000
7206C	7206AC	30	62	16	1.00	3.0	23.0	22.0	15.0	14.2	9 000	9 000	13 000	13 000
7207C	7207AC	35	72	17	1.00	3.5	30.5	29.0	20.0	19.2	8 000	8 000	11 000	11 000
7208C	7208AC	40	80	18	1.00	3.5	36.8	35.2	25.4	24.5	7 500	7 500	10 000	10 000
7209C	7209AC	45	85	19	1.00	3.5	38.5	36.8	28.5	27.2	6 700	6 700	9 000	9 000
7210C	7210AC	50	90	20	1.00	3.5	42.8	40.8	32.0	30.5	6 300	6 300	8 500	8 500
7211C	7211AC	55	100	21	1.50	4.5	52.8	50.5	40.5	38.5	5 600	5 600	7 500	7 500
7212C	7212AC	60	110	22	1.50	4.5	61.0	58.2	48.5	46.2	5 300	5 300	7 000	7 000
7213C	7213AC	65	120	23	1.50	4.5	69.8	66.5	55.2	52.5	4 800	4 800	6 300	6 300
7214C	7214AC	70	125	24	1.50	4.5	70.2	69.2	60.0	57.5	4 500	4 500	6 000	6 000

注：$r_{aa\,max}$ 轴和外壳孔的单向最大圆角半径。

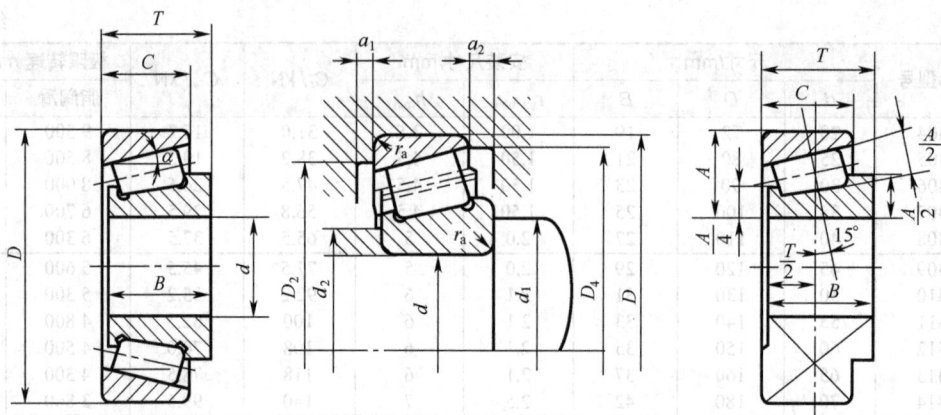

外形尺寸
30000 型

安装尺寸

简化画法

符号：

d—内径；D—外径；α—接触角；T—轴承宽度；B—内圈宽度；C—外圈宽度；

d_1、d_2—内圈安装直径；D_2、D_4—外圈安装直径；r_a—安装圆角；a_1—外圈背面距；

a_2—外圈正面距；A—轴承厚度。

标记示例：

滚动轴承 30210（GB/T 297—2015）

轴承型号	尺寸						安装尺寸/mm							e	Y	Y_0	C_r /kN	C_{0r} /kN	极限转速 n/(r/min)	
	d/mm	D/mm	T/mm	B/mm	C/mm	α	d_1	d_2	D_3	D_4	a_1	a_2	$r_{aa\,max}$						脂润滑	油润滑
30204	20	47	15.25	14.0	12.0	12°57'10"	26	27	40~41	43	2	3.5	1.00	0.35	1.7	1	28.2	30.5	8 000	10 000
30205	25	52	16.25	15.0	13.0	14°02'10"	31	31	44~46	48	2	3.5	1.00	0.35	1.7	0.9	32.2	37.0	7 000	9 000
30206	30	62	17.25	16.0	14.0	14°02'10"	36	37	53~56	58	2	3.5	1.00	0.37	1.6	0.9	43.2	50.5	6 000	7 500
30207	35	72	18.25	17.0	15.0	14°02'10"	42	44	62~65	67	3	3.5	1.50	0.35	1.7	0.9	54.2	63.5	5 300	6 700
30208	40	80	19.75	18.0	16.0	14°02'10"	47	49	69~73	75	3	4.0	1.50	0.37	1.6	0.9	63.0	74.0	5 000	6 300
30209	45	85	20.75	19.0	16.0	15°06'34"	52	53	74~78	80	3	5.0	1.50	0.4	1.5	0.8	67.8	83.5	4 500	5 600
30210	50	90	21.75	20.0	17.0	15°38'32"	57	58	79~83	86	3	5.0	1.50	0.42	1.4	0.8	73.2	92.0	4 300	5 300
30211	55	100	22.75	21.0	18.0	15°06'34"	64	64	88~91	95	4	5.0	2.0	0.4	1.5	0.8	90.8	115	4 000	5 000
30212	60	110	23.75	22.0	19.0	15°06'34"	69	69	96~101	103	4	5.0	2.0	0.4	1.5	0.8	102	130	3 600	4 500
30213	65	120	24.75	23.0	20.0	15°06'34"	74	77	106~111	114	4	5.0	2.0	0.4	1.5	0.8	120	152	3 200	4 000
30214	70	125	26.25	24.0	21.0	15°38'32"	79	81	110~116	119	4	5.5	2.0	0.42	1.4	0.8	132	175	3 000	3 800
30304	20	52	16.25	15.0	13.0	11°18'36"	27	28	44~45	48	3	3.5	1.50	0.3	2	1.1	33.0	33.2	7 500	9 500
30305	25	62	18.25	17.0	15.0	11°18'36"	32	34	54~55	58	3	3.5	1.50	0.3	2	1.1	46.8	48.0	6 300	8 000
30306	30	72	20.75	19.0	16.0	11°51'35"	37	40	62~65	66	3	5.0	1.50	0.31	1.9	1.1	59.0	63.0	5 600	7 000
30307	35	80	22.75	21.0	18.0	11°51'35"	44	45	70~71	74	3	5.0	2.0	0.31	1.9	1.1	75.2	82.5	5 000	6 300
30308	40	90	25.25	23.0	20.0	12°57'10"	49	52	77~81	84	3	5.5	2.0	0.35	1.7	1	90.8	108	4 500	5 600
30309	45	100	27.25	25.0	22.0	12°57'10"	54	59	86~91	94	3	5.5	2.0	0.35	1.7	1	108	130	4 000	5 000
30310	50	110	29.25	27.0	23.0	12°57'10"	60	65	95~100	103	4	6.5	2.5	0.38	1.7	1	130	158	3 800	4 800
30311	55	120	31.50	29.0	25.0	12°57'10"	65	70	104~110	112	4	6.5	2.5	0.35	1.7	1	152	188	3 400	4 600
30312	60	130	33.50	31.0	22.0	28°48'39"	72	76	112~118	121	5	7.5	2.5	0.35	1.7	1	170	210	3 200	4 000
30312	65	140	36.00	33.0	28.0	12°57'10"	77	83	122~128	131	5	8.0	2.5	0.35	1.7	1	195	242	2 800	3 600
30314	70	150	38.00	35.0	30.0	12°57'10"	82	89	130~138	141	5	8.0	2.5	0.35	1.7	1	218	272	2 600	3 400